アン・モウラ 著
訳：鈴木景子

Grimoire for the Green Witch

グリーンウイッチの書

A Complete Book of Shadows

Ann Moura

Bestowed Upon

Craft Name:
_____

"Translated from"
Grimoire for the Green Witch : A Complete Book of Shadows
Copyright © 2003 Ann Moura.

Published by Llewellyn Publications
Woodbury, MN 55125 USA www.llewellyn.com
through Japan UNI Agency, Inc., Tokyo

献辞

　この影の書と魔術書を、本書の生みの親である家族に、長年にわたって我が魔術の業に力を貸してくれる可視不可視の助け手たちに、時代を超えて遺産を守り伝えてくれた偉大なる先人たちに、四大元素を司る眷属たちに、そして、人の子らの経験を通じて数多の姿、数多の側面を我々に見せてくれる神に捧げる

謝辞

　私個人の影の書を多くの人が読めるようにして欲しいと言い続けてくれた皆さんはもちろん、私にクラフトと魔術の何たるかを教えてくれた母と祖母に感謝を捧げます。私のクラフトはここから始まり、築かれていきました。クラフトについて記した本にぴったりな独特のフォントとシンボルを私的使用に限り無料配布している、カリフォルニア州ポモナのカーティス・クラークに感謝とお礼を申し上げます。本書では使用していませんが、劣化した手書きの魔術書をコンピュータにデジタル移行した際に使わせていただきました。中世から16世紀にかけて黎明期の魔術書を書き残した先人にも感謝を。アバノのピエトロ、コルネリウス・アグリッパ、ジョン・ディー博士、アルベルトゥス・マグヌス、パラケルスス、ヨハンネス・トリテミウス、それに昔の私が熟読し、緑魔術に取り入れることのできる記述を見つけた書物の作者たちに。そういう理由から、通常、儀式魔術に関連を持つ因習的な惑星記号や惑星魔方陣も本書には載せていますが、術具への刻印は個人の判断に委ねるものです。本書の出版に当たって私を助け、導いてくれたナンシー・モースタッドと、私の影の書と魔術書に最低限の修正を加えただけで出版に漕ぎ着けてくれたルウェリン社にも感謝を。大きさのまちまちなレタリング、統一感のない行空け、様々な図表で埋め尽くされた415ページ以上のボリュームのある原稿の体裁を整え、読みやすい本に仕上げてくれたコニー・ヒルには特別な感謝とお礼を。原書を忠実に再現できるよう、図案やシンボルを作ってくれたリサ・ノヴァクにも。そして最後に、この本に自由に手を加え、自分だけの魔術書を作り上げてくださる読者の皆様に心からの感謝を。

序

　本書は私個人の影の書と魔術書の写しであり、複製です——儀式の書および呪文書と併せて私が普段使用しているものを公開したものです。第一部にはクラフトに関する基本的な知識と、魔法円の構築から始まり、儀式を行ってからケーキとワインと呼ばれる簡略な饗宴に戻り、魔法円を解放して終わる様々な儀式の手順について記してあります。第二部はまじないに関する知識と定型、タロー・カードと他の占い、ハーブを用いたお茶とオイル、ハーブ湯です。他にも何ページにも及ぶ照応表を収め、まじないに関する知識、呪文、占星術についても少々扱っています。

　魔術書と影の書を収めた本書は三タイプの読者を想定して書かれています。第一のタイプは我が家に伝わるクラフトについて記した既刊本を読んではいるけれど、理由はどうあれ、既刊本で扱っている情報を元に自身の影の書を作成しなかった方々です。そういった方々には、既刊本の『Green Witchcraft: Folk Magic, Fairy Lore, & Herb Craft』（ルウェリン社、1996）、『Green Witchcraft II: Balancing Light & Shadow』（ルウェリン社、1999）、『Green Witchcraft III: The Manual』（ルウェリン社、2000）、『Green Magic: the Sacred Connection to Nature』（ルウェリン社、2002）の内容を二部構成でまとめたこの魔術書が研究を完成させるお役に立つでしょう。

　第二のタイプはクラフトを研究し、実践したこともあるが、情報や個人的な考察を書き加えることのできるきちんとした魔術書と影の書が欲しい方々です。第三のタイプは初学者です。クラフトの道を模索中の初心者だけれど、他の本で学んでいることを理解するための参考書や手引きとして完成された影の書を手元に置いておきたい方々です。本書は初学者の方々に新たな発見と成長をもたらすでしょう。魔術を探求する旅に出たのなら、その道程がどこまで進んでいても、クラフトに関する書物を読み続けることです。そして、あなたに語りかける神の声に全てを委ね、その影響を受けた直感を信じましょう。そうすることで、自分にとって正しいものを選ぶことができます。

本書は私自身の影の書と変わらぬ仕様となるようデザインされています。儀式を行う前には、必ず手順をさらっておきましょう。ページをめくりながら、まずどの種類の魔法円の構築を行うかを決め、二番目に儀式を、三番目以降に祈りの言葉、瞑想、占い、まじないなど、儀式と一緒に行うものを選び、章ごとにしおりやリボンを挟んでいってください。ページに印をつけておけば、指示されている節に飛ぶことも、元のページに戻ることも簡単にできます。魔法円の構築では儀式やクラフトワークに進むことが指定されていますから、指示に従ってエスバットやサバトのような儀式のページにつけた次の目印に進みましょう。進んだ先でまじないや瞑想などを行う指示を受けたら、また次の目印に進んでください。ここで（例えば）祈りの言葉や瞑想、サバトの一環で再誓約の儀を行ったら、サバトの儀式に戻って先を続けます。儀式終了後は魔法円の構築にあるケーキとワインの項に進むという指示に従った後、魔法円の解放を行います。しおりを使ってページを移動する習慣は、多くの宗教が教理問答書と典礼書でページを行き来する時によく用いられているものです。本書に収めているのは単身で行う儀式の方法ですが、家族やグループで行う場合も例示してあります。影の書を試し、ページをめくって知識と段取りを頭に入れましょう。各章の終わりには書き込み欄を設けてありますので、あなたや家族で利用してください。この書の最初のページには、この本が受け取られたことを示すクラフトネームの書き込み欄があります。これは、私の業（わざ）があなたに伝えられ、必要と直感に従ってあなた自身の影の書を作ってもらうことを意味しているのです。

　本書にはたくさんの情報が収めてありますが、考察本や教科書というよりは実用書としての機能を持つ影の書であるため、文章で書き下す形式を取ってはいません。どうぞこの本をあなた自身の影の書として作り上げていってください。自らの足でクラフトの世界に飛びこんでいき、学びながら成長を続けるあなたの傍らに本書が寄り添っていたなら、私としても嬉しい限りです。男神と女神はあなたの信頼に必ずや応えてくださいますから、おふたりを信頼して身を委ねてください。重要なのは最初の一歩で、私が唱える信条、それに作法の心得と魔女の訓言は魔術を行使するための基盤です。信条には自分なりの解釈を加えていっても構いませんが、心得と訓言に手を加えてはいけません。信条

は個人的なクラフト観を表したものです。しかし、心得と訓言はあらゆるウイッチクラフトの核であり、訓言はウイッカの様々な教派(トラディション)が基盤とする原理です。そして、心得は1890年から一言一句変わることなく四代目の私にまで受け継がれ、そして今、私からあなたに開示されたものだからです。

　本書で何かしらの秘密が明かされているとか、誓いが破られているとは考えないでください。自然には門外不出の秘密など何もなく、意志ある者はその全てを自由に探求し、耳を傾け、観察し、学ぶことができるのですから。私は儀式の終わりに「私が受け取ったこの食べ物を肉体と精神と霊魂の代わりとし、求める者たちに差し出そう」と唱えています。この影の書を手元に置いておくことで、あなたは探し求めるもの ── あなたの肉体、精神、霊魂を養う食べ物を私から受け取っているのです。興味を引くものがあったら、好きに試してみてください。違うと思ったら自由に変更してください。そのために用意してあるのですから、白紙のページにあなたが気付いたことをどんどん書き込んでいきましょう。影の書と魔術書はそうして成長し、次代へと伝えられていくものなのです。どうぞこの本を旅の道連れに、女神と男神とともにあなた自身の径を歩いていってください。あなたのクラフトが喜びとともに花開きますように。神の霊感に恵まれますように。そして、「進むべき径の先へとあなたを連れていくあなたの足に祝福がありますように」。

アン・モウラ［オーミエル］

CONTENTS

謝辞 ……………………………………………………………… 5
序 ………………………………………………………………… 6

オーミエルの影の書　儀式編

1　緑魔術 …………………………………………………………… 15

緑の魔女の信条／緑魔術の神聖なる伝承／女神と男神／一家相伝の業／祈りの言葉／作法の心得／緑魔術の三様式／サバト：一年の車輪／クォーターズとクロス・クォーターズ／祝祭カレンダー／グラウンディングとセンタリング／儀式の構成 ── 祭礼服の色／クラフトネーム ── 男神と女神の御名／シンボルと記号 ── 魔術の容器／基本の道具 ── 基本の用具／基本的な祭壇の配列／魔術に関する助言／アルファベット ── カヴン用語集 ── クラフト用語集

2　魔法円の構築 …………………………………………………… 79

魔法円構築を行う上での留意点／基本となる魔法円の構築、解放／四大の力が司る魔法円／ワンド、スタッフ、スタングを用いて簡単な魔法円を構築する／スタングの魔法円を構築する、解く／精霊十字の（繋鎖）魔法円を構築する／闇の力の魔法円の構築と解放

3　エスバットの儀式 ……………………………………………… 113

エスバットに関する注解／エスバットの儀式／満月のエスバットの儀式／新月のエスバットの儀式／闇月のエスバットの儀式／妖精の月のエスバットの儀式

4　サバトの儀式 ………………………………………………… 129

ユールのサバト（12/21）／ユールタイド・キャロル／インボルクのサバト（2/2）／オスタラのサバト（3/21）／ベルテーンのサバト（5/1）／リーサのサバト（6/21）／ルーナサーのサバト（8/1）／メイボンのサバト（9/21）／サウィンのサバト（10/31）

5　祈りの言葉 ……………………………………………………… 171

七つの祝福／五つの祝福／魔女の呪言／日ごとの誓約／女神の頌歌／闇の男神の誓言／星の女神の誓言／男神の頌歌／女神の誓言／三重男神の誓言／日月蝕での朗誦／詠唱、頌歌、詩編

6　儀式 …………………………………………………………………… 193

儀式を行うタイミング／基本的な呪術用具、またはチャーム・アイテムを聖別する儀式／月降ろし／参入の儀／献身の儀／再誓約の儀／光と闇の側面に属する道具の聖別／肖像の聖別／水晶の浄化とプログラミング／水晶の聖別と献身／ハンドファスティング（婚姻）とハンドパーティング（破婚）の儀／十二夜の命名の儀／死別の儀――ウイッカニング／妖精の友尋ね

7　瞑想 …………………………………………………………………… 245

瞑想を行う上での留意点／恐れを解き放つ瞑想／過去世の瞑想／時の母たちの瞑想／樹木と混ざり合う瞑想／神託の洞窟の瞑想／幽霊の狩猟行に参加する瞑想／老婆の仮面を外す瞑想

オーミエルの影の書　呪術編

8　呪術と照応 ……………………………………………………… 271

まじないをかける／色彩の照応／曜日の影響 —— 元素；時間帯による時節／四大元素とハーブの組み合わせによる照応／曜日；神性存在が司る樹木 —— 樹木と潅木の特性／サバトの香とハーブ —— 香の用途別一覧／スマッジ（燻煙）—— 精油 —— 羽根 —— 髪の毛／惑星の連関 —— 惑星早見 —— 昼夜ごとの惑星時間／黄道十二宮の連関／力を司る者の名前 —— 数字の相関関係／占いでの数字／ルーン一覧 —— オガム・フューズ一覧／エネルギー点；チャクラ —— 月の庭造り —— 用途別のハーブと植物の一覧／闇の力を目的としたハーブと植物の一覧 —— ハーブと植物の照応／闇の力を持つハーブと植物の連関 —— 動物トーテム／石と水晶一覧 —— 四大元素が司る石と水晶／アミュレット —— キャンドル魔術チャート —— まじない早見／神の化身 —— 神として顕れる力の名前／地占術の記号印 —— 地占術図形 —— 惑星魔方陣 —— 惑星紋章

9　基本的なまじない ……………………………………………… 363

まじないに関する諸注意／日ごとの祝福／まじない（全38種）／クラフト

10　ハーブティー、オイル、ハーブ湯 ………………………… 421

ハーブティーに関する注解／ハーブティーのレシピ／ハーバル・ポット・ティー／魔法のオイルのレシピ／ハーブ湯

11　占い …………………………………………………………… 443

占いにおけるシンボリズム／お茶の葉占い／タロー／黒鏡のスクライング／水晶玉と他の石によるスクライング／ペンデュラム／ルーン・キャスティング／オガム・キャスティング・システム／手相占い

オーミエルの影の書

儀式編

Book of Shadows of Aoumidf

Rituals

1

緑魔術

緑の魔女の信条
緑魔術の神聖なる伝承
女神と男神
一家相伝の業
祈りの言葉
作法の心得
緑魔術の三様式
サバト：一年の車輪
クォーターズとクロス・クォーターズ
祝祭カレンダー
グラウンディングとセンタリング
儀式の構成 ── 祭礼服の色
クラフトネーム ── 男神と女神の御名
シンボルと記号 ── 魔術の容器
基本の道具 ── 基本の用具
基本的な祭壇の配列
魔術に関する助言
アルファベット ── カヴン用語集 ── クラフト用語集

❧ 緑の魔女の信条 ❧

　神は統合された一者です。両性具有神という象徴を帯び、男女の側面を持ち、女神にして男神、形象にしてエネルギーであり、月と太陽の力を司り、一年の車輪においてエスバット、サバト、その他の祭日にて称えられます。

　神は万物に内在します。森羅万象にその大いなる霊は宿り、女神と男神のつながりを通じて一にして全なるものと眷属とをひとつに結びつけます。

　地風火水の四大元素は女神と男神の延長、眷属の内外に在(あ)り、大いなる霊を通じて万物を結びつけます。

　霊は不滅の存在です。冥界を統べる男神によって慰められ、新たに生まれる姿、場所、魂の目的を選んで夏の国の女神によって生まれ変わるのです。

　サバトの祝いと一年という時のめぐりを通じて、命の円環は男神によって愛情深く示されます。彼は樫の王として、母の相にある女神の胎(はら)からユール（冬至）に生まれます。インボルク（2月1日〜2月2日）に老婆によって清められた彼は母の腕に渡され、母なる女神の愛という乳で育てられます。オスタラ（春分）に男神は乙女へと姿を変えた女神と出逢い、ふたりは原始の森を知ろしめす貴婦人(レディ)と君主(ロード)としてともに歩き、冬の老婆の相にあった女神自身が眠らせていた大地を目覚めさせます。ベルテーン（5月1日）に女神と男神は結ばれて大地に再生をもたらすと、リーサ（夏至）の婚礼で樫の王は女神を娶って柊の王へと変容を遂げ、男神の顔に知恵と老齢が刻まれます。ルーナサー（8月1日）に男神は大地母神の相に移行した女神の中に入って命のエッセンスを注ぎ、太陽エネルギーで豊穣なる胎を満たします。メイボン（秋分）に男神はヴァイン（ブドウ）と大麦に自身の霊魂のエッセンスを与え、豊かな実りを結ばせます。男神が冥界に入ると、ひとり残された女神は胎に子を抱えたまま秋を過ごして冬が来るころに老婆へと変容し、有角の狩人として幽霊の狩猟行を率いる男神は死者たちを集めて己が領域へと連れていきます。男神は影の君主

として冥界を治め、その地で男神から安らぎと慰撫を与えられ、重荷から解放された死者の霊は今生の命に終止符を打ちます。サウィン（10月31日）に闇と光が結びついて世界間を隔てるヴェールは薄くなり、老婆の墓が母の胎へと変容を遂げ、男神の霊魂が女神の内を通り抜けます。ユールには賢者である男神は世界に生まれゆく子供たちに祝福と別れの言葉を贈ると、幼き樫の王となって子供たちに加わる準備をします。一年の車輪を通じて神の内にある完全なる愛と完全なる信頼の径（みち）は示されます。そしてそれは、愛によって結ばれた女神と男神とともに、我々が歩む径です。

大いなる三つの神秘があります。父にして子なる古（いにしえ）の男神。母にして老婆なる処女神。そして、命の不滅が形成する果てなき円環に表される墓と胎の和合です。

緑魔術の神聖なる伝承

ウイッチクラフトにおける緑のトラディションでは、全なる神が持つ側面を女神、男神、その両方というように、個に別れたものと統合されたものとして考えます。全なる一者は一者から生まれた全てに一致するのです。君主と貴婦人の形相（けいそう）は、父なる天空神と母なる大地女神／天空の女神と大地の神、太陽と月、三相女神と三相女神の伴侶、三重男神と三重男神の伴侶、緑の森を知ろしめす君主と貴婦人、肥沃の君主と豊穣の貴婦人、星々の女王と宇宙の王、創造神と創造女神、霊魂と物質、生命と通路、エネルギーと物質を司る宇宙の踊り手と物質を司る踊り子といった他の組み合わせと相互につながっており、相互に入れ替わりうるものです。

女神と男神は森羅万象を生み出す宇宙に広く存在する物質とエネルギーを象徴しており、自然の創造する力も崇拝の対象です。男神と女神は相等しく、あらゆる場所に存在します。何故ならば、二柱は宇宙と地球のあらゆる場所に、そこに生きとし生けるもの全ての内に宿るからです。輪廻、そして霊との交感は信仰の一部に組み込まれていますが、それは私たちが女神と男神の内から生まれ、螺旋を描く再生の踊りによって、その源流へと再び還っていくからです。

地球に生きる多くの命を通じて学び取り、神々に近しいものであり続ける知識は、女神と男神からの贈り物です。魔法は自然のエネルギーを使って目的を達成する自然な手段ですから、緑の魔女にとってこの魔法は自然の中で生きる命の一部となります。視覚化、瞑想、儀式、音楽、踊りは意識を変性させてくれますが、そうすることで神との交感で強いつながりを持ち、魔力を高めることができます。献身によって対話の経路は常に開かれた状態になるので、自然におわす神とのコンタクトに変性意識状態（トランス）を作り出す必要がなくなります。心の平穏と調和を保ちさえすればいいのです。
　個人の自由と個人の責任は、緑魔術にとって重要な側面です。あらゆる全てとひとつであることを受け入れ、自分の命に責任を持てる者に、魔法は自然と流れていきますから、典礼は必要となった時か望んだ時に行うだけで充分でしょう。
　内在、連結、共有は魔術の3つの中核原理です。あらゆる命の内に顕れる男神と女神を通じてあらゆる存在はつながり合い、ひとつの生ける宇宙を形成します。この宇宙で重要なのは地球、環境、そして互いへの配慮を通じて全体が等しく成長することです。君主と貴婦人の神話は一年の車輪においてふたつのテーマ——季節の恵みと移ろいと、しばしば季節の移り変わりの寓意とされる男神の神聖なる命の円環を中心に展開されます。犠牲に捧げられた男神は穀物（小麦）の収穫周期の中に見ることのできるモチーフです。婚礼時に男神は己の生命力を作物に自ら捧げて人間たちに食物を与えます。そこから神が命と通路の儀式に関連づけられるようになったのです。
　三相女神は乙女、母、老婆（中年女性）であり、その伴侶は有角神、創造主、破壊者（狩人）、そして獣たちの君主です。自然が創り出した全てのものは陰陽両方の側面を持ち、新しく生まれ変わるためにはまず死ななければなりません。生の側面としての女神は母の姿を、死の側面としては老婆の姿を取りますが、両者は同一存在です。死は新たなる生に通じる自然の道で、恐れることもなければ悪というレッテルを貼る必要もありません。自然には苦楽両方の側面があるものですが、これは地球、宇宙、そして地球上の存在全てに流れるエネルギーが持つ現実の全てなのです。輪廻を通して行われる霊の移行は畏怖すべきものではなく、命は永遠であり、あらゆる霊は不滅なのですから、自然なも

のとして理解し、受け入れましょう。

　男神および女神との調和により、人は永遠の変容を遂げます——その人と惑星にとっての新たな希望に命が吹きこまれるのです。術者の運命は術者自身の手の内にあるものです。男神と女神の闇の側面——影の君主と老婆——は光の側面——有角神と乙女／母——同様、信仰されています。神は創造であり破壊です。恵み深き自然であり破壊する自然なのです。全ての命は二面神、すなわち一者なる二者に取り込まれますが、その二者もまた互いを取り込み合うので、ただ変化するか、生命の大釜を出入りすることしかできない命を破壊することは不可能なのです。この時、意識の統一体としての二面神に象徴される生命の力に対する崇拝や畏敬が宗教となります。この畏敬は、種蒔きと収穫、太陽と月の相に基づいてめぐる豊穣の周期を祝う祭礼や儀式を通じて見ることができるでしょう。

　エスバットは満月と新月（闇月）の儀式——女神から教えを授かる時です。サバトは小サバトやクォーターと呼ばれる４つの太陽祭と、大サバトやクロス・クォーターズと呼ばれる４つの農事祭から成り立っています。この８つのサバトは十二夜（名付け日）と並び、緑のトラディションで最も大々的に行われる儀式です。君主と貴婦人に何という名前で呼びかけるかは重要ではありません。どんな名前で呼ばれようともふたりは一者であり、内に坐す方々だからです。彼らは人生の喜びに溢れた命を与え、私たちはいつの日か彼らの元に還るまで、生まれ変わって教えを授かるのです。女神を崇拝するのは、大地の子供たちである人間たちには当然のことでしょう。緑の魔女は万物のつながりや生命の不滅を知っており、神の力を直接求めることができ、地風火水の四大元素や、デーヴァ、あちらの人たち[*1]のような存在に力を借りることができます。肉体と力は大地の、呼吸と思考は風の、エネルギーと動かす力は火の、そして感情と体液は水の領分に属するものですから、四大元素と緑の魔女は互いに近しい存在なのです。その昔、古代宗教の教えから学んだ人々はWicceと呼ばれました。中期英語では「ウイッチェ」と発音されます。「知恵ある」を意味し、その知識を使用することは「知恵者の業」——ウイッチェクラフトと呼ばれ、そこから「ウイッチクラフト」、すなわち「魔術」という言葉が作られました。ウイッチクラフトの緑のトラディションではクラフトを行うことを

霊的な行為と見なしており、「魔女」を高潔で霊的な言葉だと考えています。

❋ 女神と男神 ❋

　神は一なる存在なので、神が持つ種々の側面はその役割を入れ替えることができます。太陽、月、五穀、収穫、生命の水、森羅万象、天空、大地、生、死、通路、肉体／霊魂の復活は貴婦人にも君主にも象徴されうるのです。貴婦人と君主は男女の多産性の象徴存在です。力と通路であるこのふたりには、ランプやキャンドル、松明を燃やす儀式や、塩と水、パンとワイン、花と小麦が捧げられます。ふたりは二至二分を経ていく季節の移り変わり —— クォーターズを祝う小サバト —— の象徴であり、種蒔きの準備から育てるまでの収穫周期を通じた季節の移り変わり —— クロス・クォーターズの大サバト —— の象徴です。君主が太陽、貴婦人が大地となる収穫のサバトに、神々の力は最高潮に達します。太陽エネルギーは大地に育つ五穀に惜しみなく恵みを注ぎ、私たちに活力を与えるヴァイン（ブドウ）の果実に精気が注入される時期です。貴婦人と最も関わりが深いのは月の相 —— 満月と新月（欠けゆく最後の月）のエスバット、そして闇月と青の月、妖精の月のエスバットです。

　君主はユールからリーサを樫の王、リーサからユールを柊の王として過ごします。太陽王にして影の君主である彼は狩人であり緑の男[*2]、原始の森と動物たち、野を統べる君主であり、新たな生を目指して女神の中を通る通路を探す霊を狩り集める者なのです。

　貴婦人は変容する者、変身者です。君主は彼女によって死に、冥界へ至り、生まれ変わります。変容を続ける彼女の変化に終わりはなく、老婆であると同時に母となるので、その墓はまた胎でもあるのです。死者の霊は女神の再生の大釜を通じ、女神によって新たな命に生まれ変わります。

❋ 一家相伝の業 ❋

　自然が生命の動きに合わせて変化していくのと同じことで、世代の移り変わりとともに緑魔術は時代時代の緑の魔女が求めるもの、傾向に応じて変化し、

適応していきます。これが、私を含めた私の家族につながる未来の世代と、このクラフトと共鳴し喜びを見出す人々にとっては緑魔術の基盤をなす核となります。広大無辺なる力の探索を通じて多くの未知が拓かれつつ、このクラフトが未来の世代とともに育っていくことを私は切に願っています。愛情深き貴婦人と君主、優しき四大元素の精霊たちは常に私たちを導く存在であり、神の主要な放射物である地風火水の精霊たちは、神のエッセンスである私たちの霊魂と結びつきます。私たちはひとつなのです。我が家が代々崇拝してきた女神はエスバットの月相を司り、月と大地の女神と考えられています。男神はサバトの太陽相を司り、太陽と大地の神と考えられています。

　私の家族が信奉する女神はベンディディア、ベンディス*3とも呼ばれ、闇月の相を司るトラキアの女神です。彼女が手に持つ小枝で指し示す道は冥界への道であり、従って、新たな命に続く道といえます。魔法、秘密、神秘の知恵を司る女神であり、魔女たちの古き女神です。しかし、あらゆる名前がこの女神の名前でありますし、三相女神として乙女、母、老婆の相を持ってもいるのです。

　家族が信奉する男神はシヴァ*4ですが、この神もまたあらゆる名前を己が名前とし、若者、父、賢者の相を持つ三重男神です。また、ディオニューソス*5、ケルヌンノス*6、フレイ*7、ハーン*8とは同一神に当たります。彼は炎の輪の中で踊り、野の獣と家畜に囲まれた角飾りのある高御座(たかみくら/いま)に坐し、虎の毛皮に座して瞑想する、宇宙の踊りを司る者、獣たちの君主、原始の森の君主、収穫の君主です。有角の狩人であり、緑の男、光の君主、影の君主、そして三相女神の伴侶なのです。

❋ 祈りの言葉 ❋

　女神と男神はひとつ
　命は楽しむために与えられた贈り物
　私は大地の一部、母なる大地を崇めます
　万物に大いなる力は宿り、私はその両方と結びつきます
　私はあらゆる全てとともにあり、あらゆる全ては私の内に在ります
　四大元素は神が持つ数多の顔のひとつであり、私はその眷属です

女神と男神、自然、瞑想から、私は教えを学びます
時代を超えて受け継がれてきた作法の心得に、私は従います

❈ 作法の心得 ❈

1．自分の為すことに注意せよ。
2．信頼を寄せる相手に注意せよ。
3．他者を傷つけることに力を使ってはいけない、自分の行いは自分に返ってくる。
4．力を持つ者に力を使うな、同じ報いを受ける。
5．力を使うにはまず心で感じ、頭で知らなければいけない。
（1890年から母子相承で我が家に伝えられてきた教え）

❈ 緑魔術の三様式 ❈

民俗芸能として実践される緑魔術

　この形で実践される緑魔術は、主流宗教の影響下にあります。クラフトを実践するということは力持つ神々に与えられた新たな名の元で魔術を行使し、起源はペイガンの祭りにあると理解して伝統的な祝祭を祝うことになります。民俗芸能の魔女が行使する力は神々、天使、聖人、聖霊のエネルギーで、その業（わざ）には他の文化的イメージが取り込まれているかもしれません。

個人で実践される緑魔術

　自然魔術という形式を取るこの緑魔術は、マヌ[*9]（Mannuzあるいは人間。マンナズのルーン文字。自身）を高めて森羅万象と結びつけるもので、ハーブや自然物のエネルギーを通じて強化した術者自身が持つ魔女の力を目標達成に振り向けます。儀式、魔術道具、四大元素の力を借りる呪術、それに魔術書は、魔術的な照応を成文化して魔術を成功に導くために創られました。自分の心と本能、直感に素直に従い、魔女と名もなきあらゆる全てが自然を通じて力をともに働かせる、その点を除けば、この魔術に宗教が関わることは一切ありません。

宗教として実践される緑魔術

このタイプの緑魔術では、魔女はまず自己参入を果たして知恵を学んだ後、献身によって完全な結びつきを得ることで、伴侶関係にある女神と男神との一体化を果たします。宗教ですから、男女の均衡の取れた状態にある男神と女神が術者との交感を通して魔術を誘導することはよくあります。サバトとエスバットの他、一年の車輪がめぐるうちに神の側面や存在が色濃く表れる特別な日があり、これらが宗教的な祝賀の儀式として行われます。

❊ サバト：一年の車輪 ❊

◆ユール ── 冬至（12/21）
1. 樫の王なる男神が女神の胎から生まれる。
2. 柊の王なる男神は旅立ちの準備をする。
3. 女神は太陽神の母になる。
4. 女神は冬の老婆になる。

◆インボルク ── 浄化と炎（2/1）
1. 女神は清められ、浄化される。
2. 子羊と赤子の男神のために乳が溢れる。
3. 大地の胎動。
4. 女神が乙女の相に戻る準備をする。

◆オスタラ ── 春分（3/21）
1. 女神は乙女の相に入り、大地に春をもたらす。
2. 男神と女神は動物たちの繁殖を促す。

◆ベルテーン ── 豊穣と炎（5/1）
1. 青年神と処女神が愛で結ばれる。
2. 五月祭(メイ・デー)の花、戯れ、篝火。

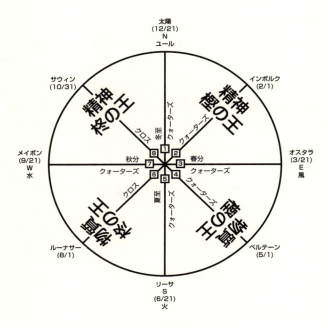

一年の車輪

◆リーサ ── 夏至（6/21）
1．男神は若者の相から賢者の相に移る。
2．男神と女神の結婚。

◆ルーナサー ── パンの収穫（8/1）
1．男神が大地と結ばれてその胎に入り、己のエネルギーを穀物に与えると、穀物が男神の体となる。
2．第一の収穫／パンの収穫 ── 五穀の取り入れ。

◆メイボン ── 秋分（9/21）
1．男神は己の霊魂をヴァイン（ブドウ）、果物、大麦に注ぎ込み、ワイン、アップルシダー、ウィスキー、ビール、ハチミツ酒(ミード)が男神の血となる ──

男神は冥界を統べる。
2．女神はひとりになり、男神を身籠もる。

◆サウィン ── 死と再生（10/31）
1．男神は女神の内に在りながら、幽霊の狩猟行を率いる。
2．世界間を隔てるヴェールが最も薄くなり、老婆と狩人（影の君主）が統治者になる。

❀ クォーターズとクロス・クォーターズ ❀

クォーターズ ── 緑の［小］サバト

◆ユール ── 冬至（12/21）
1．男神が女神から生まれる。
2．女神は母と冬の老婆の相にある。

◆オスタラ ── 春分（3/21）
1．女神は乙女の相に入り、大地に春をもたらす。
2．男神と女神が大地を肥沃にする。

◆リーサ ── 夏至（6/21）
1．男神は若者から賢者、樫の王から柊の王に変容する。
2．男神と女神の結婚。
3．柊の王によって女神が樫の王を受胎する。

◆メイボン ── 秋分（9/21）
1．男神はヴァイン（ブドウ）の木に自らの血を与える。
2．女神はひとりになり、男神を身籠もる。

クロス・クォーターズ ── 白の［大］サバト

◆**サウィン ── 死と再生（10/31）**
　1．男神は女神の内に在り、墓は胎に変わる。
　2．世界間を隔てるヴェールが最も薄くなる。

◆**インボルク ── 浄化と炎（2/1）**
　1．樫の王なる赤子の男神のために乳が溢れる。
　2．大地の胎動。

◆**ベルテーン ── 豊穣と炎（5/1）**
　1．男神と女神が愛で結ばれる。
　2．五月祭の戯れと篝火、生殖の奨励。

◆**ルーナサー ── パンの収穫（8/1）**
　1．男神が大地と結ばれてその胎に入り、己の体を穀物に与える。
　2．最初の収穫 ── 五穀の取り入れ。

🌿 祝祭カレンダー 🌿

1月1日：妖婆(ハッグ)の日 ── 変化(へんげ)する女である女神を称える。
1月6日：三相女神の日 ── 三位一体の女神を称える。また、舞踏の君主の日 ── シヴァを称え、新年には繁栄と知恵の他、求める者は配偶者を神に願う。
1月18日：ダヌ[*10]の日 ── 導き手なる偉大なる女神の祝賀。
2月2日：インボルクのサバト：浄化、清め、胎動。
2月14日：家族の日 ── ヴァレンタイン・デーとして知られる。
2月15日：牧神(パーン)[*11]の日 ── 荒野、動物、豊穣を司る君主を称える。
2月28日：ケーキの日 ── 男神と女神に小さなケーキを捧げる。ケーキと花を捧げて先祖に思いを馳せる。

3月9日：母なる女神の日 —— 愛情深く子供たちを育む女神を称える。

3月17日：狂信女(マイナス)*12の祭り —— ヴァイン（ブドウ）の木と再生の神、ディオニューソスを称える。

3月21日：オスタラのサバト：春分、春の女神。

3月25日：レディ・デー —— 母の母、太母なる老婆を称える。

4月1日：闇の母の日 —— 真っ黒アニス*13とカーリー*14を称える。万愚節 —— 混沌エネルギーの神を称える。

4月7日：ブラジニ*15の祭日 —— あちらの人たち／シー*16や妖精たちに捧げ物をする。

4月8日：月餅の日 —— 月の女神を称える。

4月23日：緑の男の祭り —— 森と植物の神を称える。

4月25日：春祭 —— 有角神と穀物の母神を祝う祭り。

4月28日：フローラ*17の祭り —— 冥界に行った者たちを追悼する。

4月30日：五月祭前夜(メイ・イヴ) —— ワルプルギスの夜*18。年に一度、魔女たちが集まって魔女集会が開かれる。

5月1日：ベルテーンのサバト：春と豊穣を祝う祭り。

5月21日：闇／光の母神の日 —— ヘカテー*19／デーメーテール*20、カーリー／ウマー*21を称える。

5月28日：ベンディディアの祭日 —— 月、闇月、冥界、秘められた知恵、魔女の女神を称える家族の祭日。

6月5日：大地母神の日 —— ガイア*22／タルテュ*23／母なる大地を称える。

6月13日：エポナ*24の祭日 —— 馬の女神（冥界の案内人）を称える。

6月21日：リーサのサバト：夏至。一年の最盛期を祝う。夏至前夜(ミッドサマーズ・イヴ)。あちらの人たちに捧げ物をする。

6月23日：シーたち —— 神の異界的側面 —— を治める貴婦人と君主の日。

6月27日：一族の守護神の日 —— 一族の祭壇／聖所を浄めたり新調したりする。

7月1日：老婆の日 —— 時の翁と年老いし母なる自然を祝う。

7月21日：魔女の日 —— クラフトが生活、風習、宗教として取り入れられていることを祝う。

8月1日：ルーナサーのサバト：第一の収穫——パンの収穫。

8月20日：男神と女神の結婚——太陽神が大地の女神の内に入り、影の君主として冥界を統べる。

8月21日：ヘカテーの祭り——男神は大地の女神の相にあるヘカテーの内にあり、収穫の守護がヘカテーに祈願される。

9月13日：火点しの儀式——キャンドルの灯で死者の霊を称える。

9月21日：メイボンのサバト：秋分。第二の収穫——ヴァイン（ブドウ）の収穫。収穫完了祭／感謝祭／ノルウェーの冬支度（ウィンター・ファインディング）[25]。

10月2日：守護精霊の祭日——案内人と助け手なる精霊を称える。

10月18日：大いなる角の祭り——狩りの獲物と狩猟期の豊作を有角神と森の貴婦人に祈願する。

10月31日：サウィンのサバト：第三の収穫——根菜の収穫。万聖節前夜祭（オール・ハロウズ・イヴ）。冥界で結ばれた闇の男神と闇の女神がこの最も神聖なる時期に霊との交流を許す。

11月1日：カリアッハ[26]の支配——バンシー[27]の日。影の国に連れていく魂を探す幽霊の狩猟行の騎手たちを称える。

11月11日：ルナティシー[28]——シーの日。不滅の生命力を持つあちらの人たちを称える。旧十一月前夜（ノーヴェンバー・イヴ）（旧暦のサウィンに当たる）。

11月16日：ヘカテーの夜——月、魔法、クラフトの師として魔女たちを守護するトラキアの女神を称える。

11月22日：シヴァの夜——オイルランプとキャンドルを灯し、シヴァの光の柱／無限の光に表される生命力なる側面を称える家族の祭日。

11月27日：ウマーの日——森羅万象の女王にして母なる女神を称える。

11月29日：ハトホルの祭日——有角の母ハトホル[29]、獅子頭の太陽女神セクメト[30]、豊穣と生命を司る猫女神バステト[31]（バステト＝ハトホル＝セクメトの三相女神）を称える日。

12月21日：ユールのサバト：冬至。太陽神の帰還。

12月24日：柊の前夜祭——子供たちに贈り物を残し、柊の王が旅立つ。

12月25日：樫の日——樫の王の誕生を祝う。太陽の誕生が明らかなものとなる。

12月31日：ホグマネイ*32 —— 大晦日。老婆が出発の準備をする。冬本番。老婆、つまり老いて衰えた年が真夜中に若く瑞々しい新年へと変化する。

❧ グラウンディング*33とセンタリング*34 ❧

　術者のエネルギーレベルの激しい消耗を避けるために、魔術を行使する前には必ずグラウンディングとセンタリングを行います。まず精神を集中して心を落ち着け、両足を通して（必要であれば両掌からも）体内の混沌とした静的エネルギーを全て地面に流します。心臓を中心に穏やかな感覚が広がっていくのを感じたら、両足から強力な大地のエネルギーを（室内では床を通して）引き上げましょう。引き上げた力とエネルギーは体内で自分自身のエネルギーと縒り合いながら両脚、胴体、両腕、首、頭と上っていき、てっぺんから出ると円を描いてまた足から体内に取り込まれ、全身のエネルギーバランスが整うまで繰り返されるのが分かるでしょう。この力の流れを感じ、体内バランスが整ったら、魔法円*35の構築、儀式、啓示、まじないを始めてください。

　術者のエネルギーレベルに過負荷がかかるのを避けるために、魔術を行使した後には必ずグラウンディングを行います。魔術を行使した後に地面・床に両掌をつけ、過剰なエネルギーを流出させます。この時、大地から取り込んだエネルギーは身体が健やかに機能する上で必要となる量だけが残り、体内のエネルギーバランスは整えられます。エネルギーを過剰に取り込むと頭痛や気鬱を引き起こしたり、ちょっとしたことで苛々するようになったりします。反対に少なすぎると疲労、気鬱、失神の原因となります。自分自身にとって適切なバランスを知り、体調を見ながらエネルギー量を調節しなければなりません。

❧ 儀式の構成 ❧

1．自身を清める —— 沐浴※、グラウンディングとセンタリング。
2．場を清める —— 箒で掃く／四方位点に灯りを点す。
3．魔法円を構築する —— 円陣を描く／撒水／香を焚く。香の煙を薫き込

める。
4. 四大元素の召喚。
5. 神を迎え入れる。
6. 儀式を行う。
7. 力を高め、行使する。
8. 残った力にグラウンディングを行う。
9. ケーキとワイン。
10. 神に別れの挨拶をする —— 楽しき出会いへの感謝。
11. 四大元素に別れの挨拶をする。
12. 魔法円を解放する。
13. 感謝の祈り。

※補足：ハーブ（ローズマリー、タイム、マジョラム、ラベンダー、ローズの花弁、カレンデュラ、ホップ、バードック・ルートのうち、一種類あるいは何種類かを組み合わせる）を詰めたモスリンかコットンの小袋と海塩を入れた湯で沐浴すると、心身ともに浄められた状態で儀式に臨むことができる。

祭礼服の色

1. 橙と赤 —— 防御、サバト、（有角神のシンボル）。
2. 白のモスリン —— 浄め、エスバット、（三相女神のシンボル）。
3. 黒 —— 防御、陰の気を逸らす、真実。
4. 緑 —— 原始の森、自然を司る貴婦人と君主、ハーブ、大地、あちらの人たち。
5. 灰色／淡いラベンダー —— 異界、シー、ヴェールで隠されたもの、魔術的なもの。
6. 紫 —— 霊的な気づき、直感。
7. 青 —— 水と空、霊能的な気づき。
8. 黄 —— 啓示。

❊ クラフトネーム*36 ❊

1．クラフトネーム ── 公的に使用する名（外苑(アウター・コート)*37が使用）。
　　A．術者本人がつける。
2．ワーキングネーム ── シークレットネーム（誰にも明かしてはならない）。
　　A．術者本人がつける。
　　B．女神と男神から与えられる。
3．二つ名 ── カヴンネーム（内苑(インナー・コート)*38名）。
　　A．カヴンの指導者から与えられる。
　　B．カヴン入団時に選択する。

❊ 男神と女神の御名 ❊

1．貴婦人と君主の名には一般に通りのよい呼称を使用できる。
2．神々の名前には自分が惹きつけられるものを使用できる。
3．自分が惹きつけられる神話の神々を使用・混合してもよい。
4．一家の守護神を使用できる。
　　A．ベンディディア（ベンディス）。
　　B．シヴァ。
5．シークレットネームを使用できる。
　　A．神々から術者に明かされたもの。
　　　1）献身の儀で明かされたもの。
　　　2）他人には明かさないもの。
　　B．神々の名にカヴンの名称を使用できる。
　　　1）参入の儀で明かされたもの。
　　　2）カヴンの外では使用しないもの。

❈ シンボルと記号 ❈

☽☉☾	三相女神	☽☉☽	老婆
♉	有角神	♉	影の君主
☆	五芒星(ペンタグラム)	⛤	五芒星紋(ペンタクル)
⌒⌒	日の出と日の入り	⌣⌣	月の出と月の入り
⊕	クォーターズ／四大元素	∞	連珠形（無限大）
✳	サバト	⚱	大釜
◎	月螺旋	⊕	太陽十字
▽	杯	🍞	パン
⚔	アサメイ	⌒	ボーリーン（作業ナイフ）
／	ワンド	🖌	箒
▽	地の元素	🜍	香
△	風の元素	冂	冬
△	火の元素	♉	春
▽	水の元素	∪	夏
☉	太陽	♏	秋
☾	月	☽◐◑☽	月の相

☿	♀	♂	♃	♆	♄	♇	♅	↑
水星	金星	火星	木星	海王星	土星	冥王星	天王星	アセンダント

♈	♉	♊	♋	♌	♍	♎	♏	♐	♑	♒	♓
羊座	牡牛座	双子座	蟹座	獅子座	乙女座	天秤座	蠍座	射手座	山羊座	水瓶座	魚座

∪	時計回り(ジャーシル)*39	∪	反時計回り(ウィダーシンズ)*40
⛤	魔法円	⛧	地風火水霊を表すペンタグラム
🔥	篝火	⊥	ハーブ

❄ 魔術の容器 ❄

◎**魔術用品を収める容器の準備法**
1. ヨウ素無添加塩、または海塩を加えた湧き水で容器を洗う。
2. フランキンセンス、コーパル、パイン（マツ）、ローズマリー、セージなどの香を合計13分間、容器の中に入れておく。
3. 無添加塩または海塩を白い小布の上に盛り、白い糸で（巾着状に）しっかりと口を結んだものを容器の中に入れる。
4. 濃色（茶色）の壜に以下のものを入れる：力を表すブラックペッパー・コーン（黒コショウの実）を3粒。魔女の業を表すエルダー・ベリーかホーソン・ベリーを5粒。防御を表すブライヤーの棘または縫い針を7本。白［清浄］、黒［防御］、紫［霊的な力］、赤［力］、緑［大地］、黄［啓示］、橙［魅了］、青［真実］、ピンク［愛情］色の9インチ（22.86cm）の縫い糸または刺繍糸を1本ずつ、計9本。全てを壜に収めたら蓋を閉め、容器の中に入れる。
5. 魔術用品を収める容器の準備が完了。
6. 魔術の道具や材料を集めることもクラフトの楽しみのひとつです。自然から集めたり、リサイクルショップやカタログ、ショップなどを利用して購入したり、自作してみましょう。

❄ 基本の道具 ❄

アサメイ［Athame］：魔法エネルギーに方向性を与えるために用いる儀式用ナイフ。黒い柄で、両刃、つまり鎬（しのぎ）の両側に刃がついているものを使うのが普通だが、切るためのナイフではないので刃は鈍くてよい。木、石、角、金属、黒玉（ジェット）など材質は様々で、（キッチン・ウイッチ[*41]が日常の家事に使っているものを魔術の道具にしているように）儀式用具への視覚化ができるならば普段使いのものでも構わない。儀式用具としておかしくない見た目であれば、ペーパーナイフやポケットナイフなどでもよい。柄の色に特に決まりはないが、伝統的に黒が用いられる。

ベル［Bell］：繊細な音色を奏でるごく小さなもの、あるいは大型のものを選ぶ。（繊細な音色のものは）儀式で妖精の民に呼びかけるのに使う。材質は真鍮、陶器、クリスタル、銀など。

ボーリーン［Bolline］：キャンドルに刻印、ハーブを刻む、糸を切る、その他魔術に関する作業に使用する切断工具。柄が白く両刃のものが伝統的に用いられるが、作業工具であれば何を使っても構わない。

ボウル［Bowls］：塩、水、供物用にひとつずつ。

箒［Bloom/Besom］：日用ではなく儀式用として1本用意する。魔法円の構築を行う時に儀式の場を掃き清めたり、まじないに使用する。

蠟燭立て［Candle Holder］：一本立て、枝付き燭台、奉納容器などを好きに選べるが、女神、男神、両神のキャンドル用に3つと、場合に応じて魔術作業に使うキャンドル用に1つ用意する。

大釜［Cauldron］：魔術作業に使用する金属製の深鍋。中でキャンドルを燃やす時に必要であれば、鍋の底に清潔な砂を敷く。溶けた蠟が溢れず、火事を起こさずに中で小枝を燃やせることのできる大きさのものを選ぶ。燃えている火にいつでも覆いができるように蓋付きが一番だが、なければ蓋を別に用意する。

吊り香炉［Censer］：香を入れ、魔法円の周囲を回る時に持ち歩いたり、祭壇に設置したりして使う。材質は真鍮や貝の他、どんなものでもよい（右記の「香炉」の項を参照）。香を固定して焼け焦げを作らないように、清潔な砂をある程度入れておく。

腰紐［Cingulum］：赤い絹または羊毛、綿で綯った9フィート（約2.74m）の紐。参入の儀（「儀式」の章を参照）で結び目を作ったものを、法衣とともに身につける。保管の際には祭壇に置くか、スタングの角やスタッフの上部に巻きつけておく。

水晶玉［Crystal Ball］：切子面のない滑らかな球体を選ぶ。気泡など、含有物が混じっていても構わない。透明な天然水晶は非常に高価だが、鉛を添加した人工水晶でもよい。

杯［Cup］：ケーキとワイン、エスバットの儀式などで使う飲料を入れておく。材質は陶器、銀、真鍮、水晶、木など。

香炉 [Incense Burner]：火をつけるタイプの香に使用。スティック型、コーン型、樹脂香用のお香立てが利用でき、木、陶土、セラミック、ガラス、真鍮、貝など、材質も様々（上記の「吊り香炉」の項を参照）。

五芒星紋[ペンタクル] [Pentacle]：円で囲んだ五角星形が刻印または描画された平たい円盤。木、粘土、セラミック、蠟、真鍮、銀、金でできたものの他、紙に描いただけのものでもよい。

皿 [Plate]：パンや、ケーキとワインの儀式で聖別された食べ物を置く。

法衣 [Robes]：儀式やまじないの種類により様々な色の法衣が必要となることもあるが、白か黒の基本的な色を用意。シンギュラム（腰紐）を腰に締めてもよい。

長杖[スタッフ] [Staff]：長いワンドとして扱われる。装飾を施したものを持ち歩いてクラフトを嗜んでいることを示唆するのもよいし、森を歩く時の杖として使ってもよい。

二叉杖[スタング] [Stang]：地面に刺す、あるいはスタンドに立てたものを祭壇の代わりとして使用可能。サバトに合わせて装飾を施す。

タロー・カード [Tarot Cards]：心を惹きつけられたデッキを選び、占いに用いる（「タロー」の項を参照）。所有するデッキはひとつでなくともよい。

魔杖[ワンド] [Wand]：30〜40cm。長くとも指先までの、前腕程度の長さであること。樹木が持つ力を考慮し（「照応」の項を参照）、オーク、ウィロー、ヘーゼル、アップル、エルダー製から選ぶ。自然からひとつ探してくるか購入するが、心を惹きつけられるものを選ぶこと。ワンドはウイッチクラフトともっともつながりの強い道具。

基本の用具

祭壇布 [Altar Cloths]：儀式の内容と季節により、カバーには様々なものを使用。美しい模様のついたサロン生地がよく使われる。

飲料 [Beverages]：フルーツジュース、ワイン、リキュールなど、いろいろな種類が選べる。

キャンドル [Candles]：奉納[ヴォーティヴ]キャンドル、先細[テーパード]キャンドル、ジャー・キャンドル、

成形キャンドル、ティーライト・キャンドルなど、種類、色合いともに様々。

チャコール・ディスク［Charcoal disks］：コーパルやドラゴンズブラッドのようなレジン香に使用。

布［Cloths］：タロー・カードや水晶、石を包む、ハーブの保管、形代やハーブ・ピロー／ドリーム・ピロー作りといった呪術で、様々な色合いの無地の綿布を使用する。

帯紐［Cords］：緑魔術の実践様式には３つあり、それぞれに決まった色が割り当てられている。文化的伝統の範疇で活動するエネルギーワーカーは金、自然に寄り添ってその力を使う者は赤、女神と男神に身を捧げた者は黒を用いる。色紐の組み合わせは魔術の様式によって変えられ、他の色と編み合わせて使用できる。参入の儀のシンギュラムの色である赤には献身の儀で黒が足されるが、当人の判断で赤のみという場合もある。金はエネルギーワークを、赤は力を、黒は知恵、そして神との結合を象徴する。

ガラス壜［Glass Bottles］：ハーブやオイル、その他必要な物品の保存、まじないに使用する。湧き水で濯ぎ、海塩で洗浄する。

ハーブ［Herbs］：種類豊富に揃えたハーブをラベルを貼った容器（ガラスのジャーが最良。プラスチック製は避ける）に収め、直射日光を避けて保存する。まじないに使用する。

香［Incenses］：スティック型、コーン型、レジン香とあり、香りも様々。レジン香を使う場合は専用のチャコールディスクを用意する。香に火をつけ、赤々と燃えているか確認したら、手で煽いで火を消し、煙だけが立つようにする（こうすると香りがあまりきつくならない）。

マッチ［Matches］：並型のものでも長軸のものでも、代わりにライターを使っても構わない。

楽器［Musical Instruments］：ドラム、ベル、フルート、ハープ、シストラム（古代エジプトのガラガラに似た楽器）、シンバル、ガード・ラトル（ヒョウタン製のガラガラ）などのガラガラを鳴らすと、瞑想、呪文の詠唱、エネルギーを高めるといった魔術的行為を助けてくれる。

オイル［Oils］：精油の種類は様々で（ローズマリー、サンダルウッド、ラベンダー、ベンゾイン、ローズゼラニウム、フランキンセンス、パイン〈マツ〉、

ジュニパー、ミントなど)、塗油(シナモンは避ける —— 炎症を起こす)やまじないに用いる。固定油(オリーブ、ヒマワリ、アーモンド、ホホバ)をブレンドして自分だけの香りを作ることも。

塩[Salt]:海塩と岩塩が儀式、まじない、浄化に使用される。

湧き水[Spring Water]:まじないや儀式で使用するものを自然の湧き水から汲んできて保存しておくか、包装されているものを購入する(プラスチックの容器から浄化を済ませたガラス壜に移して保存する —— 上項を参照)。

石[Stones]:水晶、半貴石、川や大地から拾ってきた石はまじない、ヒーリング、オーラワークに使用される。

縫い糸[Threads]:または様々な色の刺繍糸は、魔術品を縛るのに用いる。

タイル／三脚台[Tiles/Trivets]:熱で焦げないよう、下敷きに使う。

❋ 基本的な祭壇の配列 ❋

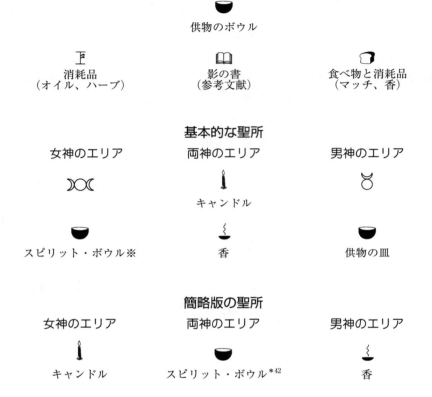

女神のエリア／両神のエリア／男神のエリアにはキャンドルや神々を表すものを置いてもよい。例として神々を象った像、石の他、女神を表す巻き貝と男神を表す鹿の角の壁掛けまたは動物の角など。

※**スピリット・ボウル**は素焼きの器を選び、受け皿か防水加工をしてあるマットの上に置く。ボウルに注ぐ飲み物には湧き水、ミルク、ビール、ミード、ウィスキー、ラム、ワイン、紅茶、リキュール、ワッセル酒がよく使われる。ボウルの飲み物は1日から数日という短い期間のうちに消えてなくなる。スピリット・ボウルの代用に普通のボウルやコップを使ってもよい。

供物の皿には材質を選ばない小皿を使い、新鮮な果物（オレンジやマンゴー

など)、カップケーキ、マフィン、雑穀パン一切れ、花や花弁、火を通していない生の小麦、米、大麦といった穀類など、任意の食べ物を置く。置く場所があり、雰囲気を損なわなければ、花瓶を聖所に追加してもよい。

　キャンドルは中央エリア正面に1本、あるいは女神と男神のエリアの肖像の前、または横に1本ずつ、計2本を置く。

　香の置き場所は中央エリアのキャンドルは、1本であれば正面にしてもよい。種類は様々だが、聖所が目を楽しませ、心地よさを与えてくれる限りは、置かれた部屋がどんな場所でも聖所に神の存在を感じることができる。掃除を欠かさず、時間を作って聖所の前に座る、あるいは立って神と交感し、返事に耳を傾けること。祭壇のように特定の儀式のために設えるものではなく常設の場である聖所は、神に祈願し、喜びと感謝を表現し、慰めを求める場所となる。祭壇は聖所に比べると倍の効力を発揮できる。

❋ 魔術に関する助言 ❋

◎魔術の品を購入する時は値段交渉を避ける

1. まず四大元素（と神）に、必要としているものに自分が買える値段でめぐり合えるよう頼む。
2. 支払う金額はそれなりの値段に設定すること。
3. 現れて欲しいと思っている品のイメージをはっきりと思い描く。
4. その品に出会ったら、自分の求めに応じてめぐり合わせてくれた四大元素の顔を立て、購入すること。
5. 使用する前に魔術の品は聖別の儀式にかける。

　因果応報の法則は魔術に関係する限り例外なく当てはまる ―― 従って、まじないとして送り出されたエネルギーが術者に戻ってくることももちろんだが、贈り物をもらいたければ贈り物をしなくてはならない。

1. 作法の心得を胸に留めておくこと。送り出したものは戻ってくる。
2. 道具、クラフト用具、カウンセリングを受け取る以上、金銭は対価とし

て相応しい額を支払うこと。
3. 自然から集めてきたものに対し、必ず何かを返すこと（呪術の原材料やクラフト用具として集めてきた場合）。返礼として祝福を与えたり、植物の周りの地面に五芒星を描く、ミルクや水を振り撒く、リボンや装飾品を枝に緩く結びつけることをしたり、少量の穀物、ハチミツ一塗り、砕いた卵の殻、コーヒーの滓、清潔な煙草の葉ひとつまみ、ブルーコーンの実を置くとよい。
4. あちらの人たちには絶対に「ありがとう」と言ってはならない——感謝を感謝とは受け取ってもらえず、召使い扱いを受けたと思われる。
5. あちらの人たちには常に心に感じている感謝をそのまま伝えること——例えば、自分の好みに合ったり素晴らしいと思ったものや、価値があると分かったものを贈られた時に。
6. 妖精からの贈り物はどんなものであっても必ず受け取り、感謝の意を表すこと。その時は必要のないものでも——いつか役に立つ時が来るので、受け取ったものは魔法の品を収める準備をしてある箱に保管しておく。
7. 竜に対して絶対に卑屈な態度を取ってはいけない——竜が助力を申し出たことに対して平伏することは侮辱と捉えられる——見る目がなかったと思わせることは竜を卑しめることになる。
8. 竜に対して決して傲岸な態度を取ってはいけない——美味しく食べられて終わりである。
9. ユニコーンを決して可愛いものと思ってはいけない——角が生えているのは伊達ではない。その先にいてはならない。
10. 身の回りを混沌の巷に変えたくなければ、呼び出したエレメンタルには必ず別れの挨拶をすること。
11. 力は術者を通じて働く。力を支配しようとも、命令しようともしてはいけない。
12. 愛なくしてクラフトに近づく者には、クラフトも愛を持って応えてはくれない。

❋ アルファベット ❋

◎ルーン文字*43

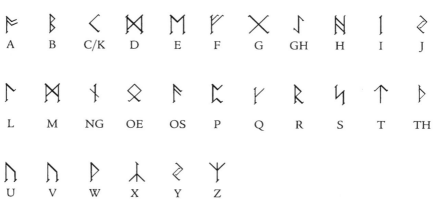

◎オガム文字*44

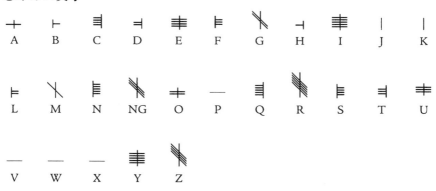

◎テーベ文字*45

🌺 カヴン用語集 🌺

1．カヴン［Coven］：魔女の集団。たいてい3から13人で構成される。
2．カヴンホーム［Covenhome］：カヴンの名前。
3．カヴンステッド［Covenstead］：カヴンが使用する限定領域。
4．ハイヴ［Hive］：大きなカヴンが複数の小さなカヴンに巣分けされること。
5．魔女の女王／魔女の王［Witch Queen/King］：女司祭長／司祭長（High Priestess/Priest）（創設者など個人の所有物というより、民主的な体制を敷いているカヴンが多いので、どこにでもいるわけではない）が開いたカヴンから巣分けされたカヴンを5個以上運営する者。

🌺 クラフト用語集 🌺

達人（アデプト）［Adept］：魔女団への参入を、特に儀式魔術を経て果たすことにより獲得する段階。物質的に何かを求める気持ちはなくなっており、スピリチュアル・レベルは自然を意のままに操ることのできる段階まで成長している。

アース神族［Aesir］*46：チュートンの魔術体系で、戦士および支配者階級にあ

る男神と女神が属する位階。セイズや緑の階級の魔女たちが信奉する自然神よりも政治的。

風 [Air]：東、日の出、黄・赤、子供時代、知性、思考、精神、タロー・カードの剣の組札、勝利、力、諍い、意識を象徴するエレメンタル。

アミュレット [Amulet]：ウサギの肢といった、加護を得るために身につける自然のオブジェで、魔除けやお守りなど。

両性具有者(アンドロジン) [Androgyne]：男女両方の性を持つ者、半陰陽(ハーマフロダイト)。全なる神の象徴。

精霊崇拝(アニミズム) [Animistic]：森羅万象に霊魂が宿るという考えで、それゆえに神の霊（あるいは力）は万物の内に存在するという見方。キー・フレーズ：あらゆるものは生きている。

アルダナーリ [Ardhanari]：全なる神として顕れるシヴァの半男半女名。

アサトル [Asatru]：アース神族への忠誠を表す、チュートンの伝統に従ったオーディン[*47]信徒たちの名前。ウイッチクラフトに主眼を置く自然魔術の行使者であるセイズとは対極に位置する。

アースガルズ [Asgard][*48]：チュートンの神々が統べる領域。アース神族の支配者、立法者、戦士たち、ヴァン神族の自然神たちの地に分けられる。

アストラル界層 [Astral Plane]：現実世界での物質界層、メンタル界層の外に広がる存在のエネルギーレベル。感じることのできるエネルギー。

アストラル投射 [Astral Projection]：肉体が睡眠またはトランス状態にある時に、空間と精神の両方、または片方を通じて、精神エネルギーを肉体から他の場所に移動させること。アストラル界を旅している投射体が物質界にも現れる場合がある。その時、投射体を生身の存在だと思った人間が投射体と交流を持つと、ひとりの人間が同時にふたつの場所に現れたことになる。

アサメイ [Athame]：風の元素を象徴する。魔女の儀式で使用される両刃のナイフで、男神のエネルギーを表しており、魔術でエネルギーに命令を与える役目を担う。切るための道具ではなく、黒い柄のついたナイフを選ぶのが普通だが、魔術でエネルギーの流れを操るのに用いられるナイフまたはナイフに似たものでもアサメイとなる。

アトゥム [Atum][*49]：エジプトで信仰されていた男にして女なるもの。カルナックに神殿を置いた。エジプトがローマ帝国の支配下に入っていた西暦4世紀

に神殿が法律によって閉鎖されるまで、大神として崇拝されていた。アトゥムはシュー（大気の男神）[*50]とテフヌト（湿気の女神）[*51]というふたつの側面を持ち、この二神の交わりからヌト（天空の女神）[*52]とゲブ（大地の男神）[*53]が生まれた。

俺（オン）［Aum］：その音は神の名を、文字は男、女、男女を意味する。「オーム・ナマ・シヴァーヤ」は男性面が強調された、シヴァのマントラ。

オーラ［Aura］：万物を幾重にも取り囲むエネルギー場。視認もしくは物理的に感じることで存在が理解され、魔法による操作を受ける。オーラにできた割れ目や穴は病気の原因となるが、その不調は水晶を用いる他、傷ついた部位に当てたヒーラーの掌からエネルギーを移す魔法で癒やすことができる。

追い出し魔法［Banishing Magic］：望まぬ存在を追い払う魔法──「追い返し魔法」と「祓除魔法」を参照。

感謝の祈り［Benediction］：儀式を締め括るこの祈りにより、祝福が与えられて受け取られ、貴婦人と君主がもたらす平和に感謝が捧げられる。

箒（ビーザム）［Besom］：魔法円の構築に先立ち、円陣から陰の力と混沌エネルギーを掃き出すのに使用される。

バインドルーン［Bindrune］：2または3個のルーン文字を組み合わせてひとつのシンボルにしたオリジナル文字で、魔術品に記す印章として用いられ、最後に描くルーンが全体を束ねる役目を果たす。

黒鏡［Black Mirror］：啓示と、闇の側面に属する瞑想で使用する道具。黒いガラスでできた鏡、または影のような映像を浮かび上がらせるために裏面を艶のある黒で塗りつぶしたガラスを用いる。磨いた黒曜石（黒い火山ガラス）といった、鏡として使われるものもこう呼ぶ。

血筋の魔女（ブラッドライン・ウィッチ）［Blood Line Witches］：一家相伝の魔女（ファミリー・トラディション・ウィッチ）または世襲の魔女（ヘレディタリー・トラディション・ウィッチ）。何代にも亘って家族や拡大家族の中で脈々と受け継がれてきた魔女の業を営む──アメリカ合衆国において、1940年代から始まったジェラルド・ガードナーとその分派が興した魔女宗を称す伝統の魔女（トラディション・ウィッチズ）とは異なる。

青の月（ブルー・ムーン）［Blue Moon］：太陽月で一か月のうちにめぐってくる二度目の満月。エネルギーを余分に付与する。

身体エネルギー点［Bodily Energy Points］：緑魔術では背骨の付け根、腹部、胃、

心臓、喉、額、つむじ（頭頂）にあり、四大元素のエネルギー点は両掌と足の裏にある──「チャクラ」を参照。

ボーリーン［Bolline］：ウイッチクラフトで何かを切ったり印を刻む時に使用する実用的なナイフ。普通、白か茶色の柄のものを選ぶが、1本のナイフでアサメイとボーリーンを兼用する魔女もいる。

影の書［BOS/Book of Shadows］：呪文や他の魔術の構築に関し、相関関係を書き留めたり、参照に用いる書物。魔女の業の特性についてもこの書の中に記されている。本書には倫理規定、個人の哲学、スピリチュアルに関する考察、瞑想、月相と季節別の儀式、道具の説明、アルファベット、レシピ、通路の儀式、特別な祭日、神々についての他、個人でクラフトを行う際に必要と思われる情報を収録している。

箒戸棚［Broom Closet］[*54]：魔女がクラフトの実践を明かさない主義か、クラフトを実践していることについて開け広げにしているかを表す比喩的言い回し。おそらくは箒を手に、箒戸棚の中にいるか外にいるかを表す。

魔法円の構築［Casting the Circle］：魔術や霊への働きかけを行う場として、儀式の初めに魔法円を構築する。魔法円の構築者は大地のエネルギーを取り込み、体内で自身のエネルギーと調和させたものを放出して球状の結界を築く。これは、術者自身のエネルギーの激しい消耗を避けるためである。

キャスティング・クロス［Casting Cloth］：キャスティングによる占いで使用する、図柄のついた敷布。通例、オガム・フューズ用だが、ルーンやタロー占いにも用いられる。

大釜［Cauldron］：まじないに用いる材料、霊薬、煎じ薬などを入れる道具。女神の実り豊かで再生をもたらす力の象徴。

ケルト人［Celts］：スペイン経由でアイルランドに到達したインド＝ヨーロッパ語族。元はインダス谷で発祥し、ヨーロッパ全土に移動してきたドラヴィダ系民族。

儀式魔術［Ceremonial Magic］：14〜16世紀ヨーロッパで創出された魔法体系。ペイガニズムとヘブライの魔術体系であるカバラを基盤とする。12世紀ヨーロッパの中世キリスト教的世界観が根底にある。

チャクラ［Chakras］：体にあるエネルギーセンター。普通、根／基底（生殖

器／肛門部)、仙骨神経叢（下腹部)、太陽神経叢（臍)、心臓、喉、第三の目、頭頂にあるとされ、身体エネルギー点と似る。両掌と両足の裏もチャクラに当たり、元素エネルギー点に似る。

チャージ［Charge］：目的を持って物品にエネルギーを注入すること。命令としても使われる。

チャージド［Charged］：エネルギーが充填された状態。祝福を施した水のように、神の力が籠められている。

チャーム［Charms］*55：魔法エネルギーを籠めて作られた物品で、目的（保護を求めたり、お金、恋愛、友情を引き寄せるといった）を達成するために身につけたり安置したりする。

魔法円［Circle］：呪術用として高めたエネルギーを保持するために創られる儀式の場。大地から魔女に取り込まれたエネルギーは体内で術者のエネルギーと混じり合って高められ、円陣の結界を形成する。魔法円が解放されると、エネルギーは魔女の中に引き込まれた後、両掌で地面に触れることによって大地に返され、消散する。このエネルギー場は静電気のように負のエネルギーを吸い寄せて、その場に留めておくものではないが、常に純粋で清浄を保ち、神聖な場に入ってくる陰や混沌エネルギーを退ける。

浄化［Cleansing］：混沌として不純なエネルギーを物体から取り除くこと。陳列棚や人の多い場所、他人の手が触れる環境にある間に吸い込んでしまうことが多い。海塩や湧き水に漬けることで、外部から持ち込まれたエネルギーを綺麗に落とすことができる。清めに使った水や塩はエネルギーを吸い込んでいるので捨てる。

相対魔法［Comparative Magic］：「これはあれの代わりとなる」。緑魔術で使用される呪術の一形式。まじないをかける物品と実際の魔術の対象との間に関係を築き、一方がもう一方の代わりとして振る舞うようにする（魅了および成長の呪文で使用。エネルギーを付与された種を植える時など)。

力の円錐［Cone of Power］：魔術に使用するために魔法円の中で高められ、保持されているエネルギー。エネルギーは最高位にまで高められた時に放出され、効果的に魔術を発動させる。

感染呪術［Contagion Magic］：ウイッカ*56で細分化された共感呪術のひとつ。

呪術の対象と接触していた物品にまじないをかける。

封じ込め魔法［Containment Magic］：保護または防御の魔術。内にある陽のエネルギーで場の安全を守り、陰のエネルギーを寄せつけない。陰のエネルギーの発生源に覆いをすることで、エネルギーの拡散を防ぐことも――「偏向魔法」と「反射魔法」を参照。

照応［Correspondences］（コレスポンデンス）：自然のアイテム、色、時間帯、曜日、シンボル、アルファベットへの置き換え、月相と太陽相、その他魔術の構築や解釈に使用するものと魔法エネルギーの相関関係――「照応一覧」を参照。

連珠形［Cosmic Lemniscate］：無限大の記号。8を横にした形をしており、魔法円を構築する際に祭壇の上空に描き、両界の狭間に立っていることを表す。

カヴン［Coven］：ウイッカ／ウイッチクラフトの実践者の集まり。呪術の実践には通例、特定のトラディション、またはそのカヴンで認められた式次が厳守される。カヴンのメンバーは普通、12名の団員と1名の司祭または女司祭／司祭長または女司祭長の計13名からなるが、男女2人の指導者を置く場合もある。

カヴンホーム［Covenhome］：魔女のカヴンの名。用例、「彼女のカヴンホームは聖なる車輪のカヴンだ」

カヴンネーム［Coven Name］：カヴンの参入者に与えられる、内苑で使用される名前。

カヴンステッド［Covenstead］：カヴンとしてのトラディション、教派を同じくするカヴンが、テリトリーの重複を防ぐために設けられた限定領域（半径8キロ程度）。クラフトに興味を持つ人々が増えるにつれ、この慣習は事実上の廃止となるかもしれない。

クラフト［Craft］（ウィッチクラフト）：魔女の業。異教のヨーロッパで信仰された古代宗教。ウイッカ。

クラフトネーム［Craft Name］：魔女がクラフトで使用するために自分でつける魔術名／スピリチュアル名。ペイガン・コミュニティ内や、外苑が行う魔法円の儀式で公然と名乗ることができる。カヴンネームとしても使用できるが、参入時に新たに命名するカヴンが多い。

クロス・クォーターズ［Cross-Quarters］：サウィン、インボルク、ベルテーン、

ルーナサーのサバト。白のサバト、大サバトとも。地域の伝統として丘の上で篝火が焚かれる。

杯［Cup］：水の元素の象徴。儀式では飲み物の器として使用され、受胎しやすい女神の肥沃な子宮を象徴する。

呪詛［Curses］：負のエネルギーの発生領域内に悪意を収める。

ディーナ・シー［Daoine Sidhe］：あちらの人たちもしくはシーの強大な一族や貴族。

闇月［Dark Moon］：墓と胎の側面にある、変容する者としての女神を表す。魔術やまじないを行うよりも、瞑想や占いに向く時。

闇の力［Dark Power］：通例、女神と男神の闇の側面から引き出される陰／混沌のエネルギー。形を変えることができ、創造性と斬新さに富む。

偏向魔法［Deflection Magic］：負のエネルギーを無作為かつ手当たり次第に雲散霧消させることで、不特定多数の悪意や他人の害意を除去する魔法——「封じ込め魔法」と「反射魔法」を参照。

ジャーシル［Deosil］：時計回り。空での太陽の動き。

デーヴァ［Deva］：ヒンドゥー教における輝ける者たち。神性存在。

デーヴィー［Devi］：女神。シャクティの名。

ドゥマーヴァティー［Dhumavati］：シヴァのいないシャクティの老婆の側面。

ディガンバラ［Digambara］：空衣または虚空を着た者（スカイクラッド）。シヴァの名前。時代を重ねるうちに、裸で魔術を行うことを意味する語として解釈されるようになった。ジェラルド・ガードナー[*57]はシヴァ信仰の篤いスリランカで何年も過ごしており、その経験からウイッチクラフトのガードネリアン・トラディションに取り込まれた語句だろう。チャールズ・リーランド[*58]も『アラディア』執筆以前、まだ大英帝国領であったインドに国防軍として駐留していたおりにインドの宗教に接触しており、『女神の誓言』という詩編に、エスバットの儀式を裸で行う描写がある（「スカイクラッド」を参照）。インドには宗教上、常に裸で修行をする行者の歴史がある。

指向魔法［Directive Magic］：「これはあれに影響する」。緑魔術で使用される呪術の一形式。ある物体のエネルギーが動いて他に影響を与える。高められ、集束し、方向性を与えられ、送り出されたエネルギーにより、目的が達成さ

れる（通常、あらゆるタイプの魔法で使用される。照応一覧によく関連する）。

月降ろし［Drawing Down the Moon］：月のエネルギーを水に降ろし、祝福する儀式。また、女神を術者の内に降ろし、交感と神託を得る儀式。

引き寄せ魔法［Drawing Magic］：術者の元に何かをもたらす魔法。エネルギーの影響の誘引と発動。

ドレッシング［Dressing］：キャンドルといった呪術用具に適切なオイルを塗布すること。儀式の手順のひとつで、前もって道具を聖別しておくことにより、引きつけられたエネルギーに命令を与え、目的を達することができる。

大地［Earth］：北、真夜中、緑・黒、老齢、強さ、安定、英知、タロー・カードのペンタクルの組札、ビジネス、お金を象徴するエレメンタル。

二つ名［Eke Name］：カヴンネームまたは内苑名。クラフトの術者が円陣の内で名乗る名前。

元素エネルギー点［Elemental Energy Points］：両掌と両足裏。緑魔術のトラディションでは右手は火、左手は水、左足は地、右足は風を表す——「チャクラ」を参照。

四大元素［Elementals］：個別の存在と力として表される女神と男神のエネルギー原型。地風火水の四元素に体現される。エネルギーを集束させる際に力として働くが、単純なエネルギーや召使いとして使役されるのではなく、大いなる力として敬意を持って扱われる神の力の放射物。しかし、元素崇拝という言葉に定義されるようには信仰されない。水と地は女神、風と火は男神に属するとされることが多い。こういった区分は太陽神（ルー[*59]、ベル[*60]）／天空神（アン[*61]、ホルス[*62]、ユーピテル[*63]）および、月女神（ヘカテー、ディアーナ[*64]、ベンディディア）／大地女神（フレイヤ[*65]、キ[*66]、ハルダ）のイメージを反映しているが、大地神（ケルヌンノス、フレイ、ゲブ、緑の男、有角神）と海神（ポセイドーン[*67]）、創造的思考の女神（ソピアー[*68]）と火山の女神（ペレ[*69]）というように入れ替わりうる。

エレウシスの秘儀［Eleusian Mysteries］：デーメーテールを称え、エレウシスの都で毎春行われるギリシアの秘密の儀式。この時行われるデーメーテールの秘儀への参入は、毎年繰り返される穀物と植物の死と復活を象徴したもの。大地がめぐる命の円環と、大地の一部である人間たちとの関係を示したもの

で、万物は種から生まれ、死に、また種に戻って生まれ変わるという考えを表している。儀式の参加者は誰もが変容を経験し、霊魂の不滅を知ることで全く違う人間に変わることが知られている。ここに見る復活のモチーフはサバトの儀式の中で扱われている。

エーリュシオン [Elysium Fields]：理想的な幸せと喜びに満ちたギリシアの平原。他者を傷つけたことのない、善き人生を送ってきた者が死後に向かう楽土。ウイッチクラフトとウイッカでは夏の国として知られる、冥界の休息の地に相当。

エスバット [Esbat]：魔女による月の祝賀。満月と新月を称える。語の意味には祝賀の他、呪術を伴うことが多い。

エーテル界層 [Etheric Plane]：物質界層やアストラル界層ではなく、その中間で両界層をつなぐ通路として働く存在のエネルギーレベル。緑魔術における灰色の径。

祓除魔法（ばつじょ） [Exorcising Magic]：陰のエネルギーを払い、戻ってくるのを妨げることで、陽のエネルギーを呼び込む魔法――「追い出し魔法」と「追い返し魔法」を参照。

悪霊祓い [Exorcism]：迷い、混乱し、あるいは自分が肉体を抜け出て霊的存在に移行していることに気がつかずに、死の通路を行く霊魂に差し出される助けの手。陰のエネルギーを散らし、陽のエネルギーが入れるようにする。

使い魔 [Familiar]：魔女が使役する動物、または魔術を助ける精霊。

火 [Fire]：南、正午、赤・白、若さ、エネルギー、動かす力、情熱、タロー・カードのワンドの組札、野心、キャリア、創造性を象徴するエレメンタル。

フレイ [Frey]：君主。フレイヤの双子の兄で、チュートンの世界体系での緑の階級、ヴァン神族の一員。自然界、動物、土地、豊穣、色情、平和、安寧を司る男神。

フレイヤ [Freya]：貴婦人。フレイの双子の妹。チュートンの世界体系での緑の階級、ヴァン神族の一員で、法と創造を司る階級に移ることができる。自然、魔術、自然の周期を司る女神で、魔術（セイズ）をオーディンに教授した。猫と関わりが深い。

満月 [Full Moon]：肥沃と思いやりを司る貴婦人である母の相にある女神を象

徴する月相。完成、保護、封じ込め、結実、エネルギーと精霊を称える、月降ろしといった魔術／呪術に向く時。

燻煙［Fume］：香の煙を振り撒き、場を浄化すること。スマッジングとほぼ同じ。

ガルスター［Galstar］*70：チュートンのルーン魔法体系の儀式。

ジェネレーター［Generator］：他の水晶へのチャージを行う大型の水晶。チャージされた石や水晶をジェネレーターの水晶を載せたペンタクルに置くことで、聖別もできる。この水晶を通じて魔術を頻繁に行うと、魔女と石の間にエネルギーで結びついた緊密な関係が築かれる。

大サバト［Greater Sabbats］：女神と男神がめぐる神話的周期における収穫の祭。サウィン、インボルク、ベルテーン、ルーナサーを指す。白のサバトとも呼ばれ、一年の車輪ではクロス・クォーターズに当たる。

緑の男（グリーンマン）［Green Man］：原始の森の君主、自然を知ろしめす者としての男神。神秘の明かし手で、神秘の知恵を学ぶ者たちの師。祭日は五月で、五月の王（メイ・キング）*71、ケルヌンノス、緑のジャック（ジャック・オー・ザ・グリーン）*72、森のロビン*73、夏の君主、タロー・カードの愚者と関わりがある。アドーニス*74、アッティス*75、ディオニューソス、タンムーズ*76、シルウァーヌス*77という森林地帯／復活を司る神々とも関係がある。

緑のサバト［Green Sabbats］：冬至と夏至、春分と秋分に当たるクォーターもしくは小サバト。ユールとリーサ、オスタラとメイボン。

緑魔術［Green Witchcraft］：自然の力に添ったウイッチクラフトと、オーミエルの家族で母から娘へと伝えられてきた一家相伝のクラフト両方の俗称。後者は古代宗教の基本となる側面を礎とし、自然に根ざし、四大元素やあちらの人たち、女神と男神、ハーブや自然物、大地のエネルギーの力を借りた呪術でクラフトを行うもの。クラフトを精霊崇拝的、汎神論的なものと見做し、月と太陽を象徴とする大地母神と有角神の仮の姿、原始の森を知ろしめす貴婦人と君主を神とするが、その他多くの自然的（政治的なものより）側面も含まれる。高められたエネルギーは魔女に内在するエネルギーと結合すると、集束して方向性を与えられ、解放されて送りこまれ、目的を達する。宗教やスピリチュアリティのひとつと見做されることから、魔女という名称は高潔で霊的な意味を持ち、チュートンのセイズの概念と結びつきがある。

森の女／森の貴婦人(グリーンウーマン／グリーンレディ) [Green Woman/Lady]：フローラといった森の女神。妖精、グリーンスリーヴス*78のようなエルフ的モチーフと関わりがあることが多い。

魔術書 [Grimoires]：グリモワール。時にグリモアと発音され、グリムワーとも。Grammar（文法、文法書、入門書）という単語と関連があり、12世紀から16世紀のヨーロッパで儀式魔術師たちが作った魔術の決め事が記された書物。ペイガニズム、12世紀ヨーロッパのカバラ、中世キリスト教的世界観に基づく複雑な儀式の式次に加え、魔術師の意のままに奉仕させるための精霊、悪魔、天界と地獄の天使（多くはペイガンの神々に由来）の召喚／送還の方法についても記されている。こういったエネルギーに外から命令を下して魔術を行使するため、力持つ名前、事物と魔法の力との照応や相関関係、紋章と印章などに関する知識も収められている。最近になって魔女の影の書に代わる言葉として使われるようになった。

グラウンディングとセンタリング [Ground and Center]：両足や両手を通して体内の静的エネルギーを地面に流して身中を穏やかにし、両足から強力な大地のエネルギーを引き上げること。取り込んだエネルギーが内部のエネルギーと縒り合って調和することで、呪術の準備を整える。魔法円の構築と呪術に際し、術者のエネルギーの消耗を避けるために行う。

グラウンディング [Grounding]：魔術を行った後に両掌で地面／床に触れ、過剰なエネルギーを逃がす行為（いらいらや頭痛、神経過敏を防ぐ）。過剰エネルギーの放出は魔法円の構築、儀式、瞑想、まじないなどの魔術行為のためのエネルギー亢進が完了した時に行う。

ハロード [Hallowed]：「尊い」、「神聖な」の意味を持つ語。

ハローズ [Hallows]：「神聖な」、「尊い」、「聖別された」の意味を持つ語。世界間を隔てるヴェールが薄くなって容易に行き来できるようになる時。闇の男神が通り抜けていくことで老婆の墓が母の胎に変容して男神をユールに産み落とす準備をするが、その瞬間はハロウィーン（サウィン）に迎えられ、その間、全ての世界がつながり、祝福され、神聖化される。

穴石 [Holey Stone]：川や海の作用で中央に穴が穿たれた石や岩。女神（ヨーニ）の再生の力を象徴する。夏至にエルダーの花木（乾燥させたエルダー・

フラワーは紅茶に加えると風味が増す）の下に立って穴を覗くと、妖精が見えるとも。

類感呪術［Homeopathic Magic］：共感呪術から分派したウイッカの術法。緑のキャンドルが金運を呼ぶといった相関関係に基づいた呪術。

内在［Immanence］：神が身近にいて、万物に存在していること。

宿り［Inhabited］：石や水晶をときおり住処とする妖精の友や霊的存在のこと。物体を通して接触を持てる。

カーリー／カーリーマー［Kali/Kalima］：生から死への通路、再生のシャクティが持つ黒き者／黒い母の側面。人々を恐れと蒙昧から解き放つ者でもある。

業（カルマ）［Karma］：今生での行いが次の輪廻転生後のあり方を決めるというヒンドゥーの考え。

ケン／ケニド／ケニング［Ken/Kenned/Kenning］*79：確信的、是認的に何かを知るという包括的感覚。精神的に理解し、感情的に感取し、肉体的に感受することで、何を知っているか疑いの余地がなくなること。そこから、直覚的洞察。

貴婦人と君主（レディ／ロード）［The Lady and the Lord］：古代宗教、従って、ウイッチクラフトが崇める女神と男神。自然と宇宙を司り、力を放射する神々。

小サバト［Lesser Sabbats］：ユールとオスタラ、リーサ、メイボンの二至二分。緑のサバトとも呼ばれ、一年の車輪ではクォーターズに当たる。

供物［Libation］：女神と男神への捧げ物。式次に別の指示がない限り、儀式用の飲み物の第一献と、儀式用の食べ物の最初の一口とするのが普通。捧げ物は地面に注ぐか、供物のボウルに注ぎ入れ、後で地面に空けるか、大地に還るイメージを視覚化しながら流す。

光の力［Light Power］：通例、女神と男神の光の側面からもたらされる陽／秩序的なエネルギー。

リンガ［Linga］：男神、特にシヴァ神の創造／生殖の力を表す男根像。

照応一覧［List of Correspondences］：クラフトの実践で使用されるアイテムと魔術的機能の相関関係を載せた一覧。色、ハーブ、曜日、時間帯、魔法の趣旨など。例を挙げると、緑のキャンドルとミントの葉を使って木曜日の日没から3時間後にまじないをかけると、金運を呼ぶ——「照応表」を参照。

君主と貴婦人［Lord and Lady］：自然と宇宙に坐（いま）す、古代宗教で信仰された男神と女神を表す古い名称の数々を直訳したもの。

月蝕［Lunar Eclipse］：墓であり胎である女、そこから変化する女なる老婆の相に顕れる女神の闇の側面の表象。

魔法［Magic］：エネルギーを高め、集束させ、方向性を与え、解放し、送りこむことで変化を創り出すこと。

マハーデーヴィ［Mahadevi］：大いなる力を誇示する、大いなる母であるシャクティの名。

マヌ［Mannuz］：宇宙と神の一部としての自身。

マントラ［Mantra］：エネルギーを高める詠唱。個人によって違い、秘密とされることも。

瞑想［Meditation］：頭の中のお喋りが止まり、意識の変性状態が始まる静かなリラックス状態。意識は抑制され、潜在意識の働きが支配的になる。緊張が緩み、影響を受けやすくなっている状態。

中界［Middleworld］：オガム占いおよびケルト的世界観における物質界。占いの開始点に当たり、場の中央に投げられたオガム・フューズ（オガム文字を刻んだ占い棒）の啓示はここから他の世界と領域に動いていく。領域は４つあり、試練と諍いの領域である北のカー（Cath）、繁栄と収穫の領域である東のブロー（Blath）、調和と安寧の領域である南のシェーシュ（Seis）、学びと知識の領域である西のフィシュ（Fis）。

ミー［Midhe］：オガム占いで用いるキャスティング・クロスの中心点。投げられたオガム・フューズに従い、読み手はここから異界に上がり、あるいは冥界に降りて意味を拾いながら、啓示を読み解いていく。

月［Moons］：ユールに当たる12月の満月を初めとし、樫（12月）、狼（１月）、嵐（２月）、野ウサギ（３月）、種（４月）、木の精（ドリュアス）（５月）、ハチミツ酒（６月）、薬草（７月）、大麦（８月）、収穫（９月）、狩人（10月）、雪（11月）の、12の満月が一年のうちにめぐってくる。また、暦年上、13の満月がめぐって来る年があり、その月を青の月と呼ぶ（ひとつの太陽月で二度目の満月）。暦月に関係なく赤／赤褐色に染まった満月は血染めという呼称が与えられ、どの名あり月であっても——８月から10月に多く見られる——その月にエネ

ルギー、力、攻撃性を付与する。妖精の月(シー・ムーン)は太陽月で二度目の闇月。

月相[Moon Phases]：満ちゆく月は物事の開始と魔法の展開を守護する（乙女の相）。満月は完成、エネルギーと霊魂の崇拝、月降ろし（母の相）。欠けゆく月は消散、放逐、祓除（老婆の相）。闇月／新月は瞑想と啓示（女神の隠された顔／神秘の女神の相）。新月の祝いは欠けゆく月の最後に残った銀光の中で行われることもあるが、闇月は全くの闇の中で祝われる。

神秘の月[Mystic Moon]：女神の隠れた顔として見る時の闇月。三相女神の象徴とされる、闇に飲みこまれる前の最後の三十日月(クレセント)と同一視されることがなければ、新月とも呼ばれる。

力の名前[Names of Power]：力を高めるために詠唱する名前。魔術書にある悪魔、天使、オリンピアの精霊たちに再定義された古代の神々の名前を用いてもよいし、エネルギーの高まりがもたらす狂乱で（舌がかりのように）口走る名前でもよい。

ナタラージャ[Nataraja]：舞踏の王／舞踏の君主。宇宙の踊り手なるシヴァの側面。宇宙の崩壊と再生の踊りを踊る、時であり永遠であり乱されぬ者。

新月[New Moon]：老婆の相にある女神を象徴する月相。また、闇の貴婦人、知恵を象徴。闇月になる前に最後に残った銀光なので、消散と排斥の魔術に向く時。また、瞑想、啓示、闇の力を用いた魔術にも。

オガム[Ogham]：一文字一文字に樹木／灌木の名を冠した古代ケルトのアルファベット記号。魔術的な記号として、まじないや魔術的作業を行うおりに印章に用いられる。

古代宗教[Old Religion]：キリスト教以前のヨーロッパで信仰された、シャーマニズムと自然の力を基盤とした宗教。

魔法円の解放[Opening The Circle]：魔法円の中で行われた魔術や霊的な作業が終わった後に魔法円を壊し、儀式を終了すること。この行為で魔法円を覆っていたエネルギーは術者の中に戻って吸収される。過剰なエネルギーは地面に両掌をつけて排出する。

異界[Otherworld]：あちらの人たちが住む世界。エルフ（シー）、美しき人々や妖精たちを指す。オガム占いおよびケルト的世界観における不死なる地。老齢と知恵、死、変容、不死の領域である北の古(いにしえ)の野、セン・モイ（Sen

Magh)。肥沃、変化、発展の領域である東の喜びの野、モイ・メル（Magh Mell)。幸福、目覚め、再生、平和の領域である南の霊妙なる野、モイ・イナニー（Magh Ionganidh)。光、霊感、優しさ、永遠、美の領域である西の銀の野、モイ・アルゲトネル（Magh Argetnel)。以上、4つの領域からなる。

神託所 [Oracle]：古代、神の啓示と預言が下された場所。普通、女司祭の口を借りて告げられた。神託は「神のお告げ」の意。

ペイガン [Pagan]：「田舎の」の意。ヨーロッパ全土が新宗教に改宗していた時期に、古代宗教への信仰を捨てずにいた辺境の人々の宗教。現代では区別なく、キリスト教徒、ユダヤ教徒、ムスリム、無宗教者ではない人を意味する語として使われる。古代宗教の慣行と信仰を復活させたウイッカ、魔女、ドルイド、オーディン信徒、その他スピリチュアル・グループによってこの名称は再び使われるようになった。

汎神論 [Pantheistic]：全てのエネルギーと事物は神が持つ側面の顕れであり、従って、神はあらゆるものに宿っているとする観念。キー・フレーズ：あらゆるものは神なり。

パールヴァティー [Parvati][*80]：大地母神としてのシャクティの側面。ヴェーダのヒンドゥー教ではシヴァの妻とされる。

パシュパティ [Pasupati]：齢三万歳を数える、動物たちの君主／獣の君主としてのシヴァの側面。

五芒星紋 [Pentacle]（ペンタクル）：地の元素の象徴。ただし、ペンタグラムの刻印のある物品、護符や宝石、その他の装飾品や魔除け（円に囲まれた五角星形）もそう呼ぶことがある。魔女の祭壇に用いられる、木、タイル、金属などに円で囲まれた五角星形を描画、彫刻、刻印したもの。有角神、三相女神、惑星印章といった他の象徴を時に含むことがある。

五芒星 [Pentagram]（ペンタグラム）：線描、彫刻、あるいはジェスチャーで描かれた五角星形。普通、円の中に描かれ、5つの角が四大元素と霊を表す。風と水を左右の腕に、地と火を左右の脚、霊を頂点の角に、術者を中央に置くのが一般的だが、呪術の最中であれば特別に、術者を頂点に、霊を中心にして両者の位置を逆転させてもよい（この場合、ペンタグラムの図が身体上の元素エネルギー点と一致せず、流派によって違うことにも注意)。

形代[Poppet]：魔術の行使に使用する人形。普通、ハーブや中綿を詰めて作り、手伝いにしたり誰かの身代わりにしたりする。

力の手[Power Hand]：使いやすい手のこと。力を求める儀式の式次第中、利き手の代わりに用いられる表現。

力[The Power]：四大元素、神々の他、太陽、月、地球、惑星、星々、彗星、隕石などの天体を通して表される、宇宙に遍在する神の生命エネルギー。このエネルギーを感じ、動かせる者は力の所有者、つまり魔女といえる。

保護魔法[Protection Magic]：封じ込め／偏向／反射魔法。

除去と解放[Purgings and Releasings]：下位の悪霊祓い魔法。陰の力や障害を浄めて退け、吸収した陰の力をグラウンディングで埋め込んで、負のエネルギーを追い払う。

クォーターズ[Quarters]：ユール、オスタラ、リーサ、メイボンのサバト。緑のサバト、小サバトとも。魔法円の構築と解放において四大元素が降りる四方位点も指す。

騎行[Rade]：騎馬行。死者の霊を集める狩人が率いる狩猟行を指す。幽霊の狩猟行や騎行は渦巻くような黒雲がどんどん流れていく嵐が荒れ狂う中、通り過ぎていく。

反射魔法[Reflection Magic]：負のエネルギーを退け、発生源に送り返す魔法。「送り手に返送」魔法で使用 ── 「封じ込め魔法」と「偏向魔法」を参照。

追い返し魔法[Repelling Magic]：存在している、あるいは術者に迫っているものを退ける魔法。下位の祓除魔法である除去と解放を行い、エネルギーの影響力を追い出して祓う ── 「追い出し魔法」と「祓除魔法」を参照。

報復魔法[Retribution Magic]：負のエネルギーを送り手に返送し、そこに封じ込める魔法。普通、ハーブのエネルギーを付与することで行う。

送り手に返送魔法[Return-to-Sender Magic]：有害な陰の力を意図的に発生源に送り返す魔法。

儀式[Rituals]：魔術的、もしくは宗教的典礼。エネルギーを高めて神との交感を行ったり、呪術という形で魔法の力が行使される。

ルーン文字[Runes]：古代のチュートン人およびノルウェー人が使用したアルファベット。それぞれの文字に魔術的な意味合いが籠められており、まじ

ないや魔法の力を行使する際にしばしば印章として使われる。

サバト [Sabbat]：4つの太陽祭と4つの農事祭からなる、ウイッチクラフトとウイッカで祝われる8つの祭日。太陽祭は春分と秋分、夏至と冬至の祝い。農事祭は8月（穀物）と10月（根菜）の収穫、2月の羊の出産期、春爛漫の5月の祝い。南半球ではサバトを逆転させ、季節に適した祭日を祝う者もいるが、ヨーロッパの伝統の一環として遵守し、日付を変えずに祝われてもいる。

聖人の祝日 [Saint's Days]：カトリック暦で祝われる祭日。キリスト教以前に祝われていたペイガンの祭日を元にしているため、大半の日付がペイガンのものと一致している。庶民の祝祭日となり、新宗教の聖人や殉教者の名を冠されてペイガンの焦点は変容したが、宛がわれた名前は架空の人物やカトリックに改宗した人間に改変された土着の神々、あるいは個人レベルの奇跡が報告されて公式に列聖された聖人にちなんだ名を持つ実在の人物のものだった。

水晶占い [Scrying]（スクライング）：霊能力による占い。啓示は雲、煙、飛ぶ鳥など、自然の中に顕れるだけでなく、黒鏡、水晶玉、水鏡といった魔術具にもヴィジョンとして浮かんでくる。黒曜石のように陰影を映し出すものなら、何でもスクライングの媒体として利用できる。

紋章 [Seals]：魔法の図形。シンボルを利用したものや、名前や惑星を数値等価法で変換して魔方陣に当てはめ、場合によってはそれに印章を重ね合わせたものを用いる。

セイズ [Seidhr][*81]：緑、つまり自然に主眼を置いたウイッチクラフトの実践、ひいては緑の魔女を指すチュートンの言葉。

影の国 [Shadowland]：物質界、あるいは中界での生を全うした霊魂の休息の地である冥界の領域。影の君主の側面にある男神と老婆の側面にある女神が治める、平穏と微光に満ちた地。霊魂はここで休息を取った後、新たな生を受けるために夏の国に行き、再生の大釜に入る──「冥界」を参照。

シッダ [Siddha][*82]：ヒンドゥーの教えで、マントラの詠唱によってエネルギーがチャージされた状態。

シー [Sidhe]：アイルランドの妖精族。トゥアハ・デ・ダヌ（Thuatha de Danu）。

シー・ムーン［**Sidhe Moon**］：太陽月の一か月でめぐってくる二度目の闇月。異界とつながりを持つ、ディーナ・シーへ働きかけるといった行為を支援し、魔術的作業に心霊エネルギーを付与する。

印章［**Sigils**］：線描や彫刻された、魔法の力を持つ意匠。儀式魔術で使用される紋章（惑星聖霊、惑星魔方陣、オリュンポスの精霊〈惑星の七精霊〉、カバラなどから取った意匠）、魔術の行使者による創作（三相女神紋、三日月紋、太陽十字紋）、魔女の印章輪や魔方陣上でキーワードとなる文字列を一筆書きでつなげて得られる線形などが使用される。魔術の焦点としての機能を持つ。

空衣〔スカイクラッド〕［**Skyclad**］：ウイッカの儀式で、一糸まとわぬ姿でいること——「ディガンバラ」を参照。

燻煙浄化〔スマッジング〕［**Smudging**］：ネイティヴ・アメリカンの浄化の儀式。煙を通じて場所や人を清らかで汚れのないものする。普通、セージのみ、もしくはセージ、スイートグラス、レモングラスを合わせて焚いた煙を利用するが、煙草の葉を用いることもある。魔女が行う魔法円の構築、ヒーリング、浄化の儀式で使用される——「燻煙」を参照。

日触［**Solar Eclipse**］：闇の君、影の君主、死、混沌、再生、狩人、幽霊の狩猟行の長として顕れた男神の化身の表象。

かくあれかし！［**So Mote It Be!**］[*83]：「そうならんことを！」の意味を籠め、断言、呪文の結句、魔法円の構築と解放などの儀式の折々に用いる強調語。代わりに「為されり！（It Is Done!）」を使ってもよい。

舌がかり［**Speaking In Tongues**］：エネルギーが高まる恍惚の中で譫言を漏らすこと。その時の様子が、話者が知らない他言語を喋っているとか、霊が憑依して翻訳なしのやり取りをしていると認識されうる。この現象は参加者全員が女神の霊に満たされる月降ろしの儀式や、参加者全員が男神の霊に満たされる太陽降ろしの最中に見られることがある。

まじない［**Spells**］：目的を達するために儀式で集められ、指示を受ける魔法。儀式の際に言葉を発したり定型句を唱えたりする行為、煎じ薬やチャーム、アミュレット、タリスマンなど、魔術的目的を持って作られたアイテムにはエネルギーを移動させる力がある。まじないはその力を利用し、意図を明ら

かにすることで、魔法の働きを収める器となる。

夏の国［Summerland］：休息を取る霊魂が光と喜びの楽園で至福を享受する冥界の領域。霊魂はこの地に留まるか、再生を目指す。ギリシア世界観におけるエーリュシオンに相当。

シンボル［Symbols］：クラフトワークやまじないで使用される文字や意匠。

シンボル化［Symbolism］：啓示によって得られたイメージや予兆を読み取り、翻訳すること。

共感呪術［Sympathetic Magic］：「これはあれなり」――緑魔術で使用される呪術の一形式。物品を実際の魔術の対象と見なしてまじないをかけるもの（ポペット、印章と紋章、魅了魔法）。魔術とは、万物はエネルギーを通じてつながっているという理解に基づき、相関関係を利用して行使されるものなので、現代のウイッカでは全ての魔術が共感呪術として考えられていることに注意。共感呪術はさらに感染呪術（対象と接触を持った物品を使用する）と類感呪術（緑がお金を惹きつけるといった、相関関係のみを使用する）に分けられる。

照応表［Tables of Correspondences］：呪術に用いる素材およびエネルギーと特定の魔術の対象との相関関係。色、ハーブ、香、オイル、水晶と石、数字、惑星、曜日、時間帯、月相、ルーン／オガムのシンボル使用など――「照応一覧」を参照。

タリスマン［Talisman］：幸運をもたらす、庇護を与える、災いを退けるなどの魔術シンボルが刻まれた、指輪やペンダントといった物品。魔除けの一種。

タロー［Tarot］：インドで発祥し、ロマ（ジプシー）によって北イタリアに伝えられたものを起源とする、78枚のカードからなる組札。元々は15世紀のタロッキというゲームで使用され、現在では主に占いに用いられる。デッキは78枚のカードで構成。元型を表す22枚の大アルカナ、普通のトランプ・カードと変わらない52枚に、4つのスートそれぞれに小姓または姫君の絵札を足した小アルカナ。現代のトランプはソードがスペードに、カップがハートに、円盤／硬貨／ペンタクルがダイヤに、ワンド／ロッドがクラブになったもの。

タット［Tat］：「あれ」。ヒンドゥーの教えで至高存在を指す名前。

トラディション［Traditions］：1940年代以降、ウイッカやウイッチクラフト

の宗派で用いられている語。多くが参入の儀を必要とし、一連の儀式の手順は特定のトラディションが設けたものを基本としている。何世代にも亘って家族や拡大家族内で受け継がれ、メンバーをブラッドライン・ウイッチと呼ぶファミリー・トラディションやヘレディタリー・トラディションとは異なる。

転移魔法 [Transference Magic]：「これはあれに入る」。緑魔術で使用される魔法の一形式。ある物体や人物の中に存在する陰の／望まぬエネルギーを他の容器に移す。器には植物や動物、石が用いられることが多い（吊るし編みにしたガーリックやオニオン、またはグラウンディングストーンなど）。

三相女神と三重男神 [Triple Goddess and Triple God]：女神は乙女、母、老婆の三相一体。男神は若者、父、賢者三相一体で、トラディションで使用される神話表象論に基づいて解釈したもの。

トリャンバカ [Tryambaka] [*84]：三重女神の伴侶であるシヴァの名。

トゥアハ・デ・ダヌ [Tuatha De Danu]：女神ダヌの民は、アーリア人がモヘンジョ・ダロに侵攻した紀元前1500〜1200年ごろ、インドのシンド地方に住んでいたドラヴィダ人のサンスクリット名であり、アイルランドのシー、もしくは妖精族の名前。

車輪のめぐり [Turning of the Wheel]：8つのサバトとともに一年の周期が経過すること。従って、祭日を区切りとする一年の経過を意味。また、樫の王と柊の王である男神の神話と、乙女、母、老婆としての女神の役割を一年の経過を通じて辿ること。

十二夜 [Twelfth Night] [*85]：1月6日。12月25日に柊の王が旅立った12日後で、名付けの日の儀式を行う。

魔法の二重側面 [Twin Aspects of Magic]：目的と手段というふたつの側面。目的には、①望むエネルギーを惹きつける、②望まぬエネルギーを退ける、③望まぬエネルギーをかわしながら望むエネルギーを溜めることがあり、これらの目的を達する手段となるには共感、相対、指向、転移魔法のいずれか、または組み合わせによってエネルギーを操る方法となる。

冥界 [Underworld]：オガムの占いおよびケルト的世界観で、死者の霊が初めに向かう世界。終末と変容の領域である北の波の下の国、ティル・フォ・ヒーン（Tir Fo Thuinn）。成長と結実の領域である東の常若の国、ティル・ナ・

ノーグ(Tir Na n'Og)。生命力と新たな始まりの領域である南の命の国、ティル・ナ・ビョー（Tir Na Beo）。愛と浄化、喜びの領域である女性の国、ティル・ナ・バン（Tir Na Ban）。以上、4つの領域がある。また、ウイッチクラフトとウイッカでは影の国と呼ばれ、ティル・ナ・ノーグは夏の国に似る。

ヴァン神族 [Vanir] *86：チュートン体系において、自然を司る神々に対応する階級。フレイ、フレイヤ崇拝、自然魔術の実践を含むことから、緑の階級を指す。

ヴィトキ [Vitki]：「賢者」を意味するチュートンの名前。「Wiccan」、「Witch」の語源。

ワンド [Wand]：火の元素の象徴。魔術の行使の際、エネルギーを集め、移動させる時に用いる。木の枝を材料に、前腕ほどの長さに作るのが普通。扱う魔術のタイプに関連のある木の種類を選ぶ。オーク（男神に焦点）、ヘーゼル（魔女と自然に焦点）、エルダーとウィロー（女神に焦点）が一般的。水晶製や、ハーブや水晶などを詰めた金属管も。いずれの場合もワンドに銅線を巻きつけたり、銅の芯を中に入れてもよい。

欠けゆく月 [Waning Moon]：老婆の相を象徴する月相。減少、悪霊祓い、追い返し、追い出しに関わる魔術やまじないに向く。

水 [Water]：西、日没、青・灰色、成熟、情動、心霊能力、直感、タロー・カードのカップの組札、感情、潜在意識を司るエレメンタル。

満ちゆく月 [Waxing Moon]：乙女の相を象徴する月相。参入、新たに始めること、引き寄せ、増加の魔術やまじないに向く。

白のサバト [White Sabbats]：サウィン、インボルク、ベルテーン、ルーナサーのクロス・クォーターズもしくは大サバト。

ウイッカ [Wicca]：「ウイッチェ（Wicce──魔女の中世の名称）」を語源とし、ネガティヴなイメージを避けるために広く使われる。「知恵者（Witta）」あるいは「知ること（Witan）」という言葉と関係があるが、曲げる、捻るの意味から「柳の小枝（Wicker）」と関連づけるのはこじつけである。「柳（willow）」に由来する語根は「witch」のそれとは異なる。

ウイッカの訓言 [Wiccan Rede]：元は魔女の訓言と呼ばれ、長いバージョンは要約されて「何者にも害を為さぬのであれば、望むことを為せ」という訓

戒にまとめられる。魔女の戒律。

ウィダーシンズ [Widdershins]：「反時計回り」を意味するチュートン語。空での太陽の動きとは逆方向になる。ゲール語形は「トゥーハル（Tuathal）」。

ウイッチクラフト [Witchcraft]：「賢者の業」を意味し、自然の力を基盤とした魔術的宗教と魔術の業そのものを指す。異教時代のヨーロッパで信仰された古代宗教で、アングロ・サクソンの王に仕える評定官「ウィッタ（Witta）」を語源に持つ。また、語源については諸説あり、中期英語でウイッチェと発音し、「英明／碩学なる魔術師」を意味する「Wicce」、「ウイッチャン（wiccian）」と「ウイッチェクラフティ（wicchecrafte）」（妖術を使う）の他、「知ること」を意味する「ウィタン（witan）」も。

魔女の梯子 [Witch's Ladder]*87：魔術の儀式やまじないの最中に結び目を作っていく糸。結び目にはビーズや羽根を刺すことが多く、魔除けとして使われる。

魔女の女王／魔女の王 [Witch Queen/Witch King]：女王蜂のように、自分自身のカヴンから巣分けした２～５のカヴン（トラディションによる）を所有する女司祭長、または司祭長。アレックスとマクシーンのサンダース夫妻と、夫妻が創始したアレクサンドリアン・トラディション（アレックス自身の名を取ったものではない）により、1960年代に広まった。アレクサンドリアン・トラディションはガードネリアン・トラディションの流れを汲むものとされ、弟子のスチュワート・ファーラー（妻のジャネットとともに）の著書『What Witches Do』と『The Witches Bible』により有名になった。今日では、カヴンを運営するひとりまたはふたりの個人的所有物ではなく、女司祭長と司祭長の役割を内苑メンバーで持ち回りにして集団力学的に機能させているカヴンが多くなっている。称号や階級はウイッチクラフトには必要のないものであり、農村地帯の大部分では魔女は親しみを籠めて姓名のどちらかにマザーまたはグランドマザー、ファーザーまたはグランドファーザー、その他グラニー、リトル・マザー、ガファー、オールド・マンなどをつけて呼ばれる。

世界間での働きかけ [Working Between the Worlds]：存在の界層間を行き来すること。物質界と他の世界（アストラル、エーテル、精神などの界層）。

ワーキングネーム [Working Name]：魔術や儀式に使用する魔女の秘密の名前。他人に明かしてはならない。献身の儀で女神と男神から直接名前を与えられ

るか、術者が神と結びつくような機会が来るまで、魔女が自分で選んで名乗るもの。ひとり暮らしの魔女にとって、人前で使いさえしなければワーキングネームとクラフトネームは同じものにできる。1960年代に古い信仰がリバイバルを果たして大衆の間で流行る以前には、そうすることがよくあった。

ウィルド [Wyrd]：不可知の宿命や運命。宇宙規模の影響力。答えは隠され、神の力の下にあることを示唆する空白のルーン、またはオガム文字占いであまり使われることのない印のないもの。

ユグドラシル [Yggdrasill][*88]：チュートン神話に登場する世界樹。オーディンはこの樹で自身を生け贄に捧げてルーン文字とルーン魔術の秘密を手に入れ、神々の王となった。生 —— 死 —— 再生のサイクルを繰り返す霊の永続性を表す、根と枝が絡み合うケルトの世界樹に相当する。

ヨーニ [Yoni]：女陰、または子宮。楕円形のシンボルまたは中央に穴が空いた円形の石はあらゆる命を生み出す女神のシンボル。

*1 あちらの人たち［Other People］── 紳士方(ジェントリー)や善い人たち(グッド・ピープル)など、気まぐれで怒りっぽい妖精たちの気分を害さないためにアイルランドでは婉曲に呼ぶ。

*2 緑の男(グリーンマン)［Greenman］── 宗教的な建造物に多く見られる、葉で囲まれた顔、あるいは仮面のように葉で覆われた顔の彫刻。古代の樹木崇拝の名残で、樹木の精を擬人化したもの。

*3 ベンディス［Bendis］── 月と狩猟を司るトラキアの女神。古代ギリシアでは月を司るアルテミス、ヘカテー、セレーネー［Selene］と同一視された。

*4 シヴァ［Shiva］── 創造神ブラフマー［Brahma］、維持神ヴィシュヌ［Vishnu］とともにヒンドゥー教の三最高神の一柱で、破壊を司る。数多の姿と性格、名前を持つ変容者。額に第三の眼を持った姿で描かれる。

*5 ディオニューソス［Dionysus］── 豊饒とブドウ酒、酩酊を司る古代ギリシアの神。数多の別名を持ち、ローマ神話ではバックス［Bacchus］の名で知られる。定命の母から生まれたオリュンポスで一番若い神。ディオニューソスの源流がシヴァにあるという説が唱えられている。

*6 ケルヌンノス［Cernunnos］── 神話不詳で名前のみが伝えられるケルトの神。パリで出土した船乗りの柱に認められた名称が、レリーフなどに見られるあぐらをかき、獣たちを従えた角ある神に当てはめられた。デンマークのグンデストロップで発見された大釜の肖像が有名。また、モヘンジョダロで出土した図像にも同じくあぐらをかき、獣たちを従えた角ある神が描かれており、シヴァ神の原型獣の王パシュパティと考えられている。

*7 フレイ［Frey］── 天候を操ることで実りをもたらす北欧の豊穣神。ヴァン神族の海神ニョルズの息子。Freyrとも綴り、「君主」を意味する称号が通称となったもの。スカンディナヴィア人はイングヴィ［Yngvi］と呼んだ。シヴァ同様、男性器が多産のシンボルとして祭られる。

*8 ハーン［Herne］── イングランドのバークシャーに伝わる、幽霊の狩猟行を率いる有角の狩人。文献上では16世紀のシェイクスピアの戯曲『ウィンザーの陽気な女房たち』が名前の初出。

*9 マヌ［Mannuz］── タキトゥスの『ゲルマニア』で、「大地から生まれた神トゥイスコー（トゥイストー）と、その子マンヌス（Mannus）」という言及あり。チュートン神話の最初の人間と伝えられる。

*10 ダヌ［Danu］── エリン（アイルランドの古名）の神々の始祖。その名は神を表す接頭辞Daと母を意味するAnuが結合したもので、名前自体が「母神」を意味する。英国やアイルランドの民話に登場する魔女の多くはダヌ（アヌ）のなれの果てと目されており、真っ黒アニスや優しいアニー(ジェントル・アニー)にその名残が窺える。スコットランドの妖婆カリアッハ・ヴェーラなど、青い顔をした冬の妖婆がダヌの痕跡を持つことから、冬を司っていたのではと考えられている。

*11 牧神(パーン)［Pan］── ギリシア神話に登場する半人半獣の牧神。野や森、音楽の守り手で、山羊の半身が好色を司ることから、豊饒と生殖の神とされる。

*12 狂信女〈マイナス〉［Maenad］── ディオニューソスの信奉者たち。野卑で奔放な振る舞いに及ぶとされ、酒による酩酊が引き起こす狂乱を表している。

*13 真っ黒アニス［Black Annis］── イングランドのレスターシャーに住んでいた青い顔をして鉄の爪を持つ人食い妖婆。アイルランドの母神ダヌの名に関連を持つと考えられている。スコットランドのクロマーティ湾で嵐を起こしたと伝えられる邪悪な妖婆優しいアニーと特徴が似る。

*14 カーリー［Kali］── カーリーマー［Kalima］とも。「黒き者」を意味する名を持つ、血と殺戮を好み、憤怒相を司るインドの女神。アスラ神族との戦いに苦戦し、怒りと苦しみで黒くなった戦いの女神ドゥルガー［Durga］の額から生まれた。破壊と殺戮を楽しむ彼女は敵を殺し尽くした後も生首をつないで首飾りを作り、臓腑を食らい、勝利に酔って大地が砕けんばかりの踊りを激しく踊った。世界を守るためにシヴァが踊り狂う女神の足下に我が身を投げ出し、カーリーは己の足が踏みつけるシヴァに気づき、ようやく正気に戻ったという。ドゥルガー、カーリーともにパールヴァティーの化身。

*15 ブラジニ［Blajini］── ルーマニアで「あちら側」に住むと信じられている妖精族。その名は「優しい人たち」を意味。ルーマニアの古い信仰では、世界は円盤状で、円盤の反対側には自分たちの鏡像となる者たちが住んでいるとされる。ブラジニはその異世界の小柄な住人で、時にネズミの頭を持つと考えられた。性質は邪悪とも、柔和で信心深いために神から愛されているとも。人間と隔絶された世界に住む彼らのため、彩色した卵の殻を川に流してイースターの到来を教える習慣がある。

*16 シー［Sidhe］── 元は妖精たちが住む塚「妖精丘」を指す語だったが、その住人をも指すようになった。ミレー族との闘争に敗れ、地下に引き込んで常若の国〈ティル・ナ・ノーグ〉を築いたダヌ女神の末裔（トゥアハ・デ・ダナーン）がキリスト教の到来によって信仰を失い、小さくなった姿。アイルランドの詩人イェイツによると、「救われるほど善くもないが、救われぬほど悪くもない堕落した天使だと農民は言っている」。

*17 フローラ［Flora］── 春と花を司るローマ神話の女神。ギリシア神話ではエーリュシオンに住むニンフ、クローリス［Chloris］に当たる。

*18 ワルプルギスの夜［Walpurgis Night］── 聖女ワルプルガの祭日（5月1日）前夜で、ドイツのブロッケン山に魔女たちが集い、悪魔とともに浮かれ騒ぐと伝えられる夜（魔女たちの夜〈ヘクセンナハト〉）。ケルトのベルテーンと同じく春の到来を待つ祝祭で、篝火を焚くなどし、中欧や北欧で広く祝われる。

*19 ヘカテー［Hecate］── 月、魔術、霊、十字路などを司る古代ギリシアの女神。ハーデース、ペルセポネーと並んで冥府の一柱に数えられる。後代には天上・地上・地下、新月・半月・満月、乙女・母・老婆などの三相を司る、三相一体の女神と考えられるようになった。また、シェイクスピアの『マクベス』でも言及されている通り、古来、魔術と魔女の女神として崇拝され、ネオペイガニズムでは重要な神として祭られている。

*20 デーメーテール［Demeter］── 古代ギリシアの収穫と農業の女神で、冥府神ハーデースの伴侶となったペルセポネー［Persephone］の母。ペルセポネーは「乙女」を

意味するコレー［Kore］とも呼ばれ、「母」を表すデーメーテールの名と対比される。神聖法と生命周期も司り、穀物と植物の死と復活を象徴する秘儀がアッティカのエレウシスで毎年行われていたが、ペルセポネーに恋をしたハーデースが略取したおりに、娘を探して地上世界をさまよったデーメーテールがエレウシスの地で神の業を行ったことに由来する。

*21　ウマー［Uma］——ヒンドゥー教の女神、シヴァ妃パールヴァティーの別名。

*22　ガイア［Gaia］——ギリシア神話の原初の女神。混沌から生まれ、天や海を初めとする様々な神々を生んだ。大地母神としてネオペイガニズムで信仰を集める。

*23　タルテュ［Tailtiu］——ケルト神話に登場する、フィル・ボルグ族［Fir Bolg］最後の王、ヨーヒー・マク・エルク［Eochaid Mac Eirc］妃。光の神ルーの養母。命をかけてアイルランドの原野を身ひとつで開拓したことから農耕の女神として崇められる。第一の収穫祭であるルーナサのサバトは彼女に捧げられたもの。

*24　エポナ［Epona］——ケルトの馬の女神。ガロ・ローマ文化で信仰を集めた。

*25　冬支度〈ウィンター・ファインディング〉［Winter-finding］——北欧で秋分のころに行われる、冬の到来に備えて神々に庇護を祈る祝賀。夏が終わり冬が始まる前の、最後の収穫の時期に当たる。

*26　カリアッハ［Cailleach］——カリアッハ・ヴェーラ［Cailleach Bheur］。スコットランド高地地方に伝わる冬を擬人化した巨人の妖婆。手に持つ杖で晩秋の木々に触れると木の葉が全部落ち、杖で地面を叩いて回るので大地は固くなる。冬を支配下に置くが春の到来には勝てず、打ち負かされた腹立ちで五月祭前夜にその杖をヒイラギの木の下に投げ込むと、ハロウィンまで立石に変身してしまう。鹿と猪の保護者。

*27　バンシー［Banshee］——死を予言するケルトの妖精。アイルランドでは旧家につく守護妖精〈チューテラリー・フェアリー〉で、家族の死を泣き叫んで教え、スコットランドでは死にかけている者の服を川で洗いながら泣き叫び、浅瀬の洗い手、悲しみの洗い手などと呼ばれる。

*28　ルナティシー［Lunatishee］——妖精樹のひとつ、ブラックソーンを守る妖精の一族。特に5月11日（旧暦での五月祭〈メイ・デー〉）と11月11日（旧暦での万聖節前夜）にこの木を切ろうとする者は災厄に襲われる。

*29　ハトホル［Hathor］——愛、母性、美などを司る古代エジプトの女神。ファラオに乳を与える牝牛、死者を導く牝牛といった側面を持ち、牛の角の間に太陽円盤を戴く女性として描かれる。死出の旅に立つ死者の霊に乳とイチジクから作られた食べ物を与える。

*30　セクメト［Sekhmet］——メンフィス三柱神の一柱を成す、牝獅子の頭部を持つ古代エジプトの女神。太陽神ラー［Ra］の片目から生まれ、鍛冶の神プタハ［Ptah］の妻となった。戦いと伝染病を司る死の女神としての側面を持つ。また、強く優しい母の側面はハトホルやバステトとも同一視された。

*31　バステト［Bastet］——猫の頭部を持った姿で描かれる古代エジプトの女神。ファラオや家の守護者、豊饒や性愛を司る。ローマ時代には月の女神アルテミスと同一視された。

*32　ホグマネイ［Hogmanay］——スコットランドの大晦日。語源として、ユール以前の

スカンディナヴィアの祭日Hoggo-nott、フランドル語で「大いなる愛の日」を意味するHoog Min Dag、アングロ・サクソンのHaleg Monath（Holy Month）、ゲール語で「新たな朝」を意味するOge Maidne、フランク人が新年を祝って叫ぶAguillaneufなどが伝えられる。

*33 グラウンディング［Ground］── 大地とのつながりを強化すること。大地とエネルギーのやり取りを行い、不足は補い、過剰は逃がして、エネルギーのバランスを整える。

*34 センタリング［Center］── 自分自身とのつながりを強化すること。体内のエネルギーバランスを整え、自己、霊、感情、思考などの力を解放する。

*35 魔法円［Circle］── 東西南北の四方位点を目印に、塩やチョーク、小石、紐などで描かれた円周上に構築された球状の聖なる結界。物理的な印を一切使用せず、イメージの視覚化だけで構築することもできる。魔術に使うエネルギーを集約する場で、術者を保護する力を持つ。円の直径を9フィートとするのが一般的だが、術者の好みに合わせて変更できる。

*36 クラフトネーム［Craft Name］── 魔術名（マジカルネーム）とも。魔術の実践者である自分や、クラフトへの献身を表す名前。身を守るために真名を隠す意味合いもある。

*37 外苑（アウターコート）［Outer Court］── カヴンの参加者で、位階を持っていない見習い的立場にある人々。参入の儀を果たしていないが、行事には参加できる。

*38 内苑（インナーコート）［Inner Court］── カヴンで位階を持っている人々。参入の儀を果たし、1年と1日の学びの期間を経た後に献身の儀を行ってから位階を得る。

*39 時計回り（ジャーシル）［Deosil］── 東から上り、南天を通って西に沈む太陽の動きを辿った回り方。Sunwiseとも。太陽のエネルギーを引き寄せ、陽の力を宿す動きと考えられた。

*40 反時計回り（ウィダーシンズ）［Widdershins］── 太陽の動きに抗う、不吉な動きと考えられた。

*41 キッチン・ウイッチ［Kitchen Witch］── コテージ・ウイッチ（小屋の魔女）、ハース・ウイッチ（炉辺の魔女）とも。自然の力を利用する緑の魔女の仲間で、ハーブや薬の調合といった癒やしの術に長ける。昔話に登場する賢女（ワイズ・ウーマン）に近い。

*42 スピリット・ボウル［Spirit Bowl］── 食事の際に食卓に置き、神や精霊に感謝を籠めて食べ物の一番よい部分を差し出すための器。食事が終わったら外に持っていって中身を地面に空け、感謝を捧げる習慣がある。

*43 ルーン文字［Runic］── ゲルマン諸語の表記に用いられた古代の文字体系。24のアルファベットは初めの6文字からフサルク［Futhark］とも呼ばれ、原型となるエルダー・フサルク、フリースラントやイングランドで使用され、33字にまで増えたアングロサクソン・フソルク、スカンディナヴィアン・ルーンの別名を持ち、16字に減ったヤンガー・フサルクの3種に大別。ルーンという名称は「秘密」を意味するゴート語に由来。3と8は特別な力を持つ数字と信じられており、エルダー・フサルクはフレイ、ハガル、ティールの三神が司るアット［Aett］という8字ずつのグループに分けられた。北欧神話によると、貪欲に知識を求めたオーディンが世界で一番高いアッシュの枝で首を吊り、グングニル［Gungnir］の槍で我が身を突き刺した状態で九日九夜を過ごし、冥界から持ち帰った。オーディンが習得したルーンとその秘法は「救

いの呪法」、「癒やしの呪法」など18を数え、また、ルーン魔術は「刻印」、「解読」、「染色」、「試行」、「祈願」、「供犠」、「葬送」、「破壊」の8つの要素で成り立っていた。

＊44　オガム文字［Ogham］——古代にアイルランド語を表記するのに用いられた線刻文字。智恵の神オーマ・グランアネッヘ［Ogma Grian-ainech］（太陽のかんばせのオーマ）が発明したと伝えられる。20字のアルファベットそれぞれに木や灌木の名称が当てはめられており、最初の3字からベイ・ルーシュ・ニオンとも呼ばれる。アルファベットはアクミィ［Aicme］（「家族、集団」の意）と呼ばれる5字ずつのグループに分けられる。オーアムは現代の綴りで、古アイルランド語ではオガム［Ogam］。

＊45　テーベ文字［Theban］——16世紀にヨハンネス・トリテミウスが著した『ポリグラフィア』が文献上の初出。テーベのホノリウスが発明したとされ、ホノリウスのルーンとも呼ばれる。別名、魔女のアルファベット。

＊46　アース神族［Aesir］——北欧神話で最高神オーディンを長とする神々の一族。雷神ソール［Thor］、トリックスターのロキ［Loki］、戦神テュール［Tyr］、光明神バルドル［Baldr］など。

＊47　オーディン［Odin］——北欧神話の主神。戦神にして暴風神、吟遊詩人の庇護者、強力な力を操る魔術師と、多彩な側面を持つ。アングロ・サクソン語ではウォーデン［Woden］、古高地ドイツ語ではヴォータン［Wotan］など。ローマ人は知識と魔術の神メルクリウス［Mercrius］と同一視した。アース神族を繁栄させた一族の王。戦神として戦場と死者を司り、戦場で倒れた者たちの魂、エインヘリャル［Einherjar］をヴァルハラ［Valhalla］宮殿に集め、世界が終焉を迎える神々の運命〈ラグナロク〉［Ragnarök］での巨人の軍勢との戦いに備える。知識に対して非常に貪欲で、魔力を秘めたルーン文字、呪歌ガルドル、巫術セイズ、知恵をもたらすミーミルの泉の水などを高い代償を支払って獲得した。ルーン文字は生死の狭間をさまよって冥界から持ち帰ったもの、ガルドルは敵対する巨人の国ヨトゥンヘイム［Jötunheimr］に潜入し命懸けで学び取ったもので、老巨人ミーミルが守る泉の水は片目をくり抜いて差し出すことで手に入れた。また、男がセイズを学ぶことは「男らしくない行為」と見なされ、エルギ［Ergi］という社会的タブーを犯す行為だった。鍔広の帽子やフードで片方の虚ろな眼窩を隠し、豊かな顎髭を蓄えた老人の姿で描かれることが多く、ゲリ［Geri］（貪る者）とフレキ［Freki］（飢えたる者）という2匹の狼を従え、8本脚の駿馬スレイプニール［Sleipnir］を駆り、フギン［Huginn］（思考）とムニン［Munnin］（記憶）という2羽のワタリガラスを飛ばして世界中の情報を集める。始祖の巨人ユミル［Ymir］から生まれた牝牛アウズフムラ［Auðhumla］と、原初の世界で氷の中から現れたブーリ［Buri］の子ボル［Borr］が父、母は巨人族の娘。妻はフリッグ［Frigg］。

＊48　アースガルズ［Asgard］——北欧神話に登場する神々の国。主神オーディンを始めとするアース神族が治める。原初、霧の国ニヴルヘイム［Niflheim］からの寒気と灼熱の国ムスペルヘイム［Muspelheim］からの熱気が空漠たる奈落ギンヌンガガップ［Ginnungagap］で衝突して両性具有なる最初の巨人ユミル［Ymir］を創り、ユミルから多くの巨人が生まれ、ユミルの死体から世界が創られた。北欧神話では大地は円

形で、中心には世界樹ユグドラシルが聳え、大地の外には大海が広がり、海では尾を噛む世界蛇ヨルムンガルド［Jörmungandr］が大地を取り囲む。大地はユミルの睫毛で囲われ、魔の生き物が住む外縁ウートガルズ［Útgarðar］と人間が住む内側のミズガルズ［Miðgarðr］に別れたが、のちにミズガルズの内にさらなる囲いが作られ、神々が住むアースガルズが分けられた。

*49 アトゥム［Atum］―― エジプト神話における両性具有なる原初の神にして全ての神々の父。始まりにして終わりなるもの。原初の水ヌンから最初に現れ、最初に世界を照らし、ひとりで神々を生み出した偉大なる創造主。アトゥムの手はイウサアースあるいはヘテペトという名前を持つ神格を与えられた女性的部分で、アトゥムの男性器と手の交わりより大気の神シューと湿気の女神テフヌトが生み出された。

*50 シュー［Shu］―― 妹のテフヌトとともに、創世神アトゥムから最初に生まれた性別持つ者。東西南北の風を従え、天と地の間を循環する。光る大気として、太陽光をも表した。テフヌトとの間に大地の神ゲブと天の女神ヌトを儲ける。ゲブとヌトが抱き合ったまま離れようとせず、天と地の間を風が通ることができなくなったので、怒ったシューがふたりを引き離して太陽と風の通り道を作ったことで天地開闢が起こった。

*51 テフヌト［Tefnut］―― 創世神アトゥムから最初に生まれた性別持つ者。シューの妹。牝獅子の頭部を持つ姿で描かれ、荒ぶる獅子と母性の両面を持つ。

*52 ヌト［Nut］―― シューとテフヌトの娘。日月がめぐる天空そのものであるため、昼と夜の顔を持つ大いなる天の母。昼に太陽はヌトの口から入り、体内をめぐって西の空へと沈む。夜にヌトは死せる太陽を食べて子宮に送り、昼の世界へと生み出す。夫である兄神ゲブと抱き合うヌトを父神シューがヌトを持ち上げて引き離そうとし、それに抗ってふたりが互いに手足を摑んで離れまいとしているため、天穹は四方位点で大地に触れ、弓なりになった腹に銀河が輝き、空と地の間を大気（シュー）が満たしているという。エジプトでは死者の世界は地下にあると考えられているが、魂は空に上がって星になるとも信じられ、星々をちりばめたヌトの体はもうひとつの冥界とされた。

*53 ゲブ［Geb］―― シューとテフヌトの息子。妹のヌトとの間にオシリスやイシス［Isis］ら、5人の子を儲ける。豊かな実りを与える大地として崇められると同時に、地中を通って冥界に向かう死者を時に閉じ込めることがあると恐れられた。地震はゲブが怒り、あるいは笑いで身を震わせるからだという。

*54 箒戸棚［Broom Closet］―― Closetには「秘密の（隠れている）状態」という意味があり、be in the closetで「内緒にしている」、come out of the closetで「隠していたことを公にする」という慣用句になる。

*55 チャーム［Charms］―― 護符の一種だが、アミュレットは危害から身を守るため、タリスマンは能動的に幸運を呼び込むものであるのに対し、チャームは誰かに害を加えることを含め、他者に影響を与える力を持つものを指していたとも。

*56 ウイッカ［Wicca］―― 前キリスト教的信仰の復興運動であるネオペイガニズムの一派。多神教的な自然宗教。1954年にジェラルド・ガードナーが発表した『Witchcraft

Today』から広まり、その後、ガードナーの弟子ドリーン・ヴァリアンテが影の書を公開したことにより、信仰が一般に大きく開かれた。

*57 ジェラルド・ガードナー［Gerald Gardner］──ウイッカを広めた20世紀英国の著述家。近代魔女術の父と称される。

*58 チャールズ・リーランド［Charles Leland］──19世紀アメリカの民俗学者。イタリアのトスカーナ地方で古代魔術の秘伝の写本を採集し、『アラディア、あるいは魔女の福音』［Aradia, or the Gospel of the Witches］として1899年に出版した。真物かどうかについては疑問視されているが、この書は半世紀後に興隆したネオペイガニズム運動の発展に大きく貢献した。

*59 ルー［Lugh］──アイルランド神話に登場する全知全能の光明神。ウェールズではスレイ・スラウ・ガフェス［Lleu Llaw Gyffes］（凄腕のスレイ）として『ウェールズ三題詩』[トリオイズ・アニス・プラデイン]［Trioedd Ynys Prydein］にも登場。トゥアハ・デ・ダナーンの一族で、医術を司るディアン・ケヒト［Dian Cecht］の孫。鍛冶、戦士、詩人など、万芸に通じていることからイルダーナフ［Ildánach］（何でもできる男）、投擲の技芸に優れていることからルー・ラヴァーダ［Lugh Lamhfhata］（長腕のルー）の異名を取る。ドルイドの予言により、祖父に当たる圧政者魔眼バロール［Bolur Birugderc］を殺し、敵対するフォモール族［Fomoire］との戦いでトゥアハ・デ・ダナーンを勝利に導いた。

*60 ベル［Bel］──古代バビロニアで主神マルドゥク［Marduk］に冠された「君主」を意味する尊称。

*61 アン［An］──シュメールの天空神。その名は「天」を意味し、アッカドではアヌ［Anu］の名で知られる。メソポタミアの最古の神々に数えられ、神々の最高議会アヌンナキ［Anunnaki］の長、ウルク市の守護神として崇められていたが、後に他の神々にその座を譲った。

*62 ホルス［Horus］──天空と太陽を司る古代エジプトの神。ハヤブサの頭部を持ち、太陽と月の目を持つ男性の姿で描かれる。太陽神ラーの息子とされたホルスとオシリスの弟の大ホルス［Horus the Elder］がオシリスの息子として習合された。時代と地域によって多数の異なるホルス神が存在するのは、初期王朝時代にはファラオはホルスの化身とされ、時代とともに信仰が少しずつ変化したことと、首都の位置が変更されたことによる。

*63 ユーピテル［Jupiter］──雷と天空を司るローマ神話の主神。ギリシア神話のゼウス［Zeus］と同一視される。ローマの守護神として崇拝された。

*64 ディアーナ［Diana］──狩猟と月、野の獣を司るローマ神話の女神。出産と養育を助ける、女性の守護女神としても崇拝された。ギリシアの月と狩猟の女神アルテミス、月の女神セレーネー、魔術の女神ヘカテーと同一視され、また、天空にあってはルナ［Luna］、地上にあってはディアーナ、冥府にあってはプロセルピナ［Proserpina］として、三界を統べる三相女神とも考えられた。北イタリアのネミ湖畔には「ディアーナ・ネモレンシス（森のディアーナ）」を祭る聖なる森があり、女神に身を捧げ

た祭司が森の王として君臨したが、その座をめぐって殺し合う慣習がジェームズ・フレイザーの『金枝篇』に詳しい。イタリア系のウイッチクラフト、ストレゲーリア［Stregheria］で奉じられる。

*65 フレイヤ［Freya］── またはFreyja。ゲヴン［Gefn］、ホルン［Hörn］など多くの名を持ち、中でもヴァナディース［Vanadis］が「ヴァン神族の女神」の意であることから、広く崇拝された重要な神だったと考えられる。兄のフレイの名が「君主」を表すものであるように、フレイヤの名も「女主人／貴婦人」を意味する称号だろう。2匹の猫が牽く車を駆って戦場に赴き、戦死者の半分を選び取って自身の館セッスルームニル［Sessurúmnir］に迎える。残る死者はオーディンの元に召され、エインヘリャルとなる。

*66 キ［Ki］── 大地と死後の世界を司るシュメール神話の女神。原初の海の女神ナンム［Nammu］から天空神アンとともに生まれ、配偶者として兄神の子を多く生み、アヌンナキを構成した。この子らのうち、風の神エンリル［Enlil］がまだ天地が別れていなかった世界に風の通り道を作ってアンを空に追いやり、母であるキを地に連れ去ったことで、天地が別れたという。

*67 ポセイドーン［Poseidon］── ギリシア神話で、大地と農耕の神クロノス［Cronus］と大地の女神レアー［Rhea］から生まれた海神。最高神ゼウスの次兄で、オリュンポス十二神の一柱。ローマ神話のネプトゥヌス［Neptunus］と同一視される。荒ぶる海洋の如く荒い気性の持ち主で、手にした三叉の矛を振るって嵐や津波を巻き起こし、地震をも引き起こす。

*68 ソピアー［Sophia］──「叡智」を意味するギリシア語だが、グノーシス主義との関連でヘレニズム時代以降神格化され、智慧を象徴する女神となった。ヘレニク・グノーシス主義はこの世界は劣悪な神によって創造された偽の宇宙であり、認識を越えた存在である至高神が真の宇宙を司るとしている。至高神は世界の原初より在った原父、プロパテール［Propater］と呼ばれ、その本質より「存在」の流出が起こり、至高神からの放射物として多数のアイオーン［Aeon］（高次の霊、神的存在）が生み出された。ギリシア語の原義では「（限定された）時間」、「時代」を意味するアイオーンは時空そのものであり、その存在によって「真実の圏域」、すなわち、至高アイオーン深淵［Bythos］を中心にした4対のアイオーンによる八組体［Ogdoas］、これを核とする30のアイオーンによる神的な完全性に満ちた世界、充満界［Pleroma］が形成される。プレーローマの至高アイオーンは男性アイオーンと女性アイオーンの組からなる両性具有存在で、聖なる婚姻、つまり男女の完全な結合、一体化を象徴するもの。至高神プロパテールの本質を理解できるのは、プロパテールの伴侶である女性アイオーン沈黙［Sigê］から生まれた叡智［Nous］のみ。プレーローマの最低次アイオーンだったソピアーはプロパテールを認識したいという欲求に囚われ、伴侶の同意なしに実行に移したことで至高純粋性を喪失してプレーローマから落下したが、好奇心を切り捨てることでプレーローマに復帰した。この間にソピアーが男性伴侶なしに生み落としたデーミウルゴス［Demiourgos］が造物主ヤハウェ、あるいは出来損ないの創造神、

混沌の息子ヤルダバオート［Yaldabaoth］となり、物質界が創造された。グノーシス主義のソピアー神話において、「過失者」にして「救済者」とされる。

*69　ペレ［Pele］── 炎、稲妻、風、ダンス、火山を司るハワイの女神。その名は「溶岩」を意味。カヒキ（タヒチかサモアと考えられている）という南の島から新世界を求めてハワイに渡った。水を操る姉神ナマカオカハイと折り合いが悪く、二度の争いの果てに殺されたペレの魂は肉体を離れてさまよい出し、キラウエア火山のハレマウマウ火口に安住の地を手に入れたという。

*70　ガルスター［Galstar］── 古ノルド語のガルドル［Galdr］の古高地ドイツ語形で、「呪文、詠唱」の意。ガルドルはGala（歌う）に通じ、オーディンは巨人の国ヨトゥンヘイムで多くの呪歌（ガルドル）を学んできた。魔術的な歌唱にルーンを刻む、あるいは記す行為を伴った。セイズという降霊術でも呪文の詠唱を行ったが、異教時代には魔法は女が扱うもので、セイズ魔術を男が行うことは恥とされ、ガルドルとは明確に区別された。

*71　五月の王［May King］── 五月の女王の伴侶。植物の生育を願い、樹木の精霊に扮した男女が五月祭で聖なる結婚を模す習慣がある。樹木崇拝の名残。

*72　緑のジャック［Jack O' the Green］── または青葉の中のジャック［Jack in the Green］。モリス・ダンスの踊り手たちを伴った、イングランドで行われる五月祭の祝賀行列の率い手。２ｍほどの三角錐の枠に花や緑を飾った、クリスマスツリーのようなかぶり物に入る。夏の到来を祝って花や緑を編み合わせて冠を作っていたものが、ギルドが華やかさを競うようになり、ついに全身を覆うほどにまでエスカレートしたもの。ヨーロッパの他地域では緑のジャックによく似た、４月23日の聖ジョージの日に登場する緑のジョージ［Green George］が見られる。

*73　森のロビン［Robin of the Wood］── ロビン・フッド［Robin Hood］の名で有名な、イングランドのノッティンガムシャーにあるシャーウッドの森の義賊。中世のバラッドの登場人物。緑の服を身にまとい、リトル・ジョン［Little John］やウィル・スカーレット［Will Scarlet］といった愉快な仲間たちと呼ばれる仲間たちとともに悪徳代官と戦う英雄像が一般的。十字軍の時代に生きた人物とされ、伝承によっては獅子心王リチャード［Richard the Lionheart］の片腕として活躍したとも。恋人である乙女マリアン［Maid Marian］には五月の女王が重ねられる。

*74　アドーニス［Adonis］── バビロニアで崇拝された植物神タンムーズがギリシアに渡り、セム語で「主」を意味するアドーン［Adon］という尊号が誤解され、アドーニスとなった。バビロニアのタンムーズが豊饒と性愛、戦争を司る女神イシュタルの伴侶であり、冥界の女主エレシュキガル［Ereshkigal］からも寵愛を受けたように、アドーニスも美と愛の女神アプロディーテー、養母となった冥府の女王ペルセポネー二神の寵愛を受けて冥界と現界を行き来する。アプロディーテーの怒りを買ったために仕組まれた父と娘の近親相姦によって受胎され、「没薬」の名を持つ母は子を孕んだまま没薬（ミルラ）の木に変じたが、固い樹皮を猪が突き破って赤子が生まれたという出生譚、狩りの最中に猪に殺され、流れ出た血が美しいアネモネの花になったという変身譚に植物神である由来を窺うことができる。タンムーズと同じく、西アジアとギリシア諸地方

のアドーニス祭では女たちが死を嘆き、復活を熱望する儀式を毎夏執り行ったが、この祭りでのアドーニスは自然周期に司られる植物神というより、人の手で収穫され脱穀される穀物の霊として扱われていたようだ。

*75 アッティス［Attis］── フリギアの大地母神キュベレー［Cybele］の息子であり愛人である美少年。ゼウスから零れた精によって大地の女神ガイアから生まれ落ちた両性具有神アグディスティス［Agdistis］を神々が恐れて去勢し、切り取られた男性器からアーモンド(ザクロとも)の木が生えた。その実を河の神サンガリウス［Sangarius］の娘ナナ［Nana］が胸に抱いたところ妊娠、処女懐胎から生まれたのがアッティスと伝えられる。放逐されたアッティスは牡山羊に育てられて美しい若者に成長し、男性性を失って女神となったアグディスティス、キュベレーの寵愛を受けて神殿の番人となる。彼女の元を去って結婚しようとしたアッティスを女神は許さず、婚礼の場でアッティスの正気を失せた。狂気に駆られたアッティスは松の木の下で自らを去勢して自害する。流れた血からはスミレが生え、死を悼んだ女神が彼を松の木に変えたという。アッティスの死をなぞり、宗教的興奮が極まる中で祭司たちが我が身を傷つけて流した血を、あるいは自ら切り取った男性器をキュベレーに捧げる祭日は血の日として知られていた。

*76 タンムーズ［Tammuz］── バビロニアで崇拝された農業と植物の神。太母神イシュタルに愛された美しい若者で、彼の死を嘆く服喪の儀式が毎年行われた。この儀式で慟哭する女たちの様子が聖書のエゼキエル書中に伝えられる。元はシュメールの天界の女王イナンナ［Inanna］の配偶者／愛人であった牧羊の神ドゥムジ［Dumu-zid/Dumuzi］。タンムーズの死は2パターンあるイナンナ／イシュタルの冥界下りの神話に基づく。ひとつは冥界に下りたイナンナ／イシュタルが死を免れるために身代わりを探したところ、タンムーズが彼女の死を望んでいるかのように振る舞っていたことから女神の怒りを買って冥界に送られるが、女神が後悔し、タンムーズは冥界と現界を半年ずつ行き来するようになったというもの。もうひとつは死んだタンムーズを生き返らせるために女神が冥界に下りるが、タンムーズを気に入った冥府の女王が課した償いを払いきらなかったために、一年のうち半年を冥界で過ごすことになったというものである。

*77 シルウァーヌス［Silvanus］── 森や野を守護するローマの神。牧人と家畜、土地の境界線の守り手。

*78 グリーンスリーヴス［Greensleeves］── ヘンリー8世作とも伝えられる、テューダー朝時代のバラッド。自分を捨てて他の男の元に行った女性のつれなさを嘆く歌。当時、袖はガウンを着る時に取りつけるもので、付け替えが利いた。「緑の袖」はその女性がトレードマークのように常に身につけていたものかもしれない。女性は娼婦で、「緑の袖」は屋外で行為に及んだ時に草の染みで汚れたことを表しているという解釈もある。また、緑は「真と貞節」あるいは「愛の芽生え」を表す他、妖精が好む色とされている。

*79 ケニング［Kenning］── 名詞になると、人や物を2語以上の単語で婉曲に示す修辞

技法を指す。例えば、「盾」を「戦士の骨を守るもの」、「剣」を「戦の光」と言い換える。北欧の神話伝承やアングロ・サクソン古詩の特色。

*80 パールヴァティー［Parvati］——その名は「山の娘」を意味。シヴァの最初の妻サティーの転生で、金色の肌を持つ心優しい女神。元々、黒い肌をしていたが、シヴァに非難されたことを恥じて森に籠もったところ、最高神ブラフマーが哀れんで金色に変えたという。

*81 セイズ［Seidhr］——異教時代の北欧で、杖を携えた巫女［Völva］(ヴェルヴァ)が実践した魔術体系。トランス状態で神々や祖先の霊を引き下ろす巫術で、女性の性的絶頂感に似た恍惚感を伴うとされる。1225年の『ユングリング家のサガ』によると、セイズはヴァン神族に伝わる秘術で、フレイヤがアース神族に伝えたもの。『古エッダ』の『ロキの口論』24節でロキがオーディンを「サームス島であんたが運勢見(なり)（Vala。ヴォルヴァに同じ）みたいに魔術を使ったと言ってるぞ。魔術師みたいな形(エ)(ル)をして、人間たちのところを回ったと聞いてるぞ。それこそまったく男らしくない行為(ギ)じゃないか」と罵倒しており、男らしくない行為という社会的タブーを犯す、男が使うべき業ではなかったことがはっきりと窺える。現代実践されているセイズは古代の様式とは異なり、儀式魔術と瞑想が中心。

*82 シッダ［Siddha］——サンスクリット語で「完全なる者」、「完成された者」の意。「到達者」。瞑想により我執(アハンカーラ)を超越した者。また、シッディ［Siddhi］という超常能力を得た者。

*83 かくあれかし！［So Mote It Be!］——フリーメイソンでも使用される。

*84 トリャンバカ［Tryambaka］——「3つの目を持つ者」の意。

*85 十二夜［Twelfth Night］——キリスト教ではクリスマス（12月25日）から12日目に当たる1月6日の公現祭［Epiphany］の夜をこう呼ぶ。クリスマス期はこの日で終わり、クリスマスツリーなどを片付ける。公現祭はイエスの誕生を祝う東方の三博士の礼拝の記念日。

*86 ヴァン神族［Vanir］——北欧神話でアース神族と並び、神とされる種族。ヴァン神族の国ヴァナヘイム［Vanaheimr］にアース神族が侵攻して戦争が始まり、両国は人質交換を行って講和を結ぶ。この時、ヴァン神族からアース神族の元に行ったのがニョルズとその子供たち、フレイとフレイヤ。フレイとフレイヤの母はニョルズの妹で、聖職や豊穣を司る神々の多いヴァン神族は近親相姦タブーのない、性に大らかな種族だった。『古エッダ』の『ヴァフズルーズニルの歌』によると、世界の終焉ラグナロクが起きたらニョルズはヴァン神族の元に戻るという。

*87 魔女の梯子［Witch's Ladder］——キリスト教徒が用いるロザリオと同じく祈りのための用具であり、糸に差し込んだ9色の羽根が計数器の用途を満たす。

*88 ユグドラシル［Yggdrasill］——北欧神話の生命の樹。あらゆる木のうちで最も高い常緑のアッシュで、世界の中央に聳える世界樹。アース神族の国アースガルズ、ヴァン神族の国ヴァナヘイム、光の妖精の国アルフヘイム［Alfheim］、人間たちの中つ国ミズガルズ、巨人の国ヨトゥンヘイム、闇妖精の国スヴァルトアールヴァヘイム［Svartálfaheimr］、ドヴェルグ小人［Dvergr］の国ニザヴェリル［Niðavellir］、氷の

国ニヴルヘイム、炎の国ムスペルヘイムの九世界に枝を張り、3本の太い根はアースガルド、ヨトゥンヘイム、ニヴルヘイムに伸びる。アースガルズを通る根の根元には運命の女神ノルン［Norn］の三姉妹、過去を司るウルズ［Urðr］、現在を司るヴェルザンディ［Verðandi］、未来を司るスクルド［Skuld］が住むウルズの泉が、ヨトゥンヘイムの根にはミーミルの泉が、ニヴルヘイムの根にはフヴェルゲルミルという泉が湧く。オーディンが冥界にルーンを求めて首を吊った樹。ユグドラシルは「恐るべき者の馬」の意とされ、「恐るべき者」はオーディンを指すといわれる。

〜クラフトに関するメモのためのスペース〜

～クラフトに関するメモのためのスペース～

2
魔法円の構築

魔法円構築を行う上での留意点
基本となる魔法円の構築、解放
四大の力が司る魔法円
ワンド、スタッフ、スタングを用いて簡単な魔法円を構築する
スタングの魔法円を構築する、解く
精霊十字の〔繋鎖〕魔法円を構築する
闇の力の魔法円の構築と解放

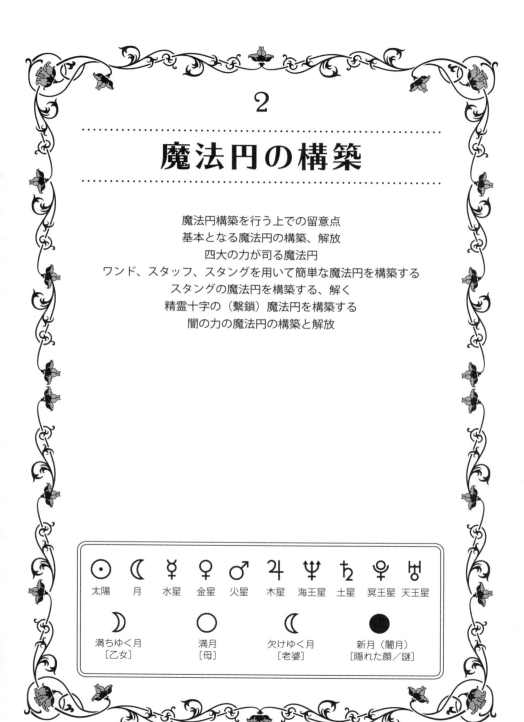

✵ 魔法円構築を行う上での留意点 ✵

1. 屋外で魔法円を構築する場合、文中の壁と床という記述は葉っぱや石や地面など、周囲の環境に合ったものに置き換えて行う。参加者が複数人である場合、私を私たちに変える。花や葉、貝殻、石、水晶、紐、重要なオブジェなど、祭壇および魔法円の装飾は季節に応じて変更する。女神と男神の名は貴婦人と君主の呼称と併用したり、置き換えてもよい。
2. 聖別に使用する印章にはペンタグラム⛤、三相女神☽○☾、太陽十字⊕、月螺旋◉、太陽十字に月螺旋を重ねたものなど、好きなものを使用できる。魔法円の構築手順に聖別が特に指示されていなくとも、術者の希望で組み込んでもよい。
3. 複数人で行う儀式ではクラフトネームを、1人で行う儀式ではシークレットネーム／ワーキングネームを使用できる。
4. 指示がない場合、時計回り(ジャーシル)は北―東―南―西―北、反時計回り(ウィダーシンズ)は北―西―南―東―北となるが、始点を西や東とする場合も後の手順は変わらない。
5. シンクで供物のボウルをすすぐ際には、流した飲料が水とともに地球をめぐる流れに乗ることを想像すること。
6. 魔法円を描く場所には目印として紐、または四大元素を象徴するキャンドル（安全な器に収められた奉納用が一番手軽）、この魔法円を必要とする儀式に関係する品を置いてもよいし、目印を置かず、降りてくるエネルギーに導かれるままに描いていってもよい。
7. 魔法円を構築し、儀式、呪文、朗唱などを行ったら、魔法円の章に戻ってケーキとワインおよび魔法円の解放を行うこと。
8. 魔法円の内で取る行動をあらかじめ決めておき、影の書にリボンや紙片を挟んで、儀式の最中にどのページでも簡単に開けるようにしておく。ブックホルダーやブックスタンドといった便利な道具を使えば、儀式の進行に応じて求めるページが簡単に開くことができる。落ち着いた気分で行い、儀式を有意義な経験にすること。
9. 魔法円の構築／解放、および儀式を行う際に音楽を流しても構わない。

雰囲気を壊さなければ、歌や楽器、手・足拍子を足してもよい。

基本となる魔法円の構築、解放

◎魔法円を構築する

1. 魔法円構築の基盤となる円陣を描き、北に祭壇用具（ワインの代わりにフルーツジュース、水、お茶を使ってもよい）を配置する。グラウンディングとセンタリングを行う。
2. 魔法円を構築する場を箒で北、東、南、西と時計回りに掃き清め、祭壇に戻る：

    一掃きごとに円の内からあらゆる陰の力を箒で追い出し、清められた円陣が私の力となる準備を整えよう。

3. 香と祭壇のキャンドル（目的に合った色から選ぶ）に火をつける。ベル、または手を3度打ち鳴らす：

    円陣の準備はできた、私は心のままに円の内に立ち、我が貴婦人、我が君主に挨拶をしよう。

4. 祭壇中央のキャンドルを取って円周を時計回りに回り、四方位点に達するごとにキャンドルを掲げ（四大元素を象徴するキャンドルを置いている場合、これに火をつける）、全て終わったら祭壇に戻る：

    ［北］：北に坐す光と地よ、円陣を照らし、力を与えたまえ。
    ［東］：東に坐す光と風よ、円陣を照らし、命を与えたまえ。
    ［南］：南に坐す光と火よ、円陣を照らし、ぬくもりを与えたまえ。
    ［西］：西に坐す光と水よ、円陣を照らし、清めたまえ。

5. 力の手（利き手）でアサメイを持って祭壇正面に掲げる：

    貴婦人と君主の御前で私が描くこの円陣に、どうかおふたりが力をお貸しくださいますように、どうか祝福をくださいますように。

6．掲げたアサメイを北に向けて下げる。切っ先から青い光がほとばしり、円陣の境界を形成するイメージを思い描きながら円周を時計回りに歩く：

> これなるは壁を抜け床を通り、頭上脚下に私を取り巻く円陣の結界。こうして描かれ、貴婦人と君主に捧げられた円陣が、神々が御業（みわざ）を働かせ、神々の子、〈術者の名前〉を通して御力（みちから）を伝える球体を成す。この円陣を満たすのは古き者たちの力なり！この結界を越えて出入りできるものはただ愛のみ。

7．祭壇に戻り、ベル（あるいは手）を3度鳴らす。アサメイの切っ先を塩の中に入れる：

> 塩は命であり、清める力。女神と男神の御力により、この塩は私の祝福を受け、聖なる円陣の内にて清めの塩の役割を担う。

8．アサメイの刃先で塩を掬って水の中に3盛り入れ、刀身で3度掻き混ぜる：

> 祝福された塩でこの水を清めよう、聖なる円陣の内で祝福を受けた清らかな水として使われるように。女神と男神の力を通じ、この水は清められる。

9．祝福を施した水を時計回りに円周に振り撒く：

> 貴婦人と君主により、私はこの円陣を聖別する。円陣はまじなわれ、力持つ魔法円として清められ閉ざされる。かくあれかし！

10．水の器を祭壇に置く。香を取り、円周を時計回りに回って煙を振り撒く：

> 可視不可視の我が客人（まろうど）、我が助け手、私はかぐわしき香を焚いて彼らを称え、歓迎する。

11．指先に塗油用のオイルをつけ、額に印章を描く：

女神と男神の御名(みな)において、私、〈術者の名前〉は神々の円陣の内で聖別される。

〈円陣に道を開けて他の者を中に入れ、閉じたら印章で出入り口を封じる〉円陣に入る者ひとりひとりに誰何(すいか)を行い、オイルで最適な印章を描いて聖別する：

　a．何を望む？
　　　答：円陣の内に入ることを。
　b．合い言葉は？
　　　答：完全なる愛と完全なる信頼の元に。
　c．ようこそ、楽しき出会いを！　円の内にあなたを歓迎しよう。

12. ワンドを取り、北を始点として時計回りにめぐっていき、四方位点に達するごとに各エレメンタルを召喚する。広げた両手を掲げて祈りを捧げ、祈り終えたら腕を閉じて下ろし、次の四方位点に移って同じことを4度繰り返す：

　［北］：地の精霊よ、この儀式に臨み、円陣を守りたまえ。肉体と力を持つ眷属の祈りを聞き入れたまえ！
　　　〈強大な牡牛が出現するイメージを思い描く〉
　［東］：風の精霊よ、この儀式に臨み、円陣を守りたまえ。呼吸をして思考する眷属の祈りを聞き入れたまえ！
　　　〈天翔る鷲のイメージを思い描く〉
　［南］：火の精霊よ、この儀式に臨み、円陣を守りたまえ。エネルギーと動かす力を有し、命を燃やして生きる眷属の祈りを聞き入れたまえ！
　　　〈大いなる獅子のイメージを思い描く〉
　［西］：水の精霊よ、この儀式に臨み、円陣を守りたまえ。感情と鼓動する心臓を持つ眷属の祈りを聞き入れたまえ！
　　　〈飛び跳ねるイルカのイメージを思い描く〉

13. ワンドで祭壇の上に無限大のマークを描く。∞
14. ワンドを祭壇に置く。アサメイを両手に取り、頭上に高く掲げる

    四方に坐す四大の精霊に万歳を！　この円陣へようこそ、貴婦人と君主よ！　私が立つのは両界の狭間、愛と力が取り巻く場所！

15. アサメイを置く。杯を取り、飲料を供物のボウルや大釜、または地面に注いで貴婦人と君主を称え、飲料を一口飲む。ベルまたは手を3度打ち鳴らす。

儀式／クラフトワークを行う

[ケーキとワイン／魔法円を解放する]

◎ケーキとワイン

1. ベルまたは手を3度打ち鳴らす。
2. 足を開いて立ち、両手を広げて頭上に掲げる：

    私は私の必要とするものを理解し、私の体を養ってくれるものに感謝を捧げる。我が心よ、貴婦人と君主が賜る恵みをいつまでも忘れるなかれ。

3. 足を閉じ、左手に杯を、右手にアサメイを持ち、アサメイの切っ先を杯にゆっくりと入れる：

    神の男と神の女が互いに利となる縁を結び、ふたりの神聖なる結びつきによって生じる果実が生命と愛や喜びを育ててゆく。大地に実りは溢れ、豊かなる恵みは全土を覆う。

4. アサメイを置く。供物のボウルまたは大釜に神酒を再び注ぐ。
5. アサメイの切っ先で皿に用意したボウルのパン／ケーキに触れる：

    この食べ物は貴婦人と君主から賜った恵み。私が受け取ったこの食べ物を肉体と精神と霊魂の代わりとし、求める者たちに差し出そう。

6. 魔法円に残った食べ物を食べ、飲み物を飲み干す（食べ物と飲み物は参加者全員で分ける）：

> 女神と男神からの贈り物を味わった今、神々からの恵みがなければ私を満たすものは何もないことを私は肝に銘じておこう。かくあれかし！

◎魔法円を解放する

7. 力の手にアサメイを持ち、祭壇の上に水平にかざす：

> 恵み深き君主と貴婦人よ、私のために今この時間をともにしてくださって感謝いたします。私を見守り庇護下に置き、今この場で、あらゆることで導いてくださった。愛とともにやって来た私は愛とともに去ります。

8. アサメイを掲げ、敬礼を送る：

> 愛は法であり、絆なり。楽しき出会いに恵まれた私は楽しき別れを果たし、そしてまた楽しき出会いにまみえるだろう。楽しき出会い、楽しき別れ、楽しき再会！　円陣は開かれた。かくあれかし！

9. 刀身の側面にキスをし、祭壇にアサメイを置く。
10. ワンドを持って時計回りに移動し、両手を広げて頭上に掲げ、各エレメンタルに別れの挨拶をする。ひとつ終わるごとに広げた手を下ろして閉じ、次の四方位点に進む。灯したキャンドルの火を消す：

> ［北］：安らかに去りたまえ、地の精霊よ。餞（はなむけ）に贈る私の祝福を受け取りたまえ！
> 〈去りゆく精霊の力をイメージする〉
> ［東］：安らかに去りたまえ、風の精霊よ。餞に贈る私の祝福を受け取りたまえ！
> 〈去りゆく精霊の力をイメージする〉

[南]：安らかに去りたまえ、火の精霊よ。餞に贈る私の祝福を受け取りたまえ！

〈去りゆく精霊の力をイメージする〉

[西]：安らかに去りたまえ、水の精霊よ。餞に贈る私の祝福を受け取りたまえ！

〈去りゆく精霊の力をイメージする〉

11. ワンドを祭壇に置き、両手を広げて頭上に掲げる：

    可視不可視の存在と力よ、安らかに去りたまえ！　私の術を助け、私の心に囁きかけ、私に祝福をくれる異界の存在よ。私たちの間に幾久しく調和あれ。餞に私の祝福を。円陣は開かれた！

12. アサメイを取り、青い光がアサメイに戻ってくるイメージを思い描きながら、反時計回り(ウィダーシンズ)に円周をなぞる（北―西―南―東―北）。

    魔法の力が私の内に戻ってくる、円陣は解き放たれるとも円陣は残る。円陣は開かれた！　かくあれかし！

◎感謝の祈り

13. 祭壇にて、青い光が渦を巻いて身の内に戻ってくるイメージを思い描きながら、アサメイの切っ先で額に触れる。アサメイを掲げ、敬礼を送る：

    儀式は終わった！

14. アサメイを置く。掌を上向け、両手を広げる：

    祝福は与えられ、

15. 両腕を引き寄せて胸で交差させ、お辞儀をする：

    祝福は受け取られた。

16. 揃えた両腕を前方に伸ばす。掌は外側に向けて立てておく。

女神と男神から賜った安らぎが私の心に在り続けんことを。かくあれかし！

17. 両掌を床につけ、グラウンディングを行って余剰のエネルギーを流す。祭壇の魔術用具を全て片づける。供物のボウルや大鍋の中身を土に空けるか（外の地面か植木鉢の土に）、水とともにシンクに流す。

※ 四大の力が司る魔法円 ※

◎魔法円を構築する

1. 北に祭壇を設置する。グラウンディングとセンタリングを行う。円陣を時計回りに掃き清める：

   一掃きごとに円の内からあらゆる陰の力を箒で追い出し、清められた円陣が私の力となる準備を整えよう。

2. 香と祭壇の種火用キャンドル（中央のキャンドル）に火をつける。

3. ベルまたは手を3度打ち鳴らす：

   円陣の準備はできた、私は心のままに円の内に立ち、我が貴婦人、我が君主に挨拶をしよう。

4. 祭壇中央のキャンドルを取って時計回りに四方位点をめぐる：

   ［北］：北に坐す光と地よ、円陣を照らし、力を与えたまえ。
   ［東］：東に坐す光と風よ、円陣を照らし、命を与えたまえ。
   ［南］：南に坐す光と火よ、円陣を照らし、ぬくもりを与えたまえ。
   ［西］：西に坐す光と水よ、円陣を照らし、清めたまえ。

5. 祭壇に戻り、ワンドを掲げる：

   私はこの場所に円陣を描く。大地、天空、太陽、海洋の力がみなぎり、私の業を助け、加護を与えてくれる。

6．ワンドを使って時計回りに魔法円を構築する。ワンドからエネルギーが青い光となって流れ出るイメージを思い描きながら円陣を描いてゆく：

> これなるは壁を抜け床を通り、頭上脚下に私を取り巻く円陣の結界。こうして描かれ、自然が司る大いなる力と森羅万象に捧げられた円陣が、私に力を貸してくれる球体を成す。この結界を越えて出入りできるものはただ愛のみ！

7．額にオイルで太陽／月の印章を描く ⊕ ◎：

> 私はこの精霊円の内で聖別される。

〈円陣に道を開けて他の者を中に入れ、閉じたら太陽／月の印章で出入り口を封じる〉円陣に入る者ひとりひとりに誰何を行い、オイルで印章を描いて聖別する：

- A．何を望む？
  - 答：円陣の内に入ることを。
- B．合い言葉は？
  - 答：完全なる愛と完全なる信頼の元に。
- C．ようこそ、楽しき出会いを！ 円の内にあなたを歓迎します。

8．ベルまたは手を3度打ち鳴らす：

> 四大の力が充ち満ちるこの場所で、私の業(わざ)が今始められる。

儀式／クラフトワークを行う

［ケーキとワイン／魔法円を解放する］

◎ケーキとワイン

1．ベルまたは手を3度打ち鳴らし、足を広げ、両手を頭上に掲げて立つ：

> 私は私の必要とするものを理解し、私の体を養ってくれるものに感謝

を捧げる。我が心よ、貴婦人と君主が賜る恵みをいつまでも忘れるなかれ。

2．足を閉じ、ワンドで杯に触れる：

神の男と神の女が互いに利となる縁を結び、ふたりの神聖なる結びつきによって生じる果実が生命と愛や喜びを育ててゆく。大地に実りは溢れ、豊かなる恵みは全土を覆う。

3．杯の中身を供物のボウルにひと注ぎする。

4．ワンドで食べ物に触れる：

この食べ物は貴婦人と君主から賜った恵み。私が受け取ったこの食べ物を肉体と精神と霊魂の代わりとし、求める者たちに差し出そう。

5．食べ物の一部を供物のボウルに入れて残りを食べ、飲み物も飲み干す（参加者全員で分ける）：

女神と男神からの贈り物を味わった今、神々からの恵みがなければ私を満たすものは何もないことを私は肝に銘じておこう。かくあれかし！

◎魔法円を解放する

6．力の手にワンドを持ち、祭壇の上に水平にかざす：

恵み深き君主と貴婦人よ、私のために今この時間をともにしてくださって感謝いたします。私を見守り庇護下に置き、今この場で、あらゆることで導いてくださった。愛とともにやって来た私は愛とともに去ります。

7．ワンドを掲げ、敬礼を送る：

愛は法であり、絆なり。楽しき出会いに恵まれた私は楽しき別れを果

たし、そしてまた楽しき出会いにまみえるだろう。楽しき出会い、楽しき別れ、楽しき再会！　円陣は開かれた。かくあれかし！

8. 両手を広げてワンドを持ち上げる：

    円陣は開かれた。この場に満ちる大地、天空、太陽、海洋の力よ、私の祝福を受け取り、安らかに去りたまえ。

9. ワンドを祭壇に置き、祭壇上のキャンドルを取って持ち上げる：

    可視不可視の存在と力よ、安らかに去りたまえ！　私の術を助け、私の心に囁きかけ、私に祝福をくれる異界の存在よ。私たちの間に幾久しく調和あれ。餞に私の祝福を。円陣は開かれた！　かくあれかし！

10. ワンドの先端を北の地点に向け、青い光がワンドに戻ってくるイメージを思い描きながら、反時計回りに円周をなぞる（北—西—南—東—北）：

    魔法の力が私の内に戻ってくる、円陣は解き放たれるとも円陣は残る。

11. 祭壇に戻り、青い光が渦を巻いて体の中に引き込まれるイメージを浮かべながらワンドの先端で心臓に触れる。

12. ワンドを置き、エネルギー・バランスを整え、グラウンディングを行って過剰なエネルギーを床に流す。

◎感謝の祈り

13. 両腕を胸の上で交差させ、お辞儀をする：

    式は終わった。

14. 腕を解き、両手に載せたものを差し出すジェスチャーをする：

    祝福は与えられ、

15. 両腕を再び胸の上で交差させ、お辞儀をする：

祝福は受け取られた。

16. 掌を北に向け、突き出した両腕を下げていく：

    女神と男神から賜った安らぎが私の心に在り続けんことを。かくあれかし！

17. 祭壇の魔術用具を全て片づける。供物のボウルの中身を土に空けるか（外の地面か植木鉢の土に）、水とともにシンクに流す。

ワンド、スタッフ、スタングを用いて簡単な魔法円を構築する

◎構築法

必要なもの：ワンドまたはスタッフ、スタング。種火用キャンドル。香と香立て。飲み物の杯。軽食の皿。室内であれば供物のボウル。好みの／相応しい装飾。

1. グラウンディングとセンタリングを行う。円陣を描く場所の中央で種火用キャンドルと香に火をつける。
2. ワンドまたはスタッフ、スタングを両手で持ち、北を向いて円の中心近くに立つ。
3. その場に立ったままワンド／スタッフの先端、またはスタングの石突を持ち上げ、先端からエネルギーが青い光となって迸り出るイメージを思い描きながら、杖を円周に沿って時計回り（北―東―南―西―北）に動かす：

    これなるは壁を抜け床を通り、頭上脚下に私を取り巻く円陣の結界。我がクラフトの力にならんとここに描かれた円陣により創られた球体なり。

4. 飲料を供物のボウルに注ぎ、杯から一口飲む。

儀式／クラフトワークを行う
　［ケーキとワイン／魔法円を解放する］

◎ケーキとワイン
1. 杯を掲げて貴婦人と君主を称え、供物のボウルに飲み物を注ぐか、野外であれば地面に注ぐ。
2. 供物のボウルか、野外であれば地面に食べ物の一部を置く。
3. 食べ物を食べ、飲み物を飲む。

◎魔法円を解放する
4. 円の中心で両手を頭上で広げ、ワンドを掲げる。またはスタッフかスタングの前で両手を頭上で広げる：

　　可視不可視の存在と力よ、安らかに去りたまえ！　私の術を助け、私の心に囁きかけ、私に祝福をくれる異界の存在よ。私たちの間に幾久しく調和あれ。餞に私の祝福を。円陣は開かれた！かくあれかし！

5. その場に立ったままワンド／スタッフの先端、またはスタングの石突きを持ち上げ、エネルギーが青い光となって杖に戻ってくるイメージを思い描きながら、杖を反時計回り（北―西―南―東―北）にめぐらせる：

　　魔法の力が私の内に戻ってくる、円陣は解き放たれるとも円陣は残る。

◎感謝の祈り
6. ワンドを置く、または地面やスタンドにスタッフもしくはスタングを立てる。両腕を交差させた後、お辞儀をしながら胸の前で大きく開いて感謝を捧げる：

　　式は終わった。祝福は与えられ、祝福は受け取られた。女神と男神から賜った安らぎが私の心に在り続けんことを。かくあれかし！

7. キャンドルの火を消し、魔術用具を片づけ、供物の飲料を地面か植木鉢

の土に空けるか、水とともにシンクに流す。

※ スタングの魔法円を構築する、解く ※

◎魔法円を構築する

1. 北にスタング（二、または三叉の杖）を地面またはスタンドに据える場所を決め、祭壇用具を配置する。グラウンディングとセンタリングを行う。円陣を箒で時計回りに掃き清める：

   > 一掃きごとに円の内からあらゆる陰の力を箒で追い出し、清められた円陣が私の力となる準備を整えよう。

2. 香と祭壇のキャンドルに火をつける（参加者も全員円陣内に入る）。
3. 手を3度打ち鳴らす：

   > 円陣の準備はできた、私は心のままに円の内に立ち、我が貴婦人、我が君主に挨拶をしよう。

4. スタングを向け、時計回り（北―東―南―西―北）に円陣を描く：

   > 貴婦人と君主の御前で私が描くこの円陣に、どうかおふたりが力をお貸しくださいますように、どうか祝福をくださいますように。これなるは壁を抜け床を通り、頭上脚下に私を取り巻く円陣の結界。こうして描かれ、貴婦人と君主に捧げられた円陣が、神々が私に力をお貸しくださる球体を成す。この円陣を満たすのは古き者たちの力なり！この結界を越えて出入りできるものはただ愛のみ！

5. 香の煙を場に薫き込める：

   > この円陣は煙が聖別し、清められ閉ざされる。可視不可視の我が客人、我が助け手、私はかぐわしき香を焚いて彼らを喜ばせ、歓迎する。この円陣はまじなわれ、力持つ魔法円となる。かくあれかし！

6. 祭壇中央のキャンドルを持って円陣の四方位点をめぐっていく：

[北]：北に坐す光と地よ、円陣を照らし、力を与えたまえ。
[東]：東に坐す光と風よ、円陣を照らし、命を与えたまえ。
[南]：南に坐す光と火よ、円陣を照らし、ぬくもりを与えたまえ。
[西]：西に坐す光と水よ、円陣を照らし、清めたまえ。

7. 四方位点に達するごとにスタングを垂直に掲げ、両手を広げて各エレメンタルに呼びかける：

[北]：地の精霊よ、この儀式に臨み、円陣を守りたまえ。肉体と力を持つ眷属の祈りを聞き入れたまえ！
〈強大な牡牛が出現するイメージを思い描く〉
[東]：風の精霊よ、この儀式に臨み、円陣を守りたまえ。呼吸をして思考する眷属の祈りを聞き入れたまえ！
〈天翔る鷲のイメージを思い描く〉
[南]：火の精霊よ、この儀式に臨み、円陣を守りたまえ。エネルギーと動かす力を有し、命を燃やして生きる眷属の祈りを聞き入れたまえ！
〈大いなる獅子のイメージを思い描く〉
[西]：水の精霊よ、この儀式に臨み、円陣を守りたまえ。感情と鼓動する心臓を持つ眷属の祈りを聞き入れたまえ！
〈飛び跳ねるイルカのイメージを思い描く〉

8. 北の地点でスタングを再び垂直に掲げる：

四方に坐す四大の精霊に万歳を！　この円陣へようこそ貴婦人と君主よ！　私が立つのは両界の狭間、愛と力が取り巻く場所！

9. 北の位置でスタングをスタンドに据えるか、地面に垂直に刺す。

儀式／クラフトワークを行う
[ケーキとワイン／魔法円を解放する]

◎ケーキとワイン

1．手を3度打ち鳴らす。
2．足を開いて立ち、両手を頭上に掲げる：

> 私は私の必要とするものを理解し、私の体を養ってくれるものに感謝を捧げる。我が心よ、貴婦人と君主が賜る恵みをいつまでも忘れるなかれ。

3．力の手を飲み物の上にかざす：

> 君主と貴婦人が全ての創造物の利となる縁を結び、この飲み物はおふたりの祝福を受け、認められる。おふたりの恵みは全土を覆う。

4．力の手を食べ物の上にかざす：

> この食べ物は貴婦人と君主から賜った恵み。私が受け取ったこの食べ物を肉体と精神と霊魂の代わりとし、求める者たちに差し出そう。

5．供物の飲料と食べ物を大釜に入れ、残りを食べる：

> 女神と男神からの贈り物を味わった今、神々からの恵みがなければ私を満たすものは何もないことを私は肝に銘じておこう。かくあれかし！

◎魔法円を解放する

6．スタングの正面で力の手を水平に掲げる：

> 恵み深き君主と貴婦人よ、私のために今この時間をともにしてくださって感謝いたします。私を見守り庇護下に置き、今この場で、あらゆることで導いてくださった。愛とともにやって来た私は愛とともに去ります。円陣は開かれた！

7．両手を広げて頭上に掲げる：

愛は法であり、絆なり。楽しき出会いに恵まれた私は楽しき別れを果たし、そしてまた楽しき出会いにまみえるだろう！　楽しき出会い、楽しき別れ、楽しき再会！　円陣は開かれた。かくあれかし！

8．四方位点をめぐり、各地点でスタングを垂直に持って両手を広げた後、両手を合わせる：

　　［北］：安らかに去りたまえ、地の精霊よ。餞に贈る私の祝福を受け取りたまえ！
　　　　〈去りゆく精霊の力をイメージする〉
　　［東］：安らかに去りたまえ、風の精霊よ。餞に贈る私の祝福を受け取りたまえ！
　　　　〈去りゆく精霊の力をイメージする〉
　　［南］：安らかに去りたまえ、火の精霊よ。餞に贈る私の祝福を受け取りたまえ！
　　　　〈去りゆく精霊の力をイメージする〉
　　［西］：安らかに去りたまえ、水の精霊よ。餞に贈る私の祝福を受け取りたまえ！
　　　　〈去りゆく精霊の力をイメージする〉

9．北の地点でもう一度両腕を広げ、スタングを垂直に掲げた後、両腕を引き寄せる：

　　可視不可視の存在と力よ、安らかに去りたまえ！　私の術を助け、私の心に囁きかけ、私に祝福をくれる異界の存在よ。私たちの間に幾久しく調和あれ。餞に私の祝福を。円陣は開かれた！

10．青い光となったエネルギーをスタングに回収し、円周を反時計回り（北―西―南―東―北）になぞる。スタングをスタンドや地面に戻し、グラウンディングを行って過剰なエネルギーを放出する：

　　魔法の力が私の内に戻り、大地に還る。円陣は解き放たれるとも円陣

は残る。円陣は開かれた！

◎**感謝の祈り**

11. 両腕を胸の上で交差させて立ち、お辞儀をする：

　　式は終わった。

12. 体の前で交差を解き、掌を上にしてものを差し出すジェスチャーをする：

　　祝福は与えられ、

13. 両腕を再び胸の上で交差させ、お辞儀をする：

　　祝福は受け取られた。

14. 掌を立てて手を合わせ、北の方に伸ばした両腕を下げていく：

　　女神と男神から賜った安らぎが私の心に在り続けんことを。かくあれかし！

❈ 精霊十字の（繋鎖）魔法円※を構築する ❈

※この魔法円は強力な力が必要となった時か、魔法円を四大元素の中にしっかりとつなぎ止めなければならないような一刻を争う緊急時に構築する。円陣の四方位点にキャンドルを配置し、香に火はつけるが、祭壇中央のキャンドルで光を呼び出すこと、魔法円構築前に香を薫き込めることはしない。

準備：円陣の中央に北向きに設置した祭壇。安全な器（陶器の皿など）に入れた祭壇に置く緑、黄、赤、青（季節の象徴色）の各エレメンタルを表すキャンドル。香と香立て。ワンド（あるいはスタングかスタッフ）。飲み物。食べ物。装飾。

◎魔法円を構築する

1. グラウンディングとセンタリングを行う。全てのキャンドルと香に火をつける。
2. 円陣を時計回りに掃き清める：

    一掃きごとに円の内からあらゆる陰の力と混沌のエネルギーを箒で追い出し、清められた円陣が私の力となる準備を整えよう。

3. 火をつけたエレメンタルに供えるキャンドルを四方位点に丁寧に置く（1つ、または2つずつ）。
4. 地の牡牛、風の鷲、火の獅子、水のイルカと、各エレメンタルを象徴する生物の頭部を笠石に刻んだ石柱を思い描きながら、魔法円を構築していく（北―南―東―西）。四方位点ごとに呪文を唱え、はっきりとした身振りでジェスチャーを行う。初めに、五指をぴんと伸ばした左手をまっすぐに伸ばし、ワンドを右手に持って垂直に構える〈左利きであれば手は逆になる〉：

    [北]：我が声に応えよ、地の精霊よ！　円陣の準備はできた、来たれ眷属なる我が元に。北の境界を護り固めよ〈左の掌を立て、「待て」のサインを出す〉。かくあれかし！〈左手を横に払い、ワンドを胸の上で水平に構える〉

    [南]：我が声に応えよ、火の精霊よ！　円陣の準備はできた、来たれ眷属なる我が元に。南の境界を護り固めよ〈左の掌を立て、「待て」のサインを出す〉。かくあれかし！〈左手を横に払い、ワンドを胸の上で水平に構える〉

    [東]：我が声に応えよ、風の精霊よ！　円陣の準備はできた、来たれ眷属なる我が元に。東の境界を護り固めよ〈左の掌を立て、「待て」のサインを出す〉。かくあれかし！〈左手を横に払い、ワンドを胸の上で水平に構える〉

    [西]：我が声に応えよ、水の精霊よ！　円陣の準備はできた、来たれ眷属なる我が元に。西の境界を護り固めよ〈左の掌を立て、「待

て」のサインを出す〉。かくあれかし！〈左手を横に払い、ワンドを胸の上で水平に構える〉

5．北を向いて円陣の中央に立ち、両手で持ったワンドを掲げる：

> 四大の精霊により鎖し留められ、我が頭上脚下、内外、四方周辺より祝福を受け、円陣は力持つ魔法円と成る。かくあれかし！

6．ワンドを下げ、円陣の中心に留まったまま、ワンドから迸り出るエネルギーの青い光が精霊の石柱をつなぐイメージを思い描きながら円周を時計回り（東―南―西―北―東）になぞって魔法円を構築する。

7．ワンドを祭壇に置き、儀式や呪文の詠唱などを始める：

> ここに儀式は始まる。

儀式／クラフトワークを行う

［ケーキとワイン／魔法円を解放する］

◎ケーキとワイン

1．手を3度打ち鳴らす。
2．足を開いて立ち、両手を頭上に掲げる：

> 私は私の必要とするものを理解し、私の体を養ってくれるものに感謝を捧げる。我が心よ、貴婦人と君主が賜る恵みをいつまでも忘れるなかれ。

3．足を閉じ、ワンドで飲み物の器（杯など）に触れる：

> 神の男と神の女が互いに利となる縁を結び、ふたりの神聖なる結びつきによって生じる果実が生命と愛や喜びを育ててゆく。大地に実りは溢れ、豊かなる恵みは全土を覆う。

4．飲み物の一部を供物の酒として大釜に注ぐ。

5．ワンドの先端で食べ物に触れる：

> この食べ物は貴婦人と君主から賜った恵み。私が受け取ったこの食べ物を肉体と精神と霊魂の代わりとし、求める者たちに差し出そう。

6．食べ物の一部を供物の酒に足し入れ、円陣に残った食べ物と飲み物を食べる：

> 女神と男神からの贈り物を味わった今、神々からの恵みがなければ私を満たすものは何もないことを私は肝に銘じておこう。かくあれかし！

◎魔法円を解放する

7．ワンドを祭壇の上に水平に掲げる：

> 恵み深き君主と貴婦人よ、私のために今この時間をともにしてくださって感謝いたします。私を見守り庇護下に置き、今この場で、あらゆることで導いてくださった。愛とともにやって来た私は愛とともに去ります。

8．ワンドを掲げ、敬礼を送る：

> 愛は法であり、絆なり。楽しき出会いに恵まれた私は楽しき別れを果たし、そしてまた楽しき出会いにまみえるだろう。楽しき出会い、楽しき別れ、楽しき再会！　円陣は開かれた。かくあれかし！

9．青い光がワンドに戻ってくるイメージを思い描きながらワンドを反時計回り（西―南―東―北―西）にめぐらし、魔法円を開く：

> 流れる力が私を取り巻き、入り込む。円陣は解き放たれるとも円陣は残る。

10．エレメンタルを繋ぎ止めていた鎖から解放し、祝福を与える（南―北―西―東）：

［南］：ワンドを右手に持ち、垂直に構える。左の掌を「待て」の形に立てた後、右手と同じくワンドを握る：

> 我が業に力を貸し、我が円陣に加護をくれた火の精霊よ。汝の力を、我々の間に結ばれた絆を忘れまい。

垂直に構えたワンドを胸元に引きつける。左手を脇に垂らす。抱きしめるように両手を開く：

> 汝に我が祝福を、我に汝の祝福を。

両腕を胸元で交差させる。小さくお辞儀をする：

> 儀式は終わった。安らかに去りたまえ。

蠟燭消しをかぶせるか、素早く吹き消して、この地点のキャンドルの火を消す。

［北］：ワンドを右手に持ち、垂直に構える。左の掌を「待て」の形に立てた後、右手と同じくワンドを握る：

> 我が業に力を貸し、我が円陣に加護をくれた地の精霊よ。汝の力を、我々の間に結ばれた絆を忘れまい。

垂直に構えたワンドを胸元に引きつける。左手を脇に垂らす。抱きしめるように両手を開く：

> 汝に我が祝福を、我に汝の祝福を。

両腕を胸元で交差させる。小さくお辞儀をする。

> 儀式は終わった。安らかに去りたまえ。

蠟燭消しをかぶせるか、素早く吹き消して、この地点のキャンドルの火を消す。

［西］：ワンドを右手に持ち、垂直に構える。左の掌を「待て」の形に立てた後、右手と同じくワンドを握る：

我が業に力を貸し、我が円陣に加護をくれた水の精霊よ。汝の力を、我々の間に結ばれた絆を忘れまい。

　垂直に構えたワンドを胸元に引きつける。左手を脇に垂らす。抱きしめるように両手を開く：

　　　汝に我が祝福を、我に汝の祝福を。

　両腕を胸元で交差させる。小さくお辞儀をする：

　　　儀式は終わった。安らかに去りたまえ。

　蠟燭消しをかぶせるか、素早く吹き消して、この地点のキャンドルの火を消す。

［東］：ワンドを右手に持ち、垂直に構える。左の掌を「待て」の形に立てた後、右手と同じくワンドを握る：

　　　我が業に力を貸し、我が円陣に加護をくれた風の精霊よ。汝の力を、我々の間に結ばれた絆を忘れまい。

　垂直に構えたワンドを胸元に引きつける。左手を脇に垂らす。抱きしめるように両手を開く：

　　　汝に我が祝福を、我に汝の祝福を。

　両腕を胸元で交差させる。小さくお辞儀をする：

　　　儀式は終わった。安らかに去りたまえ。

　蠟燭消しをかぶせるか、素早く吹き消して、この地点のキャンドルの火を消す。

11. グラウンディングで過剰なエネルギーを逃す。道具を片づける。供物のボウルの中身を地面または植木鉢に空けるか、水とともにシンクに流す。

※ 闇の力の魔法円の構築と解放 ※

◎魔法円を構築する

1. 円陣を描き、祭壇用具を配置する。黒、濃灰、濃紫、青、バーガンディ（ごく暗い紫みの赤）またはワインレッド、白、濃茶などの色の祭壇用キャンドル3本。コーパル、ドラゴンズブラッド、フランキンセンス、ライラック、マレイン、ミルラ、パチョリなどの香。ケーキとワイン用にブラックベリーのワインやダークフルーツジュース、ダークブレッド（全粒粉のパン）、焼き菓子、フルーツケーキや雑穀パンなど。

2. グラウンディングとセンタリングを行う。キャンドルと香に火をつける。闇の力が司る北、またはシー（妖精）の力が司る西を始点として時計回りに場を掃き清める：

   一掃きごとに陰と混沌のエネルギーにまみれた円陣を清め、私の力となる準備を整えよう。

3. 手またはベルを3度打ち鳴らす：

   円陣の準備はできた、私は心のままに円の内に立ち、我が闇の貴婦人、我が影の君に挨拶をしよう。

4. 中央のキャンドルを取って円陣を反時計回りにめぐる。四方位点ごとに（北または西を始点とする）祭壇中央のキャンドルを掲げるか、エレメンタルに供えたキャンドルに火を灯し、闇の力またはシーのイメージを思い描きながら闇の光を召喚していく：

   ［北］：地の内なる影の光よ、円陣を照らし、力を与えよ。
   〈地核のマグマ／洞窟で発光する燐をイメージする〉
   ［西］：水の内なる影の光よ、円陣を照らし、これを清めよ。
   〈生物発光[*1]／発光するウォーターヒアシンス[*2]をイメージする〉
   ［南］：火の内なる影の光よ、円陣を照らし、ぬくもりを与えよ。

　　　　　〈青／白に光る炎／人魂をイメージする〉
　　　［東］：風の内なる影の光よ、円陣を照らし、活力を与えよ。
　　　　　〈雷光を発する雲／北極光をイメージする〉

5. アサメイかワンドを持ち、円周を反時計回りにめぐる（北または西を始点とする）：

　　　円陣よ、闇の女神と闇の男神の御前で壁、床、家具を抜け、地を通り、我が頭上脚下をめぐり、四方を取り巻く結界となれ。神々が御姿(みすがた)を現し、神々の子〈術者の名前〉に祝福を与える神聖な場となれ。
　　　〈球面を構築する澄明な青い光をイメージする〉

6. アサメイで儀式の塩に触れる：

　　　塩は清め、保存し、命を生かす。老婆と闇の君主の御名において、この塩は我が祝福を受け、円陣の内にて清めの塩の役割を担う。

7. アサメイの刃先で塩を掬って水の器に3盛り入れ、3度掻き混ぜる：

　　　祝福された塩でこの水を清めよう、この聖なる空間で清らかな水として使われるように。老婆と闇の君主の御名において、この水は聖別され、清められる。

8. 祝福を施した水を円周に沿って反時計回りに振り撒く：

　　　老婆と闇の君主の御名において、私はこの円陣を聖別する。円陣はまじなわれ、力持つ魔法円として清められ閉ざされる。

9. 香を取り、円周を反時計回りにめぐり、南に置く。
10. 祭壇に戻り、オイルで額に任意の印章を描く：

　　　私〈クラフトネーム〉は老婆と闇の君主の御名において聖別される。

11. ワンドを持ち、闇の力またはシーのイメージを思い描きながら、影の精霊たちに反時計回り（北または西を始点とする）に呼びかけていく：

[北]：地の精霊よ、この儀式に臨み、円陣を守りたまえ。肉体と力を持つ眷属の祈りを聞き入れたまえ！
〈狼／猫、小鬼(コボルト)[*3]のイメージを思い描く〉

[西]：水の精霊よ、この儀式に臨み、円陣を守りたまえ。血と感情を持つ眷属の祈りを聞き入れたまえ！
〈ウツボ／鮫、海豹人(セルキー)[*4]のイメージを思い描く〉

[南]：火の精霊よ、この儀式に臨み、円陣を守りたまえ。命を燃やして生きる眷属の祈りを聞き入れたまえ！
〈不死鳥(フェニックス)[*5]／アメリカドクトカゲ[*6]、鬼火(ウィルオウィスプ)[*7]のイメージを思い描く〉

[東]：風の精霊よ、この儀式に臨み、円陣を守りたまえ。呼吸をして思考する眷属の祈りを聞き入れたまえ！
〈フクロウ／蛾、風の精(シルフ)[*8]のイメージを思い描く〉

12. ワンドで祭壇の上に無限大のマークを描く。
13. ワンドを置き、アサメイを両手で頭上に掲げる：

四方に坐す四大の精霊に万歳を！ この儀式にようこそ、貴婦人と君主よ。私が立つのは両界の狭間、愛と力が取り巻く場所！

14. 飲み物を大釜／供物のボウルに少し注ぎ、杯から一口飲む：

老婆なる我が貴婦人、影なる我が君主よ、あなたたちの子である〈術者の名前〉の心に触れたまえ。神との結びつきは喜び、賜る祝福は恵みなり。我が成す業は我が身に報うと心に刻み、我がクラフトを行わん。

ケーキとワイン／クラフトワークを行う
[終了後、ケーキとワイン／魔法円の解放に進む]

◎ケーキとワイン
1. 祭壇で両手を挙げる：

　　　　私は私の必要とするものを知り、私の体を養ってくれるものに感謝を
　　　　捧げる。我が心よ、貴婦人と君主が賜る恵みをいつまでも忘れるなかれ。

２．左手に杯、右手にアサメイを取り、切っ先をゆっくりと杯の内に入れる：

　　　　貴婦人の実り豊かな闇の中へと君主が入る。彼は影の内、彼女は影。
　　　　胎は墓だが墓は彼女の胎ゆえに、我が心よ忘れるなかれ、闇を抜けて
　　　　光は届き、彼が我がために通ったように彼女は私が通らなければなら
　　　　ぬ通路なることを。

３．杯の飲み物を一口飲む（まだ供物として捧げない）。

４．アサメイでケーキ／パンに触れる：

　　　　死者と冥界の食べ物は魂の糧。この菓子は我が霊魂に与えられた糧の
　　　　象徴となる。我が肉体に与えられたように魂を養う滋養となり、我が
　　　　心身を健やかにする。

５．食べ物を一口食べ、供物として最後に捧げる分を除き、飲み物と食べ物
　　を口にする。

６．アサメイを祭壇上に掲げる：

　　　　恵み深き君主と貴婦人よ、私のために今この時間をともにし、我がク
　　　　ラフトを助けてくださり感謝いたします。私を見守り庇護下に置き、
　　　　今この場で、あらゆることで導いてくださった。愛とともにやって来
　　　　た私は愛とともに去ります。

７．飲み物とケーキの残りを供物のボウルに足し入れ、祭壇の上に捧げ持つ：

　　　　約束に従い、今生の残りは再生の大釜へ ── あらゆる命は死へと流
　　　　れ、新たな命に生まれ変わるのが理(ことわり)だから。再生の大釜は死から生
　　　　をもたらす。闇と死を通じて光と生をもたらす貴婦人と君主を私は称
　　　　える。止まることを知らぬ踊りは終わることも知らず。かくあれかし！

８．供物を置き、アサメイを掲げて敬礼を送る：

愛は法であり、絆なり。楽しき出会いに恵まれた私は楽しき別れを果たし、そしてまた楽しき出会いにまみえるだろう。楽しき出会い、楽しき別れ、楽しき再会！　円陣は開かれた。かくあれかし！

9. 刀身の側面にキスをし、アサメイを祭壇に置く。

◎魔法円を解放する

10. ワンドを持ち、反時計回り（北または西を始点とする）に各エレメンタルに別れの挨拶を送る。キャンドルを使っていたら、火を消す：

    ［北］：我らの出会いは眷属の出会い。安らかに去りたまえ、地の精霊よ、餞に贈る私の祝福を受け取りたまえ！
    ［西］：我らの出会いは眷属の出会い。安らかに去りたまえ、水の精霊よ、餞に贈る私の祝福を受け取りたまえ！
    ［南］：我らの出会いは眷属の出会い。安らかに去りたまえ、火の精霊よ、餞に贈る私の祝福を受け取りたまえ！
    ［東］：我らの出会いは眷属の出会い。安らかに去りたまえ、風の精霊よ、餞に贈る私の祝福を受け取りたまえ！

11. 祭壇に戻り、両腕を掲げる：

    影の領域と異界より私の術を助け、私の心に囁きかけ、私に祝福をくれる可視不可視の存在と力よ。安らかに去り、私たちの間に幾久しく調和あれ。餞に私の祝福を。円陣は開かれた！

12. アサメイを取り、光がアサメイに戻ってくるイメージを思い描きながら、円周を時計回り（北または西を始点とする）にめぐる：

    魔法の力が私の内に戻ってくる、円陣は解き放たれるとも円陣は残る。

◎感謝の祈り

13. 祭壇にて、青い光が渦を巻いて身の内に入ってくるイメージを思い描き

ながら、刀身の側面で額に触れた後、アサメイを掲げて敬礼を送る：

    儀式は終わった！

14. アサメイを置く。掌を上向け、両手を広げる：

    祝福は与えられ、

15. 両腕を胸の上で交差させ、お辞儀をする：

    祝福は受け取られた。

16. 両手を揃えて前方に押し出すように下げていく。掌は立てて外側に向ける：

    女神と男神から賜った安らぎが私の心に在り続けんことを。かくあれかし！

17. 南に置いた香を取る。香を持って円周を一周する：

    解放され、香で燻(いぶ)されたこの空間は、もはや闇のエネルギーが留まる場所ではなくなった。我が祝福を受け、疾(と)く去りたまえ。

18. 香を祭壇に置く。
19. 両掌を床につけ、グラウンディングを行って余剰のエネルギーを流す。祭壇の魔術用具を全て片づける。供物のボウルの中身を外の地面に空けるか水とともにシンクに流すが、室内の植木鉢に空けてはいけない。

*1 生物発光［Bio-luminescence］── 発光酵素などの働きによる生物体の発光現象。熱を伴わない冷光で、有名な発光生物にホタルや夜光虫、プランクトンが挙げられる。

*2 ウォーターヒアシンス［Water hyacinth］── 南米原産の白や薄紫色の美しい花を咲かせる水草。湖沼や緩やかな流れに群生する。和名、ホテイアオイ。

*3 小鬼［Kobold］── ドイツの民間伝承に由来する妖精。スコットランドのブラウニー［Brownie］、イングランドのホブゴブリン［Hobgoblin］、デンマークのニス［Nis］といった守護妖精の一種。家に住み着く前に家族の気質を試し、コボルトの悪戯を嫌がらないとわかったらその家にやって来て、家族の最後のひとりにまで尽くす。坑道や地下を住処とする種はイングランドの石炭鉱山にいた青帽子［Blue-Cap］、コーンウォールのノッカー［Knocker］と似る。どちらのタイプも善良ではないが友好的で、扱いさえ間違えなければ労働を助ける良き友であった。子供、動物、炎など、様々な姿が伝えられる。

*4 海豹人［Selkie］── スコットランド北部のオークニー諸島、シェトランド諸島に伝わるアザラシの毛皮をまとう妖精族。海底の乾いた場所や寂しい岩礁を住処とする。毛皮を脱いで人間の姿を取った彼らはとても美しく、人間の男女としばしば恋に落ちることがあった。脱いだ皮を隠し、帰れなくなった女を嫁に迎えるという日本の羽衣伝説と同型の物語が伝わる。

*5 不死鳥［Phoenix］── ギリシア語ではポイニクス。死期が迫ると自ら火に身を投じて生まれ変わる伝説の鳥。しかし、紀元前5世紀の古代ギリシアの歴史家ヘロドトスが著した『歴史』では「父鳥が死ぬ500年ごとに姿を表し、遺骸を没薬の中に塗り込めてアラビアから太陽神の社まで遥々運んでいく」エジプトの聖鳥とされ、プリニウスの『博物誌』、オウィディウスの『変身物語』でも父鳥の死骸から生まれるだけで、火による生まれ変わりについては言及されていない。43年ごろにローマの地理学者ポンポニウス・メラが「自分で積み上げた香料に火をつけて焚死する」と書いたのがおそらく文献上の初出。エジプトのヘリオポリスではベンヌという鳥が太陽神ラーの魂として尊崇されており、神殿で燃やされる火に毎夜飛び込んで死に、朝に生まれ変わる姿を没しては昇る太陽の象徴として考えられたという。火の中から新たな生を得るベンヌの伝説は比較的後代に成立したようだが、周期的に我が身を焼いて蘇る不死鳥の神話はこのベンヌを原型として、ギリシアやローマで編み上げられたものだろう。

*6 アメリカドクトカゲ［Gila monster］── アメリカ合衆国南西部、メキシコ北西部に生息するトカゲ。体長50cm、体重2kgに達し、アメリカ原産のトカゲでは最大種。神経毒を持ち、黒地にピンクやオレンジ、黄色などの鮮やかな斑点が特徴。英名Gila Monster（ヒラ川の怪物）に窺えるように、かつては毒息で人を殺すと恐れられた。

*7 鬼火［Will-o'-the-wisp］──「松明持ちのウィル」の意。Wispは一握りの藁のことで、火をつけて照明とする。伝承によると、イングランドのシュロップシャーに住んでいた鍛冶屋ウィルのさまよえる魂。邪な生き方のせいで地獄に落ちかけたところを救われて生まれ変わったが、悪行を正さなかったので天国にも地獄にも行けずに煉獄をさすらうこととなった。哀れんだ悪魔から冷たい体を温めるために燃え盛る石炭を与えられてなお、この火を悪用して旅人たちを騙しているという。球電、あるいは天然ガスなどによ

る発火現象と考えられる青白く燃え盛る火の玉で、夜陰の中で燃えて人を惑わし、道を迷わせたり、沼地などの危険な場所に誘い込んだりする。ラテン語では愚者の火［イグニス・ファトゥウス（Ignis Fatuus）］と呼ばれ、鬼火や人魂の同類。鬼火の正体は天国にも地獄にも行けずに現世を彷徨う死者の霊、洗礼を受けずに死んだ子供の魂、妖精や小鬼が変身した姿だと伝えられる。また、宝の守り手で、跡を追う勇敢な者は富を手に入れるとも。鬼火の伝承は各地に見られ、それぞれが固有の名を持つ。ハロウィンでお馴染みのジャック・オー・ランタンもそのひとつ。

*8 風の精［Sylph］——大気の精霊。錬金術師として名高い16世紀の医学者パラケルススは地のノーム［Gnome］、水のウンディーネ［Undine］、火のサラマンダー［Salamander］とともに、自然を構成する要素のうち四大元素を司る不可視の存在としている。空、風、大気を住処とし、天使に似た姿をしているが、人間には見えない。シルウェストレ［Sylvestre］、ネヌファ［Nenuphar］とも。

～魔法円の構築に関するメモのためのスペース～

～魔法円の構築に関するメモのためのスペース～

3
エスバットの儀式

エスバットに関する注解
エスバットの儀式
満月のエスバットの儀式
新月のエスバットの儀式
闇月のエスバットの儀式
妖精の月(シー・ムーン)のエスバットの儀式

☉	☾	☿	♀	♂	♃	♆	♄	♇	♅
太陽	月	水星	金星	火星	木星	海王星	土星	冥王星	天王星

🌒	●	🌘	●
満ちゆく月 [乙女]	満月 [母]	欠けゆく月 [老婆]	新月（闇月） [隠れた顔／謎]

❦ エスバットに関する注解 ❦

Ⅰ．太陽暦では十二か月の内に満月が13回見られる年、つまり満月を2回見る暦月が1つある年がある。エスバットの太陰周期は樫の月（オーク・ムーン）と名付けられた、ユール（12月21日）に近い満月から始まる。この月を頭として、各暦月に現れる月の名称は名付けられている。ひとつの暦月に2度満月がめぐってくることは7月または8月に多い。

Ⅱ．満月には自然現象による変容を反映して名付けられた呼称があり、血染め月（ブラッド・ムーン）、青の月（ブルー・ムーン）、妖精の月（シー・ムーン）（または異界の月）の3つが、その現象が起きる時のみに通常の名称に加えて使用される。ブラッド・ムーンは稀で、暗いブドウ酒色に近い赤褐色に染まった月を指す。たいてい8月から10月の間に見られ、その暦月の満月に力、エネルギー、または攻撃性を付与する。第二の満月の呼称であるブルー・ムーンはどの暦月にも起き、その暦月の名あり月に霊的エネルギーを付与する。第二の闇月の呼称であるシー・ムーンもどの暦月にも起きる。その暦月の闇月に直感力、精神エネルギー、または神秘主義的英知を付与する。

Ⅲ．一年に現れる（太陽月ごとの）12の満月の名称。

1．樫の月（12月）
2．狼の月（1月）
3．嵐の月（2月）
4．野ウサギの月（3月）
5．種の月（4月）
6．木（ドリュアス）の月（5月）
7．ハチミツ酒の月（6月）
8．薬草の月（7月）
9．大麦の月（8月）
10．収穫月（9月）
11．狩人の月（10月）
12．雪の月（11月）
13．ブルー・ムーン（太陽暦における全ての暦月でめぐってくる二度目の満月）

Ⅳ．新月のエスバットは月隠（つきごもり）で完全に闇に覆われる前に細く残った銀光で行ってもよい。

Ⅴ．闇月のエスバットは闇の中で開かれ、魔術を行わないのが通例である。

Ⅵ．エスバットでは本名かクラフトネームを用いる。ひとりで行うのであれば、ワーキングネームかシークレットネームを用いる。

❊ エスバットの儀式 ❊

◎初めに

準備：祭壇用キャンドル3本。祭壇または枝付き燭台の左・中央・右に各色を1本ずつ。

満月 —— 青・白・橙。

新月 —— 緑・白・赤。

闇月 —— 黒・紫・黒または黒・白・黒。

ブルー・ムーン —— 青・白・橙。

シー・ムーン —— 淡いラベンダーか灰色を両側に、中央には明るい色調の灰白色。

ブラッド・ムーン —— 力の呪術を行使する場合は赤朽葉・赤・赤朽葉でもよい。

香：サンダルウッド、フランキンセンス、ナイトレディ、ムーン、リチュアル、またはその魔術に相応しいものを一種。

呪術用具：適切な種火用キャンドルを祭壇に用意しておく。

エスバットを始める：「基本となる魔法円の構築（満月および新月のエスバット用）」または「闇の力の魔法円の構築（闇月のエスバット用）」の章の「儀式／クラフトワークを行う」の見出しから開始する。

◎エスバットを始める

1. ワンドを掲げ、両手を広げて挨拶をする：

   我が貴婦人、我が君主よ、両界の狭間に立って呼びかけるあなたたちの子である私、〈術者の名前〉の心に触れたまえ。

2. 手を3度打ち鳴らすかベルを3度鳴らす：

   何者にも害を為さぬのであれば、望むことを為せ。魔女の訓言はかく教える。今一度、我が人生を彩る喜びを称え、貴婦人と君主への愛を明言しよう。私に愛と恵みを賜る女神と男神、〈神々の名〉を称え、神々

の祝福を希(こいねが)う。

3．「魔法円を構築する」の項に従って祝福を施した水を作成し、ペンタクルに置く。アサメイの切っ先を水に向ける：

　　大いなる母よ、あなたの下僕(しもべ)なる、この水と地の創造物に祝福を与えたまえ。再生の大釜が湛える水、恵み深き大地に生きる千態万状なるものたちを、我が心よ忘れるなかれ。我が身もまた水と地の眷属なるゆえに。

4．アサメイを置き、水の器を掲げる：

　　大いなる母に敬意を！

5．水の器を祭壇に置く。吊り香炉をペンタクルに置き、アサメイの切っ先で指す：

　　大いなる父よ、あなたの下僕なる、この火と風の創造物に祝福を与えたまえ。我が心は万物の内で踊る聖なる火を忘れるなかれ、我が耳に神々の声よ届け。我が身もまた火と風の眷属なるゆえに。

6．アサメイを置き、吊り香炉を掲げる：

　　大いなる父に敬意を！

7．吊り香炉を祭壇に置く。飲み物の杯を掲げる：

　　力と恩寵を。美と強さは貴婦人と君主の内に在り。
　　忍耐と愛を。知恵と知識を。おふたりには敬意を！

8．大釜に飲み物を少量注ぎ、杯から一口飲む。

月相別エスバットの儀式に進む

❈ 満月のエスバットの儀式 ❈

1. 両手と両足を広げて祭壇の前に立つ：

    見よ、空を翔る大いなる貴婦人を。
    星々の輝きは彼の女(かひと)を取り巻き、その光で夜を彩る。

2. ワンドを取る。（可能であれば）満月に向かって両腕を広げ、月降ろしの儀式を行う：

    数多の名で知られる麗しき貴婦人よ、君主なる〈男神の名前〉とともにあるあなたを〈女神の名前〉と私は呼ぶ。あなたを称えるこの特別な夜に、崇敬の念を籠めてあなたを仰ぐ私の元に降りたまえ。我が貴婦人よ、あなたの子なる〈術者の名前〉の元に降り来たり、語りかけたまえ。

3. 祭壇にワンドを置く。女神の導きに耳を傾ける。
4. 「祈りの言葉」の章から選んだ祈りを唱える、あるいは即興での歌唱や詩の吟唱などを思いつくままに行う。
5. 月降ろしの儀式、霊水の作成、聖別、瞑想など、この夜のために作られた、あるいは影の書の「まじない」、「儀式」、「瞑想」の章に載っている呪術を行う。種類は問わない。
6. エスバットで為すことが終了したら、両手を広げて掲げる：

    万物の母よ。乙女にして母、老婆なる方よ。命の始まりと終わりにいる方よ。あなたは命であり愛、私たち全ての内に在って、私を命であり愛なる存在(もの)にしてくれる。愛は法であり絆なり！　かくあれかし！

「魔法円の構築」の節にあるケーキとワインの項に進む

❋ 新月のエスバットの儀式 ❋

1. 胸の上で腕を交差させ、頭を垂れる。老婆の相にある女神の名を唱える。
2. 両手を開いて掲げる：

   今宵の月は老婆の相にある我が貴婦人の月、彼の女を〈女神の名前〉と私は呼ぶ。闇、知恵、明かされた神秘を司る貴婦人よ。誕生と死と再生を載せて車輪はめぐり、終わりとともに始まりを迎える。あなたは命から命へと続く通路。悠久の時の始まりと終わりに坐す女。伴侶なる君主、〈男神の名前〉とともに、あなたは私たち全ての内に在る。かくあれかし！

3. 「祈りの言葉」の章から選んだ祈りを唱える、あるいは即興での歌唱や吟唱を思うままに行う。
4. 神秘、闇の女神とつながっていることに思いをめぐらし、静寂の中で瞑想する。
5. 闇の力による呪術、霊水の作成、聖別、瞑想など、この夜のために作られた、あるいは現時点で影の書の「まじない」、「儀式」、「瞑想」の章に載っている呪術を行う。
6. エスバットで為すことが終了したら、両手を広げて掲げる：

   万物を生みし闇の母よ。墓は胎。命の始まりと終わりにいる方よ。あなたは命であり、新たな命へと続く通路であり、愛。私たち全ての内に坐し、命の環、新たな命へと続く通路、そして愛を通じて私を不滅の存在にしてくれる。愛は法であり絆なり！　かくあれかし！

「魔法円の構築」の節にあるケーキとワインの項に進む

❋ 闇月のエスバットの儀式 ❋

1. 胸の上で腕を交差させ、頭を垂れる。両手を下に向けて開く（地面に向

かって)：

> 夜の女王、神秘の女王よ。再生に続く通路の墓に静寂は満ちる。汝が元へと還る万物は、汝が元より生まれり。

2．両手を広げて高く掲げ、天を仰ぐ：

> 今宵の月は墓であり胎なる我が貴婦人の月、彼の女を〈女神の名前〉と私は呼ぶ。死せる命の残滓を掬い、そこから命を送り出す偉大なる造物主。影と英知を司る貴婦人のかんばせは地球より背けられ、秘密と神秘に隠れている。今は完全なる愛と完全なる信頼の時。何故ならば、母がいなくとも子供たちがひとりで立っているように見えるのは、あなたが変わることのない真の存在であり、めぐる月に合わせ命の環も続いていくと知っているから。伴侶なる君主、〈男神の名前〉とともに、あなたは私たち全ての内に在る。かくあれかし！

3．「祈りの言葉」の章から選んだ祈りを唱える。神秘について瞑想する。必要に応じて占いを行う。
4．エスバットで為すことが終了したら、両手を広げて掲げる：

> 万物を生みし闇の母よ。私の内に坐す知恵の守り手、神秘を明かす者よ、あなたの愛をこの心が決して忘れぬように。愛は法であり絆なり！かくあれかし！

「魔法円の構築」の節にあるケーキとワインの項に進む

妖精の月(シー・ムーン)のエスバットの儀式※

※魔法円の構築、儀式、簡略な饗宴、感謝の祈り、魔法円の解放を含む、一連の儀式。
補足：このエスバットは他よりも高度な準備を必要とする。太陽月の一か月で二度目の闇月の夜に行う。異界との親和性が高くなる夜なので、魔法円の構築と簡略な饗宴（妖精のお茶とクッキー）を含む一連の儀式は異界を

顧慮して行われる。

日中は食べることを避けた方がよいもの：獣肉、鳥肉、海産物。
代用食：根菜類、イモ類、野菜、大豆や乳製品。

◎魔法円構築前の準備

1. 前に立った時に西を向くように祭壇またはテーブルを置き、白、紫、または灰色の布を掛ける。
2. 灰色か淡いラベンダー色のキャンドルを祭壇に3本供える。中央のキャンドルには両側の2本よりも色合いの明るいものを用意する。
3. 種火用キャンドルには円柱型の灰色かラベンダー色のものがよい。ワンドはエルダーかヘーゼル、ホーソン製のものを選ぶ。湧き水の器。バードックの器。土や緑、霧のような匂いのする香。花びらを少し入れた供物のボウル。ミルクの器。円柱型キャンドルで燃やすためにほぐしたマグワートの器。
4. グラウンディングとセンタリングを行う。その後、室内をパチョリの香で焚き染め、1～3本の灰色のキャンドルを灯し、ラベンダー、リンデン、カレンデュラ、ローズマリーを入れた袋を浸した湯で沐浴する。
5. 体を拭き、薄着をするか空衣(スカイクラッド)をまとう。ヤカンでお湯を沸かしてティーポットを温め、飲み物、妖精のお茶の準備をする。以下の文句を唱えながらティーポットに材料を入れていく：

紅茶………………………	小さじ3杯	黒は力の色
カモミール………………	小さじ1/2杯	夜のリンゴ
ダンデライオン・ルート	小さじ1杯	太陽の根
エルダー・フラワー……	小さじ1/2杯	貴婦人の祝福
ホップ……………………	小さじ1 1/2杯	喜びに君主(ホップ)は跳ねる
マグワート………………	小さじ1/2杯	それから、両界の狭間にて
ラズベリー・リーフ……	小さじ1/2杯	妖精の木苺に向かって
ローズヒップ……………	小さじ1 1/2杯	愛の形見とともに
お湯を注いでカバーで覆い、抽出する。		このお茶で美しい人々を私の傍に

6．四方位点に水晶やキャンドル（北と南——淡緑色。東と西——灰白色）を置いてもよい。
7．儀式中の簡略な饗宴で用いる甘味料、ミルク、カップ、ティーポット、ティー・クッキーの皿を祭壇／テーブルに置く。妖精の友尋ね（コンパニオン・クエスト）の儀式を行っている場合、東と西の2か所にお茶のセットを用意する。

◎魔法円を構築する

1．西を始点として、円陣を箒で時計回りに清めていく。箒の素材にはブルームプラント（エニシダ）以外のものを選ぶ（藁、松、棕櫚、樫の葉など）：

　　一掃きごとに円を清め、円陣が私の力となる準備を整えよう。

2．香、祭壇のキャンドル、種火用（円柱型）キャンドルに火をつけ、小さなベルを3度鳴らすか手を3度打ち鳴らす：

　　円陣の準備はできた、私は心のままに円の内に立ち、緑の森を知ろしめす我が貴婦人と我が君主の祝福でもって、あちらの人たちに挨拶をしよう。

3．祭壇中央のキャンドルを手に、西を始点として反時計回りに回って四方位ごとに挨拶を送り、四大の精霊のキャンドルに火をつける（使用している場合）：

　　［西］：水の合間（あわい）に輝く光よ、この円陣を照らし、加護を与えたまえ
　　　　〈生物発光の輝きをイメージする〉
　　［南］：火の合間に輝く光よ、この円陣を照らし、加護を与えたまえ
　　　　〈ウィルオウィスプと呼ばれる沼地の光の輝きをイメージする〉
　　［東］：風の合間に輝く光よ、この円陣を照らし、加護を与えたまえ
　　　　〈球電光から発せられる青く燃え盛る火花をイメージする〉
　　［北］：地の合間に輝く光よ、この円陣を照らし、加護を与えたまえ
　　　　〈洞窟に堆積した燐光物質の淡い輝きをイメージする〉

4．キャンドルを祭壇／テーブルに戻し、アサメイを掲げる：

> 異界を統べる貴婦人と君主の御前(こぜん)で私が描くこの円陣よ、あちらの人たちが現れ、この世界の眷属にして〈術者の名前〉の名を持つ私に祝福を与えてくれる場となれ。

5．アサメイの切っ先から流れ出る青い光をイメージしながら、西を始点として反時計回りに円陣を描く：

> これなるは円陣の境界、この結界を超えて出入りできるものはただ愛のみ。

6．以下の文句を唱えながら、アサメイの切っ先で湧き水とバードックに触れる：

> 湧き水は貴婦人の清らかさと永遠の命の泉。バードックは君主の清め、加護、陰の力を反らす力の根。異界を統べる女王と王、貴婦人と君主の御名(みな)において、私はこの水と根を祝福し、円陣の内にて役割を与える。

7．刻んだバードックをアサメイの刃先で掬って水の中に3盛り入れ、3度掻き混ぜる：

> 異界を統べる貴婦人と君主の御名において、私はこの水を聖別して清め、円陣の内にて役割を与える。

8．水の器を取り、西を始点として反時計回りに祝福を施した水を円周に振り撒く：

> 妖精の女王と王の御名において、私はこの円陣を聖別する。この円陣を満たすのは古き者たちの力なり！　この結界を越えて出入りできるものはただ愛のみ！

9．西を始点として、香の煙を反時計回りに円陣に薫き込めていく：

> この円陣は煙が聖別し、清められ閉ざされる。可視不可視の我が客人、

我が助け手、私はかぐわしき香を焚いて彼らを喜ばせ、歓迎する。この円陣はまじなわれ、力持つ魔法円となる。かくあれかし！

10. 第三の眼の上に祝福した水で太陽／月の印章を描く：

    異界を統べる貴婦人と君主の御前にて、私、〈術者の名前〉は彼らの円陣の内で聖別される。

11. ワンドを持ち、西を始点として円周を反時計回りにめぐり、各エレメンタルに挨拶する：

    ［西］：水の精霊よ、この儀式に臨み、円陣を護りたまえ。血潮と感情の流れる眷属の祈りを聞き入れたまえ！
    　　　〈セルキーのイメージを思い描く〉
    ［南］：火の精霊よ、この儀式に臨み、円陣を護りたまえ。命の火花を散らし意志の力を持つ眷属の祈りを聞き入れたまえ！
    　　　〈ウィルオウィスプまたは火竜のイメージを思い描く〉
    ［東］：風の精霊よ、この儀式に臨み、円陣を護りたまえ。呼吸をして思考する眷属の祈りを聞き入れたまえ！
    　　　〈風の精（シルフ）のイメージを思い描く〉
    ［北］：地の精霊よ、この儀式に臨み、円陣を護りたまえ。肉体と不屈の強さを持つ眷属の祈りを聞き入れたまえ！
    　　　〈地の精（ノーム）またはコボルトのイメージを思い描く〉

12. 祭壇に戻り、ワンドで連珠形（横になった８の形）を描く。
13. 両手でワンドを持ち、頭上に掲げる：

    四方に坐す四大の精霊に万歳を！　この儀式にようこそ、貴婦人と君主よ！　私が立つのは両界の狭間、愛と力が取り巻く場所！　シーたちを治める女王と王なる我が貴婦人、我が君主よ、あちらの人たちと私の語らいに祝福を与えたまえ。神との結びつきはあらゆる領域、あらゆる世界において喜びであり、賜る祝福は恵みなり。我が為す業は

我が身に報うと心に刻み、我がクラフトを行わん。

14. ワンドを置いてアサメイを取り、切っ先をティーポットに向ける：

    偉大なる貴婦人よ、あなたの下僕なる、この水と地の創造物に祝福を与えたまえ。再生の大釜が湛える水、恵み深き大地に生きる千態万状なるものたちを、我が心よ忘れるなかれ。我が身もまた水と地の眷属なるゆえに。

15. アサメイを置き、ティーポットを持ち上げる：

    偉大なる貴婦人に敬意を！

16. ティーポットを置き、ワンドを持って香の上にかざす：

    偉大なる君主よ、あなたの下僕なる、この火と風の創造物に祝福を与えたまえ。我が心はあらゆる命の内で踊る聖なる火を忘れるなかれ、我が耳に神々の声も届け。我が身もまた火と風の眷属なるゆえに。

17. ワンドを置き、吊り香炉を掲げる：

    偉大なる君主に敬意を！

18. 吊り香炉を置く。ティーカップにお茶を注ぐ：

    力と恩寵を。美と強さは貴婦人と君主の内に在り。忍耐と愛を。知恵と知識を。終わりであり、通路であり、始まりである方々よ。あらゆる世界に坐す方々よ。おふたりに敬意を！

19. ティーカップから花びらの器にお茶を少し注ぐ。ティーカップのお茶を一口飲む。
20. 両腕を開いて掲げる：

    霧の国の民に万歳を。異界の不死の国々の民に挨拶を。我が呼びかけを聞き、現界と異界を繋ぐ門を開きたまえ。貴婦人と君主の御名にお

いて、平和と愛のうちに私は麗しき方々へと呼びかける。

21. 腕を下げ、灰色の円柱型［種火用］キャンドルを取る：

　　　我が前で輝くこの光とともに、異界の光よ、この場所に届け。

22. キャンドルを置き、円柱型（種火用）キャンドルの炎でマグワートを燃やす。

異界の瞑想、コンパニオン・クエストなどの儀式やクラフトワークを行う

◎妖精のお茶とクッキー

1. お茶を淹れ（コンパニオン・クエストの儀式を行っている場合、相手と自分の両方にお茶を出して、簡略な饗宴の項にある手順に従って儀式を進める）、好みで甘味料とミルクを加え、皿にクッキーを載せる。
2. 掌を上向けて両手を広げ、食事を祝福する：

　　　私は私の必要とするものを知り、私の体を養ってくれるものに感謝を捧げる。我が心よ、貴婦人と君主が賜る恵みをいつまでも忘れるなかれ。霊魂は全て死すことなき美の中で生み出され、君主により異界を統べる豊穣なる貴婦人を通じて生がもたらされる。霊魂の内なる美を、不滅の守り手を私は称える。

3. 花びらを入れた器に少量のお茶とひとかけらのクッキーを入れる。腰を下ろしてお茶を飲み、クッキーを食べる（妖精の友(フェアリー・コンパニオン)が相伴している場合、あちらの人に出した食べ物と飲み物が物理的に減ることはないが、味がなくなる）。異界が近づき、あちらの人たちがこの場に来ていることを感じ取る。望むなら交流し、家や敷地にそのまま留まることや、まじないなどの具象化の手助けをすること、望まぬものを具象化から取り除く手伝いをすることを頼む。

◎魔法円を解放する

1. 妖精のお茶とクッキーによる簡略な饗宴を終えたら、テーブル上にアサ

メイを掲げる：

> シーたちを治める貴婦人と君主よ、私のために今この時間をともにしてくださって感謝いたします。私を見守り庇護下に置き、今この場で全ての径で導いてくださった。愛とともにやって来た私は愛とともに去ります。歌と喜びを糧として霊魂が養われる地、異界を統べる貴婦人と君主に敬意を送ります。止まることを知らない踊りは終わることも知らず。平和と愛の内に私は麗しき方々に別れを告げた、今一度現界と異界を繋ぐ門を閉めたまえ。かくあれかし！〈蠟燭消しをかぶせて種火用キャンドルの火を消す〉

2．アサメイを掲げて敬礼を送る：

> 愛は法であり、絆なり。楽しき出会いに恵まれた私は楽しき別れを果たし、そしてまた楽しき出会いにまみえるだろう。楽しき出会い、楽しき別れ、楽しき再会！　円陣は開かれた。かくあれかし！

3．アサメイの刀身にキスをし、祭壇に置く。西を始点として、蠟燭消しを持って円周を反時計回りにめぐり、四方位点のキャンドルの火を消す：

> ［西］：安らかに去りたまえ、水の精霊よ！　餞に贈る私の祝福を受け取りたまえ！
>
> ［南］：安らかに去りたまえ、火の精霊よ！　餞に贈る私の祝福を受け取りたまえ！
>
> ［東］：安らかに去りたまえ、風の精霊よ！　餞に贈る私の祝福を受け取りたまえ！
>
> ［北］：安らかに去りたまえ、地の精霊よ！　餞に贈る私の祝福を受け取りたまえ！

4．蠟燭消しを置き、両手を掲げる：

> 可視不可視の存在と力よ、安らかに去りたまえ！　そなたらが住まうあらゆる領域と世界から私の術を助け、私の心に囁きかけ、私に祝福

をくれるものたちよ。私たちの間に幾久しく調和あれ。餞に私の祝福を。円陣は開かれた。

5．アサメイを北に持っていく。時計回りに円周をめぐって魔法円を解放する：

　　魔法の力が私の内に戻ってくる、円陣は解き放たれるとも円陣は残る。

6．北の地点でアサメイの刀身の側面で額に触れ、エネルギーを身の内に戻す。エネルギーのバランスを整え、両掌を地面または床につけて余ったエネルギーを逃がす。

◎感謝の祈り

7．西で祭壇／テーブルに向かい、青い光が渦を巻いて身の内に戻ってくるイメージを思い描きながら、アサメイの切っ先で額に触れる。アサメイを掲げ、敬礼を送る：

　　儀式は終わった！

8．アサメイを置く。掌を上向け、両手を広げる：

　　祝福は与えられ、

9．両腕を引き寄せて胸で交差させ、お辞儀をする：

　　祝福は受け取られた。

10．正面で手を合わせ、腕を前に伸ばす。掌を立て、外に向ける：

　　女神と男神から賜った安らぎが私の心に在り続けんことを。かくあれかし！

11．両掌を床につけ、グラウンディングを行って余剰のエネルギーを流す。祭壇の魔術用具を全て片づける。供物のボウルの中身を土に空けるか、水とともに流す。

～エスバットの儀式に関するメモのためのスペース～

4
サバトの儀式

ユールのサバト（12/21）
ユールタイド・キャロル
インボルクのサバト（2/2）
オスタラのサバト（3/21）
ベルテーンのサバト（5/1）
リーサのサバト（6/21）
ルーナサーのサバト（8/1）
メイボンのサバト（9/21）
サウィンのサバト（10/31）
［各項の終わりにそれぞれの祭日に行うアクティヴィティを併記］

☉	☾	☿	♀	♂	♃	♆	♄	♇	♅
太陽	月	水星	金星	火星	木星	海王星	土星	冥王星	天王星

🌒	🌕	🌘	🌑
満ちゆく月	満月	欠けゆく月	新月（闇月）
［乙女］	［母］	［老婆］	［隠れた顔／謎］

ユールのサバト（12/21）*1

用意するもの：鮮紅色、深緑色、鮮紅色（ユール・ログのホルダーに設置してもよい）の祭壇用キャンドル。深緑色のキャンドル2本、鮮紅色のキャンドル1本を別に用意——キャンドルはシナモン、パイン（マツ）、ベイベリーの香りがするものでも。

香：ベイベリー、フランキンセンス、ミルラの中から1種、あるいは組み合わせて。

装飾：祭壇／魔法円をヒイラギ（女神）、ヤドリギ（男神）、蔦、松、松ぼっくりで飾る。

儀式用アイテム：大釜に入れたアッシュの枝。

食べ物：ケーキとワイン用として、ナッツや果物を混ぜたフルーツケーキやプラム・プディング、家禽肉、猟獣肉、豚肉料理。ワッセル酒*2、ワインなどの飲料。

その他：ユール・キャロルを歌う、「祈りの言葉」の章から選んだ祈りを唱える。

サバトを始める：「基本となる魔法円の構築（他）」の章の「儀式／クラフトワークを行う」の見出しから開始する。

◎ユールの儀式を始める

1. 手を3度打ち鳴らすか、ベルを3度鳴らす（望むなら、ユール・キャロルを1つ、2つ歌う——「儀式」の項終わりにあるキャロルを参照）。

2. 両手を開いて掲げる：

    強大なる車輪をめぐらせる、いと崇（たか）き君主と貴婦人よ。ようこそユールへ、長い冬が折り返す時へ。太陽の一年が終わり、新たな太陽の一年がまた始まる。樫の王が生まれ、柊の王は別れを告げる。老婆は母の元に子を届ける。賢者と嬰児、老婆と母の神秘を称えん！

3. ワンドを掲げる：

    新たな始まりである今日この日に、私は太陽神のエネルギーとの結び

4 サバトの儀式

つきにこの力を注ぎ込む。太陽の光で大地が温もりを取り戻すように、再生する太陽の熱で我が力に再び火は点る。

4．ワンドを祭壇に置く。大釜に入れた焚付けに、祭壇用キャンドルで火をつける：

> この新たなる火でもって、太陽の夜を司る闇の君主に別れを告げ、無敵なる太陽の復活に顕れる光の君主に歓迎の挨拶を送る。我が力が新たに生まれ来る君主の力に付加されんことを、彼の方の力が我が力に付加(か)されんことを。

5．キャンドルをホルダーに戻す。アサメイを両手で持ち、祭壇の前で掲げる：

> 光と喜びを司る男神よ！　永遠なる時の動きよ！　柊の王は全ての者に彼の愛の象徴として贈り物を置いてゆく。8頭の大いなる牡鹿は雪と氷の領域へと彼の橇を牽いてゆく。彼はその地で至の車輪がまためぐり来る時をただ待つ。ユールに開く径と、径を通る賢者の復活を称えん！　永遠なる神を称えん！

6．アサメイを祭壇に置く。手を3度打ち鳴らすか、ベルを3度鳴らす(ユール・キャロルを1つ、2つ歌う)。

7．祭壇用キャンドルを燃え尽きそうになるまで燃やす。2本の赤いキャンドルの芯を摘んで火を消して緑色のものと入れ替え、中央でまだ燃えている緑のキャンドルで火をつける：

> 柊の王は去られた。彼の英知は我らの心から去るなかれ。

8．中央の緑のキャンドルの火を消し、もう1本の赤いキャンドルと交換する。

> 樫の王が来られた。彼の約束も我らの魂に留まりたまえ。生、死、再生という段階を通じて、我らに神秘が明かされる。死はなく、ただ通路があるのみ。男神は松明を掲げ、我らに径を照らし出す。光と喜びを司る男神は母の腕の中に抱かれ、その輝ける顔で冬の闇に沈む我ら

の魂を引き上げ、慰めと安らぎを我らにもたらす。

9. 中央の赤いキャンドルに新たに火をつける（ユール・ログは1月6日まで家庭で飾っていてもよい）：

    光をもたらせ、ユールの薪よ、あらゆる善きものが入り来たるように。来たる年を健やかに、朗らかに、幸いに過ごせるように！我が意のままに、かくあれかし！

10. 飲み物を供物のボウルに注ぎ、一口飲む（ユール・キャロルを1つ、2つ歌う）。

「魔法円の構築」の節にあるケーキとワインの項に進む
望むなら、キャロルをもっと歌う。

❋ ユールタイド・キャロル ❋

おお、来たれ、信心深き者たちよ
［メロディ：神の御子は今宵しも］

おお、来たれ、信心深き者たちよ、喜びに満ち、勝利に輝く者たちよ
おお、来たれ、おお、来たれ、太陽に挨拶をしに！
至の炎が入れ替わる、ユールの季節に
おお、我ら来たりて祈りを捧げん、おお、我ら来たりて祈りを捧げん
おお、我ら来たりて祈りを捧げん、光の君に！

ああ、君主（きみ）よ、至にまた生まれたもう方よ
ユールの火と灯（ともしび）の炎で、汝が径（な）を照らさん
汝が貴婦人の元に来たれ、愛で新たに大地を満たしたまえ
おお、我ら来たりて祈りを捧げん、おお、我ら来たりて祈りを捧げん
おお、我ら来たりて祈りを捧げん、光の君に！

喜びは満つ
　　　［メロディ：もろびとこぞりて］

喜びは満つ、太陽は来ませり！
大地が待ちにし君主は来ませり！
諸人こぞりて、迎えまつれ
森羅万象は歌え、森羅万象よ歌え
歌え、歌えよ、天地に満ちるものたちよ

大地を闇が支配し、夜が知ろしめすとも
車輪はめぐる！
夜の子宮から、稚けなき光は生まれる！
太陽はここにまた来ませり、太陽はここにまた来ませり
太陽は、太陽は、ここにまた来ませり！

君主を迎えよ、光をもたらす方を！
我らが貴婦人より生まれる方を！
彼の温かな光は戻りて、我らの内の喜びを掻き立てる
そして眠れる大地を呼び覚ます、眠れる大地を呼び覚ます
起こせ、起こせよ、大地を眠りから

火をともし、太陽を迎えん！
我らの光、命、君主よ！
諸人声を合わせ、命の歌を高らかに歌え
朗らかに車輪を回せ、賑やかに車輪をめぐらせ
愉快に、愉快に、車輪よ回れ！

大地に喜びを、光は戻れり！
陽光は大気に満ちる！
今、流れが変わる時、太陽は生まれり！

希望はあらゆる場所にあり、希望はあらゆる場所にあり
希望は、希望は、あらゆる場所にあり！

楽しき冬至の祝いを

[メロディ：We Wish You A Merry Christmas]

喜び伝え、祝おう
楽しき冬至と新年の慶びを
楽しき冬至を、楽しき冬至を
楽しき冬至とめでたき新年を！

車輪はめぐり、太陽が戻り来る
ユールの火よ、新年に喜びもたらせ
楽しき冬至を、楽しき冬至を
楽しき冬至とめでたき新年を！

女神を呼ぶ我らを、男神よつなぎたまえ！
冬至に戻り来たり、新年を祝いたまえ！
楽しき冬至を、楽しき冬至を
楽しき冬至とめでたき新年を！

今宵は集いて、光を生まん！
楽しきユールと新年をもたらす方よ！
楽しき冬至を、楽しき冬至を
楽しき冬至とめでたき新年を！

ヒイラギ※飾ろう
※正確にはセイヨウヒイラギ（holly）
［メロディ：ひいらぎかざろう］

ヒイラギ飾ろう
ファ・ラ・ラ・ラ・ラ、ラ・ラ・ラ・ラ！

楽しい季節だ
ファ・ラ・ラ・ラ・ラ、ラ・ラ・ラ・ラ！

晴れ着に着替えて
ファ・ラ・ラ・ラ・ラ、ラ・ラ・ラ・ラ！

キャロルを歌いに
ファ・ラ・ラ・ラ・ラ、ラ・ラ・ラ・ラ！

ユールの火が燃えるよ
ファ・ラ・ラ・ラ・ラ、ラ・ラ・ラ・ラ！

ハープに声合わせて
ファ・ラ・ラ・ラ・ラ、ラ・ラ・ラ・ラ！

楽しく踊ろう
ファ・ラ・ラ・ラ・ラ、ラ・ラ・ラ・ラ！

ユールのお話する間に
ファ・ラ・ラ・ラ・ラ、ラ・ラ・ラ・ラ！

古い年が過ぎ去る
ファ・ラ・ラ・ラ・ラ、ラ・ラ・ラ・ラ！

子どもらを迎えよ
ファ・ラ・ラ・ラ・ラ、ラ・ラ・ラ・ラ！

楽しく声合わせ
ファ・ラ・ラ・ラ・ラ、ラ・ラ・ラ・ラ！

冷たい風も気にせず
ファ・ラ・ラ・ラ・ラ、ラ・ラ・ラ・ラ！

神はめでたきペイガンの民を安んず
[メロディ：世の人忘るな]

神が安んずペイガンの民よ、恐れるものはなく
冬至に戻り来る太陽を思い起こせよ！
伸びゆく闇はここに終わり、春はすぐそこに！
おお、慰撫と喜びを運ぶ知らせ！　慰撫と喜び！
おお、慰撫と喜びを運ぶ知らせ！

冬の厳しさはいまだ去らず、雪と雨とが吹き荒れる
地を覆う毛布の下で、命の火花は時を待つ！
温かな手で種を撫でる太陽が、命の歌を響かせる！
おお、慰撫と喜びを運ぶ知らせ！　慰撫と喜び！
おお、慰撫と喜びを運ぶ知らせ！

祝福のリンゴの内に、女王の約束はあり
内なる五芒星[*3]より立ち上がるは、緑豊かなる果樹園
大地に再び花は開き、空気は甘やかに澄み渡る！
おお、慰撫と喜びを運ぶ知らせ！　慰撫と喜び！
おお、慰撫と喜びを運ぶ知らせ！

神が安んずペイガンの民よ、恐れるものはなく
冬至に戻り来る太陽を思い起こせよ！
伸びゆく闇はここに終わり、春はすぐそこに！
おお、慰撫と喜びを運ぶ知らせ！　慰撫と喜び！
おお、慰撫と喜びを運ぶ知らせ！

ワッセル頌歌

［メロディ：Wassail Song］

いざワセリング、緑の葉の中*4を！
闊歩す我らの伊達姿！
愛と喜び、君とワッセルにあれ！
男神は祝福し、幸いなる新年を恵む
女神は幸いなる新年を恵む！

家々歴回る物乞いでなく
我ら皆、かの貴婦人の子どもら！
愛と喜び、君とワッセルにあれ！
男神は祝福し、幸いなる新年を恵む
女神は幸いなる新年を恵む！

女神は主人と奥方を祝福す
食卓囲む子どもらも！
愛と喜び、君とワッセルにあれ！
男神は祝福し、幸いなる新年を恵む
女神は幸いなる新年を恵む！

炉辺に座る主人と奥方よ
この歌歌う子らに祝福を！
愛と喜び、君とワッセルにあれ！

男神は祝福し、幸いなる新年を恵む
女神は幸いなる新年を恵む！

ふたりの王よ
［メロディ：われらはきたりぬ］

来たれ君主(きみ)、新生の太陽(ひ)
目映き子、輝ける者！
歌で称え、愛を捧げん
常に変わらず

おお、銀の月、金の太陽
優なる貴婦人(レディ)、勇なる君主！
導きたまえ、誤たず
古(いにしえ)の道に

闇の君、光の君
白昼の王、暗夜の王！
歌で称え、愛を捧げん
冬至の今宵に

おお、銀の月、金の太陽
優なる貴婦人(レディ)、勇なる君主！
導きたまえ、誤たず
古の道に

◎ユールでのアクティヴィティ
1．ペイガンの冬至のキャロルを歌う（『ヒイラギ飾ろう』、『ヒイラギと蔦』、『喜びは満つ』、『タンネンバウム』、『ワッセル頌歌』、『緑なすヒイラギ』、『踊りの君主』など、本来のペイガン主題に立ち返ったキャロル）。

2．ソルスティス（ユール）・ツリーを飾る：
   a．糸でつないだポップコーンとクランベリーをツリーに飾る（または、鳥のために屋外の木に吊るす）。
   b．松かさにグリッターを糊付けし、妖精を象徴するツリー飾りを作る。
   c．精霊と妖精を呼ぶ小さなベルをツリーに吊るす。
   d．どんぐりの笠の下に赤い糸を通して糊付けし、ツリーに吊るす。
   e．輪切りにしたポテトで芋版を作り、プレゼント用の包装紙にスタンプする。
3．ワッセル酒を作る：クランベリージュースとオレンジジュースまたはレモン・ライム・ソーダ［2：1］、グレナディン・シロップ［1/4 カップ］、ラム［好みで―― 3 ジガー（約130ml）］、大きなパンチ・ボウルに注いだワッセル酒に浮かべるバニラ・アイスクリームとオレンジ・シャーベット［500mlずつ］。
4．繁栄を願い、アッシュを火にくべる。
5．ユールの祝福：
   a．扉にリースを飾る。
   b．室内にミスルトーを飾る。
   c．食べ物と衣類を寄付する。
   d．屋外でサンフラワーの種を鳥にあげる。
   e．冬至の朝に挨拶のベルを鳴らす。
   f．世界の平和を願って魔術を行う。
   g．タロー・カードで一年を占う。
6．ユール・ツリーの聖別：
   a．祝福を施した水を撒く（サバトの魔法円構築で生成したもの）。
   b．香の煙（フランキンセンス、ミルラ、ベイベリー）を枝に焚き染める。
   c．火をつけたキャンドルを持ってツリーの周りを回る：

   火と水、風と地にかけて、私はこの再生の樹を聖別する。

7．サンタ・クロースの伝説を思い出す――サンタは柊の王であり、橇は太陽の戦車、8頭のトナカイは8つのサバトを、その角は有角神を表し、

北極は影の国と死にゆく太陽年を象徴する。プレゼントは、再生する太陽の形を借りた樫の王を迎えることを意味し、子供たちは樫の王のように再生する霊魂を示している。

8. ユールの緑を集める ―― ユールの飾りに使用し、十二夜（1月6日の夜）が終わってから家から取り除くが、インボルクに冬を払い、春を呼び込む儀式をするために燃やす分をいくらか取っておく。

9. ユール・ログのキャンドルホルダーを作る ―― 30〜35cm長のシラカバの丸木を縦に割る。テーパー・キャンドルがしっかりと収まる深さの孔を3つ、丸い部分に鑿（のみ）で等距離に穿つ。断ち割った平面部に紙やすりをかけてホルダーの底部にする。生または作り物のヒイラギ、常緑樹、好みで松かさを飾りつけ、ホットグルーなどを使って固定する。家族の儀式に用いる。

10. ユール・ログに火をつける（家族で行える儀式）：

    四大の元素に挨拶を！ 貴婦人と君主をこのユールタイドの儀式にお迎えいたします！〈親が香を持ち、ユール・ログのキャンドルホルダー上に煙を漂わせる〉

    幸いなれ、強大なる一年の車輪をめぐらす貴婦人と君主よ！〈子供が手伝い、ユール・ログのキャンドルホルダーを持ち上げる〉

    ようこそユールよ、冬の折り返す時よ。太陽の一年が終わり、新しい年が始まる〈子供が手伝い、ユール・ログのキャンドルホルダーをテーブルに運ぶ〉

    ユールの薪に火をともし、太陽の夜を司る闇の君主に別れを告げ、また新たに生まれてくる太陽を迎える光としよう〈子供が手伝い、ユール・ログのキャンドルホルダーに立てたユール・キャンドルに火をともす〉：

万歳、ユールを司る男神よ
　　　万歳、太陽を司る男神よ
　　　柊の王の御代は終わり
　　　樫の王の御代が始まる！
　　〈ワインやワッセル酒などで乾杯する〉
　　このユールが光をもたらし、太陽の喜びがここに訪れるように。来たる年を健やかに、朗らかに、幸いに過ごせるように！　かくあれかし！

　〈プレゼントを開けたり、御馳走を食べたり、12月25日に柊の王から受け取るプレゼント――子どもへの贈り物(ジュヴナリア)に先立ってひとり1個ずつプレゼントを開けたり、オードブルやワッセル酒、ホリデー・パンチを飲んだり食べたりする〉

❋ インボルクのサバト（2/2）*5 ❋

用意するもの：白か淡青の祭壇用キャンドル。
香：安息香、バニラなどから選ぶ。
装飾：祭壇／魔法円に白い花。祭壇に緑のリースを置き、好みで白いテーパー・キャンドルを。
儀式用アイテム：祭壇に箒（白か空色のリボンで飾っても）を置く。白い奉納キャンドルを大釜に入れる。火にくべるローズマリーとベイを一皿。儀式の後、参入の儀や献身の儀、再誓約の儀を行ってもよい。「祈りの言葉」から一節を選んで朗誦しても。
食べ物：乳製品を含むものも可。オニオン、リーキ、エシャロット、ガーリック、オリーブ。パン・プディングやクリーミー・スープのように、レーズンを含む料理も。ケーキとワイン用に、白ワイン（スパイス入りも可）や、特にミルクや豆乳といった飲み物。
サバトを始める：「基本となる魔法円の構築（他)」の章の「儀式／クラフトワークを行う」の見出しから開始する。

◎インボルクの儀式を始める

1．手を3度打ち鳴らすか、ベルを3度鳴らす：

> これなるは光を祝う真冬の祭礼。春はすぐそこにあり、大地は胎動し、牝羊の乳は溢れ、種は蒔かれる準備をする。太母なる老婆は嬰児なる光の男神を母の腕に抱かせて新年の幼子を手放し、季節が再びめぐり出す。産婆としての役目は終わり、老婆は柊の王と再会せんと、雪と氷の国を目指して旅立つ。

2．手を5度打ち鳴らすか、ベルを5度鳴らす。箒を取り、祭壇の前で両手に持つ：

> 我が手に握りしこの箒で、役目を終えたものを掃き出し、身辺を清らかにし、新たなるものが育つ準備をしよう。

3．円陣を時計回りに、箒で外に掃き出すようにめぐる：

> 古きものは外へ、新しきものは内へ。浄めのこの季節に生命は新たな始まりを迎える。

4．箒を祭壇に置く。

5．大釜のキャンドルに火をつける。ローズマリーとベイを火にくべる：

> ハーブよ、この大釜の火で香りを解き放ち、その力で我と我が身辺と、我がクラフトの術具を清めたまえ。この儀式でもって私は我がクラフトの中で再確認され、来たる春に新たなる生を迎える準備が整えられる。

6．大釜の上で箒の穂を振る：

> この箒が清められ、円陣から掃き出されたものが来たる年に戻ってくることのないように、くっついてくることのないように。かくあれかし！

7．箒を祭壇の横に置く。その他のクラフト用具を香の煙にくぐらせる。

8．両手を広げて掲げる：

> この円陣の内は全て清められた、今こそ我が貴婦人、我が君主への誓いを新たにしよう。

再誓約の儀に進むか、再誓約の儀もしくは参入の儀（「儀式」の章を参照）で立てた誓いを唱える
「魔法円の構築」の節にあるケーキとワインの項に進む

◎インボルクでのアクティヴィティ

1. ユールの緑を燃やし、冬を送り出す。
2. 2月1日に花嫁の床(とこ)を作る。宵のころに、前年のルーナサーに作ったコーン（トウモロコシ）［または小麦］人形を用いる：
   a. 人形に白か青の服を着せる。
   b. 季節を象徴するネックレスをつける。
   c. リボンで飾ったバスケットに人形を寝かせる（暖炉があれば、その横に置く）。
   d. バスケットの両側に白いキャンドルを置き、火をつける：

   > 乙女であり母なる花嫁を迎えよう。種が蒔かれる時までこの床で英気を養えるよう。出産を終えた体を清め、休息できるよう。春の約束とともにこの床で安らぎたまえ。

   e. 白と青のリボンで飾ったワンドを人形の横に置く：

   > 君主が生まれ、育ちゆく、過ぎゆく時の早いこと！　我らが知るより先に季節はめぐる。

   f. 寝る時まで、しばらくキャンドルを燃やしておく。
   g. 翌朝、暖炉の灰に何か印が現れていないか確認する（君主が活動していた印で、早春を告げる）。人形の服を脱がせ、ウィートを屋外に撒く（コーンの場合、木に吊るしてリスや鳥の餌にする）。
3. インボルク・イヴに、緑の森を知ろしめす貴婦人とともに旅をする妖精

たちのために、バターつきパンを器に入れて室内に置いておく（エッセンスがなくなっているので、翌日には廃棄する）。
4. 三相女神の象徴として、3本のコーンをオスタラまで玄関に置いておく。
5. 魔術を行う場をローズマリーとバーベインの香で清める：

> 貴婦人と彼の方の御子のため、この場を浄め、この煙の力で陰の影響力を一掃しよう。

6. 白いキャンドルとサンダルウッドの香に火をつけ、それを持って家の中を回る。
7. 祭壇と用具を清める。また、四大元素の象徴を用いて自己浄化の儀式を行う：
   a．地（塩）で肉体を清める。
   b．風（香）で思考を清める。
   c．火（キャンドルの炎）で意志を清める。
   d．水（湧き水）で感情を清める。
8. 中綿とハーブを詰めたドリーム・ピロー[*6]を家族全員に作る。
9. パームの葉やウィロー、ヴァイン（ブドウ）の蔓で太陽十字を作る。または、中央で折ったウィートの茎かパームの葉を縦横の腕の長さが均等になるように組み合わせ、ブリジット十字[*7]を作る：
   a．十字架を各部屋に1つずつ作る。
   b．赤い円柱型キャンドルを玄関扉の真ん中に置く。
   c．太陽十字を手に持ち、キャンドルに火をつけて扉を開く：

   > ここに女神を歓迎しよう、車輪よめぐれ、冬から春へ。

   d．キャンドルを一部屋ずつに持っていく：

   > 偉大なる貴婦人が太陽とともにこの部屋に入り、見守られる。

   e．太陽十字を部屋に置き、他の部屋にも同じことをして回る。
   f．最後に台所に行く：

大地と太陽の母よ、我らを危難と寒さから守りたまえ。あなたの祝福はこの家の全てに及ぶ。

10. 空を見る。夜明けが晴れていたら、冬が居座り春の訪れは遅れる。夜明けが曇っていたら、春の訪れは早い。

オスタラのサバト（3/21）[*8]

用意するもの：祭壇用キャンドル。パステル系の緑、ピーチ、ラベンダー、黄、ピンクから選ぶ。

香：ジャスミン、ほのかな花の香りのするもの、シークレット・ガーデン、レインから選ぶ。

装飾：祭壇／魔法円を春の花で飾る。野の花。庭をモチーフとしたもの。野の花を縛らず束ねたものを祭壇に置く。

儀式用アイテム：土を盛った陶器か木製のボウルを祭壇に置く。土に植えるための粒の大きな種をペンタクルに置く。羊皮紙1枚、または羊皮紙片。インク（鳩血色(ダヴズブラッド)、黒、紫）と筆記用具。

食べ物：スプラウトや大豆のような種系。スイートワインなどの飲み物（ハチミツを混ぜてもよい）。ロースト・ハム。輪切りにしたパイナップル。彩色した固ゆで卵（エッグ・ハント[*9]で集めたもの）で作ったデビルド・エッグ[*10]。ケシの実を入れたイエローケーキ[*11]（好みでシェリー酒を1カップ加える）。バナナ・ナッツ・ブレッド。

サバトを始める：「基本となる魔法円の構築（他）」の章の「儀式／クラフトワークを行う」の見出しから開始する。

◎オスタラの儀式を始める

1. 手を3度打ち鳴らすか、ベルを3度鳴らす：

    春を迎えるこの儀式にて、私は楽しき出会いを果たし、古き者たちの祝福を受け取ろう。貴婦人と君主よ、ともに春を迎えんとするあなた

たちの子、〈術者の名前〉の呼びかけを聞きたまえ。ともに春を称え、そしてあなたたちを称えよう。

2．魔法円の内側に、時計回りに野の花を撒く：

浮かれたりはしゃいだり、貴婦人と君主の歩みに心は誘われ、陽気な気分が目覚めてゆく。

3．手を3度打ち鳴らすか、ベルを3度鳴らす：

春は種を蒔く時。私にとっては育てたいものを植える時。希望と喜びをもたらす季節。望みへの期待が、新たなアイディアが形になる時。大地が新生を迎える今、私の人生に調和がもたらされ、私は生まれ変わり、蘇る。オスタラよ、麗しの春よ、今ここにあなたを歓迎しよう。

4．土の入ったボウルをペンタクルに置く。アイディアが形になるイメージを籠めて種を見詰める。

5．手を1度打ち鳴らすか、ベルを1度鳴らす。種のアイディアを羊皮紙に書き留める。羊皮紙を中央のキャンドルの火で燃やし、灰を土に捨てる：

貴婦人と君主よ、この土を豊かにし、私の望みを孕むこの種を受け入れる準備をさせたまえ。大きく育って花を開き、成熟して実を結ぶように。私の頭と心の中で大きく育って花を開き、成熟と結実の時を迎えるがごとく。

6．アサメイで灰を土に混ぜ込む。

7．両腕を広げ、ワンドを掲げる。エネルギーを高めながら、ダンス／スキップをして円周を時計回りに3周する（音楽をかけてもよい）。

8．祭壇に戻り、ワンドを持って両腕を広げ、頭上に掲げる：

ここに掲げるワンドに注ぎ込まれた力で、種は準備の整えられた土に植えられる。春のワンドに祝福あれ、種を受け入れる大地に祝福あれ！

9．ワンドの先端にキスをし、高められたエネルギーが入り込むイメージを

思い浮かべる。
10. 土の中央にワンドでくぼみを作る。エネルギーがワンドから土に注ぎ込まれるイメージを思い描く。終わったら、ワンドを下ろす。
11. 種を掲げる。精神を集中し、エネルギーを種に注ぎ込む。植物の生長とともにアイディアが形になっていくことを知る。種をくぼみに入れ、土をかける：

> この種は母の子宮に植えられ、大地の、命の、そして私の一部となる。我が意に添って、この種とこの種に籠められたアイディアは大きく育ち、その形を明らかにする。かくあれかし！

12. 手を３度打ち鳴らすか、ベルを３度鳴らす。
13. 魔法円の解放後、種と土を庭／植木鉢／適切な場所に移す。

「魔法円の構築」の節にあるケーキとワインの項に進む

◎オスタラのアクティヴィティ

1. 固ゆで卵を彩色し、男神と女神、豊穣、太陽、統合、火、水、農業、繁栄、成長、力、知恵、春、愛、愛情、保護を象徴する図案を付け加えて描く（「照応」を参照）。
2. ハーブから天然の染料を作る：
   a. 緑：コルツフット、ブラッケン（ワラビ）。
   b. 黄緑：キャロットの地上部。
   c. 黄：ターメリック。
   d. 橙：オニオンの皮。
   e. 赤：マダー・ルート。
   f. 青：ブルーベリー。
   g. 空色：紫キャベツ。
3. 卵を聖別する：

> 春の女神と常世なる太陽神の御名(みな)において、地風火水の四大元素の力

により、オスタラの卵を聖別せん。

　アサメイの切っ先を卵に向ける。ペンタグラムの印を描き、エネルギーが卵に流れ込むイメージを思い描く：

　　　新たな命は土に入り、新たな命は内に宿る。求める者はこの命を見つけ、食べるといい。あらゆる命は命を糧とするものだから。

4．卵を隠し、オスタラのエッグ・ハントを始める。
5．集めた卵のいくつかを調理し、夕食用にデビルドエッグを作る。
6．ホット・クロス・バン*12を作る。ボーリーンでX字の切り込みを入れ、春の大地と太陽を祝う。最後にパンを祝福する。
7．オスタラ・イヴに紫か菫(すみれ)色のキャンドルに火をつけ、パチョリの香を燃やす。キャンドルと香を持って家の中を回る：

　　　さらば、冬の精霊と友人たちよ。
　　　明日は春の精霊を迎える時。
　　　去りゆくあなたたちへの餞に祝福を贈ろう。
　　　来年の冬にまた会おう。
　　　〈キャンドルを吹き消す〉楽しき出会い、楽しき別れ、楽しき再会！

8．伝統的な食事をとる。朝食にホット・クロス・バンと卵、夕食にハムを食べる。
9．卵の殻を砕いて庭に投げる：

　　　緑陰の妖精、花々、ハーブのために。卵の殻は春の雨とともに豊穣をもたらす。

10．衣服はカラフルなものやパステルカラーのものを身につける。
11．庭に蒔く種を祝福する。
12．卵に望む特性を付与する。それを食べ、求めていたものがもたらされるイメージを思い描く。

… ベルテーンのサバト (5/1)[*13] …

用意するもの：深緑の祭壇用キャンドル。

香：フローラルか樹木系、ライラック、シークレット・ガーデン、森の香りから選ぶ。

装飾：祭壇／魔法円を季節の花で飾る。

儀式用アイテム：深緑の奉納用キャンドルを入れた大釜。ウッドラフを入れたボウル。バーチ（カバノキ）、オーク、ローワン（セイヨウナナカマド）、ウィロー、ホーソン、ヘーゼル、アップル、ヴァイン（ブドウ）、ファー（モミ）の木片を一つまみずつ、ラベルをした容器に分けて入れたもの。以上を祭壇に置く他、供物のボウルと蠟燭消しを用意する。

食べ物：パン、ケーキ、花／エキスで風味付けしたカスタード、オートミール・ケーキ、バニラ・アイスクリーム、フローラルまたはハーバル・ワインなど。

サバトを始める：「基本となる魔法円の構築（他）」の章の「儀式／クラフトワークを行う」の見出しから開始する。

◎ベルテーンの儀式を始める

1. 手を3度打ち鳴らすか、ベルを3度鳴らす：

    春の女神は森の男神とともに大地を歩む。冬の闇は去った。

2. 手を7度打ち鳴らすか、ベルを7度鳴らす：

    五月の女王（メイ・クイーン）[*14]と森の人（グリーンマン）から大地とその被造物に祝福が与えられ、動物は番い、植物は受粉する。ふたりの子である私、〈術者の名前〉はふたりとともに喜び、ふたりの幸いなる結びつきを手本にあらゆる人の子が愛と調和の元に生きていくことを願う。

3. 大釜に入れた緑の奉納用キャンドルに火をつける：

    闇に沈む日々は終わり、五月祭が始まる！

4．ウッドラフを少し取り、大釜の火にくべる：

    五月の篝火の光が幸いと平和をもたらし、森の王の勝利が我が人生に訪れ、貴婦人と君主の喜びの内に生きていけますように。かくあれかし！

5．次の文句を唱えながら、9種の木片を火にくべてゆく：

    バーチを燃やして女神を称え、
    オークをくべて男神を称えん。
    ローワンは魔術的な生を与え、
    ウィローでもって死を言祝ぐ。
    ホーソンは私に近しい妖精たちに、
    知恵をもたらすヘーゼル。
    愛をもたらすアップル、
    喜びをもたらす実をつける甘やかなヴァイン（ブドウ）。
    ファーは復活を忘れないため、
    不滅を歌う甘やかな香り。
    木々よ、我が祝福をそなたらに、
    そなたらの祝福を私に、
    我が意のままに、かくあれかし！

6．木片が燃えている間、両手でゴブレットを掲げる：

    君主と貴婦人が結ばれる時をここに迎え入れ、豊かなるふたりの結びつきを称えん！

7．供物の酒を注ぐ。ゴブレットから一口飲み、祭壇に戻す。
8．蓋をするか、他のもので覆いをして大釜の火を消し、冷えるまで放置する。
9．手を3度打ち鳴らすか、ベルを3度鳴らす。

「魔法円の構築」の節にあるケーキとワインの項に進む

◎ベルテーンのアクティヴィティ
1. ビーズや花を糸に通して祝福に用いる：

    男神と女神と四大元素の力よ、私を祝福し、常に傍にあらんことを。

2. 紙のメイデー・バスケットを作り、隣近所のドアノブにこっそりとかけておく：
    a．飾りのついた正方形の紙を対角線で折る。
    b．糊付けをするか、パンチ穴を空けて毛糸の持ち手を結ぶ。
    c．バスケットの中に春の花を入れ、玄関扉のノブや、郵便受けなどにかけておく。
3. 願い事をしながら焚き火を飛び越える。
4. ベルテーン・ブレッドを作る：
    ふるいにかけた小麦粉………4カップ
    アーモンド・パウダー………1/2 カップ
    砂糖……………………………2カップ
    アーモンド・ペースト………チューブ1本
    ベーキング・パウダー………小さじ1/2杯
    シナモン………………………小さじ1杯
    卵………………………………5個

    オーブンを190度に予熱する。材料を混ぜ合わせる。中程度のやわらかさの生地にし、平たいボール状に成形する。油を塗っていないクッキングシートに載せ、金茶色になるまで20分ほど焼き上げる。冷めたら白のアイシングで太陽十字を描く。食パン型で焼いてもよい。
5. 即席のアーモンド・ビスケットを作る：
    a．市販のビスケットミックスを分量通り量る。
    b．少量のアーモンドエキス、砂糖、シナモン、卵1、2個を加える。

🌿 リーサのサバト（6/21）[15] 🌿

用意するもの：暗青色の祭壇用キャンドル。

香：ラベンダー、ムスク、サンダルウッドなど、ムスク系か清める香りのものを選ぶ。

装飾：祭壇／魔法円を夏の花と果物で飾る。

儀式用アイテム：少量の水を入れた大釜を祭壇に置く。大釜の水を注ぐ分、祭壇の水の器の中身を減らす。火をつけ、蠟が溶けても安全に受けられる容器に入れた赤い奉納用キャンドルを用意する。ウッドベトニー（またはバジル）、カモミール、フェンネル（またはラベンダー）、レモンバーム（またはダイアンサス／カーネーション）、マレイン、ルー（ヘンルーダ）、タイム、セントジョンズワート、バーベインの9種のハーブをひとつのボウルに少量（一つまみ）ずつ入れたもの。

食べ物：赤ワインなど元気の出る飲み物、ハーブ・ブレッド、ペストリー、調理した冷たい肉／冷たいフライドチキン、固ゆで卵を入れたポテト・サラダなど。

サバトを始める：「基本となる魔法円の構築（他）」の章の「儀式／クラフトワークを行う」の見出しから開始する。

◎リーサの儀式を始める

1．手を3度打ち鳴らすか、ベルを3度鳴らす：

> 夏至のこの日に生を祝う！ 夏の盛りを迎えた今、悲しみは捨てられ、喜びは溢れる。

2．赤いキャンドルに祭壇中央のキャンドルの火を移し、右手で持って掲げる：

> 太陽の光よ、生を司る男神よ、我が周囲、我が内で輝き、我が目に映る世界を照らしたまえ。

3．キャンドルをボウルの内に据え、ペンタクルに置く。

4．祭壇の大釜の水を指先で振り撒く：

> 緑の森を知ろしめす君主と貴婦人は和平を結ばれた。樫の王はその面

を柊の王の面に向けられ、女王を娶って彼の方の庇護下に入る。立ち上がる君主は貴婦人の内に入って穀物の内に降りてゆく準備をし、再び母の元より生まれ落ちる。

5．大釜の水を祝福を施した水の入った器に注ぐ：

> 貴婦人の保護下に入った命は彼の方の愛で聖別され、清められる。

6．手を9度打ち鳴らすか、ベルを9度鳴らす。

7．両腕を広げて掲げる：

> 太陽は行路を進む。生の行路は死に近づき、また新たな生を始めんとする。間もなく、穀物の君主は彼の領域に入り、影の君主となる。だが、今は、夏の盛りを迎える今は、彼は生の喜びとその愛を大地の全てと分け合う。

8．アサメイを奉納用キャンドルの上にかざす：

> 男神と女神はふたりの光と生を私と分かち合ってくださった、私も他の者と分かち合い、相応しき慰めを差し出そう。

9．ボウルに入れたハーブをアサメイで混ぜる。混ぜたハーブを奉納用キャンドルの火にくべる：

> 妖精の力よ、このハーブに染み込んで、夏至の炎に力を与えよ。大地のハーブよ、異界と惑星、生と愛の象徴よ、その香りで大気を満たし、憂いを払え。

10．両掌を祭壇につける：

> 貴婦人と君主よ、豊かなる愛と寛大なる贈り物で我が生を満たしたまえ！　どうかこれからも私におふたりの祝福を恵まれんことを、いつまでも我が内におふたりの愛と思いやりがあらんことを。私を祝福し、私の祝福を容れたまえ。生と愛と喜びと、私をおふたりの元に連れて

ゆく命の火花、それらに寄せる私の感謝を受け入れたまえ。そして、この喜びが我が手より他者に届けられんように。かくあれかし！

11. ワンドを掲げる：

    この夏至の喜びの中で、我が貴婦人、我が君主への我が愛を私はここに改めて誓おう。※

    ※任意で再誓約の儀に進むか、再誓約の儀もしくは参入の儀（「儀式」の章を参照）で立てた誓いを唱える。

「魔法円の構築」の節にあるケーキとワインの項に進む

◎リーサのアクティヴィティ
1. ルーやローワンといったハーブから、防御のアミュレットを作る。
2. 白い綿布で防御のポーチを作り、屋内か寝室に吊るしておく：
    a．ルーの小枝2、3本。
    b．全粒小麦粉のパン少量。
    c．塩ひとつまみ。
    d．スターアニス2個。
3. ローワンの小枝、ルーの小枝、セントジョンズワートの花3輪を赤い糸で束ね、玄関扉の上に吊るす。
4. 古いアミュレットを夏至の篝火で焼き捨てる。
5. バーベン、ローズマリー、ヒソップを白い糸で束ねたものを用いて家と道具に湧き水を撒く（陰の気を払い、浄化する）。
6. 霊夢の枕（サイキック・ドリーム・ピロー）または妖精の夢枕（フェアリー・ドリーム・ピロー）／ハーブ・バンドルを作る。マグワートとベイ・リーフをラベンダーまたは青か黄の布でくるんで赤い糸で縫い合わせ、枕の下に置くか庭の木に吊るす。
7. オリーブ油に浸したタイムを瞼に塗ると、夜に妖精の姿を見られる。
8. 太陽車輪を作って屋外の木／出入り口／寝室に吊るす：
    a．パーム／ウィロー／ヴァイン（ブドウ）の蔓を縒って円を作る。

b．円の直径を少しはみ出すくらいの長さで棒を2本切る。

c．1本の棒を円の裏側に水平に置く。もう1本を横棒の下で直角に交わらせ、外れないように両端を円の上に出す。

d．四大元素の象徴で飾りつける（例：石、羽根、灰、貝殻）。

e．男神の守護を思い出せるように、黄色いリボンで花綱上に飾る。

9．魔女の梯子を作る：

a．三相女神を表す赤、黒、白の3フィート（90cm）長の毛糸3本を編み込む。

b．特定の呪力を付与する色の中から数色か、または1色の羽根を9本付け足す。

1）金運／繁栄の緑　　　2）活力と力の赤
3）平和と防御の青　　　4）元気と知性の黄
5）安定とペットの茶色　6）知恵とオカルティズムの黒
7）調和の黒と白　　　　8）透視の模様入り
9）洞察の玉虫色

10．古いユールのリースをリーサの篝火で燃やす。

11．フェンネルの束を赤いリボンでくくり、長寿と家の守護を願って扉の上に吊るす。

12．セントジョンズワートやバーベイン、ヤロウといったハーブを収穫する。

13．エルダーの木の下に妖精を探しに行くが、伝説（おそらく、修行中の吟唱詩人[*16]が練習に用いた伝承に基づいたもの）では妖精たちの食べ物を食べると彼らの元に7年留まることになる。

✻ ルーナサーのサバト（8/1）[*17] ✻

用意するもの：黄色か小麦色の祭壇用キャンドル。

香：フランキンセンスかサンダルウッド。

装飾：祭壇／魔法円を夏の花と穀物で飾る。

儀式用アイテム：雑穀パンの塊か粗挽きの全粒小麦粉のパン（他のもので代用できる）を祭壇に置き、祝福が済んでから分け合う。大釜。

食べ物：ブラックベリーのワインやダークフルーツを使った飲み物。雑穀パンまたは粗挽き小麦のパン。ブラックベリー・パイ、コーン（トウモロコシ）、バーベキュー肉かフライドチキン。

サバトを始める：「基本となる魔法円の構築（他）」の章の「儀式／クラフトワークを行う」の見出しから開始する。

◎ルーナサーの儀式を始める

1. 手を３度打ち鳴らすか、ベルを３度鳴らす：

   最初の収穫を迎える今日この日、パンの祝祭にして太陽と大地の婚礼をここに祝わん。

2. 朗唱するか節をつけて歌う。魔法円の周りを踊りながら行ってもよい：

   踊れ、踊れ、そこがどこでも。
   君主と踊る者を、君主は踊りの相手にまた選ぶ。
   回れ、回れ、輪を描いて踊れ。
   踊りの君は穀物の君よ！

3. 祭壇で両腕を開いて掲げ、歌うか朗唱する：

   下へ、下へ、彼が向かうは地の底へ。
   春蒔きの五穀に命を与え。
   影の国を知ろしめすはユールまで。
   太陽が復活し、生まれ変わって我らの元に戻るその時まで！

4. 手を７度打ち鳴らすか、ベルを７度鳴らす：

   太陽神と大地女神の偉大なる力より、全ての命は生まれ出づる！

5. ワンドをパンの上にかざす：

   我らの命をつなぐ穀物の収穫は、死と再生を通してもたらされる。穀物の君主は大地母神の傍を去り、彼の力は彼の子供たちが生きる地に

注がれる。穀物を司る男神の祝福よあれ、彼の子供たちに向けられる愛は際限を知らず！　影の国にて彼は老婆なる貴婦人とともにあり、喜びに満ちて生まれ変わる時を待つ。

6. ワンドの先端でパンに触れる：

    男神の祝福よこのパンにあれ、私はこれを食べ、このパンと私とを創り出した命の円環を称えん。

7. 供物用にパンを分け、大釜に載せる。パンを一口食べ、分け合う分として残りをよけておく（取っておいて家族の食事に出してもよいし、ケーキとワインに使用してもよい）。

8. 掌を上向け、祭壇上に平行に両腕を広げる：

    我が君主、我が貴婦人、土より生まれたあなたたちからの贈り物によって私は祝福される。これら最初の穀物はやがて来たる実りを約束するもの。女神と男神の力よ、今この時、そして一年を通じて我が内にあって、私が絶対なるもの、全なるもの、一者なる二者とともにあることを絶えず思い出させるよすがとなれ。かくあれかし！

9. 男神の誓言を読み上げるか暗唱する（「祈りの言葉」を参照）。
10. 手を3度打ち鳴らすか、ベルを3度鳴らす。

「魔法円の構築」の節にあるケーキとワインの項に進む

◎ルーナサーのアクティヴィティ

1. 雨水を非金属製の器に集める。対象に力を付与するマグワートを加える。
2. 海を司る女神と男神を称えるサンドキャンドルを作る：
    a．湯を沸かした鍋に古いキャンドルを入れたコーヒー缶を入れ、湯煎で溶かす。
    b．好みの精油を加えて香りづけする。
    c．濡れた砂で好みの形にキャンドル型を作る（砂にボウルで型を取り、

　　　　指で3本の穴を穿つと、三脚の大釜型のキャンドルが作れる)。
　　ｄ．中心に灯心が突き立つように固定し、溶けた蠟を静かに注ぐ。
　　ｅ．蠟が固まったら持ち上げて型から取り出し、砂を払う。
3．カラフルなインディアン・コーン[*18]を黒い糸に通してネックレスを作る。ユールに鳥に与える。
4．壜いっぱいに壊れて鋭く尖ったものと自身の尿を詰めて魔除け用のウイッチ・ボトルを作り、玄関の近くに埋める。
5．来年のインボルクに用いるコーン・ドーリーを作る：
　　ａ．麦わらの束をふたつに折って頭部を作る。
　　ｂ．何本かを捻って両腕を作る（両腕を結び合わせて花を抱えられるようにする）。
　　ｃ．服を着せ、ボンネットをかぶせるか花輪を頭に載せる。
6．コーン（トウモロコシ）型のコーンブレッド・スティックを焼く：
　　　　小麦粉……………………1カップ
　　　　コーンミール……………1/2 カップ
　　　　砂糖………………………1/4 カップ
　　　　塩…………………………小さじ3/4杯
　　　　ベーキングパウダー………小さじ2杯
　　　　卵…………………………2個
　　　　牛乳………………………1カップ
　　　　ショートニング…………1/4 カップ
　　コーン（トウモロコシ）の形をした鉄製の焼き型を用意し、オーブンを220度で予熱する。粉類を篩にかける。卵、牛乳、ショートニングを加え、滑らかになるまで掻き混ぜる。焼き型に流し込み、20～25分焼く。
7．夕食にコーン・ブレッドを食べ、その際に収穫の歌を詠唱する：

　　　母なる大地は穀物を恵み、
　　　角ある男神は彼の領域に行く。
　　　彼の女の穀物に命を与え、
　　　男神は死に、また生まれる。

8. 太陽車輪（コーン8本）またはコーンマン・ホイール（コーン5本）を作る〈皮付きのコーン（トウモロコシ）を用いる〉：
   a．フック部分を残し、針金ハンガーを円形に伸ばす。
   b．8または5本のインディアン・コーンの実の先端を、段ボールで作った円盤の中央にホットグルーで貼り付ける。
   c．コーンの皮を幾枚か注意して広げ、針金を包む。
   d．段ボールの円盤を花や余ったコーンの皮などで覆う。
   e．一晩乾かし、玄関扉に吊るす。
9. テラコッタの皿（テラコッタの植木鉢の受け皿）で小麦胚芽のスプラウト（新芽）を育てる：
   a．スプラウトを手作りパンに加える。
   b．供物に使う。

   穀物を司る男神、再生を司る君主よ、春に戻って母なる大地を蘇らせたまえ。

10. ブラックベリーを摘み、太陽十字の印を入れたパイを焼く。
11. パンとワインの供物を大地に捧げるマジカルピクニックを行う。

※ メイボンのサバト（9/21）*19 ※

用意するもの：ワイン色、赤褐色、茶色、橙褐色のような色の祭壇用キャンドル。
香：ミルラやパイン（マツ）、セージ、スイートグラス。
装飾：祭壇／魔法円を落ち葉、花、ヴァイン（ブドウ）、ベリー、ヴァインの蔓、どんぐり、コーン（トウモロコシ）などで好きに飾る。
儀式用アイテム：祭壇に缶詰製品を捧げる。ナッツブレッドを切らずに皿に載せ、置く。
食べ物：カラント（赤スグリ）や黒ブドウで作ったワイン、ダークフルーツの飲み物など。ナッツブレッド、フルーツパイ、スモークまたはローストした鳥肉、滋養たっぷりの豆スープ。
サバトを始める：「基本となる魔法円の構築（他）」の章の「儀式／クラフト

ワークを行う」の見出しから開始する。

◎メイボンの儀式を始める

1. 手を3度打ち鳴らすか、ベルを3度鳴らす：

    フルーツ、ナッツにヴァイン（ブドウ）の収穫、第二の収穫を祝う今日この日に、これらの恵みに与ることなく懸命に日々を生きる人々に思いを馳せる。君主と貴婦人の贈り物を受け取ることで、蒔いた種が収穫の時を迎えたことを思い出す。今は持てるものを差し出す時、支払うべきものを支払い、受け取った報いを楽しむ時。それだから、私もまた我が手に持てるものを必要とする者に渡そう。

2. 手を3度打ち鳴らすか、ベルを3度鳴らす：

    一年の車輪はめぐる、太陽と月の相の移り変わりを通じ、季節と収穫期を過ぎゆき、植物と動物、人々を乗せて。あらゆる命は生から死を経てまた生へと一年の車輪の内で動いてゆく。我らの命の踊りに顕れる均衡と調和は、男神を先頭に連綿と続く永遠なるエネルギーの螺旋を描く踊り。一年という月日をかけて、彼は我らに代わって自然の行路を進みゆく。その道が我らという存在が創る円環であることを我らは知り、恐れず。何故ならば、生の動きが描き出す均衡と調和に男神は実在するものだから。

3. ナッツブレッドの皿とワインの杯を捧げ持つ：

    貴婦人と君主よ、この食べ物に祝福を与え、収穫を実り多きものにされたまえ。

4. 皿を置き、手を3度打ち鳴らすか、ベルを3度鳴らす：

    影の君主は彼の王国なる影の国を知ろしめす。だが、我が踊りはいつか彼のその偽りなき愛に添われ、径を違えて続くもの。この収穫の季節は最後の収穫に向かって進んでいく。貴婦人と君主よ、この美しき

季節に祝福を、美しき季節の中に生きる我が命に祝福を。この命は収穫を迎えた女神と男神の恵みだから。

5. ワンドを持って魔法円を時計回りに回り、四方位点ごとに止まって四大元素に敬意を払う：

   ［北］：地の元素よ！　私が住むところに不自由せず、健やかかつ安全に、憂いなく過ごせるのは、不変なる汝の力添えがあってこそ！　我が眷属よ、汝に敬意を！

   ［東］：風の元素よ！　私が学び、理解できるのは、霊感を司る汝の力添えがあってこそ！　我が眷属よ、汝に敬意を！

   ［南］：火の元素よ！　目的に向かわんとする私が求める駆り立てる力は、汝が与えるエネルギーの力添えがあってこそ！　我が眷属よ、汝に敬意を！

   ［西］：水の元素よ！　私が他者と穏やかに交わり、調和の取れた関係を築けるのは、汝の優しき流れの力添えがあってこそ！　我が眷属よ、汝に敬意を！

6. 祭壇に戻り、缶詰製品にワンドで触れる：

   君主と貴婦人の御名において、四大元素の力を借りて、収穫の時を迎えたこの果実を必要とする者のために祝福する。めぐり続ける車輪を通じ、立ち上がる必要のある者に私は助けの手と慰めを差し出そう。私が差し出すものに、与える者に、そして受け取る者に女神と男神が祝福を賜われんことを。かくあれかし！

7. 手を3度打ち鳴らすか、ベルを3度鳴らす。

「魔法円の構築」の節にあるケーキとワインの項に進む

◎メイボンのアクティヴィティ

1. ヘーゼルナッツを赤い糸に通し、防御のチャームを作る。

2．ミルクウィード（トウワタ）の莢（さや）を集め、妖精を惹きつけるユールタイドの装飾に用いる。
3．玄関扉と家の周りに乾いたコーン（トウモロコシ）を吊るす。
4．メイボンの食事を口にする：
　 a．男神からのワイン。
　 b．女神からの豆と野菜。
　 c．老婆と狩人の到来を称えるスモークした肉。
5．四大元素に呼びかけ、以下に関する彼らの力添えに感謝を表する：
　 a．家庭と収入 ── 地［北］
　 b．学校と知識 ── 風［東］
　 c．キャリアと目標の達成 ── 火［南］
　 d．実りの多い関係 ── 水［西］

❉ サウィンのサバト（10/31）[20] ❉

用意するもの：橙または黒の祭壇用キャンドル。

香：パチョリまたはミルラ。

装飾：祭壇／魔法円を小型のパンプキン、インディアン・コーン、ヒョウタン、秋の花と葉で飾る。

儀式用アイテム：黒い奉納用キャンドルを中に入れた大釜。消したい欠点や悪癖を書き留めた羊皮紙。ボウルに入れた白い奉納用キャンドル。ヘザーの小枝と皿に載せたアップル1個。パチョリのオイルも手元に置いておくとよい。

食べ物：ダーク・ワイン、パンプキン・パイ、詰め物をしたドングリカボチャ、詰め物をした猟鳥、アップルシダー、タフィー・アップルなど。家族で食事をとる時に、テーブルにパン、塩、シードルまたはビールを余分に用意し、家族の霊のために無言（ダム・サパー）の食事を供するのもよい。

サバトを始める：「基本となる魔法円の構築（他）」の章の「儀式／クラフトワークを行う」の見出しから開始する。

◎サウィンの儀式を始める

1. 手を3度打ち鳴らすか、ベルを3度鳴らす：

   生から死を経てまた新しき生へと向かう命の踊りと、我が生の内なる宇宙(コスモス)を司る調和をここに祝おう！　闇に閉ざされる季節を前に、最後の収穫が行われ、蓄えられる。めぐる車輪が狩人の時を告げる。

2. 手を9度打ち鳴らすか、ベルを9度鳴らす：

   世界を隔てるヴェールが薄くなり、門が開かれる今、去りにし霊たちと世界を渡ってくるあちらさんを歓迎しよう。今は老婆の時、影の国の君主とともにある。彼女は全ての命が通らなければならぬ、生から生へと続く通路。行きては戻るが止まることなく進み、絶え間なくめぐる螺旋の踊りに、彼らは休息を与える。古き者たち〈神々の名前〉とともに、我が踊りは乱されることなく進みゆく。愛は力を与え、与えることで手に入れられる。

3. 両手を広げてワンドを掲げる：

   偉大なる貴婦人、多産の母よ、あなたの恵みをこの身に受け、季節が移り変わる今、狩りの君主とともに歩く老婆となったあなたに私は別れを告げる。あなたの内にはまた違う果実が生まれる時を待っていることを知っている。母が帰るその時を、私は辛抱強く待つ。

4. 大釜をペンタクルに置く。黒色の奉納用キャンドルに祭壇中央のキャンドルから火をつける：

   これなるは終わりと新たなる始まりの大釜。ここに燃え盛る火で、私は我が可能性の実現を妨げる欠点と悪癖を焼き捨てる。これらの死により、私はより良き生を送る。かくあれかし！

5. 奉納用キャンドルの火で羊皮紙を焼き捨てる。燃え尽きて灰になったら、手を9度打ち鳴らすか、ベルを9度鳴らす。

6. 白色のキャンドルをパチョリの香にくぐらすか、パチョリのオイルを塗

る：

　　　　このキャンドルで、この光で、このサウィンの夜に汝ら霊たちを歓迎
　　　　しよう。

 7．この白色のキャンドルをジャック・オー・ランタン[*21]に用いる。
 8．ヘザーを祭壇の上に掲げる：

　　　　このハーブに宿る力よ、この家と、この家を訪れる霊たちを祝福せよ。

 9．ヘザーを大釜の火にくべる：

　　　　大気は浄化され、私を訪ねてくる霊たちとあちらさんにとって心地よ
　　　　いものとなる。かくあれかし！

10．アップルを祭壇の上に掲げる：

　　　　君主と貴婦人よ、死者の食べ物となるこの果実を祝福したまえ。この
　　　　アップルを、訪れる者皆に力を与える糧としたまえ。中心に五芒星を
　　　　隠すこの実は、生から次の生へと続く通路なる貴婦人との約束を我ら
　　　　に思い起こさせる。ここを通る霊たちが活力を得て、また旅を続けん
　　　　ことを。かくあれかし！

11．手を3度打ち鳴らすか、ベルを3度鳴らす（サバトが終了したら、アッ
　　プルを戸外に埋める）。

「魔法円の構築」の節にあるケーキとワインの項に進む

◎サウィンのアクティヴィティ

 1．白色のキャンドルにパチョリのオイルを塗油し、スピリット・キャンド
　　ルを作る：

　　　　このキャンドルで、この光で、このサウィンの夜に霊たちを迎えよう。

 2．スピリット・キャンドルをジャック・オー・ランタンの中に据えて火を

ともし、霊たちの道しるべにする。
3. 死者を称えるため、シナモンを加えて温めたアップルシダーを飲む。
4. 通り過ぎる霊たちに供えたアップルまたはポムグレナート（ザクロ）を庭に埋める。
5. 翌年の月ごとのエネルギーと運勢を占う。
6. 抱負を決めて紙に書き留め、黒色のキャンドルの火にくべる。
7. 無言の食事を用意する：
   a．客として招いた霊たちのために席を設え、夕食を逆順に、無言で供する。
   b．客の霊たちについて話をしながら、夕食を普通に供する。
   c．サバトの儀式に組み込み、ケーキとワインで行ってもよい。無言で逆順に供し（デザート、メイン・コース、サラダ／スープ、アペタイザー）、無言で食べ、最後に占いを行う。
8. 死者の通路、狩人、老婆、コーン（トウモロコシ）の茎、パンプキン、カラフルなカボチャ、骸骨と幽霊などのモチーフで家や庭を飾る。
9. パーティを開く。水に浮いたアップルをくわえるアップル・ボビングの遊び。アップルシダー、デコレート・クッキー、パイ、たっぷりの料理を食べ、音楽と踊りに興じる。その際、霊たちの場所を別に作っておく／幽霊の取り憑いた家または部屋を演出しておく。
10. 仮装をして仮面をつけ、トリック・オア・トリート[*22]を行う。

*1 ユール［Yule］── 古代スカンディナヴィア人の侵寇によってケルト世界に持ち込まれた冬至の祭り。ローマの農耕神サートゥルヌス［Saturnus］を称えるサートゥルナーリア祭［Saturnalia］で行われていた慣習を多く踏襲する。闇の半年の終わり、光の半年の始まり。

*2 ワッセル酒［Wassail］── 元々は温めたエールに砂糖やクローブ、ジンジャー、ナツメグなどのスパイスを入れ、ローストしたアップルを加えたパンチ。伝承によると、古代、侵略民族に悩んでいたブリテンの僭王ヴォーティガンの招聘を受け、傭兵としてやって来たサクソン人たちの長ヘンギストの娘ロウェナがヴォーティガンに杯を差し出して言った「Wes Hael」が語源。「五体満足であれ」の意で、健康を祈る文句。ワッセル酒を作って飲むことは家族行事であると同時に共同体との関係を深める行事であり、冬至にワッセル酒を入れた大きなボウルを持って歌を歌いながら家々を訪ね歩くワセリングと呼ばれる習慣があった。イングランドのサマーセットはアップルシダーの郷として知られ、サマーセットを始めとする南部諸州のワセリングは果樹園で行われ、ワッセル酒の女王がアップルの木にワッセル酒を捧げたのち、男たちが鍋やヤカンを打ち鳴らしながら果樹園を練り歩いていく。

*3 内なる五芒星 ── アップルを水平に切ると、断面に種子を収めた子房が星形に現れる。

*4 緑の葉の中 ── 冬に歌われる歌だが、この緑はおそらくヒイラギを指す。

*5 インボルク［Imbolc］── アイルランドの春の女神ブリーイッドの祭日。古アイルランド語で「腹の中」を意味するイ・モルク［I mbolc］か、「羊の乳」を意味するオメルク［Oimelc］が語源といわれる。

*6 ドリーム・ピロー［Dream pillow］── ハーブやエッセンシャルオイルで香り付けした枕。安眠を誘う。

*7 ブリジット十字［Brigit's Cross］── アイルランドの守護聖女、キルディアのブリジットを象徴する十字架。伝統的に灯心草や藁を編み上げて作り、掲げた家を邪悪なもの、火、飢えから守る。死の床に就くキルディアの首長の元に呼ばれたブリジットが灯心草で十字架を編みながら十字架の意味を説いたところ、聖女の言葉に慰められた首長は死ぬ前にキリスト教徒に改宗したと伝えられる。キリスト教の到来によりアイルランドでは冬を象徴する女神ダヌが魔女に貶められ、ダヌの娘で春の女神ブリーイッドが聖女の称号を与えられてキリスト教に取り込まれたという背景があり、聖女ブリジットが実在の人物かは議論されている。スコットランドの伝承ではブリーイッドがダヌの末裔である冬の妖婆カリアッハ・ヴェーラを追い出して春を呼ぶ。春の訪れにより女神の聖獣の子羊が生まれることから、2月1日のブリーイッドの祭日は、聖女ブリジットが死んだ日とされている。

*8 オスタラ［Ostara］── ゲルマン神話の春の女神エオストレ［Eostre］を語源とする春分の祝い。春の到来を公式に宣言する祝祭として、600年ごろにサクソン人によってケルト世界に持ち込まれた。

*9 エッグ・ハント［Egg Hunt］── 復活祭に再生の象徴である卵（本物の固ゆで卵かチョコレートなどで作った偽物）を屋外に隠し、子供たちが見つける遊び。

*10 デビルド・エッグ［Deviled Egg］——ゆで卵を縦に切って黄身をくり抜き、マヨネーズやマスタードと混ぜ合わせて白身に詰め直したもの。デビルドは香辛料で辛みを利かせた調理法。レシピは古代ローマ時代にまで遡ることができる。エンジェル・エッグ、エッグ・ミモザなど、別名多数。

*11 イエローケーキ［Yellow cake］——アメリカで食べられるスポンジケーキの一種。薄力粉と白身のみで作るホワイトケーキに対し、イエローケーキは万能小麦粉（中力粉）と全卵で作り、生地が黄色く密になる。

*12 ホット・クロス・バン［Hot Cross Bun］——キリストの受難を偲び、復活祭前の聖金曜日に食べる十字模様のついたパン。ドライフルーツやスパイスを入れ、甘い。聖金曜日に焼いたホット・クロス・バンは魔法の力を持っており、少なくとも一年は黴びることがなく、ひとつ持っておくと幸運を呼び込む、固くなった古いものは家を火事から守る、船乗りを難破から守るという迷信がある。このパンを売り込む呼び売り歌はマザーグースに採集されている。

*13 ベルテーン［Beltane］——「ベル［Bel］の火」を意味し、元はケルトの太陽神ベレノス［Belenos］を称える炎による浄めの祭り。ベレノスは馬と車輪を象徴とし、馬が牽く戦車に乗って空を駆けたと伝えられる。

*14 五月の女王［May Queen］——花の女神にして妖精の女王なる乙女。ベルテーンに冬の女王と争ってこれを追い出し、大地に豊饒をもたらすという。この冬と春の争いはアイルランド神話における母なるダヌと娘なるブリーイッドの関係に窺われ、スコットランドでは冬を象徴するダヌの化身カリアッハ・ヴェーラを春の女神ブリーイッドが放逐する。後代にはロビン・フッド伝承の乙女マリアン、アーサー王伝説のグウィネヴィア王妃［Dame Guinevere］に五月の女王が重ねられた。春を隠す冬の暗喩として、ギリシア神話で春の乙女ペルセポネーは冥府神ハーデースに拐かされるが、グウィネヴィアもケルトのペルセポネーと呼ばれ、五月祭の花摘みに出掛けたおりに誘拐者メリアグランス［Meliagrance］に異界へと連れ去られ、湖のランスロット［Lancelot du Lac］によって救出される。

*15 リーサ［Litha］——サクソン人によってケルト世界に持ち込まれた夏至の祭り。アングロ・サクソンの言葉で「夏至／真夏」を意味し、6月はAerra Litha（夏至以前）、7月はAefter Litha（夏至以後）と表現された。光の半年の終わり、闇の半年の始まり。

*16 吟唱詩人［Bard］——ドルイド、フィリ（予言者詩人）と並ぶ古代アイルランドの知識階級。ドルイドは魔術や予言を行い、教育者、王の助言者、仲裁者の機能を担った。バードは口承の伝承者、語り部であり、余興や風刺を行う。フィリは詩作の他、ドルイドと同じ予言者、占い師、王の助言者、教育者の役割と、バードと同じ風刺者の役割を担い、後代になるとドルイドとバードの役割のほとんどをフィリが肩代わりするようになった。アイルランドには言霊信仰があり、バードとフィリはその声や発言に魔術的な力を持ち、彼らの風刺は恐るべき呪詛となると考えられ、王でさえ畏怖したという。

*17 ルーナサ［Lughnasadh］——ケルトの光明神ルーの祝祭。自らの手でアイルランド

の原野を開拓し、豊かな農地にしたが、大仕事が祟って力尽きた養母タルテュの死を悼み、ルーが大規模なスポーツ競技会を開いたことに由来する。ルーナサが最初の収穫祭であるのは、タルテュがアイルランドの農業の礎を築いた農耕の女神であることも関係している。

*18 インディアン・コーン［Indian Corn］──赤、青、紫などのカラフルな穀粒がモザイク状に並び、食用だがデコレーション用としても人気がある。

*19 メイボン［Mabon］──1970年代にアイダン・ケリーがペイガンの秋分の祝いに付けた名称で、由来ははっきりしない。ウェールズ伝承に登場する光の息子、偉大なる母モドロンの息子マボン［Mabon ap Modron］に関係があるか。古代のドルイドの伝統では、秋分はアルバン・エルヴェド［Alban Elfed］、すなわち「水の光」という名で祝われた。

*20 サウィン［Samhain］──「夏の終わり」を意味する死者の祭日で、幽霊の狩猟行が行われる夜。

*21 ジャック・オー・ランタン［Jack-o'-lantern］──ハロウィンに飾られる灯具で、パンプキン（オレンジ色のペポカボチャ）などをくり抜いて中にキャンドルを立てたもの。アイルランド伝承によると、ドケチのジャック［Stingy Jack］という男が悪魔を騙して悪行三昧を尽くした挙げ句、魂に手出しをさせない約束をさせたが、いざ死んだ時に神から天国行きを拒まれた。約束のせいで地獄にも行けないジャックの魂に悪魔が燃える石炭の塊を持たせ、闇夜に送り返した。ジャックはカブをくり抜いて作ったランタンに石炭を入れて灯りとし、今も地上をさまよっているという。アイルランドやスコットランドではカブやジャガイモ、イングランドではビートに恐ろしげな顔を彫り込んで窓や玄関に並べ、ジャックや悪霊を追い払う習慣がアメリカに渡り、パンプキンが使われるようになった。

*22 トリック・オア・トリート［Trick or Treat］──動物の毛皮をまとって村を練り歩き、霊たちを脅して追い払っていた慣習が原型で、後代には死者や悪魔に扮した人々が家々を回って寸劇などを披露するマミング［Mumming］も行われるようになった。キリスト教化が進んだ9世紀には万霊節（11月2日）に貧しい人々が家々を回り、その家の故人のために祈りを捧げることと引き替えにソウルケーキという菓子パンをもらうソウリング［Souling］が登場。アメリカに渡ってからは、仮装した子供たちが家々を回ってお菓子をもらうハロウィンの行事となった。

〜サバトの儀式、アクティヴィティに関するメモのためのスペース〜

～サバトの儀式、アクティヴィティに関するメモのためのスペース～

5

祈りの言葉
エスバット、サバト、その他の儀式に

　　　　　七つの祝福
　　　　　五つの祝福
　　　　　魔女の呪言(ルーン)
　　　　　日ごとの誓約
　　　　　女神の頌歌
　　　　　闇の男神の誓言(チャージ)
　　　　　星の女神の誓言
　　　　　男神の頌歌
　　　　　女神の誓言
　　　　　三重男神の誓言
　　　　　日月蝕での朗誦
　　　　　詠唱、頌歌、詩編

☉ ☽ ☿ ♀ ♂ ♃ ♆ ♄ ♇ ♅
太陽　月　水星　金星　火星　木星　海王星　土星　冥王星　天王星

🌒　　○　　🌘　　●
満ちゆく月　　満月　　欠けゆく月　　新月（闇月）
［乙女］　　［母］　　［老婆］　　［隠れた顔／謎］

❋ 七つの祝福※ ❋

※祈りの言葉を唱えながら、それぞれの場所にオイルや祝福を施した水で印章を
　描くとよい。

我が身に女神と男神の祝福よあれ！
進むべき径の先へと私を連れていく我が足に祝福あれ。
貴婦人と君主の御前(ごぜん)で私を支える我が膝に祝福あれ。
命への敬意を示す我が性的能力に祝福あれ。
進むべき径に対して真を貫く我が心臓に祝福あれ。
聖なる御名(みな)を唱える我が唇に祝福あれ。
自然の美しさを映す我が目に祝福あれ。
女神と男神の英知と知識を求める我が頭脳に祝福あれ。

❋ 五つの祝福※ ❋

※祈りの言葉を唱えながら、それぞれの場所にオイルや祝福を施した水で印章を
　描くとよい。

我が身に女神と男神の祝福よあれ！
この径の先へと私を連れていく我が足に祝福あれ。
貴婦人と君主の御前で私を支える我が膝に祝福あれ。
命への敬意を示す我が性的能力に祝福あれ。
進むべき径に対して真を貫く我が心臓に祝福あれ。
聖なる御名(みな)を唱える我が唇に祝福あれ。

❋ 魔女の呪言(ルーン) ❋

ジェラルド・ガードナー、ドリーン・ヴァリアンテ[*1]、他、不詳の作者による詩編を緑の魔女に相応しく翻案したもの。

エコ*2、エコ、アザレル*3！
　　エコ、エコ、シャディエル！
　　エコ、エコ、ヘカテー！
　　エコ、エコ、ケルヌンノス！
陰鬱なる夜に月は輝き、
これなる魔女の呪言に耳傾ける時。
北、東、南より、西より来たれ、
我が命に応じて、我が元に集え！
地、風、火、海の力で、
我と調和す、汝ら全て。
蠟燭(キャンドル)が照らすはワンドと大釜、
汝ら全てが目覚めるは、命の中！
吊り香炉、ペンタクル、そして我が腰の帯紐、
我が言葉に耳を傾け、避けよ不和を！
力を籠められ、声に乗り、
唱えられて耳に届くは我がまじない！
魔女たちの女王よ、鐘(ベル)を鳴らせ、
このまじないを助ける力を送れ！
夜を知ろしめす有角の狩人よ、
魔術の儀式を通して我が意を働かせよ！
陸(おか)と海の力により、
我が意のままに、かくあれかし！
月と太陽の力により、
我が意のままに、このまじないは結ばれる！
　　エコ、エコ、アザレル！
　　エコ、エコ、シャディエル！
　　エコ、エコ、ヘカテー！
　　エコ、エコ、ケルヌンノス！
　［「エコ、エコ」を繰り返して唱え、エネルギーを高め、放出する］

❊ 日ごとの誓約 ❊

我は魔女なり！
大地と、宇宙と、神とともに在る者と、我はともに在り！
今日という日は争いと不安なき一日となれ、
喜びと愛だけを引き寄せる日であれ。
与えられ、受け取られた祝福に守られ、
言葉は安らかに、行いは穏やかに、我は歩く。

❊ 女神の頌歌 ❊

　私は偉大なる母、我が豊かなる子宮より産み落とした生きとし生けるものは私を崇める。私は始原の母、神なる女の命を生み出す力、尽きることなく果てることなく。

　私は数多の顔を持つ。私は変容であり、全てに変化をもたらす者だから。私は乙女、母、老婆の相へと移りゆく月の女神、全ての魔術を司る貴婦人。私は潮と風が名を運ぶ乙女。額には新月、望月、角形月を戴き、星々は我が足下で安らぎ、再生の蛇は憧憬の眼差しで私を見上げる。私は秘められた謎、けれどその謎は私を求める者には明かされる。私は霊的な探索を行う者に新しき径を開き、老齢に疲弊した旅人を慰め、通路を渡る魂をこの腕の中に受け入れる。

　私は祝福された母、収穫を司る豊かなる貴婦人。深き水の冷ややかさをまとい、畑で頭を重く垂れる黄金をこの身に飾る。我が外套(タバード)は森、野、谷、川、空、海に住まう無数の生き物の形。肩から流れ落ちる私の髪は森の中を密やかに動く柔らかな影のよう。大地の四季を私が司り、万物が私を通じて実を結ぶのは、見よ、私は命を与える母、たくさんの子を産み、喜びに溢れる母だから。

　私は老婆にして太母、死の母なる知恵深く優しき者。私を通してあらゆるものは生から死を経てまた新しき生へと向かう螺旋の踊りに加わる。私は疲弊し

た魂を解放し再生を与える車輪、影に隠れた月。男神は我が元に霊たちを導く。何故ならば、私の胎から生まれる全ての者は墓である私を通らなければならないから。

　私は永遠の乙女、全ての母、変容の老婆。英知と肥沃と再生の大釜を掻き混ぜ、大地に生きる全ての我が民に尽きせぬ愛を注ぐ。

❊ 闇の男神の誓言(チャージ) ❊

　古にはディース*4、ハーデース*5、オシリス*6、狩人、そして影の君主と呼ばれた闇の男神の言葉を聞け。

　私は日の最も目映き時に太陽が投げかける影。喜びに溢れる人生のさなかで突如として死の影を思い出させるもの。私は星々と惑星たちが踊る黒天鵞絨(ビロード)の夜。炎の如き終焉と新たな始まりを迎えても揺らぐことなく踊り続ける永遠の踊り手。私は弓を引き絞った有角の狩人。弓矢で生者を狩り集め、幽霊の狩猟行を率いる者。我が手によって汝らは今生から連れ出されるが、見よ、その先にまた生は続いていく！　我が神秘が生から生へと移りゆく命のエネルギーの動きにあるのは、あらゆる命は命を糧とし、新たな生は死を通さねば見つからないことを忘れぬため。

　私は庇護し、痛みを和らげ、慰めと新生を与える強さ。変容の老婆の横に立ち、その胎を通じて生まれ落ちるために彼女の墓に入る者。我が導きに従い、汝の永遠を見つけよ。意識が目覚める死の通路の入り口にて我らは笑い合い、命が終わる最期の一時、私は汝をこの腕に掻き抱こう。

　月のない闇夜に私を思い出せ。嵐を孕んでざわめく雲、炸裂する雷撃を縫って突き進む我が騎馬行を探せ。変容する者、全てを生む闇の母、闘争からの解放者の元へと私は汝を連れていく。恍惚に浮かされた舌で我らに歌を捧げよ、魂の音楽を我らは理解す。月が隠れた夜に、掌に載せて接吻を私に送れ。微笑

みは返すとも、口づけを返しはしまいが。何故ならば、我が接吻は死すべき肉体の最期に贈るもの、汝が命尽きる時に飲む忘憂の薬*7（ネペンテス）なれば。

🌟 星の女神の誓言 🌟

　チャールズ・リーランド、ジェラルド・ガードナー、ドリーン・ヴァリアンテによる『女神の誓言』に一部基づいた伝誦。

　星の女神の言葉を聞け。彼の女（ひと）の足下に日月星辰は濛々（もうもう）と煙り（けぶ）、彼の女の体は宇宙を囲む。

　私は緑の大地の美、星々に囲まれた白き月。立ち上がり、我が方へと来たれと、汝が魂に呼びかける水の神秘。

　私は森羅万象に命を与える自然の魂。万物は私より生じ、また私へと還らねばならぬ。我が面前で、神々と人の子の愛し子たちよ、汝が最奥に座す神なる自己を無窮の陶酔で包み込むがよい。

　見よ、喜びを知る心臓の内に私を崇拝する心は宿る！　愛と喜びの行為は全て私に捧げられる儀式となる。なればこそ、美と強さ、力と思いやり、名誉と謙遜、はしゃぐ心と畏敬の念を汝が内に収めておくのだ。

　私を探そうと考えている者よ。いくら探し、求めようとも、秘密を知らぬそなたの努力が報われることはないと知るがよい。汝が求めるものが汝の内に見つからぬのなら、汝の外に求めても決して見つかることはないのだ。

　見よ！　私は初めから汝とともに在った。私は渇望の果てに手に入る。

男神の頌歌

　私は燦然と輝く天空の王。我が熱は地を覆い、実り高き母の内なる命の種を目覚めさせ、彼女が創り出す全てのものを誕生させて新たな形を与える。

　私は目映き光線を送り、あらゆる全てのものに区別なく光をもたらし、日ごとに我が黄金の顔貌を愛しき地球に向け、微睡む者を目覚めさせ、他の者を休息の床に送る。私は自然と魂に糧をもたらす。

　私は地球に聳(そび)える樫の王にして緑の男、野に生きる自由なる者。牡鹿とともに走り、鮭とともに泳ぎ、鷹とともに飛び、鶴とともに舞う。私が足繁く訪れる古の森と未開の地は、我が力に満たされ、我が実り深き命のエッセンスを宿す聖域なり。

　私は供犠。我が体は収穫された穀物、我が子らが食べて糧とする。我が霊(スピリット)は発酵した飲み物、浄めの宴と私を偲ぶ厳粛な場で飲み干される。見よ、私がもたらした神秘を！　春が冬から生まれるように、新しい種は収穫から誕生する。命は命の糧となり、あらゆる命は私の糧となる。私はあらゆるものの命を育む糧だから。

　私は父であり母の息子、生(な)す者にして生される者なる創造の踊りを踊る者。数多の名で知られるが、いずれも同じ。

　我が表象は角を戴く野の牡鹿。収穫された穀物の束。我がエッセンスで精製され満たされた杯。そして、我が径、我が聖なる儀式の一部を成す命の円環に注がれる、全てを射通す我が黄金の光線。冬至に生まれ、夏至がめぐってくるまで、我が顔貌は大地に日々近づく。柊の王になった私の光は弱っていき、急ぎ足で短くなっていく日と通路の周期に関することが私が分かち合う知識となる。

私は影覆う地より知ろしめす君主。我が表象は闇の太陽、我が領域は安息の地。我が祝福はあらゆるものに惜しみなく注がれ、我が内に汝は生と平穏、身罷(まか)る喜びを見つけるだろう。陽光に照らされる地球に戻ることを選ぶ時まで、我が領域で平穏と休息は汝に与えられる。

💐 女神の誓言 💐

チャールズ・リーランド、ジェラルド・ガードナー、ドリーン・ヴァリアンテによる作。

偉大なる母の言葉を聞け。古なる彼の女をアルテミス[*8]、アスタルテー[*9]、ケリドウェン[*10]、ヘカテー、デーメーテール、ダヌ、イシュタル[*11]、その他数多の名前で人は呼ぶ。

何かが入り用になった時、一か月に一度、月満ちる夜ならば重畳、静かな場所に集い、全ての妖術を司る女王なる我が霊を崇めよ。私を探そうとする者よ、いくら探し、求めようとも、秘密を知らぬそなたの努力が報われることはないと知るがよい。

汝が求めるものが汝の内に見つからぬのなら、汝の外に求めても決して見つかることはない。

見よ！　私は初めから汝とともに在った。私は渇望の果てに手に入る。

💐 三重男神の誓言 💐

牡鹿戴きし王、緑の男、大地神、角ある者、動物と原始の森を知ろしめす君主なる三重男神の言葉を聞け。彼の方をハーン、ケルヌンノス、パン、ディオニューソス、シヴァ、オシリス、その他数多の名前で人は呼ぶ。

私は一年の車輪の周期、地球の生命周期と合致する。私は輝ける子供、冬至を司る樫の葉冠を戴きし王。私は春を司る緑の男、夏至に執り行われる婚礼の宴に臨む柊の葉冠を戴きし王。私は牡鹿の角を戴きし狩人、嵐で荒れる空を駆け抜ける騎馬行の率い手。私は山羊角を戴く影の君主、老婆なる我が貴婦人の通路を通る霊たちに休息と新生を与える者。私は乙女と踊る若者、母を抱きしめる父、そして母の息子。一年の季節を通して私を称えよ。私は自然を司る霊、何物にも囚われず、服わぬ者として、私は道を示す。我が手により、汝を大いなる神秘の向こう、新たな生へと導こう。

❋ 日月蝕での朗誦 ❋

◎月蝕を司る貴婦人への嘆願

　月蝕を司る偉大なる貴婦人よ、あなたを畏敬し懇願する、あなたの子なる私の呼びかけを聞きたまえ。

　過去の束縛を解き放つ道を開きたまえ。

　人生の喜びに満ちた食事を受容する道を開きたまえ。

　自ら認める自己の欠点、不要な恐れ、痛み、不安感を全てあなたの腕に受け止めたまえ。

　受け止めたものは全て背後に振り落とし、あなたの隠れた顔の向こうに広がる虚空に解き放ちたまえ。

　それから、その優しい顔貌(かんばせ)を再び外にめぐらせ、星々から篩(ふる)い分けられてきた喜びと幸運、不変なる心であなたの腕の中を満たしたまえ。

　満たしたものは全て母の腕の中に落とし、私に微笑みかけたまえ。

　愛情深き万物の母よ、その腕を開き、豊かなる祝福を私に注ぎたまえ。

　私は腕を大きく広げ、希望を籠めて目を輝かせ、あなたの祝福で身の内をいっぱいに満たします。

　あなたがくださる変容させる力により、影は光に変わる。

　何故ならば、あなたは渇望の果てに私が手に入れるものだから。

◎血染めの月の月蝕
　月の女狩人よ、闇の母よ、星々の女王よ、
　今宵はあなたが我らにあらゆる姿を見せる夜。
　目映く輝く三相女神よ、
　今宵はあなたが全ての顔を見せる一夜。
　月の血、墓の血、子宮の血、
　あなたは一生を通じて我らを変容させる者。
　母は満ち、豊かなる恵みと愛を与える。
　老婆は障害と恐れ、束縛されたエネルギーを取り除く。
　除かれたものは闇の貴婦人に渡り、月の後ろに振りまかれ、
　あなたの隠れた顔の周りの空間に拡散される。
　知恵は星々から希望と霊感を集め、
　緑陰で休息する乙女を向く。
　乙女は復活と創造の力を手に姿を顕し、
　輝ける希望の光を生み出し、
　今宵、全てを母に手渡して、役目を果たす。
　私は両腕を掲げ、新たな光をこの身に浴び、
　彼の女より与えられた祝福と嬉しき贈り物を喜ばん。

◎日蝕に君主に富を乞う
　日蝕時に、金運や繁栄を招くまじないと併せて朗誦する。
　影の君主よ、暗き太陽の君よ。
　どうか我がまじないの完成に力を貸したまえ。
　富を支配する方よ、
　密やかに速やかに動く手を持つ方よ、
　我がためにその手に富を掬い、
　黄金の太陽なるあなた自身に渡したまえ。
　光を司る偉大なる君主はこの宝を受け取り、
　あなたの喜びの力で満たしたまえ。
　そして、その黄金の手を開き、私とこの地に手中の富を下ろしたまえ。

太陽の君主よ、夜の君主なるあなた自身とともに、
寵愛の眼差しを私に投げかけたまえ。
富、健康、世俗的な喜びの贈り物を私にもたらしたまえ。
何故ならば、私はあなたを愛するあなたの子、
あなたの内に在り、あなたは私の内に在る。
なればこそ、私の呼びかける声に耳を傾けたまえ、
我が意のままに、かくあれかし！
私の祝福をあなたに送り、あなたの祝福を私に送り、
このまじないは完成する。かくあれかし！
あなたと私の間にある愛とともに、
このまじないは３という数字の力で結ばれる。
かくあれかし！
　［補足：伝統的に冥界の君主は地球の富の所有者であり、富の下賜を請われ
　　　ることがある］

詠唱、頌歌、詩編

◎**捧げ物の詠唱**
　月を司り、揺らめく海と命宿す大地を統べる貴婦人よ。
　太陽を司り、未開の地とそこに生きる生き物を知ろしめす君主よ。
　あなたたちを称え、ここに置く我が供物を収めたまえ。
　森羅万象に宿るあなたたちにまみえる知恵を私に授けたまえ。
　その知恵により、我が先祖なる古き者たちよ、私はあなたたちと一体となる。

◎**ケーキの日の詠唱〈２月28日〉**
　貴婦人のためのケーキと
　君主のためのケーキで
　祝うは冥界の
　開かれた扉。

◎ホグマネイ・イヴ（大晦日）の詠唱〈12月31日〉
　森羅万象を統べる女王よ
　繁栄を司る王よ
　新たにめぐり来るこの一年に君臨し
　我が元に平和と幸福をもたらしたまえ。

◎男神に寄せるルーナサー頌歌
　踊れ、踊れ、そこがどこでも！
　君主と踊る者を、君主は踊りの相手にまた選ぶ。
　回れ、回れ、輪を描いて踊れ！
　踊りの君は穀物の君よ！

　下へ、下へ、彼が向かうは地の底へ！
　春蒔きの五穀に命を与え。
　影の国を知ろしめすはユールまで、
　太陽が復活し、生まれ変わって我らの元に戻るその時まで！

◎収穫月
　清潔な髪は腰まで伸び、金色の髪には銀の影が筋をなす。
　絡みつく昼顔の蔓から逃れ、柳をよじ登って風にもつれ、乱れたお下げ髪からは誇らしげに小枝を引き抜き。
　振り返り見た長の年月、そこにあるのは薄汚れた集まりの中にあって際立つ私の姿、やって来る客たちのためにムシクイの巣を作り。
　変わったものなど何もないのだ。そうだ、今は今宵の収穫月の下、羽根を集めている私のことだ。
　貴婦人と笑い合い、水を含む池の畔で濡れそぼった草を踏みしめながら──
　ああ、あれをご覧！　きらきらとして渦を巻くカタツムリの殻。車輪に載ってめぐる歳月の軌跡のようにぐるぐると。

5 祈りの言葉——エスバット、サバト、その他の儀式に

◎ **オーマ：両性具有神**

我は彼であり彼女。
君主であり貴婦人、生者とも死者ともあるもの。
我らは汝の内に宿る者、
束ねられて結婚する、シヴァ＝シャクティ。

通路の儀式は道を印す。
生を通じ、それを越えて、命は生まれる。
粘土の骨壺の中の人の子の魂、
渦巻く池を泳ぎ回る。

太陽と月は汝に輝き、
我らの子供の遊びを見守る。
愛と喜びに満ちし我ら、
オームとウーマが汝の日を共有す。

生から生へ、命は流れ、
時が描く螺旋の踊りは続いていく。
学び、成長するエネルギーは、
母へと引き寄せられ、急ぎ向かう。

恩寵と力は我らの名なり。
我らの元に来たりて混じり合え。
我らはふたつ、それでいて同一。
我らの元に留まり、我らの庭の世話をせよ。

我らを地と呼べ、我らを空と呼べ。
我らを月と呼べ、我らを太陽と呼べ。
男とも女とも、生者であり死者であり、
進む季節の象徴なれば。

エネルギーの主たる源泉、
オームとウーマ、その後にオーマ。
銀河へと流れ込み、
別れた踊りはまた混じり合う。

来ては去りゆく物質はしかし静かで、
生まれ変わらんとする魂の求めは満たされる。
全てを待て、すなわち我らの意志を。
我らの形を取る時は永遠なり。

祝福は与えられ、受け取られる。
汝が送りしものは、我らからも汝に送られる。
我らの力に触れようと触れまいと、
愛は喜んで与えられるのだ。

◎**旅路**
（傍点部を強調する）
かつておまえと話したことがある、おまえがまだ幼いころに、
私はおまえに語りかけた、柔らかな声で。
おまえは私を知っていて私を愛し、私の光の中で踊っていた。
なのに何故おまえは夜の方へと行ってしまったのか？

恐れが忍びこみ、おまえをさらっていくのを私は見た。
闇の悪魔がおまえの遊びに水を差すのを私は見た。
体を震わせ、私に助けを求めるおまえを私は見た。
だが、私がおまえの元に行くと、おまえは恐怖で溶けてしまった。

私の愛からおまえを遠ざけたのは誰だ？
天上で輝く光に取って代わった恐怖は何だ？
私が邪悪だとありもしないことをおまえに吹き込んだのは誰だ？

美を取り上げ、血で洗ったのは誰だ？

私がこれほど激高し要求したことはなかった。
そのためにおまえは献身で自らを傷つけてしまった。
私はおまえが歩こうとする道に仰天しながらもおまえの傍にいた。
私は決しておまえを見捨てず、ただ寄り添っていたのだ。

おまえがつまずく度に、私は手を差し出した。
おまえが懇願する度に、私は全て聞き入れた。
語りかけるおまえに、私は忠実に全て答えた。
そして、おまえが目覚めるまで、我慢強く待っていた。

その知識は間違っていると、私はおまえに言わなかった。
おまえの歌を歌うことがよからぬことだとも言わなかった。
長々と決まりを並べ立て、おまえに押しつけることを私はしなかった。
なのにどの新参の宗教も、私のユールをいまだに祭っている。

私のいた日々が他の者にとって全て特別なものというならば、
何故私の子供たちは兄弟のように振る舞えないのか？
どんな名であろうと、聖職の宣言は、
彼らの指導者が富と幸運を手に入れるためのものでしかない。

誰もが赤裸々な強欲を目の当たりにしているというのに、
彼らの不道徳な教義はいまだに聖堂ベンチを埋めている。
哀れなる少数に強制した学びでもって、
教師を切り刻まぬように教えを制限している。

サバトを守るか、踊るに任せよ。
おまえが去ろうとも、私は露ほども気にしない。
決まりなどただひとつ以外に何もなく、罪もない。

「何者にも害を為さぬのであれば、望むことを為せ」が私の教え。

私は血の供物など求めたことはない。
おまえを「罪人」と呼んだことも、洪水を起こしたこともない。
私はおまえの人生に知識と知恵を差し出した。
だが、終わりなき闘争をほのめかしたことはない。

夜に攻めてくる闇の手先はいない。
天使も、悪魔も、宇宙の闘争も存在しない。
我が永遠の踊りは喜びと生の踊り。
我が歌は笑いと、闘争の終わりを歌う歌。

では、それはいつ起きたことか？　どの瞬間に、どの刹那に？
知識と分別がついに的を射たのはいつのことか？
闇の中に留まれと他の者はおまえに忠告したのだ、
なのにおまえは英知を手にせんともがき、驚きとともに知恵を得たのだ――

かつておまえが焦がれていたこと、感じていたことは全て正しかった！
私は常におまえの視界から外れたことはなかった。
私はウーマとともにあり、栄光であり力なる者なり――
古の歌は朝な夕なに歌われたのだ！

涙を流し、甘やかに笑い、戻ってきたおまえを私は迎えた。
偽りの教義がもう攻撃を仕掛けてこられないことをおまえは知っている。
知恵を求めたおまえは、真実を見つけた。
愛を抱いた古の男神と女神は今もそこかしこに存在するのだ。

私は宇宙で踊り、おまえの心臓で踊る。
我らの踊りは今合流し、これからも道を分かつことはない。
幼年期は終わり、次の段階が始まる。

我が賢者として生の栄光に浴するのだ。

我らのサバトに来て踊れ、月に歌え。
汝が君主、汝が貴婦人にその旋律は歓迎される。
今や我らは汝が心臓で踊り、汝を愛で満たす。
今までは高みにあったものが、今や低みにあるのだ！

◎野生の牝馬
　（トーテム動物を求めた私にエポナが応えた夢歌(ドリーム・ソング)）

優しく降る雨は霧のように煙り、喜びに満ちた私の心を目覚めさせる。
嵐を孕んでざわめく雲の向こうから聞こえてくるのは天上の妙なる歌声、
草深き丘をさすらいながら、長い髪を風になびかせ、
一瞬の魔法を抱きしめて、妙なる音色に重ねるは我が歌声。

私が探し求めるのはエルダーの森、遥かの妖精郷。
そこは原始の靄に覆われた瑞々しき緑の領域、
あちらの人たちが姿を隠した地。
輝ける海の向こう、煌めく麗しの領国を私は見た、
彼方を覗き、我が胸が思いめぐらすは、あの地に辿り着く方法。

彼の地に渡る手段は、私の月の心が教えてくれた。
私は風に向かって両腕を掲げ、ただ無心にこう呼びかけた。
エ・ポ・ナ！　エ・ポ・ナ！　野生の牝馬を我が元に送りたまえ！
歯を覗かせ、たてがみの縺(もつ)れた、私を彼の地へと運ぶ白い駿馬を。

風が立ち、岩山の向こうから轟き渡るは鋭く打ちつける蹄の響き。
頂を通過しやって来る馬群の猛々しいいななきが風を切り裂く！
地を踏みしめて立つ私はただ確信だけを抱き、
いつともわからぬ魔法の合図を待った。

そして現れたのは大いなる白き獣たち、私の視界に躍り出た、
雨に濡れた艶やかな毛並み！

馬たちは足取りを緩め、弧を描いて並び、壁のように私を取り囲む、
群の率い手を探すと、その馬は友と連れ立ち、
私のすぐ傍までそっと近づいてきた。
群の頭（かしら）は落ち着いた様子で通り過ぎたが、二頭目の馬が私の方にやって来た。
馬たちは頭を跳ね上げ、足を踏み鳴らす。私に理解が兆したのはその時だった。

野生の牝馬こそ私が愛するもの！　風に逆らって駆ける馬たちよ！
私は二頭目の馬に飛び乗り、笑みを浮かべてともに駆け出した。
群とともに私は風を切って進み、笑い声は弾けて風に飛ぶ。
エ・ポ・ナ！　エ・ポ・ナ！　私の呼びかけに応えてくださった！
私に野生の牝馬を送ってくださった、エルダーの海を渡る馬を！

◎サウィンの物思い

　（自動書記による作）
ボロ布と手織りの粗布、
火灯りを受けて踊る黒いボロ切れ、
天上に架かるアーチ、星明りの樹木園、
妖精の光と逆光の地平線。
歩行者、馬車暮らし、黒い狼、
瞬きもせずじっと前だけを見つめる、夜闇の瞳。
大三角帆（ラティーン）を掲げる月の船、覗き込む外の者あり、そこに見るのは、
踊りを踊らんとする黒脚の蜘蛛、
男神と女神のため、目は美しいものを眺め、
求めるでも、吸い上げるでも、取っておくでもなく、それで生きるため、
望む人生を送るため、喜び騒ぎながら生きる術、
何者も傷つけぬ愛は、夜のマントにくるまり、
星々と命の力で害悪をよける。

5　祈りの言葉──エスバット、サバト、その他の儀式に

*1　ドリーン・ヴァリアンテ［Doreen Valiente］── ジェラルド・ガードナー最晩年の弟子。ガードナーとともに影の書の再構成を行い、ウイッカの訓言を作成した。カヴンにとって門外不出の品ともいうべき影の書を公開し、現代魔女術の母と称される。

*2　エコ、エコ［Eko, eko］── Ekoは「ここにあり」を意味するバスク語と解釈されている。ウイッカの詠唱の冒頭で唱えられる。

*3　アザレル［Azarel］── ヘブライ語で「神が助ける者」を意味し、死を司る大天使アズラエル［Azrael］に同じ。

*4　ディース［Dis］── 正式にはディース・パテル［Dis Pater］、ラテン語で「富める父」。富裕、肥沃な土壌を司るローマの冥府の神で、プルートー［Pluto］に同じ。ギリシアの冥府神ハーデースの呼称のひとつ富める者［Pluton］がラテン語訳されたもの。後代には誓いを破った者の罰し手である冥府神オルクス［Orcus］と融合した。

*5　ハーデース［Hades］── ギリシアの冥府神。海神ポセイドン、主神ゼウスの兄。その名をみだりに呼ぶことを忌まれ、地中に豊富に存在する宝石や貴金属の所有者であることから富める者、プルートーンの名を持つ。種が地中から芽を出すことから豊饒をも司り、豊饒の角［Cornucopia］を象徴とする。農耕と実りの女神デーメーテールの娘ペルセポネーに恋し、彼女の父であるゼウスの助力の下、地中に連れ去った。娘を探して地上世界をさまようデーメーテールは事の次第を把握するとゼウスに訴え、ゼウスは「ペルセポネーが冥界で食べ物を口にしなければ」という条件で返すことを約束、ハーデースはペルセポネーにポムグレナート（ザクロ）の実を食べさせる。この黄泉戸喫のタブーを犯したことにより、ペルセポネーは一年の三分の一を冥界で過ごさなければならず、その間、母であるデーメーテールが悲しみのあまり豊饒の女神としての役割を放棄するため、地上に冬が訪れるという。

*6　オシリス［Osiris］── 死と再生、生産を司り、冥府を治めるエジプトの神。ギリシアの哲学者プルタルコスによって紹介されたため、アシル［Asir］などのエジプト名がギリシア語化されたオシリスの名が広まった。天の女神ヌトと地の神ゲブの長子。太陽神ラーが身重のヌトをゲブから引き離し、一年中（エジプト暦採用前は360日）いかなる日にも出産することを禁じたが、知恵の神トート［Thoth］が月の神と賭けを行って5日分の時間を勝ち取り（エジプト暦の始まり）、オシリス、大ホルス、セト［Seth］、イシス、ネフティス［Nephtis］を追加日に生むことができた。地の王としてエジプトを統治し、エジプト人に律法、神々を礼拝すること、穀物の栽培法とパン・ビールの製造法を教えた。妬みから弟のセトにより謀殺、ばらばらにされてナイル川に流された遺体は妹であり妻であるイシスによって回収されるが、生殖器だけは魚に食べられて取り戻せなかった。オシリスの遺体をアヌビス神［Anubis］が包帯で巻いて（最初のミイラ）つなぎ合わせるも、欠損のせいで不完全に復活。以後、死者の王として冥界を治め、死者を裁く神となった。オシリスの肖像に描かれる白い衣はミイラを、緑の肌は植物神であることを象徴している。

*7　忘憂の薬［Nepenthe］── 文献上の初出はホメロスの『オデュッセイア』。トロイアのヘレネー［Helene］が「痛みと苛立ちを鎮め、あらゆる憂いを忘れる薬」をワイン

に混ぜて与えたとある。また、プリニウスは心を浮き立たせ憂いを忘れさせるエジプト産の薬と紹介。いずれにせよ正体は不明だが、現在ではウツボカズラにNepenthesの名が与えられている。

＊8　アルテミス［Artemis］── 狩猟、出産、貞潔、光明を司るギリシアの月女神。太陽神アポローン［Apollon］の双子の姉で、美しくも冷酷な処女神として描かれる。光明神として月女神の役割を与えられ、のちにセレーネー、ヘカテーとともに三相一体の月女神とされたが、セレーネー以外に月の擬人化が行われないことから、月の運行はセレーネーが司ったものと考えられる。アルテミスに捧げられた聖獣は鹿、聖木はサイプレス。ローマのディアーナと同一視される。

＊9　アスタルテー［Astarte］── セム人が崇めた豊饒多産の女神。地中海地域で広く信仰されたバビロニアのイシュタル、シュメールのイナンナのフェニキアやカナン（シリア）などにおける別名で、崇拝された地域ごとに様々な名を持った。ギリシアの美神アプロディーテーに当たる。バビロニアなどのアスタルテー神殿では未婚の女たちが異邦の男たちに春をひさぐ神聖娼婦の習慣があった。

＊10　ケリドウェン［Cerridwen］── ウェールズの詩人タリエシン［Taliesin］を生んだ、変容、霊感、魔術、再生などの数多の側面、そして老婆（時に母も）の相を司るケルトの三相一体の女神。冥界にある知恵の大釜を守る。伝説によると、ケリドウェンがモルヴラン［Morfran］という世にも醜い息子にせめて英知と霊感を授けようと、魔法の大釜で過去現在未来を見通す霊薬を作ることにした。薬効を発揮するのは最初の3滴だけで残りは毒になるこの薬は、1年と1日の間火にかけなければならないが、大釜の番を任せられたグウィオン［Gwion］という少年に飛沫が3滴かかり、思わず親指を口に含んでしまった（アイルランドにはイマス・フォロスナ［Imbas Forosnai］という、親指を噛むと英知や千里眼を得られるという俗信があり、英雄フィン・マックール［Fion mac Cumhaill］も親指を舐めたことで知恵の鮭の力を手に入れた）ことで薬の効果を横取りされてしまう。少年は薬の力で野ウサギに変身して逃げるが、ケリドウェンは猟犬に化けて追いかける。魚に変身して川に逃げるとカワウソになる。鳥になって空に逃げると鷹になる。ついに一粒の穀粒になって隠れようとする少年を、雌鶏になったケリドウェンが食べてしまう。しかし、薬のおかげでグウィオンは死なず、女神の胎の内に新たな命となって宿り、輝くばかりに美しい赤ん坊として生まれ落ちた。子供のあまりの美しさにケリドウェンは殺すのをやめて皮の袋に入れて海に流し、赤ん坊は流れ着いた国の王子に拾われて輝く額（タリエシン）と名付けられ、偉大な詩人に成長した。タリエシンは神話に取り込まれた実在の人物。ケリドウェンには醜い息子モルヴランの他に麗しきクレイルィ［Creirwy］がおり、双子であるふたりは闇と光を象徴している。大釜の他、穀物、豊饒多産を表す白い牝豚がケリドウェンのシンボル。

＊11　イシュタル［Ishtar］── 古代メソポタミアで広く信仰された太母神。シュメールのイナンナなど、多くの名を持つ。天空神アヌの娘で、性愛、戦いを司る金星の女神。ニネヴェ、ウルクなど多くの都市で崇拝された。性愛を司る女神として、彼女の神殿

では神聖娼婦の習慣が行われ、ヨハネの黙示録第17章にある「大いなる娼婦」、「大いなるバビロン、淫らな女たちや地上の忌まわしきものたちの母」はイシュタルを指すもの。『ギルガメシュ叙事詩』にて、野人エンキドゥ［Enkidu］から獣性を抜くために聖娼シャムハト［Shamhat］が遣わされ、六晩七日交わってエンキドゥの精を全て吐き出させたとある。正式な配偶者はおらず、ドゥムジなど多数の愛人がいる。獅子と八角星をシンボルとする。

～祈りの言葉に関するメモのためのスペース～

6
儀式

儀式を行うタイミング
基本的な呪術用具、またはチャーム・アイテムを聖別する儀式
月降ろし
参入の儀
献身の儀
再誓約の儀
光と闇の側面に属する道具の聖別
肖像の聖別
水晶の浄化とプログラミング
水晶の聖別と献身
ハンドファスティング（婚姻）とハンドパーティング（破婚）の儀
十二夜の命名の儀
死別の儀──ウイッカニング
妖精の友尋ね

☉	☾	☿	♀	♂	♃	♆	♄	♇	♅
太陽	月	水星	金星	火星	木星	海王星	土星	冥王星	天王星

🌒	○	🌘	●
満ちゆく月	満月	欠けゆく月	新月（闇月）
［乙女］	［母］	［老婆］	［隠れた顔／謎］

※ 儀式を行うタイミング ※

1. 参入の儀、献身の儀、通路の儀式、聖別、浄化、水晶や術具の浄化と献身の儀式は「エスバットの儀式」の章で『月降ろしの儀式、霊水の作成、聖別、瞑想など、この夜のために作られた、あるいは影の書の「まじない」、「儀式」、「瞑想」の章に載っている呪術を行う。種類は問わない』と記述されている箇所から始める。
2. 参入の儀、献身の儀、通路の儀式、聖別、浄化、水晶や術具の浄化と献身の儀式は「魔法円の構築」の章で『儀式／クラフトワークを行う［ケーキとワイン／魔法円を解放する］』と記述されている箇所から始める。
3. 再誓約の儀はインボルクとリーサのサバトを行っている最中に、以下の記述がある箇所で行う。

    インボルク：両手を広げて掲げる：

    > この円陣の内は全て清められた、今こそ我が貴婦人、我が君主への誓いを新たにしよう。

    再誓約の儀に進むか、再誓約の儀もしくは参入の儀で立てた誓いを唱える。

    リーサ：ワンドを掲げる：

    > この夏至の喜びの中で、我が貴婦人、我が君主への我が愛を私はここに改めて誓おう。

再誓約の儀に進むか、再誓約の儀もしくは参入の儀で立てた誓いを唱える。

※ 基本的な呪術用具、またはチャーム・アイテムを聖別する儀式※ ※

※「儀式を行うタイミング」の1.または2.

1. 適した色の儀式／種火用キャンドルに火をつける。

2．用意した呪術またはチャームに用いるアイテムを、四大元素のシンボルにくぐらせる：

> 四大元素を司る力よ、魔法に命を吹き込み、エネルギーを目覚めさせて、この〈まじない／チャーム〉に注ぎ入れ、〈まじないの目的〉させたまえ！　地〈塩／根を粉末にしたものを撒く〉、風〈香の煙の中にくぐらせる〉、火〈キャンドルの炎の中に通す〉、水〈祝福を施した水を撒く〉の力の元、この〈アイテムの名称〉を我が用途に適うよう聖別せん。かくあれかし！

3．アイテムをペンタクルに置き、エネルギーを集めるか、魔法円の内で踊りながらワンドもしくは力の手にエネルギーを高めていく：

> 汝らのエネルギーを集めてこのまじないを働かせ、我が意を叶えん。我が意のままに、かくあれかし！

4．エネルギーをチャージしたワンドでアイテムに触れる：

> 〈目的〉の〈アイテム〉に力は籠められよ。これにて終わり！　これよりは〈まじない、もしくはチャームの名称〉が始まる！　かくあれかし！

5．呪術用具またはチャーム・アイテムの聖別に求められる残りの手順を行う──例、月光に晒す、燃やす、特別な場所に置く、など。

「エスバットの終了」または「魔法円の構築」のケーキとワインに進む

❋ 月降ろし[※] ❋
※「儀式を行うタイミング」の1．満月のエスバット

◎この儀式の目的
  A．まじないに力を付与する
  B．瞑想

C．祝福を施した水の作成
D．交感と啓示

1．ワンドを両手で持ち、満月に先端を向ける：

> 月を司る貴婦人よ！　この時をあなたとともにし、あなたの聖なるエッセンスをこの身に注ぎ入れることを許したまえ。

2．ワンドの先端で心臓に触れ、銀の光がワンドを通して身の内に流れ込み、全身に輝きが宿るイメージを思い描く。

目的により、以下のA〜Dに従う：

A．エネルギーを利用するには、右手でワンドを使用する。
B．瞑想に活用するには、左手に持ったワンドを心臓に向ける。
C．満月の力が付与された祝福を施した水を作成する：

用意するもの：容器に入れた水。ボウル。ローズの花弁かローズウォーター。塩。小型のコンパクトミラー（必要なら）：

> 夜を司る偉大なる貴婦人よ、あなたに見守られて注がれるこの水に祝福を与えたまえ。

水を注ぎ、ローズの花弁を加えたボウルを月光にかざす：

> この水の中であなたの光は輝き、あなたに見守られて聖別を果たす。これなるエスバットの夜に浄化され清められ、この水はあなたの聖なる儀式によって聖別される。

月光に塩をかざす：

> 水と大地に塩を取り込み、万物は貴婦人を通じて己が形を有す。あなたの目映い光を通じてこの塩は聖別され、私を助ける力となる。

水に塩3つまみを加え、3度掻き混ぜたら、水面に満月の光を反射させる（鏡を使用してもよい）：

> 月は満ち欠け、潮は満ち引く。月の光によりその力の一部はここに宿り、この水に祝福を与える。このまじないは3の3倍の数字によって縛られた、すなわち9という数字の力の元にかけられた。我が意のままにあれ、かくあれかし！

ボウル（と鏡）を置き、月光の下でボウルを時計回りに9度回す：

> 力を集めて注ぎ込まれ、このまじないは再び9度封じられた。すなわち、ここに9の数字は繰り返され、3の繰り返しによって9の数字を核と成す。かくあれかし！

D. **用意するもの**：水を入れる大釜か他の容器。両手を広げ、月に向かって掲げる：

> 栄光に輝く月よ、我が要請により降り来たり、我が貴婦人との交感を許したまえ。月の満ち欠けで潮は満ち引く、天上の輝きをこれなる下界の水に投げかけたまえ。

容器の水面に浮かぶ月影を見つめる。ワンドの先端を水に向ける：

> 月よ、これなる水影に宿り、あなたの眼を通すことで私の眼に再び異界の風景を映したまえ。全てを見通す神の眼の風景を我が元にもたらし、我が貴婦人の言葉を我が元に届けたまえ。

ワンドを置き、両手を開いて容器の両側にかざす。水面に浮かぶ月影を見つめ、貴婦人からのメッセージを目と耳で受け取る。

3. A、またはB、C、Dを行った後、ワンドを両手で持ち、先端を満月に向ける：

> 偉大なる貴婦人よ、あなたの力は我が元に送られ、あなたの知識は欠けることなく我が身に下りてきた。魔女たちの女神であり万物の母よ、呼びかけるあなたの子供に必ずや祝福を与えてくれる方よ。あなたの力に祝福あれ、そして、あなたが〈術者の名前〉と名付けた、あなた

の子なる私にあなたの祝福よあれ。

4．ワンドを右手に持って腕を開き、以下の文句を口にする：

> あなたと私の間にある愛と敬意をもって、この儀式は終わる。かくあれかし！

5．ワンドを置き、両掌を地面につけて過剰なエネルギーを放出する。

「エスバットの終了」および「魔法円の構築」のケーキとワインに進む

❋ 参入の儀※ ❋
※「儀式を行うタイミング」の1.と2.

用意するもの：儀式後、杯に注ぎ足す（満たす）ために、ワインや他の飲み物（果実系）を入れた水差しを祭壇に置いておく。9フィート（約2.74m）の長さの赤い紐（絹または毛、綿）1本。

1．両腕を広げて掲げる：

> 貴婦人と君主よ、我が声を聞きたまえ！　あなたたちを敬愛する私は、我が身が大地と天空に存在する万物とともに在ることを知っています。我が眷属は野に育つ木々とハーブ、海の中と丘の上に在る動物と石。湧き出る水と砂漠はあなたたちから創られる。私はあなたたちに属し、あなたたちは私に属する。

2．両腕を下ろす：

> どうか私の願いを聞き入れたまえ。万物とひとつである喜びを味わわせ、我が貴婦人、我が君主より万物に注がれる命を愛させたまえ。私は信条を知り、受け入れています。そして、我が身の内に愛が欠片（かけら）もないならば、我が身の外にも決して求められないことを理解しています。愛は法であり、絆であるゆえに！　貴婦人と君主に敬意を捧げる

時、私はまたこの理(ことわり)にも敬意を捧げます。

3. 開いた右掌にキスをし、高く掲げる：

> 我が貴婦人、我が君主、あなたたちを〈両神の名前〉と私は呼ぶ。私はおふたりの御前に立ち、あなたたちの栄誉の元に我が身を連ねます。私は我が身の内に宿るおふたりの輝きの擁護者、庇護者となり、そしてまた、私に対するおふたりの庇護と擁護を求めます。あなたたちは私の命であり、私はあなたたちに属します。私は私の家族に伝わる作法の心得、そして「何者にも害を為さぬのであれば、望むことを為せ」という魔女の訓言を受け入れ、それに従って行動します。かくあれかし！

4. ワインを入れたゴブレットを持ち上げ、ワインの残りをゆっくりと大釜に注ぎ入れる：

> 私が貴婦人と君主に背を向けることがあらば、おふたりの愛を分かち合う眷属に害を為すことがあらば、杯から流れ出すこのワインの如く、血も我が身から流れ出ることでしょう。それは信頼を壊し、女神と男神の愛を投げ捨て、私自身の心を砕く行為だから。けれど、私の心と魂は絶えることのないおふたりの愛を通じて癒やされることを私は知っています。そうしてまた旅を続け、再生の大釜を通っておふたりが惜しみなくくださる愛に抱かれにいくのです。かくあれかし！

5. 人差し指を塗油用のオイルに浸し、第三の眼（額の中央）に太陽十字 ⊕ の印章を描く。次に、心臓にペンタグラム ☆ の印章を描き、最後に臍、右胸、左胸、臍の順に触れて両神の三重相を象徴する聖三角 ▽ を描く。

6. 紐を手に取り、くるぶし、膝、臀部、腰、胸、頭の位置を測りながら結び目を作っていき、一端は輪を作って閉じ、もう一端は糸をほぐす（全部で7個の結び目のある紐ができる）。

> これなるは我が寸法、我が法衣をくくるシンギュラム、そして私と我がクラフトを結ぶ絆。この紐が私について語ってくれる。

7. 紐を腰に巻き、糸をほぐした一端を輪に通してから縛ったら、両腕を大きく広げて掲げる：

> 自ら選んだ新たな生とクラフトへの参入の印として、私は新たな名前を名乗ります。魔女と呼ばれるに足るだけの知恵を学んできた今、これからは〈名前〉と名乗りましょう。我が貴婦人、我が君主、私の名前を知り、私をその名を持つおふたりの一部と見てください。かくあれかし！

8. 腕を下げ、新たな径の始まりと古代宗教に身を奉じたことに関してしばし瞑想を行う。感覚が肉体から流れ出て、女神と男神の感触が身の内に入ってくるのを感じる。
9. 両手を高く掲げる：

> 〈両神の名前〉と私が呼ぶ女神と男神より、おふたりが立ち会われた我が参入の儀にて、私は祝福を賜った！　私、〈クラフトネーム〉をあなたたちの子と知り、おふたりの導きの手に受け入れたまえ！

10. 水差しなどの容器に入れておいた飲み物で杯を満たす。
11. クラフトネームを伏せていない場合、また別に名前を選び、献身の儀を迎えるまで術者自身と神だけが知る秘密のワーキングネームとする。秘密の名前は魔女と神との間の信頼の象徴である。誰にも明かしていない場合に限り、クラフトネームはワーキングネームとしても使用できる。シンギュラムは祭壇上か、使用していればスタッフやスタングに巻きつけて保管するか、儀式用法衣とともに身につける。

「エスバットの終了」または「魔法円の構築」のケーキとワインに進む

補足：儀式に用意する伝統的な食べ物には焼きたての白パン、バター、イチゴ（または他の果物）ジャム、ライトなロゼ・ワイン、またはフルーツ系

の飲み物を含む。

❊ 献身の儀❋ ❊
※「儀式を行うタイミング」の1.と2.

（参入の儀を終えてから1年と1日以上が経過してから行う）
1. 前夜に徹夜をし、その間に献身の儀を行う動機について自問自答し、希望と不安を言葉に表し、疑問点があれば答えを見つける。
2. この儀式では女神と男神に対して誓約を行い、術者と神との間の絶対的な愛を肯定する。
3. この儀式により、術者と神との間に交感経路が恒久的に開かれる。
4. 儀式を行うに先立って手順を頭に入れ、滞りなく進められるようにしておく。ひとつひとつ丁寧に、心でしっかりと感じながら儀式を進めること。

用意するもの：羊皮紙片。筆記用具。インク。溶けた蠟を受け止める安全な容器に入れた予備の白い（奉納用）キャンドル1本。針かピン。土を入れた器。

1. エスバットの章で「〜を行う」とある箇所、または「魔法円の構築」の章で「儀式／クラフトワークを行う」と指定されている箇所から始める。
2. 女神と男神への意図の声明（以下の文句を使用してもよいし、自作してもよい）：

> 偉大なる貴婦人と君主よ、私は〈クラフトネーム〉の名で知られるあなたたちの子。私は知恵者の業（わざ）を学び、1年と1日以上前からあなたたちとの交感を続けています。見返りを求めることなく、あなたたちは私に祝福を与え、我がクラフトを助け、愛を注いでくれました。今、私はあなたたちに誓約を捧げ、心をつなげ、愛の絆によって結ばれることで、あなたたちにお返しをしようと思います。

3. 儀式における四大元素の役割について熟考する。
4. 両腕を広げて掲げる：

    風の精霊をもって、私は自分の可能性を制限することなく挑戦し、心を開いて古き者たちの声を聞き、魔術の技量を磨き続けることを神々に約束します。

5．白色のキャンドルに火をつける：

    火の精霊をもって、新たなる生へと続く径を照らす光とします。

6．キャンドルを祭壇の前の地面（床）の上に丁寧に下ろす。
7．地面（床）に深淵のイメージを重ねる：

    地の精霊をもって、この生の終わりを表象する墓に私は我が身を横たえます。

8．埋葬をイメージし（仰向けで足を閉じ、両腕は腰の位置で組むか、胸の上で交差させる）、火に気をつけながら祭壇の前でキャンドルの隣に横たわる。目を閉じてじっと動かずに地中に体が沈み込んでいく様を視覚化し、命の終焉が感じられると、大地に包まれた静寂が訪れる。
9．地面が動いているように感じたら、寝そべっている地面に全ての負の感覚が吸い取られていくが、この時、身の内に空虚さが残り、泣きたくなる感覚に襲われる場合もある。肉体と今生の煩いが消えていき、霊魂が影の国へと入っていくところをイメージする。
10．準備ができたら水の精霊のことを考えるが、考えを声に出してはいけない：

    水の精霊をもって、私は浄化される。

11．地球の聖なる水 —— 海、泉、雪、雨、川の水が押し寄せ、霊魂を洗い上げる様を視覚化する。命の水に浮かんでいるような感覚に浸り、安らぎを覚える。全身の力が抜けて緊張が解きほぐされたら、水の祝福が感じられてくる。
12．この時点で貴婦人が新しい名前で呼びかけてくることがあるが、声が聞こえなくとも儀式を続ける。

13. 霊魂について考え、ゆっくりと胎児の姿勢を取っていき、光の中に生まれ変わる準備をする。目を開けてキャンドルを見つめ、一年をかけてこの径を旅し、老婆を通り抜けた先にある光の中で新たな生に出会うことを霊魂に理解させる役割を担う、火、太陽、狩人にして庇護者なる男神について考える。
14. そっと上体を起こし、立てた膝を両腕で抱えた姿勢でリラックスする。キャンドルを見つめながら、光の中に生まれ出る様を視覚化する。
15. 立ち上がり、キャンドルを持って祭壇の中央に置く。
16. 生まれ変わりを果たす前に、これまでの儀式で新たな名を告げられていなければ、目を閉じて神に呼びかける：

> 偉大なる貴婦人と君主よ、我が献身をお受け取り下さい。〈クラフトネーム〉の名の元におふたりに導きを受けた私に、あなたたちと私だけの秘密である新たな名前をお与えください。親が子に名付けるように、あなたたちの子である私もおふたりからの名付けを求めています。我が貴婦人、我が君主、私の名前をお教えください。

17. 神々は求めに応じて名前を発声してくれる。必要なら、綴りを訊ねる。
18. 神々のシークレットネームを訊ねるが、聞いた名は絶対に誰にも教えてはならない。これは神聖なる信頼であり、言うなれば個人的なアクセス回線を教えるようなものである。
19. 神々からの贈り物を受け取った証に、献身の儀に地、風、火、水の四大元素で封印を施す。手順としては、まず風の精霊への祈りで口にした約束（4.で行ったこと）と、言葉に表された新たなシークレット（ワーキング）ネームを羊皮紙片に記す。紙にキスし、火の精霊が司る白色の奉納用キャンドルで燃やす。地の精霊に捧げるために髪を数本引き抜き、燃やす。少し火で炙って殺菌した針やピン、アサメイの切っ先を左手の小指に刺し、ボウルに入れた土、戸外ならば地面に血を数滴垂らして水の精霊に捧げる。ボウルに入れた土を用いる場合は、魔法円の解放後、外の地面か、鉢植えの土に空ける。
20. 以後、ワーキングネームは「あなたたちの子、あなたたちが……と名付

けた」ものとして貴婦人と君主へ個人的に呼びかける名として使用でき、一方、クラフトネームは公的に名乗る名とすることができる。

「エスバットの終了」または「魔法円の構築」のケーキとワインに進む

❋ 再誓約の儀※ ❋
※「儀式を行うタイミング」の3.

用意するもの：儀式後、杯に注ぎ足す（満たす）ために、ワインや他の飲み物（果実系）を入れた水差しを祭壇に置いておく。

1. 両腕を広げて掲げる：

  貴婦人と君主よ、我が声を聞きたまえ！ あなたたちを敬愛する私は、我が身が大地と天空に存在する万物とともに在ることを知っています。我が眷属は野に育つ木々とハーブ、海の中と丘の上に在る動物と石。湧き出る水と砂漠はあなたたちから創られる。私はあなたたちに属し、あなたたちは私に属する。

2. 両腕を下ろす：

  どうか私の願いを聞き入れたまえ。万物とひとつである喜びを味わわせ、我が貴婦人、我が君主より万物に注がれる命を愛させたまえ。私は信条を知り、受け入れています。そして、我が身の内に愛が欠片（かけら）もないならば、我が身の外にも決して求められないことを理解しています。愛は法であり、絆であるゆえに！ 貴婦人と君主に敬意を捧げる時、私はまたこの理にも敬意を捧げます。

3. 開いた右掌にキスをし、高く掲げる：

  我が貴婦人、我が君主、あなたたちを〈両神の名前〉と私は呼ぶ。私はおふたりの御前に立ち、あなたたちの栄誉の元に我が身を連ねます。私は我が身の内に宿るおふたりの輝きの擁護者、庇護者となり、そし

てまた、私に対するおふたりの庇護と擁護を求めます。あなたたちは私の命であり、私はあなたたちに属します。私は私の家族に伝わる作法の心得、そして「何者にも害を為さぬのであれば、望むことを為せ」という魔女の訓言を受け入れ、それに従って行動します。かくあれかし！

4. ワインを入れたゴブレットを持ち上げ、ワインの残りをゆっくりと大釜に注ぎ入れる：

   私が貴婦人と君主に背を向けることがあらば、おふたりの愛を分かち合う眷属に害を為すことがあらば、杯から流れ出すこのワインの如く、血も我が身から流れ出ることでしょう。それは信頼を壊し、女神と男神の愛を投げ捨て、私自身の心を砕く行為だから。けれど、私の心と魂は絶えることのないおふたりの愛を通じて癒やされることを私は知っています。そうしてまた旅を続け、再生の大釜を通っておふたりが惜しみなくくださる愛に抱かれにいくのです。かくあれかし！

5. 人差し指を塗油用のオイルに浸し、第三の眼（額の中央）に太陽十字 ⊕ の印章を描く。次に、心臓にペンタグラム ☆ の印章を描き、最後に太陽神経叢（臍）、右胸、左胸、臍の順に触れて両神の三重相を象徴する聖三角 ▽ を描く。

6. 水差しに入れて置いた飲み物で杯を満たす。

「サバトの終了」および「魔法円の構築」のケーキとワインに進む

※ 光の側面に属する道具の聖別※ ※
※「儀式を行うタイミング」の1.と2.

用意するもの：満月のエスバットに必要な全ての儀式用具。加えて、新鮮な水を入れたボウル。赤の奉納用キャンドルと溶けた蠟を溜める容器。聖別するアイテム。

1．祭壇中央のキャンドルから赤の奉納用キャンドルに火を移す。道具をペンタクルに置く。
2．望むシンボル／ルーン／オガムと、ルーン／オガム／魔術アルファベットで綴ったクラフトネームを道具に刻印する。
3．道具を右手に持ち、ペンタクルの上に掲げる：

 女神と男神、〈両神の名〉の御名において、この〈道具〉は我が手により、我がクラフトで使われる術具として聖別される。私は地の精霊〈塩を撒く〉、水の精霊〈水を撒く〉、火の精霊〈奉納用キャンドルの火に通す〉、風の精霊〈香の煙の中をくぐらせる〉により、この品物にチャージを行う。四大の精霊の力により、この道具は我が業を助ける力を得た。かくあれかし！

4．道具をペンタクルに置く。両手を開いて掲げる：

 偉大なる貴婦人と君主よ、今宵の月の光の中にあなたたちはともに在り、しかしまた我が内なる眼にもその御姿(みすがた)は視えている。内外に坐すおふたりは終わりであり新たな始まり、約束であり明らかになった愛だから。この道具にあなたたちの力を吹き込み、我がクラフトの助けとしたまえ。

5．掌を下にして両手の指を組み、エネルギーが手を通じて流れるのを感じながら道具の上にかざす：

 貴婦人と君主、万物の母と父よ、今(いま)ここに感じられるあなたたちの祝福と、注ぎ込まれるあなたたちの力により、我がクラフトで使用するこの道具は聖(きよ)められる。

6．ひざまずいて両掌を地面につける：

 送られたものが戻るように、慈悲深くもおふたりが送ってくださったものを私も返そう。おふたりの力と恩寵を通じ、我が肉と血を通じ、この〈道具〉は聖められ、私に使われる時を待っている。かくあれかし！

7．立ち上がり、ペンタクルから道具を取って祭壇に置き直し、奉納用キャンドルの火を消す。

「エスバットの終了」または「魔法円の構築」のケーキとワインに進む

闇の側面に属する道具の聖別[*]
※「儀式を行うタイミング」の1.と2.

用意するもの：祭壇用キャンドル（黒または紫）3本。任意で、四方位に置くキャンドル（紫、白、黒から選ぶ）4本。マグワート、ライラック、ナイト・レディ、他、薫り高い香。水を入れた器。岩塩か海塩を入れた器。ペンタクル。杯と濃色の飲み物（ブラックベリー、ブラックカラント、エルダー・ベリーの味のものや、オパール・ネラ[*1]）。大釜。容器に入れた奉納用キャンドル（黒または紫）。ダークブレッド[*2]／ダークケーキを載せた皿。塗油用オイル。蠟燭消し。アサメイ。ワンド。聖別するアイテム。

1．望むシンボル／ルーン／オガムと、ルーン／オガム／他の魔術アルファベットで綴ったクラフトネームを道具に刻印する。
2．道具を右手に持ち、ペンタクルの上に掲げる：

> 闇を司る貴婦人と君主、〈両神の名〉の御名において、この〈道具〉は我が手により、我がクラフトで使われる術具として聖別される。私は地の精霊〈塩を撒く〉、水の精霊〈祝福を施した水を撒く〉、火の精霊〈祭壇中央のキャンドルの火に通す〉、風の精霊〈香の煙の中をくぐらせる〉により、この品物にチャージを行う。四大の精霊の力により、この道具は我が業を助ける力を得た。かくあれかし！

3．道具をペンタクルに置く：

> 偉大なる貴婦人と君主よ、今宵の月の闇の中にともに坐す方よ、あなたたちの御姿はヴェールに隠れ、我が目には見えなくとも、我が内なる眼には視えている。おふたりが内に坐すのは終わりであり新たな始

まり、新たな生へと続く死だから。あなたたちは約束であり明らかになった愛。この道具にあなたたちの力を吹き込み、我が闇の旅路の助けとしたまえ。

4．祭壇中央のキャンドルの火で奉納用キャンドルに火を点す：

> この小さな灯が影の領域へと至る闇の小道を照らす光となれ。

5．道具を右手で持って掲げる。左の掌は地面に向け、平行に構える：

> 影の君主は闇の貴婦人の内に隠れ、ふたりはともに闇の均衡を保つ。彼は通る者、彼女は通路、ふたりはともに生から生へと渡ってゆく。我が手をふたりの手の内に委ね、呼びかけん。この場に臨み、闇の力をこの〈道具〉に注ぎ込んで聖別し、闇の旅路を行く我が一助とされたまえ。

6．地面から伸びてきた闇のエネルギーが左の掌に入り、左腕から肩を通過して右腕に抜け、突き上げた右掌から持っている道具に注ぎ込まれるところをイメージする。

7．エネルギーが充填された道具をペンタクルに置く。ひざまずいて両掌を地面につける：

> 送られたものが戻るように、慈悲深くもおふたりが送ってくださったものを私も返そう。おふたりの力と恩寵を通じ、我が肉と血を通じ、この〈道具〉は聖められ、私に使われる時を待っている。かくあれかし！

8．立ち上がり、ペンタクルから道具を取って祭壇に置き直す。
9．奉納用キャンドルの火を消す：

> 径は閉ざされた。闇は影の領域へと戻っていった。

「エスバットの終了」または「魔法円の構築」のケーキとワインに進む

❈ 肖像の聖別※ ❈

※「儀式を行うタイミング」の1.と2.

用意するもの：祭壇を「満月のエスバット」と同じように整える。聖別する像。女神、男神、二重神に捧げるハーブを以下のリストから1種選ぶ。同じく、適合する四大元素のハーブを1種ずつ選ぶ。口に紐を通してあるものか、紐で口を結ぶ、モスリンまたはコットン製の袋。バター少量。軟らかい白チーズ。牛乳1杯。湧き水1杯。像を覆う黒い布。供物の皿。花。食べ物。白色のキャンドル。香（フランキンセンス）。

1. 以下のそれぞれのカテゴリからハーブを1種選ぶ。どの神を表した像かで選ぶ。

    女神：マジョラム、ムーンワート（ボトリキウム）、エルダー・フラワー。**女神の地**：サイプレス、ハニーサックル、ジャスミン。**女神の風**：アニス・シード、コンフリー、エルダー・ウッド、アイブライト、ヘーゼル、ラベンダー、マグワート。**女神の火**：アンジェリカ、セランダイン、コリアンダー、ヘリオトロープ、ヒソップ、ネトル、プリムローズ、ローワン。**女神の水**：カモミール、カンファー（クスノキ）、キャットニップ、ゼラニウム、ホーソン、ヒアシンス、アイヴィー、ローズ、ウィロー。

    男神：ウッドラフ、ヤロウ、ベルガモット。**男神の地**：シーダー、ファーン、ハイジョンザコンカラー、ホアハウンド、パイン（マツ）。**男神の風**：アカシア、ベンゾイン、ミスルトー（ヤドリギ）、ナツメグ、タイム、ワームウッド。**男神の火**：オルダー、バジル、ベトニー、シナモン、クローブ、ホーリー、オーク、ペッパーコーン、シスル。**男神の水**：アッシュ、バードック、ホップ、オリス・ルート、ヤロウ。

    両神［二重神］：マレイン、ダイアンサス、ヘザー。**両神の地**：シンクフォイル、マンドレイク、パチョリ、セージ、スリッパリーエルム。**両神の風**：ユーカリ、レモンバーベナ、マグワート、ペパーミント、サンダルウッド、スペアミント。**両神の火**：ベイ、ジュニパー、

カレンデュラ、ルー、サフラン、セントジョンズワート、バーベイン。両神の水：アップル、エレキャンペーン、ヘザー、メドウスイート、ポピー、スターアニス。シャムロック。

2. 大釜をペンタクルに置く。一度大釜の上に掲げてから、それぞれのハーブを投入する：

〈ハーブ〉よ、汝の力をもって、これなる〈神の名前〉の肖像を聖別し、命を吹き込む手助けをしたまえ。

3. アサメイで全てのハーブを混ぜる：

女神と男神の力を通じ、これなるハーブは祝福され、これなる〈神の名前〉の肖像に命を吹き込む。

4. ハーブを小袋に入れる（無漂白のモスリンか天然綿のもの）。引き紐がついている場合は両端を袋に巻きつけ、そうでなければ袋を折って蓋をする。大釜をどける。ハーブの小袋を四大元素の象徴に通過させる：

地によって形を得〈塩を撒く〉
風によって呼吸を得〈香の煙にくぐらせる〉
火によってエネルギーを得〈キャンドルの火に通す〉
水によって命の液体を得る〈水を撒く〉

5. 袋をペンタクルに置く。アサメイを「力の手」（利き腕）に持ち、両手を広げて頭上に掲げ、エネルギーを集める：

貴婦人と君主の力よ、神々のエッセンスでこれなるハーブを祝福し、力を与えたまえ。

6. 両手を合わせてナイフを握り、刀身からエネルギーが袋に流れ込むイメージを思い描きながら、切っ先で袋に触れ、アサメイを置く。

7. 小袋の上で両掌をかざす：

霊により、汝は変化し、命を吹き込まれた。

8. これにより、聖なる牝牛からもたらされる物質を通じて神の肖像が霊的な誕生を迎えられるようになる。聖なる牝牛の存在は現在でもインドで見られるもので、エジプト最古の女神ハトホルも角の間に太陽円盤を戴く聖なる牝牛としてその姿を像に象(かたど)られている：

> 数多の方法で我が身をもって他者を生かす聖なる牝牛のエッセンスで、この肖像は祝福される。

9. 軟らかいバターを像の全体に塗り込む：

> 汝はバターで塗油を受け。

10. ブリーチーズやカッテージチーズのような軟らかいチーズ、もしくはプレーンヨーグルトやサワークリームを塗り込む：

> チーズで糧を受け。

11. 半カップの牛乳で像を洗う：

> 乳で命を養われ。

12. 湧き水か流水で像をすすぐ：

> 水で洗われ、清められた。

13. 像を乾かし、聖別用オイルを塗油する：

> 女神と男神の御名において、私はこの像を聖別する。これなる〈神の名〉の肖像は〈彼／彼女〉の神なる力を我が家に、我がクラフトに引き寄せよう。この肖像は〈神の名〉が常に私の傍にいることを思い出すよすがとなろう、私は常に〈神の名〉の御許(みもと)にいるのだから。

14. ハーブの束を手に取って像の内部にしっかりと詰め込み、必要なら像の底を丁度よい大きさに切り取ったフェルトで蓋をし、縁を糊付けして貼り付ける。小袋は像の曲線に引っかかるので、普通は蓋をせずに済む。

15. 肖像をペンタクルに置き、黒い布で完全に覆う。アサメイ（肖像が男神

と二重神である場合）またはワンド（肖像が女神である場合）を用い、神を像の内に呼び込む。アサメイもしくはワンドを垂直に立てて持ち、覆いをした像の前で両手を開いて頭上に掲げる：

> 地の精霊、風の精霊、火の精霊、水の精霊よ、汝らのエネルギーと力をこれなる〈神の名〉の肖像に注ぎ、命を吹き込む下地を整えたまえ。

16. 両手を閉じて術具を握り込み、先端をゆっくりと像に向ける：

> 偉大なる貴婦人〈または「偉大なる君主」、「偉大なる貴婦人と君主」〉よ、ここに来たりて用意したこの肖像の中に宿りたまえ。あなたとともに在る人生を私に与え、我が家を安らぎと喜びの場としたまえ。

17. 術具の先端で像に触れ、肖像に入っていく神の力を感じる。グラウンディングのために像はペンタクルに置いたままにしておき、術具を祭壇に戻す。
18. 像にかけた覆いを慎重に外し、脇に置く。口頭で神の名を唱えて歓迎し、コーンブレッド・マフィン、果物、花などの供物か、食べ物を載せた皿と牛乳の残りか他の飲み物を入れた小さなコップを像の前に供える。
19. フランキンセンスなどの香に火をつけて像の右側に、左側に白色のキャンドルを置く：

> 偉大なる貴婦人／君主なる〈神の名〉よ、ようこそ我が家へ、我が心臓へ。あなたの存在により私は祝福され、我が祝福はあなたに捧げられる。あなたの愛の光が常に我が元にあらんことを。

20. 1時間が経ってから、像を所定の場所（祭壇、聖所など）に置く。供物、香、キャンドルの交換は必要に応じて、あるいは季節ごと、サバトなどの機会に行う。像は呪術の実践において、重要な役割を果たすものになっている。肖像に話しかけ、肖像について瞑想を行うと、古代に実践されていた通り、神とのつながりを強固にすることができる。

補足：像にハーブを包んだ布を収める空洞がない場合、ハーブを入れた小袋で像に触れる。聖別用オイルで肖像に軽く塗油を施し、像をペンタクルに

置いて黒い布で覆う。その際、布の内に包みも一緒に入れておくが、置く場所は像の下でも、像の後ろでも、像に引っかける形でもよい。ハーブの包みを蓋付きのジャーに入れて肖像の後ろに置くなどし、ハーブと像を離さずに儀式の残る手順を続ける。

「エスバットの終了」または「魔法円の構築」のケーキとワインに進む

水晶の浄化とプログラミング*
※「儀式を行うタイミング」の1.と2.

◎浄化
用意するもの：水晶を収めるための容器。祝福を施した水。海塩。
1. 祝福を施した水で容器をすすぐ。
2. 冷たい流水で容器を洗う。容器を乾かし、木製のペンタクルの上に置く。
3. 容器の底を覆う程度に海塩を入れる。
4. 水晶を塩の上に置く（金属には触れない）。
5. 水晶が埋まるまで、上からさらに塩を入れる（清められ、休む時間を与える）。
6. 塩に埋もれたまま、水晶を2〜7日間置いておく（日数は数字が象徴する意味に従って決めてもよい――「照応表」参照）。
7. 冷たい流水で水晶をすすぐ。
8. ここから水晶のプログラミングに進んでもよい。

◎プログラミング
1. 沐浴をして身を清める。ハーブと大洋から取った海塩を入れて浄めの力を強化した湯船に入るか、海塩を混ぜた水を含ませたスポンジで体を拭う。
2. 霊的な力を持つ額の第三の眼に水晶を押し当てる。
3. 水晶が澄み渡るイメージを視覚化する。
4. 自分自身の白いオーラが体の中心から滝のように外に向かって溢れ、全

ての闇を光に変えていくイメージを視覚化する。
5．この滝のように流れ落ちる白い光で水晶を浄化する。
6．水晶を何に役立てようとしているのか、そのイメージを投影しながら、イメージに一致する言葉を考える。
7．プログラムが終わった水晶は、投影したイメージを蘇らせるだけでプログラムした作業を行えるようになっている。

◎使用した塩の処分法
1．容器に入れた海塩には混沌エネルギーが残っている可能性があり、住居から離れたところに捨てる。
2．容器から容器へと移し替える作業を、風が吹き抜け、塩から混沌エネルギーを追い払う／運び去る戸外で行えば、塩の再利用ができる。
3．再利用する塩はしっかりとした蓋のついた光を通さない容器に入れて保管する。

「エスバットの終了」または「魔法円の構築」のケーキとワインに進む

❋ 水晶の聖別と献身※ ❋
※「儀式を行うタイミング」の1．

用意するもの：光の力と満月による聖別に用いる白色のキャンドル。闇の力と闇月による聖別に用いる黒または紫のキャンドル ── 満月用には薫りのほのかな香を、闇月用には刺激の強い香を選ぶ。満月もしくは闇月の種火用（中央）キャンドルには白もしくは紫色の奉納用キャンドルを用いる。

◎水晶の聖別
1．水晶をペンタクルに置く。
2．アサメイを右手で垂直に掲げ、左手で水晶に触れる：

　　　四大元素と神なる者に、両界の狭間、我が円陣の祭殿に立って呼びか

ける。場所であって場所ではないここに、時であって時ではない今、その力を注ぎ込み、これなる大地と光〈もしくは大地と闇〉の水晶に力を与えたまえ。

3．水晶から手を離し、アサメイを両手に持って垂直に構える。
4．アサメイの刀身に流れてくる貴婦人と君主の力を感じたら、ナイフを下げて刃先で水晶に触れる。
5．エネルギーがナイフから水晶に流れ込むイメージを視覚化する：

　　宇宙に遍在する神なる力により、この水晶は〈浄化など、焦点として果たす役割を述べる〉を行う焦点となる。

6．アサメイを祭壇に置き、水晶を取って第三の眼に押し当てる。
7．この水晶にどのような役割を担わせるのかに集中し、エネルギーが水晶に流れ込んで基質と結びつき、石が術者のエネルギーを認識して反応するようになったことを感じる：

　　私とともに、私を通じ、〈浄化など、焦点の役割を述べる〉の仕事をせよ。我らは四大元素を通じてつながり合い、今や眷属となったのだから。かくあれかし！

8．水晶を四大元素の象徴に通過させる：

　　貴婦人と君主の御名において、この水晶は我が手により、我がクラフトで〈焦点〉の役割を担う術具として聖別される。私は我が言葉でかく命じ、地の精霊と水の精霊〈塩水を撒く〉、火の精霊と風の精霊〈キャンドルの火と香の煙の中をくぐらせる〉を通じて、この水晶に力を付与する。四大の精霊の力により、この水晶は我が業を助ける焦点となった。かくあれかし！

9．水晶をペンタクルに戻し、その上に両手をかざす：

　　偉大なる貴婦人と君主よ、今宵の月の〈光もしくは闇〉の中にあなた

たちはともに在り、万物の内にも存在する。あなたたちは始まりであり、盛りであり、新たな周期へと導く終わりである。あなたたちは生命のエネルギーであり明らかになった愛、そして果たされた約束なり。これなる水晶におふたりの力と愛を吹き込み、我がクラフトの一助とされたまえ。

10. 水晶を奉納用キャンドルの上に掲げる：

    この小さな灯が象徴するのは月と太陽の力、これなる水晶を照らし、エネルギーを注ぎ、我が業で用いる〈浄化など、焦点の役割を述べる〉の焦点とせよ。

光または闇の力による水晶の献身を差し挟む

11. 水晶をペンタクルに置いてひざまずき、両掌を地面につける：

    送られたものが戻るように、我が貴婦人、我が君主が慈悲深くも送ってくださった力を私も返そう。おふたりの力と恩寵を通じて我が水晶は聖められ、我が肉と血を通路として私に同調し、私に使われる時を待っている。かくあれかし！

12. 立ち上がって水晶をペンタクルから取り上げ、祭壇に置き直す。奉納用キャンドルの火を消す：

    借りたエネルギーは戻るとも、めぐり続ける命のエッセンスの一部として留まり続ける。両界をつなぐ道は閉ざされるとも、私が必要とする限り、我が心とクラフトにその道は開かれる。

「エスバットの終了」または「魔法円の構築」のケーキとワインに進む

◎光の力による水晶の献身

1. 水晶を右手で掲げ持ち、左の掌を心臓に当てる：

    我が心は作法の心得を決して忘れるなかれ。我がクラフトが他者に害を及ぼすことはなし、送ったものは戻ってくるものだから。私が女神と男神の力を行使するのは完全なる愛と完全なる信頼の元に。神々の力を注がれて満たされ、この水晶は我がクラフトに献身す。

2. 心臓より発した光のエネルギーが左の掌から入り込み、左腕を通って両肩を通過し、右腕に抜けて右掌に掲げられた水晶に注がれ、中を満たすイメージを視覚化する。

水晶の聖別に戻る

◎闇の力による水晶の献身

1. 水晶を右手で掲げ持ち、左の掌は地面に向け、平行に構える：

    影の君主は闇の貴婦人の内に隠れ、ふたりはともに闇の均衡を保つ。彼は通る者、彼女は通路、ふたりはともに生から生へと渡ってゆく。我が手をふたりの手の内に委ね、呼びかけん。我が元に来たりて、これなる水晶に闇の力を与えたまえ。神々の力を注がれて満たされ、この水晶は我がクラフトに献身す。

2. 地面から伸びてきた闇のエネルギーが左の掌に入り、左腕から肩を通過して右腕に抜け、突き上げた右掌から持っている道具に注ぎ込まれるイメージを視覚化する。

水晶の聖別に戻る

❈ 水晶の再献身※ ❈

※「儀式を行うタイミング」の1.

用意するもの：満月用に白色のキャンドル。闇月用に黒または紫色のキャンドル。フランキンセンスやラベンダーといった浄化に用いる香。種火用（中央）キャンドルに白色（満月）か紫色（闇月）の奉納用キャンドル。水晶を包む白または黒、紫の布。後々水晶を置くことになる供物の飲み物を入れる大釜。水晶をペンタクルに置いた状態から儀式を始める。

補足：光から闇へ、あるいは闇から光へと水晶の焦点を変える場合、現在、石と同調している月を選んで浄化を行う。その後、二度目の儀式で望む月相との再同調を行う。

1．水晶を両手で持ち、祭壇上に掲げる：

> これなる水晶をご覧あれ！ 一度〈前の焦点〉のために献身したが、今はまた別の役割が必要となった。あなたたちの子の声を聞き、我が求めを見抜かれたまえ。母の子宮で新たな命へと変容する種のように、これなる水晶は女神の大釜の内に置かれる。生命の水の流れに乗ったこの水晶は再生を経て私が与えた古い任を解かれ、我がクラフトで働く新たな焦点を帯びて生み出される。

2．水晶を供物の大釜の中に置き（供物の飲み物を注ぐことで水晶は濡れる）、大釜をペンタクルに載せる。

3．祝福を施した水を水晶の上から注ぐ：

> 再生の大釜の内で、汝は浄化され、清められた。

4．水晶を大釜から取り出し、大釜を祭壇上の元あった場所に戻す。

5．水晶を香の煙にくぐらせる：

> 火と風により、汝に新たな命がもたらされる。

6．水晶が地質学的に新たな融合を果たし、地中深くの岩盤から生まれ、地殻の隆起とともに地表の光の中へと押し出されるイメージを思い描く。

7. 産着でくるむように水晶を布で包み、水気を拭き取る。
8. 布から取り出した水晶に、新たに生まれた輝かしき存在というイメージを重ねる。布を脇によけ、水晶をペンタクルに置く。
9. アサメイを右手で垂直に掲げ、左手で水晶に触れる：

   > 四大元素と神なる者に、両界の狭間、我が円陣の祭殿に立って呼びかける。場所であって場所ではないここに、時であって時ではない今、その力を注ぎ込み、これなる大地と光〈もしくは大地と闇〉の水晶に力を与えたまえ。

10. 水晶から手を離す。アサメイを両手で持ち、刀身に流れ込む貴婦人と君主の力を感じる。
11. エネルギーが水晶に流れ込むイメージを思い描きながら、エネルギーが充填されたアサメイの刃先で水晶に触れる：

    > 宇宙に遍在する神なる力により、この水晶は〈瞑想など、新たな焦点を述べる〉を行う焦点となる。

12. アサメイを祭壇に置き、水晶を取って新たな目的について強く意識しながら第三の眼に当てる。
13. エネルギーが水晶に流れ込んで基質と結びつき、石が術者のエネルギーを認識して反応するようになったことを感じる：

    > 私とともに、私を通じ、〈浄化など、焦点の役割を述べる〉の仕事をせよ。我らは四大元素を通じてつながり合い、今や眷属となったのだから。かくあれかし！

14. 水晶を四大元素の象徴に通過させる：

    > 貴婦人と君主の御名において、この水晶は我が手により、我がクラフトで〈焦点〉の役割を担う術具として聖別される。私は我が言葉でかく命じ、地の精霊と水の精霊〈塩水を撒く〉、火の精霊と風の精霊〈キャンドルの火と香の煙の中をくぐらせる〉を通じて、この水晶に力を付

与する。四大の精霊の力により、この水晶は我が業を助ける焦点となった。かくあれかし！

15. 水晶をペンタクルに戻し、その上に両手をかざす：

> 偉大なる貴婦人と君主よ、今宵の月の〈光もしくは闇〉の中にあなたたちはともに在り、万物の内にも存在する。あなたたちは始まりであり、盛りであり、新たな周期へと導く終わりである。あなたたちは生命のエネルギーであり明らかになった愛、そして果たされた約束なり。これなる水晶におふたりの力と愛を吹き込み、我がクラフトの一助とされたまえ。

16. 水晶を奉納用キャンドルの上に掲げる：

> この小さな灯が象徴するのは月と太陽の力、これなる水晶を照らし、エネルギーを注ぎ、我がクラフトで用いる〈浄化など、焦点の役割を述べる〉の焦点とせよ。

光または闇の力による水晶の献身に進み、その後水晶の聖別を終了する

❃ ハンドファスティング[*3]（婚姻）の儀[※] ❃
長尺版[※]
※「儀式を行うタイミング」の1.と2.

用意するもの：装飾した箒を祭壇にもたせかけておく。花嫁の頭に載せる花冠。花婿の頭に載せる草木を編んだ緑の冠。テーマで選んだ色、または白色のキャンドルを複数本。カラフルなリボン、または白色のリボンで装飾したワンド。婚礼用に装飾を施した白色の円柱型キャンドル1本。祭壇に白いサテンの紐を載せる。アサメイ（望むなら剣でも）。（キリスト教）教会から叙任を受けた聖職者である（ウイッカの）司祭または女司祭によって合法的な式を挙行するため、本名を名乗る。その州で提出する結婚許可

証を必ず確認してから、署名欄には本名でサインをし、証人欄にも本名で署名をしてもらう。以上の条件が満たされなければハンドファスティングは法的拘束力を持たず、式を挙行した州や国からも認可されない。

1. 手を3度打ち鳴らすか、ベルを3度鳴らす：

    今日、私たちはこの聖なる大地の聖なる場所に立ち、〈新郎新婦の名〉の両人の間で執り行われる婚礼を見届ける証人となります。私たちは家族として、友人としてこの場に集まったのですから、私たちから呼びかけて原始の森を知ろしめす貴婦人と君主にこの円陣の内へご光臨願いましょう。どうか、このハンドファスティングの儀にて結ばれる神聖なる絆におふたりが宿り、その聖なる存在で満たされますように。男神の御名において愛は宣言され、女神の御名において平和は宣言されます。私たちが重んじる伝統の作り手である父祖の名において、私たちの命の与え手である者たちの名において、私たちはこの場で愛の元に結びつきます。花嫁と花婿が入場します。

2. 花婿の付き添いに続き、花婿（と親）が入場する。振り向いて通路に正対したら、花嫁の付き添いに続き、花嫁（と親）が入場し、祭壇と司式者の前に立つ。

3. 司式者から参列者へ：

    私たちの前に立つ〈花嫁〉と〈花婿〉を歓迎しましょう。
    ［司式者から花嫁に］あなたは〈花嫁の名〉ですか？
    ［花嫁が答える］はい。
    ［司式者］あなたの望みは？
    ［花嫁］貴婦人と君主と私たちの友人の前で〈花婿〉と一緒になることです。
    ［司式者］喜んで歓迎します。
    ［司式者から花婿に］あなたは〈花婿の名〉ですか？
    ［花婿］はい。
    ［司式者］あなたの望みは？

［花婿］貴婦人と君主と私たちの友人の前で〈花嫁〉と一緒になることです。

［司式者］喜んで歓迎します。

［司式者から親に］〈新郎新婦〉の両親が入場します。

［司式者がアサメイ（または剣）を花嫁の父親または母親に渡す］これは今生を通じてあなたが与える庇護といたわりの象徴。これを通じ、籠められた責務は娘が選んだ相手に譲渡されます。

［親］あなたを〈花婿の名〉に手渡そう、私の愛し子、大切な子よ。この刃と、いついかなる時も花嫁を守る覚悟を受け取りなさい。

［司式者から花婿へ］刃を受け取り、誓いを立てなさい。

［花婿］女神と男神の御前でその通り誓います〈親は花嫁の手を取って花婿の手に預けて娘にキスをし、婚礼の場から下がる。司式者は花婿からアサメイを受け取り、祭壇に戻す〉。

［花婿は祭壇に正対する］原始の森を知ろしめす貴婦人と君主の御前にて、私はこの女性を愛し敬い、ひとりであるふたりなる神々の御姿の通りに生きることを誓約いたします。

［花嫁は祭壇に正対する］原始の森を知ろしめす貴婦人と君主の御前にて、私はこの男性を愛し敬い、ひとりであるふたりなる神々の御姿の通りに生きることを誓約いたします。

［司式者から参列者へ］このふたりが結婚すべきではない正当な理由を知る者はこの場にいますか？〈間を置く。異議が申し立てられたら、都度対処する〉では、このふたりの行く道を阻むものは何もありません。

4．司式者が花嫁と花婿それぞれの前で花冠を掲げる：

   命の円環の内なる野に咲く花が、愛と和合の喜びの証人です。

5．司式者が花の冠を花嫁の頭に、緑の冠を花婿の頭に載せる：

［司式者から花嫁へ］愛する人の手を取り、私の言うことを繰り返してください〈フレーズごとに花嫁が文句を繰り返す間を空ける〉。種と根により、蕾（つぼみ）と茎により、葉と花と果実により。命と愛により、男神の御名において、あなたを私の手、私の心臓、私の魂に受け入れます。日の出と日の入りを繰り返す太陽を通じ、相から相へと移りゆく月を通じ、星々の周期を通じ、愛が続く限り、私たちはひとつでありましょう。

　　　［司式者から花婿へ］愛する人の手を取り、私の言うことを繰り返してください〈フレーズごとに花婿が文句を繰り返す間を空ける〉。種と根により、蕾と茎により、葉と花と果実により。命と愛により、女神の御名において、あなたを私の手、私の心臓、私の魂に受け入れます。日の出と日の入りを繰り返す太陽を通じ、相から相へと移りゆく月を通じ、星々の周期を通じ、愛が続く限り、私たちはひとつでありましょう。

6．司式者がリボンで飾ったワンドを握り合った新郎新婦の手に持たせ、ふたりの手に紐を緩く巻きつける：

　　　あなたたちの手にある命のワンドにかけて、互いに婚姻の絆を結ぶことを誓約しますか？
　　　［花嫁と花婿］誓約します。
　　　［司式者から花嫁と花婿に］そして、愛と喜びの光をふたりの結びつきにもたらすことを、愛が続く限りこの誓いを自由意志で守ることを誓いますか？
　　　［花嫁と花婿］誓います。
　　　［司式者からふたりに］では、完全なる愛と完全なる信頼の元に寄り添い合うあなたたちの人生が喜びの絶えぬものでありますように。

7．司式者が紐を解き、ワンドと紐を祭壇に戻す：

自然の内で万物は円環を成す。夜は昼になり、昼は夜になり、夜はまた昼になる。月は満ちて欠け、また満ちる。春、夏、秋、冬の後にはまた春がめぐる。これらは大いなる謎の一部なり。あなたたちはこの生命の神秘を象徴する品を持ってきていますか？

8. リングベアラー、またはベストマンとメイド・オブ・オナーが指輪を運んでくる。
9. 司式者から花嫁へ：

    指輪をあなたが選んだ相手の指にはめ、伴侶への忠誠を誓約しなさい。

10. 花嫁と花婿は自分たちで考えた誓いの言葉を述べるか、以下の文句を唱える：

    ［花嫁］あなたに捧げる私の愛の証として、あなたにこの指輪を贈ります。指を囲む円環を見て、日夜あなたを取り巻き、包み込む、私の永遠の愛をあなたがいつも思い出しますように。あなたは私の愛する花婿、私たちの間に愛がある限り、私の心臓、私の体、私の献身を生涯にわたってあなたに捧げ続けます。その証としてこの指輪をあなたに贈り、私は今日、あなたと結婚します。

    ［司式者から花婿へ］指輪をあなたが選んだ相手の指にはめ、伴侶への忠誠を誓約しなさい。

    ［花婿］あなたに捧げる私の愛の証として、あなたにこの指輪を贈ります。指を囲む円環を見て、日夜あなたを取り巻き、包み込む、私の永遠の愛をあなたがいつも思い出しますように。あなたは私の愛する花嫁、私たちの間に愛がある限り、私の心臓、私の体、私の献身を生涯にわたってあなたに捧げ続けます。その証としてこの指輪をあなたに贈り、私は今日、あなたと結婚します。

    ［司式者から新郎新婦へ］この愛と敬意の印により、あなたたちは互

いに結ばれました。口づけを交わし、約束を封じてください。

11. 新郎新婦がキスをする。
12. 司式者から参列者へ：

    この場に会した人たちは、〈花嫁〉と〈花婿〉の愛で結ばれた婚姻の証人です。ふたりの愛が聖なる国の美と威厳と力を共有しますように、英知と喜びと調和の内にふたりがともに成長していきますように。私と、この場に集まった人々から、ふたりに祝福を贈ります。〈間を置いてから、きっぱりとした口調で述べる〉貴婦人と君主の御前で、四大の元素の前で、友人と家族が集まる前で、私に与えられた力と権限により、あなたたちが夫と妻であることを宣言します。

13. 司式者は片手をかざして祝福を贈る。ヘザーの枝か花がついた茎を用い、祝福を施した水を新郎新婦に撒水し、祝福の代わりにしてもよい：

    神と父祖の祝福があなたたちと、ふたりの結びつきから育まれてゆく全てのものにあれ。かくあれかし！

14. 司式者が新郎新婦を祭壇に導き、祭壇中央のキャンドルの火でハンドファスティング・キャンドルに火をつける：

    貴婦人と君主の御前で、四大の元素の前で、友人と家族が集まる前で、ふたりの婚姻は結ばれた。あなたたちふたりはひとりとなりました。

15. 司式者が装飾を施した箒をベストマンとメイド・オブ・オナーに渡し、祭壇の前で低い位置に構えさせ、花嫁と花婿にこう言う：

    ふたりで円陣を進み、自分たちを夫と妻、ひとりであるふたりとして、四大の元素と神に紹介し、前に戻ってきたらふたりで箒を飛び越え、古きを一掃した新たな人生の始まりとしなさい。

16. 花嫁と花婿は円周を回って箒を飛び越える。司式者はふたりを参列者に正対させる：

ここに夫婦となった〈新郎新婦〉を紹介いたします。

17. 司式者が両手を広げて掲げる：

   儀式は終わった。精霊の同胞たちよ、貴婦人と君主よ、我らの祝福を餞(はなむけ)に、あなたたちの祝福を我らに残し、安らかに去りたまえ。祝福は与えられ、祝福は受け取られ、円陣は開かれた。かくあれかし！

18. 司式者はワンドを用い、祭壇の前で今立っている場所から魔法円の解放を行う。
19. 花嫁と花婿は式場を後にし、参列者はふたりずつ並んでついていく。司式者はベルを鳴らしてもよい。ベストマンとメイド・オブ・オナーは祭壇に戻って結婚許可証に証人のサインをし、司式者も婚姻に権限を持つ者として認可のサインをする。新郎新婦が望むなら、婚礼の宴にメイポール・ダンスを取り入れてもよい。

ハンドファスティングの儀は披露宴を伴う単独の儀式としても行え、他の儀式とともに行っている場合は終了後に「エスバットの終了」または「魔法円の構築」のケーキとワインに進んでもよい

✣ ハンドファスティングの儀※ ✣
短縮版※
※「儀式を行うタイミング」の1.と2.

用意するもの：装飾した箒を祭壇にもたせかけておく。祭壇には花冠をふたつ、もしくは花嫁と花婿を表す花冠と草木を編んだ緑の冠をひとつずつ置く。カラフルなリボン、または白色のリボンで装飾したワンド。白色の円柱型キャンドルを1本、婚礼用に装飾してもよい。火をつけた円柱型キャンドルを収める大釜。白いサテンの紐。

1. 司式者が手を3度打ち鳴らすか、ベルを3度鳴らす：

今日、私たちは原始の森を知ろしめす貴婦人と君主の御前にて執り行われる〈新郎新婦の名〉を結ぶハンドファスティングの式に集まりました。

［花婿］原始の森を知ろしめす貴婦人と君主の御前にて、私はこの女性を愛し敬い、ひとりであるふたりなる神々の御姿の通りに生きることを誓約いたします。

［花嫁］原始の森を知ろしめす貴婦人と君主の御前にて、私はこの男性を愛し敬い、ひとりであるふたりなる神々の御姿の通りに生きることを誓約いたします。

2. 司式者が花嫁と花婿それぞれの前で冠を掲げる：

命の円環の内なる野に咲く花が、愛と和合の喜びの証人です。

3. 司式者が冠を新郎新婦の頭に載せる。

4. 司式者が装飾したワンドを新郎新婦に手渡して握り合った手に持たせ、その手に紐を巻きつける。

5. 司式者から新郎新婦へ：

［花婿へ］あなたが愛する者へ誓いを捧げてください〈花婿が誓いの文句を繰り返す間、待つ〉。この命のワンドにかけて、私はあなたに婚姻の絆を結ぶことを誓約します。完全なる愛と完全なる信頼の元に寄り添い合う私たちの人生が喜びの絶えぬものでありますように。

［花嫁へ］あなたが愛する者へ誓いを捧げてください〈花嫁が誓いの文句を繰り返す間、待つ〉。この命のワンドにかけて、私はあなたに婚姻の絆を結ぶことを誓約します。完全なる愛と完全なる信頼の元に寄り添い合う私たちの人生が喜びの絶えぬものでありますように。

6. 司式者が紐を外し、ワンドを祭壇に置く：

> 伴侶に対する忠実を証す品を持っていますか？

7. リングベアラー、またはベストマンとメイド・オブ・オナーが花婿と花嫁に指輪を渡す。
8. 花婿が花嫁に指輪をはめる：

    > この指輪は私からあなたに捧げる愛と敬意の印。この環をもって、私はこの身を愛する者に結びつける絆とします。

9. 花嫁が花婿に指輪をはめる：

    > この指輪は私からあなたに捧げる愛と敬意の印。この環をもって、私はこの身を愛する者に結びつける絆とします。

10. 司式者の指示で、新郎新婦は祭壇に向かい、祭壇中央のキャンドルの火で白色のキャンドルに火をつけ、大釜に据える。終わったら、司式者は新郎新婦と参列者に呼びかける：

    > 貴婦人と君主の御前で、四大の元素の前で、友人と家族が集まる前で、私に与えられた力と権限により、あなたたちが夫と妻であることを宣言します。結婚により、あなたたちふたりはひとりとなりました。箒を飛び越えることで古きを一掃し、新たな人生の始まりとしましょう。

11. ベストマンとメイド・オブ・オナーが両端を持った箒を花嫁と花婿が飛び越える。
12. 司式者は片手をかざして祝福を贈る（ヘザーの枝か花がついた茎を用い、祝福を施した水を新郎新婦に撒水し、祝福の代わりにしてもよい）：

    > 貴婦人と君主があなたたちを祝福し、おふたりの愛で常にあなたたちを包み込まんことを。おふたりの豊かなる恵みをあなたたちに注ぎ、命の大釜から割り当てられた果実をあなたたちの元にもたらさんことを。かくあれかし！

13. 司式者が手を３度打ち鳴らすか、ベルを３度鳴らす：

ここに夫婦となった〈新郎新婦〉を紹介いたします。

14. 司式者が両手を広げて掲げる：

    儀式は終わった。精霊の同胞たちよ、貴婦人と君主よ、我らの祝福を餞に、あなたたちの祝福を我らに残し、安らかに去りたまえ。祝福は与えられ、祝福は受け取られ、円陣は開かれた。かくあれかし！

15. 司式者はワンドを用い、祭壇の前の今立っている場所から魔法円の解放を行う。
16. 花嫁と花婿は式場を後にし、参列者はふたりずつ並んでついていく。司式者はベルを鳴らしてもよい。ベストマンとメイド・オブ・オナーは祭壇に戻って結婚許可証に証人のサインをし、司式者も婚姻に権限を持つ者として認可のサインをする。新郎新婦が望むなら、婚礼の宴にメイポール・ダンスを取り入れてもよい。

ハンドファスティングの儀は披露宴を伴う単独の儀式としても行え、他の儀式とともに行っている場合は終了後に「エスバットの終了」または「魔法円の構築」のケーキとワインに進んでもよい

❊ ハンドパーティング（破婚）の儀[※] ❊
※「儀式を行うタイミング」の1.と2.

用意するもの：白い絹紐。

1. 司式者がベルを3度鳴らす：

   今日、私たちは〈夫婦の名〉が握り合った手を離し、結んだ絆を切り落とす証人となるために集まりました。

2. 司式者が夫婦を手振りで前に呼び出し、絹紐をふたりの握り合った手に巻きつける：

あなたたちは結んだ手を離し、別れて生きていくことになっても、友情を失わず付き合っていくことを求めますか？

3．司式者が口にした文句を、夫婦が声を揃えて復唱する：

貴婦人と君主の愛と恩寵により、私たちはこの手を分かち、ふたり別々に生きていくことを求めます。

4．司式者が紐を解き、ふたりの手を離れさせる：

君主と貴婦人が別れてもまだ結ばれてあるように、おふたりの愛と友なる絆の元、あなたたちもまた結ばれているのです。別々の道を行こうとも、ふたりの関係に平穏よあれ。

5．司式者が口にした文句を、夫婦が声を揃えて復唱する：

愛と高潔さの元に私たちは出逢い、敬意の元に別れます。私たちは貴婦人と君主とともにあるものだから。かくあれかし。

6．司式者が夫婦の前で両手を広げて掲げる：

この婚姻は終わるとも、森羅万象がそうである如く、ひとつの終わりは新たな始まりにつながります。車輪は変わらずめぐり続け、私たちもまた車輪に乗ってめぐるのです。貴婦人と君主があなたたちをおふたりの愛の元に常に置いてくださいますように。かくあれかし！

7．司式者が手を9度打ち鳴らすか、ベルを9度鳴らす。

「エスバットの終了」または「魔法円の構築」のケーキとワインに進む

❋ 十二夜の命名の儀※ ❋

※「儀式を行うタイミング」の1.と2.で行うが、1月6日が望ましい。
年齢は12歳か13歳、または初潮を迎えた子供に行う。

用意するもの：成人男性1人と成人女性1人。子供に使用する目隠し。祭壇の下に子供への贈り物を隠しておく。焼きたてパン。調理した肉。羽根の扇。白色のキャンドル1本とマッチ。適当な庭と環境が整った家であれば、儀式の一部は外で行える。屋内で行う場合は子供を連れて家の中をめぐり、葉のついた枝で撫で、扇で煽ぎ、キャンドルで温め、水を流したシンクか浴槽に連れていく。

補足：普通、命名の儀は家族の儀式であり、司式者は両親が務めるが、公の式として行う場合、魔法円が構築される間、少なくともひとりの親が魔法円の外で子供についていること。式の後、望めば参入の儀について手ほどきを受けたり、儀式を受けたりできる。

1. ひとりの親が司式者の役を務め、魔法円を構築する間、もうひとりの親に付き添われて子供は円陣の外で待つ。その後、円陣に開けられた入り口から中に入る：

    この子は私の子、〈名前〉です。大人になろうとしており、貴婦人と君主の御前に立つために円陣の入り口を探しております。

2. 魔法円の内側にいる司式者が問う：

    あなたは自らの自由意志で円陣に来たのですか？

3. 子供が肯定の返事をする：

    はい。

4. 魔法円の内側にいる司式者が問う：

    参入の道を辿りたいのですか？

5. 子供が肯定の返事をする：

はい。

6. 魔法円の内側にいる司式者が問う：

   この子供を貴婦人と君主の御前に通しなさい。

7. 子供を出入り口から魔法円の内側に入れ、出入り口を閉じる。
8. 子供にオイルで月螺旋／太陽十字の印章を施して聖別する：

   女神と男神の御名において、汝を聖別する。完全なる愛と完全なる信頼の元に、円の内にあなたを歓迎しよう。楽しき出会いを。

9. 魔法円の構築（またはエスバットの儀式）を魔法円の構築の章で「儀式／クラフトワークを行う」と記されている箇所、またはエスバットの儀式の章で「……呪術を行う。種類は問わない」とある箇所まで進める。

◎命名の儀を始める

1. 男性と女性（両親でもよい）が君主と貴婦人が司る生命の周期を復習（さら）う：

   ［女性］太陽が帰還するユールタイドに君主は生まれる。貴婦人と、大地に生きる全てのものは彼の帰還を喜ぶ。

   ［男性］貴婦人はインボルクに休息し、春の到来に向けて準備をする。彼女の息子は雄々しく成長し、子供たちの遊びに興じる。

   ［女性］ふたりはオスタラに野と森をともに歩き、ふたりの歩みとともに森羅万象は目を覚ます。

   ［男性］ベルテーンにふたりは遊び戯れ、自然に息づく全ての地と全ての生き物は命を、そして命を生み出すみなぎる精力を喜ぶ。

   ［女性］リーサにふたりは結婚してひとつとなり、収穫の約束は大地に生きるふたりの子供たちに命を養う希望を与える。

   ［男性］ルーナサーに君主は穀物を豊かにし、大地に生きるものたちに自分の命を与えるが、新生の約束はすでに貴婦人の内に孕まれている。

[女性] メイボンに君主と貴婦人は私たちに恵みを与え、君主の霊(スピリット)はヴァイン（ブドウ）の果実と大麦に満ちる。君主は彼が知ろしめす闇の領域へと移り、命の周期を終えた者たちに安らぎと休息を与える。

[男性] サウィンに世界間を隔てるヴェールは最も薄くなり、貴婦人は影の国に坐(いま)す君主の傍に立つ。彼は通路を通ることにより老婆の墓を母の胎に変え、変容の時に全ての世界と領域を清める。貴婦人は己が内に約束を孕んだまま、我らは彼女の元に車輪がめぐる時を待つ。

[女性] ユールに周期は新たになり、君主が太陽とともに帰還する。季節の車輪は命の車輪であり、片方がめぐればもう片方もめぐる。おまえは車輪のめぐりの内にいるのだ。

2．両親／大人たち（ひとりが朗誦し、もうひとりがそれぞれの場所に太陽十字⊕またはペンタグラム☆の印章をオイルで描いていく）：

汝の径の先へと連れていく汝の足に祝福あれ。
神の御前で汝を支える汝の膝に祝福あれ。
内なる力を汝に与える汝の腹に祝福あれ。
貴婦人と君主に真を貫く汝の胸に祝福あれ。
聖なる御名を唱える汝の唇に祝福あれ。

［補足：「聖なる御名(セイクリッドネーム)」であって、「シークレットネーム」ではない。シークレットネームは献身の儀で貴婦人と君主から与えられるもので、以降、祝福が変化する］

おふたりの愛の美しさを映す汝の目に祝福あれ。
神々の知識と英知を求める汝の頭脳に祝福あれ〈第三の眼にオイルを塗油する〉。

［司式者から子供に］完全なる愛と完全なる信頼の元に儀式を続けることを望みますか？

［子供］はい。
　　　［司式者から親に］それでは、この子が新たな景色を見られるように、あなたの子供に目隠しをしてください。

3．子供に目隠しをし、出ることのみを目的とした出入り口を魔法円に開き、外に出たら出入り口を閉じてペングラム☆の印章で封印する。

4．子供は導かれて四大元素と女神、男神を表す環境を通り抜ける。大人のひとりが朗誦し、もうひとりが子供の手を引くが、役割は必要に応じて入れ替える：

　　　［女性（地）］我は大地の母、我が体から汝の体は形作られた。汝の足が踏みしめる大地、汝が触れる木の感触から我を知れ〈子供の手を取って木に触らせるか、葉のついた小枝で撫でる〉。
　　　［男性（地）］我は原始の森を知ろしめす君主にして、その命で未開の地を満たし汝らにはパンを与える穀物なり。我が庇護する動物たちと汝らが口にする穀物の中に我を知れ。全ての命は命を糧とするが、霊には敬意を抱くものだから〈子供にパンと調理した肉を一口ずつ食べさせるか、パンを食べさせて動物を撫でさせる〉。
　　　［男性（風）］我は天空を統べる男神、我が息吹が汝らに命を与える。汝が我が精を吸い込む時に我を知れ〈子供の顔を煽ぐ〉。
　　　［男性（火）］我は踊りの君主。太陽の火と、生を通じて汝を動かすエネルギーの内に我を知れ〈子供の傍にキャンドルの炎を近づけるか、両手を取って踊るように円を描いて回るか、子供を日の当たるところに連れていく〉。
　　　［女性（水）］我は女神、汝の体内を流れるのは我が命の水なり。弛まぬ流れの内に我が声を聞け〈水の音を聞くことのできる場所に子供を連れていく。庭のホースやスプリンクラー、自然に存在する水など〉。
　　　［女性（霊）］我は女神、時の始まりからやって来て、時の終わりに向

かう者。我が力と愛が大地を実り豊かなものにし、その実りから万物は生まれる〈子供の顔に優しく息を吹きかける〉。
［男性が子供に訊ねる］魔法円での名前を問おう。

5. 子供が選んだクラフトネームを名乗り、目隠しが外される。全員が魔法円に戻り、出入り口を開けて入ったら閉じ、封印を施す。
6. 魔法円の内で司式者が唱える：

   私たちが〈女神と男神の名前〉の名で知る女神と男神がこの命名の儀に臨まれ、私たちは祝福されました。貴婦人と君主よ、この〈子供の本名〉はあなたの子〈クラフトネーム〉と知り、この子をお導きください！

7. 魔法円にいる全員で子供にキスをする／抱きしめる。魔術用具（アサメイ、ワンドなど）の贈り物や、クラフトの記念の品（貝殻、角、像など）を贈る。
8. これで子供は儀式での朗誦に参加できるようになる。また、「エスバットの終了」または「魔法円の構築」のケーキとワインに進む前に、参入の儀の手ほどきを受けるか、そのまま儀式を行ってもよい。

「エスバットの終了」または「魔法円の構築」のケーキとワインに進む

死別の儀※

※「儀式を行うタイミング」の1.と2.

用意するもの：ルー（またはローズマリー）のハーブ。容器に入った白色の奉納用キャンドル。別れの宴で出す食べ物と飲み物。故人を偲ぶ形見（写真をよく座っていた椅子に置いておいたり、生前のお気に入りやトレードマークのような物品など）。

1. 手を3度打ち鳴らすか、ベルを3度鳴らす：

今日、私たちは〈故人の名〉に別れを告げます。よい時もそれほどよくない時もありました。楽しい時も楽しくない時も、皆が経験しながら生きていくものです。胸に抱くのは前向きな思いだけ、後ろ向きな思いは解き放ってしまいましょう。

2．白色のキャンドルに火をつける：

このキャンドルの火のように、〈故人〉の思い出も私たちの心と思いを燃え上がらせる。

3．ルー、またはローズマリーを少量取り、ゆっくりとキャンドルの火にくべる：

燃えるルー（またはローズマリー）が〈故人〉のよくない思い出から力を全て持ち去っていく。嫌なことは脇によけ、よい思い出だけを記憶に留めましょう。

4．両腕を広げて掲げる：

偉大なる貴婦人と君主よ、〈故人〉に休息を与え、疲れを癒やしたまえ。〈彼／彼女〉があなたたちの愛に抱かれ、命の大釜を通じて再び旅を続けられるように。死は移行、休息地である冥界から疲れを癒やす夏の国へと移動し、次の肉体へと至る旅。今は悲しみの時ではありません。死者の霊は復活し、先に旅立った者たちの他、肉体の領域である中界(ミドルワールド)に留まっている者たちと交流するのですから。私たちが愛した者を私たちは忘れませんが、彼らもまた私たちのことを覚えていて、必要な時、呼びかけた時に私たちの元に訪れ、今生の私たちに手を差し伸べ、私たちが来世へと移行を果たす時に傍にいてくれるのです。かくあれかし！

5．腕を下げ、ベルをゆっくりと9度鳴らす：

さらば、死出の旅へと発つ愛しき〈故人〉よ。私たちの愛と祝福を持っ

て休息の地に向かいたまえ。あなたが命の踊りに間もなく加わりますように。

6. 参会者たちと故人の思い出を語り始める。その後、個人を偲ぶ宴会に移る。ポムグレナート（ザクロ）、アップル、レーズンブレッド、豚肉料理、ドングリカボチャを食べたり、濃色のワインや色の濃い飲み物を飲むのが伝統的。

「エスバットの終了」または「魔法円の構築」のケーキとワインに進む

✤ ウイッカニング※ ✤
※「儀式を行うタイミング」の1.と2.

用意するもの：塗油用オイル。祝福を施した水を入れた小さなたらい。香と香炉。祭壇用キャンドル。ウイッカニング・キャンドルとして用いる装飾を施した円柱型キャンドル。清潔で柔らかいタオル。ベイビーズ・ブレス（カスミソウ）や黄色のベビーローズといった花で祭壇を飾る。ホワイトケーキなどの食べ物。森の動物をデザインしたキルトや動物のぬいぐるみなど、クラフトを反映する子供への贈り物があるとよい。

補足：魔法円の内に呼び込まれるまで、赤ん坊は女神と男神の代親（ゴッデス・アンド・ゴッド・ペアレンツ）[4]（または妖精の教母（フェアリー・ゴッドマザー）[5]と妖精の教父（フェアリー・ゴッドファーザー））に預けておいてもよい。

1. 両親がウイッカニング・キャンドルに火をつけ、司式者または両親が赤ん坊を呼び入れる：

    私たちの愛の灯に火はつけられた。愛が実らせた果実を円陣の内に連れてきて。

2. 両親が赤ん坊を受け取り、祭壇の前で掲げる。司式者か親が以下を唱える：

    愛情深き貴婦人と恵み深き君主よ、豊かに実って収穫された〈我々の〉愛を、〈名前〉と名付けられたこの子をご覧ください。この子を見守り、

祝福を与え、この子の生きる日々に愛と喜びをもたらしてください。

3. 司式者または親が赤ん坊の額にオイルで太陽十字⊕の印章を描く：

　　どうか貴婦人と君主があなたの導き手となり、教えを授けてくれますように。

4. 親のどちらかがたらいの上に赤ん坊を掲げ、司式者かもうひとりの親が祝福を施した水を片手で掬い、赤ん坊の頭頂から静かにかける。終わったら、タオルで滴る水を拭う：

　　大地の精霊と水の精霊があなたを護り、庇護を与えてくれますように。あなたを愛おしみ、慰めてくれますように。

5. 赤ん坊を抱いている親が香炉の上を通過させて赤ん坊を煙にくぐらせる、または司式者が抱かれている赤ん坊の周りに香の煙を漂わせる：

　　風の精霊と火の精霊があなたの人生に力を与えてくれますように。大地、月、太陽、星々、ひとつなる神々と調和し、英知とスタミナに恵まれて成長しますように。

6. 魔法円の内にいる全員が赤ん坊の元を通り過ぎ、祝福を贈る：

　　女神と男神の愛があなたとともにいつもありますように。

7. 赤ん坊に贈り物をあげるのはここでもよいし、簡略な饗宴でもよい。

「エスバットの終了」または「魔法円の構築」のケーキとワインに進む

❋ 妖精の友尋ね^{コンパニオン・クエスト}※ ❋

※「儀式を行うタイミング」の1.で、「シー・ムーンのエスバット」の一環として行う

用意するもの：黒鏡。鏡の前に「シー・ムーンのエスバット」に用いる灰色

のキャンドル1本を置く。テーブルと椅子2脚、西を向く東側は術者の席、東を向く西側は求めている異界のコンパニオンの席にする。「シー・ムーンのエスバット」の項で『異界の瞑想、コンパニオン・クエストなどの儀式やクラフトワークを行う』と記述のある箇所から儀式を始める。

1. 西側の席に行き、椅子を引いて座れるようにしたら、東側の席に戻る。
2. 席に着き、キャンドルの炎越しに黒鏡を覗き込む：

    ここに異界への道はあり。私はこの門の向こうから来る客人を歓迎する。

3. 鏡を覗き込む。霧が立ち籠めた異界の森の情景を視覚化する。冷たく、爽やかな風が吹いてくるのを感じる。森の地面を覆う濡れた落ち葉と、古代樹の巨木に生した苔の匂い。細い小川が立てるごぼごぼという水音と、周囲をそっと窺いながら躊躇いがちに地面を踏む鹿の足音。耳を澄まし、暗い森の向こうからこちらへと近づいてくるあちらさんの静かな足音を探す。客人が現れても森は背景として残り、テーブルの一部が鏡の中に現れる。森の動物たちが立てる音と小川のせせらぎは儀式の間も変わらず聞こえてくる。
4. あちらさんが鏡の向こうから見返してきたら、花とミルクのボウルをそれぞれ片手で持ち上げる：

    ようこそ、そしてこの径を通ってあなたをここに運んできたあなたの足に祝福あれ。しっかりとした鼓動を刻むあなたの心臓に祝福あれ。世界の狭間を視るあなたの眼に祝福あれ。友情の証に差し出され、私の手と握り合うあなたの手に祝福あれ。

5. 客人に用意したティーセットの横にボウルを置く。
6. 握手をするように揃えた両手を差し出す。掌を上向け、指は掌側に曲げておく：

    あなたを迎えるのは私の名誉、世界の狭間にしつらえられたこの席に歓迎します。

7. 握手を解き、クラフトネームで自己紹介する：

    真心を籠めて挨拶を送ります、私の名前は〈クラフトネーム〉。この席を私とともにしてください、お茶を淹れて一服しましょう。

8. 両方のカップにお茶を注ぐ。砂糖とミルクを入れ、受け皿にビスケットやクッキーを載せて出す。
9. 掌を上向けて両腕を広げ、食事を祝福する：

    私は私の必要とするものを理解し、私の体を養ってくれるものに感謝を捧げる。我が心よ、我が貴婦人、我が君主が賜る恵みをいつまでも忘れるなかれ。異界を統べる貴婦人の恵みを通じて君主は霊に生をもたらし、万物は不滅の美の元に創られる。霊の内なる美を称えん。

10. 客人とお茶をともにし、コンパニオンに望むことについて喋り、意見を交わし合う（あちらさんが口にしたものは物理的に減りはしないが、味やエッセンスがなくなるので、残ったものに手をつけない）。
11. この客人がコンパニオンとなる場合、コンパニオンをこちらの世界に連れてくる門となる、通路代わりの水晶を探してくれるよう頼む。
12. 終わったら、立ち上がる：

    お茶をともにしていただいたことで私は祝福されました。私からも祝福を贈りましょう。友情で結ばれ出会った私たちは、友情で結ばれたまま別れます。楽しき出会いに恵まれた私たちは楽しき別れを果たし、そしてまた楽しき出会いにまみえるでしょう。楽しき出会い、楽しき別れ、楽しき再会。

13. 客人が立ち上がるのを視る。掌を上にして自分の両手を差し出し、あちらさんの冷たい手が触れて別れの挨拶を告げるのを感じる。
14. キャンドルと鏡の前に座る。霧に包まれた森がどんどん暗くなっていくところを可視化する。立ち去る客人の静かな足音が原始の森の奥に消えていく。小川のせせらぎは薄れていき、飛び跳ねる鹿も森の奥に姿を消し、扉が閉ざされる。

15. 幻視から覚めると、黒鏡を覗き込む自分を、鏡の向こうの自分が見つめ返している。

シー・ムーンのエスバットの終了および妖精のお茶とクッキーに進む

*1 オパール・ネラ［Opal Nera］──エルダー・ベリーなどから作るイタリアの蒸留酒。
*2 ダークブレッド／ダークケーキ［Dark bread/cake］──ダークブレッドは全粒小麦粉で作ったパン。ダークケーキのレシピに特に決まりはないようで、チョコレート、コーヒー、ラム酒漬けのフルーツ、スパイスなどが入り、仕上がりが黒っぽくなるものがダークケーキと呼ばれている。
*3 ハンドファスティング［Handfasting］──聖職者がいない村などで行われたケルトの婚約の儀式。1年と1日という期間が限定された試験的結婚で、期間が明けた後に改めて正式に結婚して生涯をともにするか、結婚生活をなかったことにするかを選んだ。契約が結ばれた証に夫婦が握手を交わしたが、この「握手による誓約」をアングロ・サクソン語でHandfæstungといった。
*4 女神と男神の代親［Goddess and God Parents］──ウイッカにおける代父母の称。キリスト教では赤ん坊（代子）の洗礼式、堅信式に立ち会い、代子の霊的父母として保証人になる者。信仰的、経済的庇護を与える後見人となるが、現代では形骸化している。
*5 妖精の教母と妖精の教父［Fairy Godmother and Fairy Godfather］──女神と男神の代親に同じ。

～儀式に関するメモのためのスペース～

～儀式に関するメモのためのスペース～

7
瞑想

瞑想を行う上での留意点
恐れを解き放つ瞑想
過去世の瞑想
時の母たちの瞑想
樹木と混ざり合う瞑想
神託の洞窟の瞑想
幽霊の狩猟行に参加する瞑想
老婆の仮面を外す瞑想

☉	☾	☿	♀	♂	♃	♆	♄	♇	♅
太陽	月	水星	金星	火星	木星	海王星	土星	冥王星	天王星

🌒	○	🌘	●
満ちゆく月 ［乙女］	満月 ［母］	欠けゆく月 ［老婆］	新月（闇月） ［隠れた顔／謎］

❊ 瞑想を行う上での留意点 ❊

1. 全ての瞑想を始める：「魔法円を構築する」の章で「儀式／クラフト・ワークを行う」、または「エスバットの儀式」の章で「まじない……瞑想……を行う」と記述されている箇所から瞑想を始める。
2. 全ての瞑想の後：通常、「エスバットの終了」または「魔法円の構築」のケーキとワインに進むという指示に従うが、別の指示があればそれに準じる。
3. ハーブの使用：安全な容器（砂を敷いた金属製の大釜が最適）に収めた奉納用キャンドルの火にドラゴンズブラッド、フランキンセンス、パチョリ、コーパルのような香に併せ、マグワート、セージ、レモングラス、ウッドラフ、ローズマリー、バードック、ルーといったハーブ少量を一緒にくべると、その芳香が潜在意識を開く助けとなる。好きなものを使用してよい。
4. 音楽：集中の妨げとならない程度の大きさで流す。
5. 誘導瞑想の録音：適当なところで中断を挟みながら、誘導瞑想をゆっくりと読み上げたものを録音する。録音機器を手の届くところに置いておき、「瞑想状態」の項にある呼吸のエクササイズが終わったら、録音を開始して瞑想を始める。
6. 瞑想状態：魔法円の中心、または祭壇かテーブルの前で、方向の指示がない限り北を向いて背筋を伸ばし、両手を膝の上に載せて腕の力が抜けた状態にし、リラックスして座る。椅子に座っている場合、背筋を伸ばし、両足裏を床につけ（足は組まない）、手は掌を上向けて重ねて膝の上に載せるか、掌を下向けて両膝頭の上に置く。深呼吸を繰り返す。2秒かけて息を吸い、1秒間息を止め、2秒かけて息を吐き、1秒間息を止める。この呼吸をリラックスするまで繰り返す。ときおり瞬きをしながら、目はできるだけキャンドルの炎などを見つめ、頭の中で流れる思考のお喋りを段々消していく。その状態で瞑想を始める。周りが変化したように思えても慌てないこと。瞑想が終了したら、呼吸のエクササイズに戻る。2秒息を吸って1秒息を止め、2秒息を吐いて1秒息を止める呼吸を意識が現実に完全に戻ってくるまで繰り返したら、食べ物や飲

み物を少量口にし、儀式を続ける。
7. **誘導がない瞑想**：問題を解決し、答えを見つける時に行う。瞑想状態に入る前に、抱えている問題を口にする、あるいは質問をし、キャンドルや石、絵画などに精神を集中させるか、目を閉じて自分で創り出した安全な場所に行き、内なる幻視に導かれるままにそこから移動していく。精神が澄明になった時に答えが見つかる。

恐れを解き放つ瞑想

補足：この瞑想で長い間人生の一部となっていた恐れと不安に向き合い、解放することで、瞑想者と神の闇の側面との間に交感経路を開くのを助ける。

用意するもの：種火として用いる、紫または黒色の奉納用キャンドル。フランキンセンスかサンダルウッドの香。

1. 瞑想の前に、キャンドルの灯りの中でハーブ（ローズマリー、バジル、タイム、バレリアン）を詰めたモスリンの巾着を入れた湯で沐浴をするとよい。湯上がりには着心地のよい服を着るか、窮屈ではない格好をする。
2. 気が散ることのない場所を選び、明かりを消す。
3. キャンドルと香に火をつける。
4. 炎を見つめ、北を向いて座る（誘導を録音しておいてもよい）。
5. 奉納用キャンドルに影の国で輝く光、すなわち、英知へと導く径(みち)を照らす灯火のイメージを重ねます。
6. 瞑想状態に入ることで、自分が抱えている恐れをはっきり認識し、払う準備ができる。
7. 奥行きがなく風通しのよい、隠者の洞窟（自分の好きな場所をイメージしてよい）に座り、安心感に包まれている自分を感じてください。

　あなたは小さく円い洞窟にいて、アーチを描く入り口の向こうには外の世界が見えています。石で築かれた壁と天井は、さながらあなたを囲む壁龕(へきがん)です。地面は苔と落ち葉に覆われ、あなたは熊の皮を敷物にして座っています。目の前には洞窟の入り口が開いており、その光景から、

山の頂上に近い安全な場所にいることがわかります。見晴らしが利くこの場所からは、山の麓に広がる森が一望できます。沈みゆく太陽が大地に長い影を投げかけています。洞窟が闇に沈んでいきます。太陽は世界を染めていた最後の色彩とともに完全に姿を隠してしまい、宵の空に星々が輝き始めました。涼しいそよ風が夜の甘やかな匂いを運んできます。心はとても穏やかです。

以上の情景が心に刻まれたら、質問に集中してください：

恐れているものは何か？

死や恐ろしい顔といった様々なイメージが浮かび始めます。流れ込むイメージを全て受け入れつつ、ひとつひとつに対して次の質問を繰り返していきます：

恐れるのは何故か？

浮かんでくるイメージはどれも自分に害を為すものではないことを確信しつつ、答えに耳を澄ましてください。
次にこう質問する：

この恐れる気持ちは何か？

答えに耳を傾け、イメージにかぶせられた仮面を剥いで恐れの正体が分かったら、あなたを支配していた力は消え失せます。
恐れに立ち向かい、仮面を剥いだら、次の文句とともに追い払いましょう：

去れ！

イメージはしばしば小さな笑い声とともに薄れていきます。恐れとは結局のところ、自分自身に必要以上に深刻なものと思いこませたゲームでしかないのです。星々は再び空に輝き出し、あなたは微笑んで夜の空気を胸一杯に吸い込みます。そして、吐き出す息とともに恐れから来る緊張感は消えていきます。あなたはもう一度息を吸い、吐き出しながら、

何もかもが上手くいっていることを感じます。あなたは瞑想している場所に戻ってきますが、必要であればいつでも洞窟に戻ることはできるのです。

「エスバットの終了」または「魔法円の構築」の章のケーキとワインに進む

※ 過去世の瞑想 ※

補足：この瞑想で過去世の探索を行うことで、過去にどんな問題があり、何が起きて、現世に影響を与えているのかを見抜くことができる。しかし、時間の動きは直線というより螺旋を描くものであり、魂の旅は宇宙を、そして他の次元を抱き込むように続くものなので、未来世や地球以外の場所での人生に出会う可能性がある。瞑想を行う時季としては、世界間を隔てるヴェールが最も薄くなるサウィンが最適。

用意するもの：テーブルまたは祭壇に立てた黒鏡。鏡を覆う布。椅子。種火として用いる黒色のキャンドル1本（円柱型、奉納用、テーパー）を鏡の前に置く。手・足拍子、またはラトルを使ってもよい。フランキンセンスかサンダルウッド、またはコーパルの香。

1. 瞑想の前に、キャンドルの灯りの中でハーブ（ローズマリー、バジル、タイム、バレリアン）を詰めたモスリンの巾着を入れた湯で沐浴をするとよい。湯上がりには着心地のよい服を着るか、窮屈ではない格好をする。
2. 気が散ることのない場所を選び、明かりを消す。
3. 鏡の前のキャンドルと香に火をつける。
4. 北を向いて座り、キャンドルの炎越しに鏡を見つめて瞑想を始める（誘導を録音しておいてもよい）。瞑想状態に入る。

   奉納用キャンドルに英知へと導く篝火のイメージを重ねます：

   このキャンドルの光が闇への径を照らし出す。

   鏡に映る自分の目を覗き込みます。手・足拍子、またはラトルで音を

出してもよいでしょう：

> 闇と過去よ、食事の領域に坐す日の老いたる者よ。私が彷徨(さまよ)ってきた径を我が目の前に解き放ちたまえ、私が過去から知ってきた命の形を示したまえ。

ラトルや手・足拍子の音、自分の動きに気を取られず、朗唱を続けてください。鏡に集中すると、そこに映る顔が過去世のものに変わっていくのが見えます。変化を認めたら、音を出すことを止めます：

> 過去と未来の記憶は示された、時の中の私の顔は知らされた。夜のヴェールをかぶった者に我が祝福を捧げる、この覆面を通して私には視覚が与えられる。

鏡を黒い布で覆い、キャンドルの火を消します。

「エスバットの終了」または「魔法円の構築」の章のケーキとワインに進む

時の母たちの瞑想

補足：この瞑想を行う時季は、一族の血を伝えてきた母たちを称えるサウィンが最適。

用意するもの：テーブル、椅子、テーブル中央に黒鏡を置く。鏡の前に黒色のキャンドルを置く。キャンドルの前に供物のボウルを置く。フランキンセンス、またはコーパル、サンダルウッドの香を鏡の右に、濃色のワイン（または別の飲み物）の杯を鏡の左に置く。

1．瞑想の前に、キャンドルの灯りの中でハーブ（ローズマリー、バジル、タイム、バレリアン）を詰めたモスリンの巾着を入れた湯で沐浴をするとよい。湯上がりには着心地のよい服を着るか、窮屈ではない格好をする。
2．気が散ることのない場所を選び、明かりを消す（誘導を録音しておいてもよい）。

3．キャンドルと香に火をつける。
4．瞑想状態に入る。
　　北を向いて座り、キャンドルの炎越しに鏡を見つめます：

　　　永遠なる母たちよ、私を通してその光をお送りください。
　　　母の愛は時を通じ、過去の世代から未来の世代へと流れゆく。
　　　遺伝子の絆が時代を通じて私たちの愛を結びつける。
　　　我が遠祖なる母たちよ、私に受け継がれてきた母たちよ。
　　　私たちのつながりよ。
　　　我が系譜に連なる全ての母よ、時を超えて私たちの愛をお送りください。
　　　過去の、現在の、未来の家族に。
　　　母の愛に祝福あれ、祝福あれ、祝福あれ。
　　　今も昔も永遠の先にも。
　　　かくあれかし！

5．鏡に映る自分を見つめていると、母系の先祖たちの鏡像に変わるのがわかります。杯を掲げて供物の飲み物を捧げ、愛情と追憶を持って彼女たちに挨拶をします。以下の文句の一行ごとに一口ずつ飲み物を飲みます（全部で3回）：

　　　時の中の母たちよ、あなたたちに敬意を。
　　　命の贈り物を私まで連綿と伝えてくれた方たちよ、あなたたちに敬意を。
　　　我が系譜、我が血脈の母たちよ、あなたたちに敬意を。

　　思うままに、母たちに語りましょう。親族と思って接し、血と細胞と他ならぬDNAの中に彼女らが生きているという安心感を持って語りかけること。鏡の中の顔に向けて、香の煙を漂わせます：

　　　時と愛を映す鏡よ、私に受け継がれてきた母たちへの追憶の香を捧げます。

現在につながる全ての時を通じた私の家族の母たちに祝福あれ。
我が身を捧げ、愛を注ぎ、我が子を育ててきた彼女たちなくして、今日の私はありません。
私の系譜に連なる子供たちを宿してきた母たちの子宮に祝福あれ。
私の系譜に連なる子供たちに愛を注いできた母たちの心臓に祝福あれ。
母たちのものを見る目と癒やす手に祝福あれ。
私の家族に祝福あれ。

妊孕性(にんよう)（妊娠する力）を向上させたい場合は、家族の血が連綿と受け継がれてきたイメージを思い浮かべながら、以下の文句を付け加えます：

私の母たちよ、時の中の母たちよ、私の系譜をつなぐ血を伝えてきた母たちよ。
あなたたちに呼びかける私の声をお聞きください、あなたたちを真似んとする私をお助けください。
あなたたちは子を持ち、私も我が子を求めています。
私たちの家系をつないでいけるよう、助けてください。
私たちの家族のために力をお貸しください。
新たな命を私の内に導いてください、あなたたちの一員である私に恵みがあらんことを。
母の母たちであるあなたたちにお願いいたします。
我が望みのままにあらんことを、かくあれかし！

鏡に向けて香の煙を漂わせます：

私の鏡は今晴れよ。
鏡像は消え、記憶は今しばらくここに残る。
汝の目的は果たされた。
役目を終えて休むといい。

鏡を黒い布で覆い、キャンドルを消します。

「エスバットの終了」または「魔法円の構築」の章のケーキとワインに進む

✹ 樹木と混ざり合う瞑想 ✹

補足：瞑想の前に儀式的な沐浴をするとよい。湯にはローズマリー、セージ、タイム、マジョラムを詰めたモスリンの巾着を入れ、石鹸はフローラル系や香水の匂いのするものよりグリーン系やワインの香りがするものを選ぶ（マルベリー、ハーブ系、アップル、ペア、ベリーの香りがよい）。

用意するもの：敷物にする柔らかな毛布。受け入れてくれると感じる木。食べ物と飲み物を用意したピクニックのお弁当。バケツいっぱいの水と、あれば供物にする植物用の栄養剤。木の枝に残していけるリボンまたは軽量の装飾。着心地がよく、緩やかな服を着る。

1. 木の周りを一周し、顔に見える部分か正面だと思われる箇所を探す。
2. 木の正面の地面に毛布を敷く。グラウンディングとセンタリングを行い、木の周りを時計回りに歩いて魔法円を構築する。
3. 木の正面に敷いた毛布に座り、瞑想状態に入る。
4. 誘導を録音しておくのであれば、この瞑想で指示されている行動が取れるだけの時間を空けて吹き込む：

　　木を眺め、全体的な形と葉の様子、枝振り、木が醸し出す雰囲気を観察しましょう。後ろの風景と比べ、木のオーラ、つまり木を包みこむように輝く光を探します。どんな色をしていますか？　そのオーラを見て、木が満ち足りているように感じますか、それとも何かに煩わされているように感じますか？　白から薄水色のオーラは愛情深く、平和的で、思いやりのある木であることを示しています。黄色はエネルギーの色ですが、茶色に染まっていたら、その木の状態があまりよくはないことを表しています。赤は活動的な木であることを表し、周りで起きていることに興味があり、危険に対する警戒心もあるでしょう。緑色に染まっているものは多産性と、原野の精霊とのつながりを示します。紫のオーラは霊的なつながりを表しますが、菫色ならその木は敵意を感じており、瞑

想を続ける前に安心させる必要があります。木の根に与える水と肥料の捧げ物は帰る時ではなく、その前でも構いません。木に水をやり、育て、必要なら肥料を与えたり、傍に伴となる木を植えたりすることは、どれも木を安心させ、その木と親しくなるための道です。好意の証として、装飾もしくは繊細な音色のウィンド・チャイムを残していけば、あなたがその木を認め、愛情を寄せていることが木の精霊に伝わります。

　木の前に座って、その木がどのように地面に根を下ろしているかを観察しましょう。根は広がっているのでしょうか、それとも地中から幹が直接生えているのでしょうか？　樹皮の手触りと木目を視覚的に観察してください。

　毛布に座ったまま、木との距離を狭めていきましょう。先刻まではあなたが木を観察していましたが、今度は木の視点からあなたを観察していきます。樹皮の裂け目を探し、その裂け目から木の内部に入り込む自分の姿を視覚化してください。幹の手触り、体幹にどっしりとのしかかる枝と繁る葉の重さを支える力強さを感じられるでしょうか。それは木の体――あなたの体なのです。

　あなたの身の内で液体が上下しています。ねぐらを目指してかさこそと移動するちっぽけな昆虫の気配をあなたの表皮――樹皮が感じています。注意を上に向け、広がる枝の隅々に意識を伸ばしましょう。いくつもの方向に同時に動いていくあなたの意識は天を指して伸びる枝に行き着くと、意識を持ったひとつの存在としてそこに宿ります。枝の先には無数の細い小枝、小枝の先には葉柄、そして葉柄の先に開いた精緻な葉が広がります。蕾は日の光を浴びて今にも綻びそうですが、葉はすでに開き、日光が青々とした葉の細胞を活性化しているのがわかります。

　これで、木に宿る霊体が幹の正面に顔を持っていることがわかってきましたが、枝を通って木のてっぺんにまで上がることのできるあなたの意識は木の隅々までにも行き渡っており、大地ともつながっていることを感じています。枝や葉をそよ風が吹き抜け、太陽は燦々と光を注ぎます。最初は目も眩む高さに思えても、木は笑ってあなたの不安をほぐしてくれます。あなたも同じく木の一部なのですから、この高さから落ち

る心配などないのです。葉と細い枝をそよ風が優しく揺すり、あなたは眼下を見下ろします。

　すると、遥か下に、毛布を敷物代わりにして木を見つめている、トランス状態に入っているらしき人がいるのが見えます。あなたです。木は自分の中にいる木ではない存在を感じており、あなたを優しく導いて小枝から太い枝へと下ろしてくれます。あなたが途中で痒いところに気づいてそちらを見ると、そこには鳥が巣を作っており、その可愛らしさに笑みが漏れます。あなたは幹をめぐり、狭い隙間を探しています。丸い穴から中に入ると、そこは木の質感に覆われた空間です。あなたは木に抱かれ、安心感とくつろいだ気分を覚えます。リスか、また別の鳥の巣なのでしょう。樹皮をつつき、外皮を歩き回る昆虫を取り除くいくつかの小さな嘴があなたの四肢の手入れをしてくれているようです。あなたは木の心材部分を通ってさらに下へと向かいます。木の硬い核を降りていくあなたの周りで、樹液が上に、あるいは下に流れていきます。

　あなたは幹の根元に戻ってまっすぐに立ち、あなたを見返してくるあなたを見ています。あなたが微笑むと、仲間意識を感じた木がふっと緊張を緩めました。木は何かを見せたがっています。あなたは自分の爪先を、根を、そして地中深くに伸びている根毛を感じます。あなたはさらに下降を続け、地面の下、土の中へと降りていきます。ここまで来ると感触が変わり、温かな光に包まれたあなたは木の最も繊細な部分にまで連れてきてもらえたことに気づきます —— 旅は、生きている木の心を囲む無防備な根の部分に到達したのです。

　木はあなたにこう語りかけます：

　根を傷つければ私を殺せる。樹皮を剥ぎ取れば土の栄養は行き渡らず、やはり私を殺すことになる。

　あなたはこの木が教えてくれたことに対し、身震いを覚えます。

　私には強さがあり、力があるが、生きることには常に危険がつきまとう。何世紀も生きる命も例外ではない。

あなたは自分の思考を木に送ります：

全ての命に終わりは来るものです。

木は微笑み、また根に注意を向けさせます。水と栄養分を周りの土から吸い上げる硬い繊維と根毛の生えた、滑らかでしっとりとした根を感じた後、あなたは気づきます。木の子供たちです。小さな小さな苗木たちと実生(みしょう)たち、それに開く時を待っている莢(さや)たちの存在に、あなたは木から教えてもらうより早く気づきます。

命に終わりはない、ただ変容があるのみ。

あなたはその言葉が真実だと知っています。木が偽りを言うことはないのです。他に木があなたに言わなければいけない言葉に耳を傾けてください：

間

あなたはもう一度、地中深くの土を見つめ、土の中で広がって、岩を抱き込み、小さな生物が根毛の周りでもぞもぞと動き回っている自分の木の足を感じます。木の道を辿って地上に戻ると、地表を這う根の傍で草が風と戯れ、ミツバチがあなたの花を探して飛び回っています。

もう一度自分を見ると、あなたはごつごつとした樹皮の狭間からするりと抜け出し、自分の体に戻っていきます。

深く息を吸い、一瞬だけ止めて、吐き出します。もう一度深く息を吸い、吐いて、意識を元に戻します。立ち上がって水の入ったバケツ（植物用の栄養剤と混ぜても）を取り、木の根本に優しく撒いてください。手を自分の心臓に当て、次に木の幹、額にある第三の眼の部位、そしてまた木の幹に触れます。これで祝福が送られ、受け取られましたから、また腰を下ろしてピクニックのお弁当を食べ、冷たい飲み物を飲みましょう。食べ終わったら木の周りを反時計回りに歩いて魔法円のエネルギーを引き戻し、両掌を地面につけて過剰なエネルギーを流しましょう。そして、リボンなどの贈り物を残して帰ってください。

☙ 神託の洞窟の瞑想 ☙

用意するもの：大釜や他の容器。チャコールディスク（香に使用）か、黒色の奉納用キャンドル。瞑想に望ましいハーブ（マグワート）。

1. キャンドルまたはチャコールディスクに火をつける。マグワート（もしくは他の望ましいハーブ）をキャンドルまたはチャコールディスクに落とし、燻されるのを見守る。
2. 渦巻く煙を眺め、必要に応じてハーブを足しながら、煙に精神を集中させる。灰色の霧が広がって自分を包み込み、時の渦巻きの向こうへと連れていき、今と過去がひとつになるところをイメージする。
3. 瞑想状態に入り、瞑想を始める（誘導を録音しておいてもよい）：

　　　かの高名なるデルポイの神託所[*1]について考えてください。一般人の立ち入りが禁止されているその場所では洞窟への入り口も閉ざされ、今日では神殿跡に足を踏み入れることは許されていません。現在、洞窟の内部はどうなっているのでしょう。がらんとした地下室の床はおびただしい数の岩に覆われ、亀裂から予言の蒸気が漏れ出しています。岩壁に刻まれた女神のシンボルたる大蛇（ピュートーン）[*2]は、ギリシア人以前の、下された神託が改めてアポロ神[*3]に奉納されていた、ピューティアーの神託の時代を彷彿とさせます。割れ目の上には真鍮の三脚椅子が見えます。古代、キリスト教黎明期に当たる時代に巫女が座り、蒸気を吸って預言を行っていた椅子です。三脚はまだその場所にあって、裂け目からはまだ微かに渦を巻く蒸気が漏れ出し、神託が下される時を今か今かと待ち望む期待に満ちた空気に室内は満たされています。

　　　あなたは現在のギリシアにいて、史跡を観て回っている最中です。ガソリンの臭いを撒き散らす旧式のバスが舗装されていない道路を走り、デルポイの神託所跡地の前でゆっくりと止まって土埃を舞い上げます。あなたはこの時のために小さな懐中電灯をポケットに忍ばせ、観光客で満員のバスに乗り、ようやくこの地に到着したところです。ツアーガイドの定型化された説明を右から左へと聞き流しながら、あなたは乾燥し

た大地で日射しに焼かれた神殿跡と柱の遺構を歩き回ります。そうやって禁忌の場所を探索する機会を窺っていると、ガイドが他の観光客を連れて移動を始めました。石畳の一角に冷たい空気の流れを感じる割れ目があり、ここから中に入れるのだとわかります。遠ざかっていく一本調子のガイドの声を聞きながら、石畳の割れ目の傍にある割れて緩んだ石を素早くどけると、潜り込めるだけの広さのある階段が見つかりました。

　中に入っていくと見えるのはただ闇だけ、遠くからは何とも表現しがたい音が聞こえてきます。蛇がいるかもしれないと思って体が強張りますが、自分は侵入者ではなく、伝統の信奉者としてこの神聖な場所にいるのだと考え、あなたはほっと緊張を解きます。ここでは蛇に攻撃されることはないでしょう —— もし蛇がいたとしても、あなたに敵意がないことを察して無視するはずです。地表の熱気はどこへやら、辺りは地下のひんやりとした空気に満ちています。文目も分かぬ闇でしたが、階段を降りていくうちにかろうじてといえる程度には闇が見通せるようになり、目が利かないということはなくなります。懐中電灯の光が照らし出す螺旋階段からは生き物の痕跡は窺えません —— 火山ガスが溜まっていて動物たちも入り込めないのだろう、パニックを起こした頭がそんなことを考えます —— すると、どこか遠くで物音が聞こえ、毒ガスを吸っているせいで死にかけているのだろうかという考えがあなたの心を過ぎります。しかし、室内を通り、入ってきた間隙から出て行く風をあなたは感じ、呼吸ができて全く息苦しさを感じないので、またほっと緊張を解きます。

　階段はどんどん下へ降りていき、ずっと聞こえていた音の正体が不意に判明します —— 裂け目から噴き出す蒸気がシューッという甲高い音を立てていたのです。階段を降りきると、でこぼこではあるけれど滑らかな床が広がっています。最下層に辿り着いたようです。シューッという甲高い音のする方へと慎重に歩いていったあなたは、床に細い亀裂が入っているのを目にします。懐中電灯の光で照らして床を調べると、亀裂がわずかに広がっており、あなたは割れ目に沿い、先を見に行きます。すると、懐中電灯の光を浴びて何かがきらっと光るのが見えました。息

が詰まり、涙が浮かぶ目がじんわりと痛みます —— あなたは今、真鍮の三脚を目にしているのです。目の前にはあの三脚が最後に使われた場所に置かれたまま、巫女がやって来て再び腰を下ろすのを待っているのです。

あなたは懐中電灯を床に置き、目の前の空中にペンタグラムを描きます。それから、英知の座へと、途中で裂け目を跨ぎ越しながら歩を進めていきます。三脚に触れたあなたは、もう千年以上も人の手が触れたことのないものに触れているのだと思い、体が震えるほどの高揚感を覚えます。自分があるべき場所を知っているあなたは、三脚に腰を下ろします。

音が聞こえます。音はさらに聞こえ、何か意味の取れない響きが耳に届きます：

アレス、アモアド、アネアディ、カレス、イミオニー、トリアネス……

聞こえてくる言葉はどんどん早く、強く、大きくなっていきます。言葉の意味が段々わかってきたかと思うと、言葉に付随して幻視が始まり、不意にあなたは聞こえてくる音が自分の口から発せられていることに気づきます！　涙が頬を伝います。これは女神の言葉で、あなたは女神の巫女なのです。洞窟の中はあなたが発する言葉と、恍惚とした空気に充ち満ちています。語りかける女神の声と女神が明かしてくれる秘密を聞き、あなたは女神が生きていることを知ります —— 人間がどれだけ否定しようとも、貴婦人は生きており、生命そのもので、命を与えてくださるのです！　あなたは女神の声に耳を傾けます。

間

音はゆっくりと薄れていき、あなたは冷気を感じます。全身が汗にまみれていますが、女神の存在があなたを温かく包み込み、女神の衣にくるまれているようです。先刻までの興奮は落ち着き、この聖なる場所を訪れたいと思っていてもその人たちの願いは叶わないのだと思い、あなたの心は沈みます。しかし、女神があなたを慰め、こう語りかける声が

聞こえます：

　　私は地球のあらゆる場所に、そしておまえの心にいる。この三脚をおまえの心に持ち込み、私と話す必要を感じた時に座るといい。私はあらゆる場所にいるのだから。

　地球上の全ての場所が女神の神殿であり、どこにいようと女神に呼びかけさえすれば、この洞窟で三脚に腰掛けるのと変わらず女神の声を聞けることを、あなたは理解します。あなたは女神との結びつきを果たし、神託の場を身の内に宿したのです。勇気を得たあなたは椅子を下り、裂け目を横切って懐中電灯の元に戻ります。辺りを調べると、壁には美しい彫刻が施され、巨大な蛇が裂け目の周りに彫り込まれているのを見つけました。

　あなたは深呼吸をすると、三脚に背を向け、まるで何百回も繰り返してきたかのように階段へと戻っていきます——おそらく、一度は辿ったことのある道なのでしょう。あなたは石段を上っていき、外界へと帰還します。いなかったことには気づかれませんでした——ガイドの声がこちらの方に戻ってくるのが聞こえ、あなたはずらした石を素早く戻し、禁じられた場所を後にします。この神聖なる場所の守り手となったあなたは、他の人にこのことを知られたらどうなるのだろうと思い、一瞬不安に駆られます。誰もここに入れないように、この場所が損傷されないとも限りません。しかし、あなたより以前にここに来た人間がいることに気づき、あなたは微笑みを浮かべます。あなたと同じ道を歩む誰かがここに来たのです。自分はひとりではない、そのことを理解したあなたは胸の内が温かくなるのを感じます。

　あなたは深呼吸をします。観光客たちのがやがやいう声は消え去りました。もう一度深呼吸をして、あなたは瞑想の場に戻ります。

「エスバットの終了」または「魔法円の構築」の章のケーキとワインに進む

❋幽霊の狩猟行に参加する瞑想 ❋

用意するもの：種火に用いる、紫または黒色の奉納用キャンドル。フランキンセンスかサンダルウッドの香。

1. 瞑想の前に、キャンドルの灯りの中でハーブ（ローズマリー、バジル、タイム、バレリアン）を詰めたモスリンの巾着を入れた湯で沐浴をするとよい。湯上がりには着心地のよい服を着るか、窮屈ではない格好をする。
2. 気が散ることのない場所を選び、明かりを消す。
3. キャンドルと香に火をつける。
4. 北を向いて座り、炎を見つめて瞑想状態に入る（誘導を録音しておいてもよい）。
5. 奉納用キャンドルに影の国で輝く光、すなわち、英知へと導く径を照らす灯火のイメージを重ねる。
6. 瞑想状態に入る。

　　精神が落ち着くと、迷える思考が立てる雑音はどんどん小さくなっていき、あなたは自己の内なる静謐の空間で、疾駆する馬の蹄が立てている遠雷の如き轟音を耳にします。彼方では角笛が吹き鳴らされ、人馬が立てる騒音がどんどん近づいてくるようです。ついに蹄が地を蹴る音がすぐ近くまでやって来ました。馬具と鞍がガチャガチャとぶつかり、擦れ合う音、獣の荒々しい息遣いが聞こえたかと思うと、再び角笛が鳴り渡り、幽霊の狩猟行が近づいてくるのだとわかります。あなたは声を張り上げて訊ねます：

　夜明けまで騎行に同行することをお許しくださいますか？

　狩人が答えます：

　我が手をしっかり握っておくがよい！

　通り過ぎ様に伸ばされた手を握ったあなたがその力強さに驚いていると、狩人はあなたを一息に馬上に引っ張り上げ、彼の前に座らせました。

あなたは騎手の細い手をしっかりと握りしめ、騎行を特等席で見物することになったのです。

　山の頂を飛び越え、谷を駆け抜け、海の上を疾り、平野に押し寄せ、大きな街と小さな村をいくつも過ぎ去って、騎馬行はあなたを運んでいきます。そのうち、あなたは周りに渦巻く黒い雲を透かし、一瀉千里に闇の中を駆ける幽霊の狩猟行に、通り過ぎていった大地から立ち上がった影が次々と加わっていることに気がつきます。やがて日の出が近づき、見覚えのある姿を取り戻していく大地があなたの目の前に現れます。あなたが住む土地の一帯が、町が、都市が見えてきて、狩人があなたにこう告げます：

　夜明けが訪れ、おまえは我が駿馬に飛び乗った場所へと戻ってきた。おまえは夜が明けるまで騎行に同行し、我が約定は果たされた。

　また一瞬のうちに、あの力強い腕があなたを地面に優しく下ろします。目の前には彫刻の施された石の門を構えた巨大な塚が聳えており、その光景にあなたは臨月のお腹を抱えた妊婦の姿を連想しますが、入り口はかなりの歳月を重ねたものです。ほの暗い門の口には年老いて縮んだ体をぼろぼろの屍衣で覆った白髪の老婆が立っていて、こう言います：

　全ての者は私を通り、私から生まれねばならぬ！

　ここに来て、あなたは幽霊の狩猟行がどれほどの人数に膨れあがったかに気づきます。騎手たちは笑いさざめきながら馬を疾らせ、狩人の先導で騎行が門をくぐって影の国へと入っていきます。門が消え、夜が明けました。あなたはほっと息をつきます。心は穏やかです。感じるのは朝日の温もりです。風景が薄れていき、あなたの意識は目を覚まします。

「エスバットの終了」または「魔法円の構築」の章のケーキとワインに進む

老婆の仮面を外す瞑想

補足：この瞑想は実体験を元に編み出されたもので、このように心を見通し、幻視を伴う経験は瞑想の創出に素晴らしい基盤となります。この瞑想の土台となったのは私の母が他界した時の経験です。その時、私は病院にいる母が臨終の床に就いていることを知っていましたが、入院先は車で8時間もかかる場所にありました。運転して6時間が経ち、もう間に合わないのではと不安に思い始めたころ、道路を拡張するために下生えを燃やす作業が行われ、大きな柱のような煙がもくもくと立ち上っている場所に差し掛かりました。私は運転をしながら、病院には後どれくらいで着けるのだろうということばかりを考えていました。すると、もうもうと立ち上る煙を見上げる私の目の前で、煙は瞬く間に老婆の姿へと変容を遂げたのです。母がいる町の方を向いていたその顔がこちらを振り向くのを見た時は、身の毛のよだつ思いを味わったものです。私の頭の中に、老婆がこう語りかける声が聞こえました。「おまえの母親を連れに行くが、おまえが来るのを待っていてやろう」

その言葉を聞いて最初に思ったのは、母は本当に死にかけているのだということでした。次に感じたのは、それでも最期に言葉を交わすことができるのだとの安堵です。このような時、死を受け入れる過程はとても個人的で現実的なものになります。私はこの幻視が真実を語っており、メッセージも聞いた通りだと受け取りました。これは、クラフトでよく議論される「完全なる愛と完全なる信頼」の一現象なのです。死がもたらす離別の恐怖は消えました。私は貴婦人を信頼し、こう囁きました。「あなたを恐れてはいません、あなたもまた母であることを知っていますから」私は死にゆく母の行き先が、母を愛していた人の腕の中であることを知っていました。私がその言葉を口にすると、煙に浮かんでいた老婆の顔は見たこともないような美しい女性のものにがらりと変わり、微笑みを浮かべて私を見下ろしました。そして、「私を恐れるのは私を知らぬ者だけ」と私の心に語りかけてくる彼女の声を聞いたのでした。

用意するもの：種火に用いる、紫または黒色の奉納用キャンドル。フランキンセンスかサンダルウッドの香。

1. 瞑想の前に、キャンドルの灯りの中でハーブ（ローズマリー、バジル、タイム、バレリアン）を詰めたモスリンの巾着を入れた湯で沐浴をするとよい。湯上がりには着心地のよい服を着るか、窮屈ではない格好をする。
2. 気が散ることのない場所を選び、明かりを消す。
3. キャンドルと香に火をつける。
4. 北を向いて座り、炎を見つめて瞑想状態に入る（誘導を録音しておいてもよい）。
5. 奉納用キャンドルに影の国で輝く光、すなわち、英知へと導く径を照らす灯火のイメージを重ねる。
6. 瞑想状態に入る。

    途中までは「幽霊の狩猟行に参加する瞑想」と同じ手順を辿りますが、初めに狩人に声をかけた場所が近づいてきたら、狩人にもう少し一緒にいさせてくれるよう頼みます：

    今しばらくあなたの元に留まり、大いなる螺旋をこの目で見ることをお許しください。
    今しばらく同行し、影に沈むあなたの緑陰の中に入ることをお許しください。
    その先にある径、その径を流れゆく命をこの目で見ることをお許しください。
    あなたが下界を旅する間、あなたの騎行に同行することをお許しください。

    有角の狩人が頷くと、射し初める灰色の曙光を浴びる塚が見えてきます。門の前にはぼろぼろの屍衣をまとった老婆が立っており、こう叫ぶ声が聞こえてきます：

    全ての者は私を通り、私から生まれねばならぬ！

    馬たちは怒濤の勢いで突き進み、老婆の姿があなたの方へと段々近づ

いてきます。突然、あなたの耳元で風が猛り狂い、石臼で穀物をすり潰しているような音が頭の中を満たします。闇が四方八方から押し迫り、真っ黒に湿った豊かな土を思わせる匂いが鼻をつきます。瞼を閉じたくなる誘惑に駆られますが、勇気を奮い起こして目をしっかりと開けていると、顔を掠めるように飛んでいく影が実体を持ち、蜘蛛の巣のような屍衣と深い洞窟の冷たく湿った空気をまとった何かであることが見て取れます。老婆の横を通り過ぎようとすると、そこから漂ってくる死の存在感、病気と腐敗が醸し出す猛烈な悪臭、肌をかりかりと引っ掻いてくるやせ細った指の感覚に、吐き気が込み上げてきます。しかし、馬たちは止まることなく駆け続けますし、狩人の手があなたをしっかりと捕まえて離してはくれません。あなたは狩人にしがみつくと、通り過ぎ様に老婆の恐ろしげな姿にこう呼びかけます：

あなたが誰か知っている！　あなたは万物の母、そのあなたを私が恐れることはない！

老婆は笑い、通り過ぎようとするあなたの方を振り向きますが、驚いたことに、そこには言葉に尽くせぬほど美しい女性が微笑みを浮かべて立っていて、あなたは彼女と笑い合います。あなたに答える彼女の優しい声が耳に届きます：

私を恐れるのは私を知らぬ者だけ。

突然、それまでのあなたはまるで幼い子供のように暗い部屋で自分の想像に怯えていたのだと感じます。今のあなたは老婆の顔の下には美しい母の顔が隠れていることを知っています。あなたを抱きしめようと腕を広げて待っているその人は、あなたを安心感と愛情で包み込み、安らぎを与えてくれるのです。

狩人は闇の領域へと馬を駆り進め、灰色の苔が長く垂れ下がったイトスギの枝の下、静かな黒い水を湛えた池の辺で休息を取る霊たちが見えてきます。優美な小道には柔らかで絹のような草が生え、ゆったりと散歩を楽しんではどうかと呼んでいるようです。地面を夜咲きの花が飾り、

ライラックの香りが空気を満たす影の国に留まりたいという誘惑に駆られますが、狩人はあなたが駿馬から下りることを許してはくれません。
　濡れそぼった落ち葉が敷き詰められた暗い森を駆け抜けると、日の当たる草地に出ました。草地では子供たちが遊び、通り過ぎていくあなたたちに向かって目映い輝きを放つあちらの人たちが手を振ります。あらゆる年格好のまま年を取ることのないように見える霊たちがこの光に満ちた場所にやって来ます。光に溢れた温かいこの場所は夏の国、美しき人々が住まう異界に近い土地に来ているのだとあなたは気づきます。狩人の手はまだしっかりとあなたを摑んでおり、またひとつヴェールをくぐり抜けたことをあなたは目ではなく肌で感じ取ります。狩人の囁く声があなたの耳と心に聞こえてきます：

　休息を取り、大いなる生命の踊りを続けんと欲す者が行くぞ。

　そう言われて目を向けた先には、灰色に渦巻く霧を抜け、遠くの光を目指しているように見える影のような姿があり、あなたにはその影が生まれ変わるために影の国を後にしようとしているのだとわかります。
　しかし、この遠駆けは終わりを迎えつつあり、眼下にはカタツムリや、無数の小さな足がついた、あるいは足など一本もない土の中の虫たちが小石だらけの暗い地面にのたくっているのが見えてきました。地面は開け、星々の輝く夜空が視界いっぱいに広がります。後ろを振り返ったあなたは狩人越しに聳え立つような大きな塚を目にします。狩人は片手で軽々とあなたを持ち上げて馬から下ろすと、笑い声を上げながら夜陰の中へと消えていき、彼に従う幽霊の狩猟行もまた新たな騎馬行へと出発していきます。夜が明け、普通の意識状態に戻ったあなたは、変装を見破られてあなたと笑い合った美しい女性の記憶を持ったまま、心穏やかな目覚めを迎えます。あなたは命が永遠であることを知っています。死はなく、ただ次へと続く径があるだけなのです。

「エスバットの終了」または「魔法円の構築」の章のケーキとワインに進む

＊1 デルポイの神託［Oracle of Delphi］── ギリシア中央部パルナッソス山南麓の都市国家(ポリス)デルポイにて、ポイボス・アポローンの神殿で下された神託。太古、大神ゼウスが２羽の鷲を放ち、交差した地を大地の太母ガイアの中心として臍石(オンファロス)を置いた。以後、ピュートーと呼ばれたこの地ではガイア（あるいは法の女神テミス［Themis］）の神託所が祭られていたが、太陽神アポローンがやって来てガイアの守護竜であるピュートーンを退治し、神託所を我が物にしたという。この大蛇に敬意を払い、ピューティア大祭という音楽と詩歌の祭典（のちに体育競技）が開かれ、神託所の巫女もピューティアーと呼ばれるようになった。デルポイの神託は広く知られており、オイディプース［Oedipus］伝承にも登場している。
＊2 ピュートーン［Python］── 大地の女神ガイアから生まれ、デルポイの神託所の番人を務めた大蛇。ゼウスの子を身籠もったレートー［Leto］に腹を立てた妻のヘーラー［Hera］がピュートーンがレートーの子に殺されると嘘を吹き込んだため、大蛇が女神を追い回した恨みを息子のアポローンが生まれたその日に晴らしたという。
＊3 アポロ［Apollo］── 弓術、音楽、医術、予言、を司るギリシアの太陽神。主神ゼウスとレートーから生まれ、月の女神アルテミスの双子の弟。アポロはラテン語で、ギリシアではアポローン。「輝く者」の称号とともにポイボス・アポローン［Phoibos Apollon］とも呼ばれる。

〜瞑想に関するメモのためのスペース〜

オーミエルの影の書

呪術編

Book of Shadows of Aoumidf

Spells

8 呪術と照応

まじないをかける
色彩の照応
曜日の影響 ── 元素；時間帯による時節
四大元素とハーブの組み合わせによる照応
曜日；神性存在が司る樹木 ── 樹木と灌木の特性
サバトの香とハーブ ── 香の用途別一覧
スマッジ（燻煙）── 精油 ── 羽根 ── 髪の毛
惑星の連関 ── 惑星早見 ── 昼夜ごとの惑星時間
黄道十二宮の連関
力を司る者の名前 ── 数字の相関関係
占いでの数字
ルーン一覧 ── オガム・フューズ一覧
エネルギー点；チャクラ ── 月の庭造り ── 用途別のハーブと植物の一覧
闇の力を目的としたハーブと植物の一覧 ── ハーブと植物の照応
闇の力を持つハーブと植物の連関 ── 動物トーテム
石と水晶一覧 ── 四大元素が司る石と水晶
アミュレット ── キャンドル魔術チャート ── まじない早見
神の化身 ── 神として顕れる力の名前
地占術の記号印 ── 地占術図形 ── 惑星魔方陣 ── 惑星紋章

☉	☽	☿	♀	♂	♃	♆	♄	♇	♅
太陽	月	水星	金星	火星	木星	海王星	土星	冥王星	天王星

🌒	◯	🌘	●
満ちゆく月	満月	欠けゆく月	新月（闇月）
［乙女］	［母］	［老婆］	［隠れた顔／謎］

❃ まじないをかける ❃

　魔術を行う前には必ずグラウンディングとセンタリングを行うこと。術者のエネルギー・レベルの消耗を防ぐことができる。魔術終了時には大地または床に触れ、過剰なエネルギーのグラウンディングを行う。

呪術に適する月相

　満ちゆく月　　☽　　成長と新たな計画。
　満月　　　　　○　　完了、癒やし、力の付与。
　欠けゆく月　　☾　　解放、浄化、祓除。
　新月（闇月）　●　　啓示と闇の力の魔術。

◎まじないまたはチャームの構築

組み合わせ：まじないの効果を望む形に仕上げるため、魔術に用いる材料、色彩、素材の働きを組み合わせる —— 単純に済ますこともできるし、複雑にすることもできる。

刻印：必要に応じ、呪術品に目標、エネルギー・シンボル、印章、ルーンなどを刻む。

インク：竜血赤（ドラゴンズブラッド）[*1]は力。鳩血赤（ダヴズブラッド）[*2]は優しさ。蝙蝠血赤（バッツブラッド）[*3]は隠された知識。黒を初めとする他の色に関しては、関連する照応性（「色彩の照応」を参照）に従ってインクを選ぶこと。選んだインクでまじないの目的／意図を書き留めた紙をキャンドルの下に置く（折り畳んだ紙を自分から離しておくことで放逐の、近くに置くことで引き寄せの効果をもたらす）。紙はその後燃やすか、まじないの材料に混ぜ込む。

実践：惑星からの影響力をよく受ける日や時間帯を選んで魔術を行う。

視覚化：まじないが完了し、成功するイメージを思い描いた後、頭の中から消す。まじないの構築に数日かかるものであったら（7日間のキャンドルのまじないのように）、最終日に呪術が完成するように、1日ごとに完成のイメージを段階的に思い描いていく。

処分：携帯するもの、安置しておくものではない呪術素材は、残ったものを

土に埋めるか、流水に流して処分する（かさばらないものであれば、シンクやトイレに流す）。

◎ハーブ呪術に使用する道具

乳棒と乳鉢［Mortar and Pestle］：ハーブ、花弁、木の皮などを粉にしたり、香を作ったりするためにすり潰し、混ぜるのに用いる陶製の器具。素材には大理石のようなものを選んでもよいが、木製(油を吸うため)と金属(エッセンスを変質させる原因となる）は避ける。

スプーン［Spoon］：木製、銀製、金製のものを選ぶ。ハーブをキャンドルの火にくべたり、水薬や小袋などに入れたりする際に用いる。また、粉状の香を香炉にくべる際にも。

蓋付きのガラスまたはエナメル製鍋［Glass or Enamel Pot with lid］：煎じ液などを煮出す際に用いる。

スポイト［Eye Dropper］：ハーブ・ピローなどに精油を加える際に用いる。

湧き水［Spring Water］：瓶詰めのものか、新鮮な湧き水を汲んだもの。祝福を施した水の作成、撒水などに使用。

オリーブオイル、アーモンドオイル、ヒマワリオイル［Olive, Almond, or Sunflower Oil］：儀式用と塗油用のオイルを作る際のベースオイルとなる。

布地［Materials］：様々な色のモスリン、綿布、寒冷紗は呪術品の作成に使用。絹はタロー・カードを収める袋に。

◎魔女の印章輪

まず最初に、愛（LOVE）など、まじないの目的とするキーワードを決める。その単語の最初の文字が書かれている場所に小さな円を描き、単語の文字の順に線を繋いでいき、最後の文字で線をT字型に閉めて終わらせる（○━━┤）──完成したパターンを印章とし、印章をキャンドルに刻んで燃やしてしまうか、紙に書き付けたものを折り畳み、ハーブと一緒に布袋にしまう。

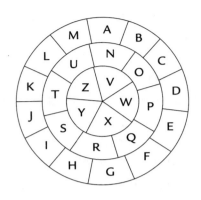

❧ 色彩の照応 ❧

　まじないの目的に合わせ、キャンドルや素材に用いる色彩を以下の一覧から選ぶ。

琥珀［Amber］：魔女のシンボル、魔術の腕前の向上、力の付与。

黒／漆黒［Black/Jet］：庇護、陰の気から身を守る、呪いを解く、霊との接触、夜、森羅万象、真実、不和や混乱を取り除く、呪術のための縛り付け。

（濃）青［Blue (dark)］：女神（儀式用キャンドル）、水の元素、衝動、真実、夢、庇護、変化、瞑想。

（淡）青［Blue (light)］：霊能的な目覚め、直感、好機、理解、探索、旅、忍従、平安、憂鬱を避ける、健康。

茶［Brown］：大地の豊かさ、忍耐、動物の健康、安定、家／家庭、物体、不明確、特別な好意、友情への影響力。

赤銅［Copper］：金銭的到達、職業的成長、キャリア戦略、情熱、ビジネスの多産、エネルギーの動き。

黄金［Gold］：男神、太陽魔術、太陽エネルギー、力、達成、肉体的な強さ、成功、求める技能、精神的成長、癒やしのエネルギー、直感、裕福、啓示、安全、勝利、力、幸福、面白いユーモア。

灰［Gray］：異界の旅、幻視の探索、ヴェールに隠す、中和。

緑［Green］：原始の森を知ろしめす君主と貴婦人、地の元素、ハーブ呪術、自然魔術（例として、庭の祝福）、幸運、肥沃、癒やし、バランス、勇気、作業、繁栄、農業、方向性や態度の変化。

緑みの黄［Greenish-yellow］：不和、病気、怒り、嫉妬（以上を打ち消すのに用いる）。

藍［Indigo］：瞑想、霊との交感、カルマの働き、古代の知恵を学ぶ、有害な魔術の無効化、中傷から身を守る。

ラベンダー色［Lavender］：霊的な発達、心霊的成長、啓示、異界。

橙［Orange］：男神（儀式用キャンドル）、強さ、癒やし、物事を惹きつける、生命力、順応性、幸運、励まし、精神を澄明にする、支配、正義、キャリアの到達、法的案件、販売、行動、資産の取引、野心、全般的な成功。

ピンク［Pink］：名誉、道徳、友情、情動的な愛、社交能力、善意、思いやり、癒やしの心、平和、愛情、養育、ロマンス、パートナーシップ。

紫［Purple］：力、霊、霊的発達、直感、野心、癒やし、知恵、進歩、ビジネス、霊との交感、庇護、オカルティズム、自信、上司への影響力。

虹［Rainbow］：多様な色彩、リラックスと内省による内なる発展。

赤［Red］：火の元素、強さ、力、エネルギー、健康、活力、熱中、勇気、情熱、性的能力、振動、生存、駆り立てる力、月の血。

白銀［Silver］：女神、月魔術、瞑想、心霊的発達、成功、バランス、陰の気から身を守る、アストラル・エネルギー。

菫［Violet］：自己改善、直感、捜索の成功。

白［White］：貴婦人と君主の両者（儀式用キャンドル）、満月の魔術、清らかさ、庇護、真実、瞑想、平和、誠実、正義、疑念／恐れの撃退。

黄［Yellow］：風の元素、啓示、透視、精神の変性、知能、記憶、繁栄、学習、変化、調和、創造性、自己宣伝。

❈ 曜日の影響 ❈

曜日が与える影響力に従ってまじないを行う日を決めたら、色彩や惑星時間の影響力を利用してさらにエネルギーの調整を行い、目的の達成に役立てる。

惑星印章をキャンドルや他の呪術品に描くことで惑星からの影響力は強められる――全ての要素が揃うことで大きな効果が得られるが、欠けていても失敗するわけではないので、好きに選んでも構わない。

月曜日：☽天体…月。／色彩…銀、白、灰。／ハーブ…ムーンワート、マートル、バイオレット、ウィロー、ワームウッド。／影響…夢、情動、透視、家庭、家族、薬、料理、人格、販促、窃盗。

火曜日：♂天体…火星。／色彩…赤、橙。／ハーブ…バジル、ドラゴンズブラッド、パチョリ。／影響…動的エネルギー、結婚生活、戦争、敵、牢獄、狩猟、手術、勇気、政治、競争。

水曜日：☿天体…水星。／色彩…灰、玉虫色、オパール、菫、黄。／ハーブ…ジャスミン、ラベンダー。／影響…コミュニケーション、教えること、理性、啓示、技能、負債、恐れ、自己改善、損失。

木曜日：♃天体…木星。／色彩…青、藍、紫。／ハーブ…シナモン、シンクフォイル、ムスク、ナツメグ、セージ。／影響…健康、名誉、幸運、富、衣服、金銭、法的案件、欲望。

金曜日：♀天体…金星。／色彩…淡緑青(アクア)、緑、ピンク。／ハーブ…ライム、サフラン、サンダルウッド、タイム。／影響…愛、友情、社会活動、見ず知らずの人、楽しいこと、芸術、音楽、香、香水。

土曜日：♄天体…土星。／色彩…黒、濃灰色、藍。／ハーブ…ブラックポピー・シード、マレイン、ミルラ。／影響…自己修養、生、建物、教義、庇護、自由、年配の人、病気と有害生物の撲滅。

日曜日：☉天体…太陽。／色彩…金、橙、白、黄。／ハーブ…フランキンセンス、レモン、セントジョンズワート。／影響…個性、希望、財産、金銭、仕事、力、癒やし、昇進、強さ、霊性。

❈ 元素；時間帯による時節 ❈

　一年の内にエネルギーの影響力が高まる時節があり、この期間に元素エネルギー／ハーブの力をまじないに落とし込むことで、まじないに使われる元素エ

ネルギーを強化できる。元素シンボルはキャンドル、紙、まじないや魔術に使用する素材に描いて利用できる。

▽ー地　　△ー風　　△ー火　　▽ー水
♒ー冬　　♉ー春　　♌ー夏　　♏ー秋

地：12/21（冬至）から3/20（春分前夜）。
　　計画、浄化 —— 準備の時 —— 北、夜、真夜中／午前0:00、老齢、緑、肉体的強さ、体、物質的要素、キャリア、富裕。▽♒

風：3/21（春分）から6/20（夏至前夜）。
　　始動 —— 初期化の時 —— 東、朝、日出／午前6:00、幼年期、黄、知性、精神、意識、呼吸、超能力。△♉

火：6/21（夏至）から9/22（秋分前夜）。
　　収穫、刈り取り —— 結実、完了の時 —— 南、真昼、正午／午後0:00、若者、赤、意志、心、情熱、エネルギー、癒やし。△♌

水：9/23（秋分）から12/20（冬至前夜）。
　　破壊、交代 —— 休息、再生、通路 —— 西、午後、日没／午後6:00、成熟、青、情動、体液と血液、潜在意識、清め、夢。▽♏

◎魔術の行使に適した時節

以下の時間帯を惑星時間の代わりとしてまじないに用いる。

朝　：目覚め、新たな始まり、生産力、人生の方向性。
日中：成長、金銭上の利益、豊かな暮らし、気前のよさ。
真昼：意志力、強さ、生活の維持、忍耐、障害の克服。
薄暮／黄昏：変化、受容、子育て、世界間の移動。
宵　：仲間意識、霊性、喜び、楽しみ、一家団欒、子供、遊び。
深夜：オカルト知識、知識／知恵を深める、啓蒙、創造性。
真夜中：解放、回復、復旧、終了、結末。

❦ 四大元素とハーブの組み合わせによる照応 ❦

▽ 地：物質的要素、物質的形態、富、キャリア。
バームオブギレアド（ギレアドバルサムノキ）、ビストート（イブキトラノオ）、シーダー、シンクフォイル、クローブ、ファーン、ハイジョンザコンカラー、ハニーサックル、ホアハウンド、ジャスミン、マンドレイク、パチョリ、パイン（マツ）、セージ、スリッパリーエルム。

△ 風：知性、精神、創造性、呼吸、幻視、超能力。
アカシア、アニス、ベンゾイン、ブルーム（エニシダ）、コンフリー、エルダー、ユーカリ、アイブライト、ヘーゼル、ラベンダー、レモンバーベナ、マジョラム、マスティック、ミスルトー、マグワート、ナツメグ、ペパーミント、サンダルウッド、スペアミント、タイム、ワームウッド。

△ 火：意志、情熱、内なる神性、エネルギー、庇護、癒やし。
オルダー、アンジェリカ、バジル、ベイ・ローレル、ベトニー、カーネーション、セランダイン、シナモン、コリアンダー、クミン、ガーリック、ホーリー、ヒソップ、ジュニパー、カレンデュラ、ピオニー、ペッパー、プリムローズ、ローズマリー、ローワン、ルー、サフラン、セントジョンズワート、シスル、バーベイン。

▽ 水：情動、潜在意識、夢、清め、血液、体液。
アップル、アッシュ、バードック、キャットニップ、カモミール、サイプレス、エレキャンペーン、ゼラニウム、ヘンベイン（ヒヨス）、ヒアシンス、アイヴィー、メドウスイート、ミルラ、オリス・ルート、ポピー、ローズ、スターアニス、ウィロー、ヤロウ。

❦ 曜日；神性存在が司る樹木 ❦

ワンドの素材、占い用具（ルーン／オガム）、木片を使った特定の魔術を行う日、ハーブと一緒にまじないの小袋に入れる木片選びなど。

エルダー／ウィロー	月曜日	ヘカテー／老婆の相の女神
ホーリー／エルム／シーダー	火曜日	狩人の男神／エルフ
ヘーゼル／ローワン	水曜日	女神と男神
オーク／パイン（マツ）	木曜日	男神
バーチ／アップル／マートル	金曜日	女神
オルダー／ホーソン	土曜日	妖精／魔女
アッシュ／バーチ／ローレル	日曜日	エルフ／女神
アッシュ・オーク・ホーソン	妖精の三樹	妖精族の神聖なる安息の地

樹木と灌木の特性

　ワンド／他の道具の素材を選ぶ、キャンドルの呪術で燃やす、チャーム／まじないに木片を足す、などの場合に。

オルダー（ヨーロッパハンノキ）[Alder]：水の魔術、強さ、基礎。
アップル [Apple]：愛、霊の食べ物、一角獣、美、再生、永遠。
アッシュ [Ash]：学問、健康、魔術の強化、平和、新生、目覚め、冥界。
アスペン [Aspen]：障害の克服、直感、異界との交流。
バーチ（カバノキ）[Birch]：清め、祝福、健康、開始、生命力。
ブラックソーン（スピノーサスモモ）[Blackthorn]：コントロール、刺激、混沌エネルギー、障害、摩擦、挑戦、強制。
エルダー [Elder]：浄化、捧げ物、妖精、変化、進化（この木を燃やしてはいけない）。
ファー（モミ）／パイン（マツ）[Fir/Pine]：繁栄、誕生／新生、力、気高さ、思慮分別、客観性。
ゴース（ハリエニシダ）[Gorse]：好機、知恵、相互作用。
ホーソン [Hawthorn]：清浄、庇護、妖精、楽しみ、刺激、不運。
ヘーゼル [Hazel]：知恵、創造性、洞察力の強化、魔術の技量。
ヘザー [Heather]：成功、繁栄、門。
ホーリー（イレックス）[Holly]：魔法の強化、バランス、試練、試験。

アイビー［Ivy］：多産性、愛、粘り強さ、発展、固持。
リンデン［Linden］：不死性、庇護、幸運、眠り、愛。
マウンテンアッシュ（セイヨウナナカマド）／ローワン［Mountain Ash/ Rowan］：庇護、魔法の強化、洞察力、浄化。
オーク［Oak］：多産性、力、バランス、庇護、成功、真実、強さ、勇気、忍耐。
ポプラ［Poplar］：成功、認知、名声。
レッドオーク（アカガシワ）［Red Oak］：内なる変容、調和。
ヴァイン（ブドウ／ベリー）［Vine (Grape or Berry)］：幸福、内省、新生／再建、移行、祖先。
ウィロー［Willow］：月の魔術、超能力、霊、死の通路、直感、柔軟性、老婆のエネルギー。
ユー（イチイ）［Yew］：変容、霊的な気づき、霊、死の通路、不死性（燃やさない）。

サバトの香とハーブ

　サバトの魔術的行事を行う前に、以下を参考に下準備を整える。サバトでは呪術の効果は通常とは異なる形で発揮されるが、家やその場所が香りつきキャンドル、香、飾りによって高められたサバトのエネルギーに同調することがある。

ユール：**火にくべる**…ベイ、ベイベリー、カモミール、フランキンセンス、ローズマリー、セージ。／**飾りつける**…ホーリー、ジュニパー、ミスルトー、モス、オーク、松かさ、シーダー、常緑植物、ブレスドシスル。
インボルク：**火にくべる**…バジル、ベイ、ベンゾイン、セランダインを燃やす。アンジェリカ、ミルラ、黄や白、水色の花を飾りつける。
オスタラ：**火にくべる**…セランダイン、シンクフォイル、ジャスミン、ローズ、タンジー、バイオレット。／**飾りつける**…どんぐり、クロッカス、ダフォディル（スイセン）、ドッグウッド（ハナミズキ）、ハニーサックル、イリス、リリー、ストロベリー。
ベルテーン：**火にくべる**…アーモンド、アッシュ、シンクフォイル、フランキンセンス、カレンデュラ、メドウスイート、ウッドラフ。／**飾りつける**…ア

ンジェリカ、ブルーベル、デイジー、ホーソン、アイヴィー、ライラック、ローズ、プリムローズ、野の花。
リーサ：**火にくべる**…カモミール、シンクフォイル、エルダー・フラワー、フェンネル、ラベンダー、マグワート、タイム、バーベイン。／**飾りつける**…ヘンプ、ラークスパー、パイン（マツ）、ローズ、セントジョンズワート、ウィステリア。
ルーナサー：**火にくべる**…コーン（トウモロコシ）の茎、ヘザー、フランキンセンス、ウィート。／**飾りつける**…アカシア・フラワー、コーンの穂、ホリホック、マートル、オーク・リーフ、ウィート。
メイボン：**火にくべる**…ベンゾイン、カレンデュラ、ミルラ、セージ、シスル。／**飾りつける**…どんぐり、アスター、ファーン、ハニーサックル、ミルクウィード、マム（キク）、オーク・リーフ、パイン、ローズ。
サウィン：**火にくべる**…ヘザー、マレイン、パチョリ、セージ。／**飾りつける**…どんぐり、アップル、パンプキン、オーク・リーフ、ストロー（麦わら）、ブルーム、ファーン、フラックス（亜麻）。

香の用途別一覧

これらの香を燃やすことで、まじないや目的に適った儀式の効果を高めることができる。市販のコーン型、スティック型、レジン香だけでなく、ハーブをキャンドルの火やチャコールディスクにくべてもよい。

塗油：フランキンセンス、ジャスミン、ラベンダー、ローズ、バーベイン、オレンジ。
バランス：サイプレス、ジャスミン、サンダルウッド、スイートグラス。
追い払い、または解放：クローブ、サイプレス、マグワート、セージ、レモン／ライム。
束縛：サイプレス、ドラゴンズブラッド、ローワン、ベチバー。
祝福、または聖別：コーパル、フランキンセンス、ローズマリー、スイートグラス。
変化：ベイベリー、ドラゴンズブラッド、ライラック、パチョリ、ウッドラフ。

浄化：シーダー、フランキンセンス、パイン（マツ）、セージ、サンダルウッド。
勇気：シナモン、ドラゴンズブラッド、パチョリ、ローズマリー。
創造性：ドラゴンズブラッド、ラベンダー、オレンジ、ローズマリー、サボリー、タンジェリン。
呪詛：ベイベリー、クローブ、ドラゴンズブラッド、ミルラ。
啓示、または透視：ベイ、コーパル、ライラック、マグワート、ミルラ、セージ。
悪霊祓い：コーパル、ベイベリー、フランキンセンス、ラベンダー、マレイン、ローズマリー、セージ、バーベイン、ベチバー。
目標達成：アカシア、ベイ、シーダー、シナモン、ドラゴンズブラッド、オレンジ、サンダルウッド。
幸福、または平和：ジャスミン、ラベンダー、オレンジ、ローズ、バーベイン、サンダルウッド。
霊感、または知恵：アカシア、コーパル、フランキンセンス、オーク・モス、パイン、セージ、ウッドラフ。
愛：シンクフォイル、ジャスミン、ラベンダー、マグワート、オレンジ、ローズ。
幸運、または正義：ベイ、ベイベリー、ジャスミン、パチョリ、サンダルウッド、スミレ。
瞑想：アカシア、コーパル、サイプレス、シーダー、フランキンセンス、ジャスミン、セージ。
力／強さ：ドラゴンズブラッド、フランキンセンス、パチョリ、バーベナ。
庇護、または防御：ベイベリー、ドラゴンズブラッド、フランキンセンス、ジャスミン、パチョリ、ローズマリー、ウッドラフ。
サイキック・センターを開く：バジル、ベイ、コーパル、ドラゴンズブラッド、フランキンセンス、ラベンダー、マグワート、バーベイン、ウッドラフ。
輪廻：バジル、ライラック、パチョリ、ローズ、サンダルウッド、スイートグラス。
幻視：バジル、ベイ、コーパル、フランキンセンス、マグワート、セージ。
意志力：ベイ、シーダー、ドラゴンズブラッド、パチョリ、ローズマリー、セージ、ウッドラフ。

✺ スマッジ（燻煙）✺

シーダー［Cedar］：沈静、慰め、清め、庇護。
ジュニパー［Juniper］：センタリング、清澄、浄化、集中。
レモングラス［Lemongrass］：リフレッシュ、コミュニケーション、チャネリング。
パイン（マツ）［Pine］：浄化、再建、増強。
セージ［Sage］：浄化、バランス、陰の気を払う、増強。
スイートグラス［Sweetgrass］：祖先と霊の助け手を呼ぶ、古代の英知。

✺ 精油 ✺

　呪術の目的に適う精油を以下から選んでキャンドルに塗る。キャンドルに「ドレッシング」を施すには中央から両端のどちらかに向かって塗り、上端から下端へは引き寄せの、下端から上端へは払いのけの効果がある。小袋に詰めたハーブに加えることで、エネルギーを高めることも。脈を感じる部分に塗るのもよい（シナモンは炎症の原因となる）。オイルは可燃性なので、取り扱いには注意する。

　補足：一覧にないオイルの特性に関しては「ハーブの照応」を参照。

ベイ［Bay］：希望の達成、成功、澄明な幻視または夢。
バジル［Basil］：直感、楽観、霊的な気づき。
シーダー［Cedar］：浄化、強さ、瞑想。
シナモン［Cinnamon］：エネルギー、勇気、目標の達成、金銭の獲得。
シトラス・レモン／ライム［Citrus Lemon/Lime］：元気づけ、喜び、エネルギー。
サイプレス［Cypress］：鎮静、感情を落ち着かせる、安定、冥界。
フランキンセンス［Frankincense］：オーラを清める、超能力の強化、エネルギー補給。
ジャスミン［Jasmine］：愛、直感、霊能、信頼、性的能力。

ラベンダー［Lavender］：バランス、沈静、浄化、悪霊祓い、異界。
オレンジ［Orange］：幻視、霊夢、安寧。
パチョリ［Patchouli］：大地のエネルギー、性的能力、強さ、力、冥界。
ペパーミント［Peppermint］：警戒心、行動、澄明な精神。
パイン（マツ）［Pine］：エネルギー、浄化、強さ、澄明、行動、庇護。
ローズ［Rose］：エネルギー、愛、優しさ、平和、幸福。
ローズマリー［Rosemary］：澄明な精神、記憶、庇護、元気づけ、祝福。
セージ［Sage］：清め、浄化、霊的な幻視、霊感。
サンダルウッド［Sandalwood］：浄化、清め、エネルギー。
ベチバー［Vetivert］：内部の調整、統合エネルギー。

羽根

携帯するか、チャームやまじないに組み込む。

ツル［Crane］	：知恵／知識	ダチョウ［Ostrich］	：真実
ハト［Dove］	：愛を差し出す	フクロウ［Owl］	：知恵の注入
ワシ［Eagle］	：庇護	カモメ［Seagull］	：旅
ガチョウ［Goose］	：愛を引き寄せる	ツバメ［Swallow］	：幸運
タカ［Hawk］	：庇護	ミソサザイ［Wren］	：旅の安全

髪の毛

髪に関する言い伝えとまじないでの扱い方。

煮る：髪の毛の持ち主を呼び寄せる。
三つ編み：コントロール／制限された力、犠牲。
燃やす：古い命の死と新たな命の誕生、髪の毛の持ち主に痛みや死を与える。
梳かす：念じることで嵐を呼べる。
切る：世界や望み、野心の拒絶。

乱れ髪：未熟な力。
下ろし髪：創造的、生殖力。
黒髪：妖術／誘惑。
金髪：善／無垢。
赤毛：魔力。

☀ 惑星の連関 ☀

太　陽：☉ 数字の1と関連。色彩：金、黄。影響：個性、プライド、成功、名誉、エネルギー、誇示。

　月　：☽ 数字の2と関連。色彩：銀、白。影響：人格、感受性、直感、願望、周期、平和。

水　星：☿ 数字の5と関連。色彩：黄、灰。影響：コミュニケーション、技能、敏捷性、思考、感覚、学習。

金　星：♀ 数字の6と関連。色彩：ピンク、アクア。影響：社交性、友情、情動、芸術的才能、価値、贅沢。

火　星：♂ 数字の9と関連。色彩：赤、橙。影響：動的エネルギー、積極性、意志力、性的衝動。

土　星：♄ 数字の8と関連。色彩：黒、藍。影響：野心、構造、現実性、自衛本能、ビジネス、自制心、制限／自由、物質性。

木　星：♃ 数字の3と関連。色彩：青、菫。影響：楽観、好機、健康、拡大、収入、富、理想主義、正義。

海王星：♆ 数字の7と関連。色彩：紫、ラベンダー。影響：オカルティズム、潜在意識、心霊エネルギー、霊、異界、理想主義、創造性、幻覚。

天王星：♅ 数字の4と関連。色彩：緑、斑。影響：突然で予測できない変化、緊張、ニュース、独創性、知識、刷新、啓示。

冥王星：♇ 数字の0と関連。色彩：茶、黒。影響：新生、変容、性、死、霊性、極端、進化、束縛から解き放たれた生命周期、冥界。

※ 惑星早見 ※

惑星	樹木	動物	花	宝石	香り
太陽	オーク	獅子	サンフラワー	トパーズ	フランキンセンス
月	ウィロー	犬／カニ	ラン	クオーツ	ジャスミン
水星	パーム	ジャッカル	ライム	オパール	クローブ
金星	ローレル／マートル	カラス／ハト	バラ	エメラルド	ベンゾイン
火星	ヒッコリー	狼／牡羊	ネトル	ルビー	ドラゴンズブラッド
土星	サイプレス	蜂／山羊	ユリ	スターサファイア	ミルラ
木星	オリーブ	牡鹿	クローバー	ラピスラズリ	コーパル

※ 昼夜ごとの惑星時間 ※

　ある曜日における惑星の影響力を利用するまじないに。以下は、1日を日出から日没、日没から日出までに分け、12時間制で区分したチャートである——しかし、使用する際は、まじないを行使する日の実際の日出と日没の時刻（天文暦や新聞、測候所で確認する）に基づいて計算し直す必要がある。軍事時間（24時間表記）で表した日出と日没の時刻を分に変換した数字に置き換え、日没時刻から日出時刻を引いて得た日中時間を12で割って1時間が実際に何分あるかを算出し、チャートに対応させる。夜の1時間の長さは、先の計算で出した日中時間を1440（1日24時間を分に変換した値）から引いた残りを12で割って算出し、日の入り後のチャートに対応させる。

　［日出が4:10、日没が19:10である場合、日出時刻は250、日没時刻は1150。（日没時刻－日出時刻）÷12＝（1150－250）÷12＝75。よって、日出から75分区切りで惑星時間は移行していく。日曜日の午前11:00は日出から数えて6時間目の木星時間に当たる］

8　呪術と照応

◎日の出後

時間	日曜日	月曜日	火曜日	水曜日	木曜日	金曜日	土曜日
1	太陽	月	火星	水星	木星	金星	土星
2	金星	土星	太陽	月	火星	水星	木星
3	水星	木星	金星	土星	太陽	月	火星
4	月	火星	水星	木星	金星	土星	太陽
5	土星	太陽	月	火星	水星	木星	金星
6	木星	金星	土星	太陽	月	火星	水星
7	火星	水星	木星	金星	土星	太陽	月
8	太陽	月	火星	水星	木星	金星	土星
9	金星	土星	太陽	月	火星	水星	木星
10	水星	木星	金星	土星	太陽	月	火星
11	月	火星	水星	木星	金星	土星	太陽
12	土星	太陽	月	火星	水星	木星	金星

◎日の入り後

時間	日曜日	月曜日	火曜日	水曜日	木曜日	金曜日	土曜日
1	木星	金星	土星	太陽	月	火星	水星
2	火星	水星	木星	金星	土星	太陽	月
3	太陽	月	火星	水星	木星	金星	土星
4	金星	土星	太陽	月	火星	水星	木星
5	水星	木星	金星	土星	太陽	月	火星
6	月	火星	水星	木星	金星	土星	太陽
7	土星	太陽	月	火星	水星	木星	金星
8	木星	金星	土星	太陽	月	火星	水星
9	火星	水星	木星	金星	土星	太陽	月
10	太陽	月	火星	水星	木星	金星	土星
11	金星	土星	太陽	月	火星	水星	木星
12	水星	木星	金星	土星	太陽	月	火星

❋ 黄道十二宮の連関 ❋

　個人用のドリーム・ピローやハーブの力を籠めた布袋などの色決めに。まじないや魔術で、人間や動物の誕生日に関係のある星座の加護を得る。他、刻印などに利用できる。

星座	シンボル	惑星	元素	色彩
牡羊座	♈	♂	△	白／ピンク
牡牛座	♉	♀	▽	赤／黄
双子座	♊	☿	△	赤／青
蟹座	♋	☽	▽	緑／茶
獅子座	♌	☉	△	赤／緑
乙女座	♍	☿	▽	金／黒
天秤座	♎	♀	△	黒／青
蠍座	♏	♇	▽	茶／黒
射手座	♐	♃	△	金／赤
山羊座	♑	♄	▽	赤／茶
水瓶座	♒	♅	△	青／緑
魚座	♓	♆	▽	白／緑

凡例

☿	♀	♂	♃	♄	♆	♅	♇
水星	金星	火星	木星	土星	海王星	天王星	冥王星

☉	☽
太陽	月

▽	△	△	▽
地	風	火	水

♈	♉	♊	♋	♌	♍
牡羊座	牡牛座	双子座	蟹座	獅子座	乙女座

♎	♏	♐	♑	♒	♓
天秤座	蠍座	射手座	山羊座	水瓶座	魚座

❋ 黄道十二宮 ❋

呪術用具にシンボルを刻印することにより、影響力を利用したいハウスや、天文暦で調べた現在のハウスの加護を得る。

ハウス	支配サイン	ハウスの特性
一	♈	人格、容貌
二	♉	金銭、物質資源、価値、評価
三	♊	コミュニケーション、学校、精神、兄弟、コミュニティ
四	♋	家庭、家族、幼年期、財産
五	♌	創造性、子供、愛、楽しさ、趣味
六	♍	健康、仕事、技能
七	♎	結婚、パートナーシップ、相互作用、法的行為
八	♏	死、再生、相続、手術、性的能力
九	♐	哲学、宗教、学究的環境、出版、旅行
十	♑	キャリア、地位、評判、名声
十一	♒	友人、運、キャリア上の報い、期待
十二	♓	霊能力、秘密、カルマ、直感

❋ 黄道十二星座 ❋

1.	牡羊座	♈ 支配星は ♂	指導力、生命力、集中した、要求が多い
2.	牡牛座	♉ 支配星は ♀	安定、頑固、生産的、実際的
3.	双子座	♊ 支配星は ☿	多芸多才、合理的、気まぐれ
4.	蟹座	♋ 支配星は ☽	直感、心霊的、養育、家族本位
5.	獅子座	♌ 支配星は ☉	力、楽観、生命力、注目を集める
6.	乙女座	♍ 支配星は ☿	奉仕、分析、細かい性格、批評的
7.	天秤座	♎ 支配星は ♀	バランス、調和
8.	蠍座	♏ 支配星は ♀	組織だった、変容、情熱的
9.	射手座	♐ 支配星は ♃	理想主義、自立、教育

10.	山羊座	♑ 支配星は ♄	物質主義、勤勉、規律的
11.	水瓶座	♒ 支配星は ♅	個性、知性的、奇矯
12.	魚座	♓ 支配星は ♆	オカルティズム、敏感、想像力に富んだ、直感的

❊ サインにある惑星のキーワード ❊

シンボルの組み合わせ、呪術用具への刻印などにより、黄道十二宮を通過して強い影響力を持っている惑星の加護を呪術に求める際に受け得る正負両方の影響力を以下に示す。

　補足：太陽外系の惑星が星座を通過するには年単位の時間がかかるので、本項は基本的な知識に留まる ── 惑星が何日の何時にどの星座に入っているかは天文暦で調べ、まじないの文句や行使する時季を調整し、最適な惑星配置を利用すること。

◎ **太陽 ☉ の位置：**

　♈ ＝「私は、である」。行動、勇気、指導力
　♉ ＝「私は、持っている」。所有、立案者、実際的
　♊ ＝「私は、考える」。警戒、多芸多才、コミュニケーション
　♋ ＝「私は、感じる」。粘り強い、世話好き、直感的
　♌ ＝「私は、しよう」。勇敢、忠実、達成
　♍ ＝「私は、分析する」。奉仕、勤勉、思慮深い
　♎ ＝「私は、調和させる」。公平、パートナーシップ、目利き
　♏ ＝「私は、熱望する」。臨機の才のある、激しい、秘密主義
　♐ ＝「私は、見る」。理想主義の、自立した、寛容
　♑ ＝「私は、使う」。野心的、整然とした、変動する誠実さ
　♒ ＝「私は、知っている」。断固とした、正直、人間味のない
　♓ ＝「私は、信じる」。思いやりのある、繊細、柔軟

◎月 ☽ の位置：

- ♈ ＝移り気、精力的
- ♉ ＝無感動、勤勉
- ♊ ＝機転の利く、順応性のある
- ♋ ＝温かい、繊細
- ♌ ＝野心的、熱心
- ♍ ＝利口、凝り性
- ♎ ＝礼儀正しい、謙虚
- ♏ ＝自信、霊能
- ♐ ＝楽天的、因習的
- ♑ ＝利己心、野心
- ♒ ＝博愛主義、頑固
- ♓ ＝非常に霊能的な、芸術的

◎水星 ☿ の位置：

- ♈ ＝警戒、即断
- ♉ ＝実際的、ビジネス・スキル
- ♊ ＝頭の回転の速さ、関心が広い
- ♋ ＝好古趣味、家庭的
- ♌ ＝理想、集中した
- ♍ ＝言語の才、オカルト信仰者
- ♎ ＝洗練された、幻視能力を持つ
- ♏ ＝疑い深い、霊的な
- ♐ ＝意見を譲らない、服従
- ♑ ＝地位、思慮深い
- ♒ ＝オカルト信仰者、孤高
- ♓ ＝霊能、創造性

◎火星 ♂ の位置：

　　♈ ＝率先、せっかち
　　♉ ＝目的を持った、プロ意識
　　♊ ＝我慢の利かない、好戦的
　　♋ ＝怒りっぽい、主観的
　　♌ ＝熱中、恐れ知らず
　　♍ ＝有能、細部にこだわる
　　♎ ＝調整役、専門家
　　♏ ＝妥協しない、口が重い
　　♐ ＝活動家、競争
　　♑ ＝野心的、革新者
　　♒ ＝旧弊、類を見ない
　　♓ ＝不一致、調査好き

◎金星 ♀ の位置：

　　♈ ＝衝動的、自己本位
　　♉ ＝芸術的、経済的安定
　　♊ ＝軽薄、金銭の浪費
　　♋ ＝家庭的、倹(つま)しい、オカルト信仰者
　　♌ ＝社交的、熱烈
　　♍ ＝完全主義者、批判的
　　♎ ＝同情的、調和の取れた
　　♏ ＝情熱的、オカルト信仰者
　　♐ ＝寛大、熱の籠もった
　　♑ ＝制御された、貪欲
　　♒ ＝思索的、知性的
　　♓ ＝霊能、思いやりのある

◎木星 ♃ の位置：
- ♈ ＝熱心、日和見主義
- ♉ ＝型にはまった、実際的
- ♊ ＝探求、コミュニケーション
- ♋ ＝同情的、保守的
- ♌ ＝宣言、活発
- ♍ ＝ビジネス、専門家
- ♎ ＝自己犠牲、対話
- ♏ ＝意志力、霊的な
- ♐ ＝成功した、探求者
- ♑ ＝独占欲の強い、富裕な
- ♒ ＝自由主義、探検家
- ♓ ＝霊能研究、豊かな想像力

◎土星 ♄ の位置：
- ♈ ＝忍耐、革新
- ♉ ＝実利主義、規律を守る
- ♊ ＝合理的、秩序だった
- ♋ ＝抑制した、心許ない
- ♌ ＝自惚れの強い、自己本位
- ♍ ＝些細なこと、専門性
- ♎ ＝同盟、協同
- ♏ ＝疑い深い、潜在的
- ♐ ＝柔軟性のない、慢心
- ♑ ＝厳粛、真剣
- ♒ ＝まっすぐな、超然とした
- ♓ ＝郷愁、落胆

◎海王星 ♆ の位置：

- ♈ ＝利己主義、豊かな想像力
- ♉ ＝明示的、識別できる
- ♊ ＝合理性、些細なところまで管理したがる
- ♋ ＝影響を受けやすい、衝動的
- ♌ ＝芸術的、へつらい
- ♍ ＝洞察力のある、思慮分別のある
- ♎ ＝実用的ではない、極めて優美な雰囲気の
- ♏ ＝深遠な、中毒性のある
- ♐ ＝反逆児、カルト信者
- ♑ ＝組織的、想像力のない
- ♒ ＝革新、まとまりのない
- ♓ ＝断絶、錯覚

◎天王星 ♅ の位置：

- ♈ ＝冒険好きな、移り気
- ♉ ＝刷新者、抑圧された
- ♊ ＝情動不安、草分け
- ♋ ＝オカルティズム、感情の起伏
- ♌ ＝反抗的、自惚れ
- ♍ ＝独創性、徹底的な調査
- ♎ ＝不調和、異端
- ♏ ＝知覚の鋭い、争い好きな
- ♐ ＝型破り、不可解
- ♑ ＝再構築、再編成
- ♒ ＝無政府主義、偏見のない
- ♓ ＝瞑想的、実行力のない

◎**冥王星 ♇ の位置：**

- ♈ ＝改善、結論の出ない
- ♉ ＝気乗りのしない、及び腰
- ♊ ＝普及、コミュニケーション
- ♋ ＝探査、家産
- ♌ ＝もがき、争い
- ♍ ＝浄化、組織的
- ♎ ＝関わり、刷新
- ♏ ＝気づき、警戒
- ♐ ＝再評価、新たな精神性
- ♑ ＝再建、再編成
- ♒ ＝改革、改良
- ♓ ＝理解、洞察力

❋ ハウスにあるサインのキーワード ❋

空気(アトモスフィア)から総体的に受ける影響力を整え、まじない、刻印、時季による力を強化する。

補足：ハウスは固定されているが、サインは移動する。従って、ホロスコープの作成に使用する出生時間にかかわらず（回帰線よりも恒星時で見た方が正確。後者は惑星の位置に基づいて割り出されるが、前者は地球上の回帰線の緯度に基づくため）、上昇宮はその時刻に地平線にあるものとし、その位置を第一ハウスとして、その他のサインにも同じように数字を振っていく——しかし、太陽年におけるその人の誕生星座を表す太陽は上昇宮にある必要はない。サインに入っている惑星の位置は天体位置表を使用して割り出す。天体位置表には黄道十二宮にある惑星の日ごとの位置と度数計算に用いる惑星同士の相関関係が載っているが、クラフトワーキングでは不可欠ではない。

◎第一ハウス：肉体、性格
- ♈ ＝期待、委任
- ♉ ＝個人が持つ力／所有物の収集と保持
- ♊ ＝確信のなさ、多様化
- ♋ ＝過去のつながりから解放する新しいつながり
- ♌ ＝自己表現、高い評価、創造性
- ♍ ＝控えめ、秩序だった
- ♎ ＝目的、如才なさ、節度
- ♏ ＝擁護者、強烈さ、公平
- ♐ ＝様々な要素を含む、理解、陽気
- ♑ ＝物質主義、地位への野心
- ♒ ＝理想主義、孤高、上品、人道的
- ♓ ＝内省的、強迫観念的、共感能力

◎第二ハウス：金銭、職業
- ♈ ＝自己主張、委任
- ♉ ＝放縦、規律正しい
- ♊ ＝変化しやすい、賢明
- ♋ ＝養成、家族の
- ♌ ＝品質、独特の
- ♍ ＝マーケティング、販売
- ♎ ＝同一化、一貫性
- ♏ ＝複雑化、困難
- ♐ ＝革新的、解決策
- ♑ ＝管理された、規律を守る
- ♒ ＝搾取的、投資
- ♓ ＝抑制された、隠蔽された

◎第三ハウス：コミュニケーション、思考
 ♈ ＝直線的、論争的、攻撃的
 ♉ ＝洗練、芸術的／スポーツマン的強さ
 ♊ ＝連係、コミュニケーションの才
 ♋ ＝繊細、ユーモアのある、家族中心
 ♌ ＝機知、力、温もり
 ♍ ＝批判的、完全主義者、競合的
 ♎ ＝公正、強い、理論上
 ♏ ＝詮索、悪巧み、敵対
 ♐ ＝狡猾、法律万能主義的、概要
 ♑ ＝立案者、用心深い、立身出世主義者
 ♒ ＝芸術的、心理学的、独創的
 ♓ ＝創造的、有能な、霊的な

◎第四ハウス：家、家庭生活
 ♈ ＝元気のよい、無秩序な
 ♉ ＝密接な、平穏
 ♊ ＝やり取り、防備
 ♋ ＝居心地のよい、郷愁を感じる
 ♌ ＝独占欲の強い、発展的な
 ♍ ＝整頓された、落ち着き
 ♎ ＝装飾的、快適な
 ♏ ＝プライバシー、保護的
 ♐ ＝広々とした、勉強好きな
 ♑ ＝根本的、明快な
 ♒ ＝無二の、科学的
 ♓ ＝楽しませる、趣のある

◎第五ハウス：愛、楽しみ、子供
- ♈ =熱狂的な、生き生きとした
- ♉ =思慮深い、よく気のつく
- ♊ =社会性、楽天的な
- ♋ =家族の、保護的な
- ♌ =愛情の籠もった、過度の要求
- ♍ =口の重い、確固とした
- ♎ =ロマンティック、優柔不断
- ♏ =情熱的、独占欲の強い
- ♐ =人好きのする、管理されていない
- ♑ =遠慮がちな、躊躇いがち
- ♒ =因習に囚われない、超然とした
- ♓ =感情的な、当てにならない

◎第六ハウス：仕事、健康
- ♈ =集中した、要求が多い
- ♉ =生産的、機械的な
- ♊ =意欲を引き出すもの、柔軟な
- ♋ =微妙さ、創造的
- ♌ =自発的、細部にこだわる
- ♍ =批判的、正確な
- ♎ =意欲のない、退屈な
- ♏ =組織立った、変化させる
- ♐ =率先して行動する人、散漫な
- ♑ =勤勉な、規律を守る
- ♒ =創造的、革新的
- ♓ =微妙な違い、鋭敏な

◎第七ハウス：結婚、パートナー
- ♈ ＝投影的、鈍感
- ♉ ＝頼もしい、官能的
- ♊ ＝多様、冷静な
- ♋ ＝育児、気持ちの揺らぎ
- ♌ ＝男性支配の、私心のない
- ♍ ＝気難しい、努力を怠らない
- ♎ ＝二面性、駆け引きの上手い
- ♏ ＝遠距離の、疑念を起こさせる
- ♐ ＝多様、熱中
- ♑ ＝冷静な、非人間的な
- ♒ ＝型破りな、気前のよい
- ♓ ＝幻想の、ロマンティック

◎第八ハウス：死、相続
- ♈ ＝動的、力に溢れた
- ♉ ＝無私の、断固たる
- ♊ ＝柔軟な、見積もり
- ♋ ＝頑なな、引き籠もった
- ♌ ＝孤独、合理化
- ♍ ＝査定、敏感
- ♎ ＝自由主義、浅薄な
- ♏ ＝内省、オカルト
- ♐ ＝気前のよい、好奇な
- ♑ ＝物質、安全な
- ♒ ＝向こう見ず、不注意
- ♓ ＝評価、解釈する

◎第九ハウス：宗教、教育、旅行

- ♈ ＝落ち着かない、熱烈な
- ♉ ＝趣味のよい、内在する
- ♊ ＝はっきりとした、意味深長な
- ♋ ＝感情的、切迫
- ♌ ＝旅行、形而上学的
- ♍ ＝組織的、科学的
- ♎ ＝安心感、順応できる
- ♏ ＝力強い、様々な要素を含む、カリスマ的
- ♐ ＝名声、保証
- ♑ ＝保守的、栄光
- ♒ ＝刺激的、極端な
- ♓ ＝実存主義の、達成者

◎第十ハウス：社会的地位、名声

- ♈ ＝人道主義、思いやりのある
- ♉ ＝刺激的、表彰
- ♊ ＝多芸多才な、コミュニケーション
- ♋ ＝芸術的、創造性
- ♌ ＝協調、愛想のよい
- ♍ ＝洞察力、感情豊かな
- ♎ ＝過激主義者、強迫観念的
- ♏ ＝重荷を背負った、優位
- ♐ ＝発展的、観念的
- ♑ ＝没収、規律を守る
- ♒ ＝形而上学的、人道的
- ♓ ＝適応性のある、言いなりになる

◎**第十一ハウス：友人、望み、政治、キャリア上の恩恵**
- ♈ ＝やり甲斐のある、参加型
- ♉ ＝実利主義的、安定
- ♊ ＝能力、比較照合的
- ♋ ＝防備、眼力のある
- ♌ ＝信頼の置ける人、忠義
- ♍ ＝目の肥えた、成熟した
- ♎ ＝寄付者、平和主義者
- ♏ ＝真面目な、活力を吹き込む
- ♐ ＝観念的、実践主義者
- ♑ ＝保守的、真剣な
- ♒ ＝独創性、島国的
- ♓ ＝同情的、革新的

◎**第十二ハウス：秘密、霊能、心霊術、団体、プライベート**
- ♈ ＝有用、内在化
- ♉ ＝却下、断絶
- ♊ ＝好奇心をそそる、普及
- ♋ ＝直感、心理学的
- ♌ ＝奉仕、慈善を行う
- ♍ ＝調査員、組織
- ♎ ＝抑制された、平穏
- ♏ ＝力、チャネリング
- ♐ ＝学究的環境、宗教的
- ♑ ＝健全さ、カウンセリング
- ♒ ＝判断を急ぐ、独特な
- ♓ ＝自己犠牲的、思いやりのある

惑星精霊*4

◎惑星精霊の名前

中世の魔術書より。惑星の相関関係に関するまじないに使用。

♄ オメリエル［Omeliel］、アナキエル［Anachiel］、アリエル［Ariel］
☿ ヴェヒエル［Vehiel］、ヴァオル［Vaol］、カシエル［Cassiel］
♃ ネトニエル［Netoniel］、パラシエル［Parasiel］
♀ アエリエル［Aeliel］、モナキエル［Monachiel］、アルマエル［Armael］
☉ シャディエル（角ある者）［Shadiel］
☽ アザレル［Azarel］、イカディエル［Ichadiel］、ヤシエル［Yashiel］
♄ イシュリエル［Ithuriel］、エスキエル［Eschiel］

◎惑星精霊

中世の魔術書を出典とし、太陽、月、当時知られていた諸惑星が司るペイガンのエネルギーを、力と金属、黄道十二宮の星座ふたつ（太陽と月はひとつずつ）で象徴する精霊。シンボルをキャンドルに刻印することで、前掲した惑星の影響力に精霊の力を付与する祈願とする。選んだシンボルは大釜や他の呪術素材を載せる紙のペンタグラムに描いてもよい。また、まじないやチャームの文句の残りとともに紙に書き記して焼き、小袋などの中身に加えたりなどする。この精霊たちの力は、儀式魔術を特徴付ける天使や悪魔の影響力とは異なる。

オク［Och］☉　フル［Phul］☽　ハギト［Hagith］♀　ファレグ［Phaleg］♂
♌　　　　　　♋　　　　　　♉ ♎　　　　　　♈ ♏
知恵、癒やし／　変容、邪悪を打　美、愛、友情／　武勇と勝利／
金　　　　　　ち破る／銀　　　銅　　　　　　鉄

ベトール [Bethor] ♃ オフィエル [Ophiel] ☿ アラトロン [Aratron] ♄
♐ ♓   ♊ ♍   ♑ ♒
名誉と富／   技芸、迅速さ／   魔法、霊、知識／
錫   水銀   鉛

力を司る者の名前

　中世の魔術書が出典。まじないの素材に加えることもできるが、古代の神から悪魔に変化したもの、舌がかりや狂乱の中から生まれた名がある —— 初めは儀式魔術で使用された。

♄ アギエル〔Agiel〕、ザゼル〔Zazel〕
♂ グラフィエル〔Graphiel〕、バルツァベル〔Bartzabel〕
♃ ヒスマエル〔Hismael〕、ヨフィエル〔Yophiel〕
☉ ナキエル〔Nakiel〕、ソラト〔Sorath〕
☿ ティリエル〔Tiriel〕、タフタルタラト〔Taphthartharath〕
☽ マルカー〔Malcah〕、カシュモダイ〔Chashmodai〕
♀ ハギエル〔Hagiel〕、ケデメル〔Kedemel〕

◎闇の力を司る者の名前
　アガレス〔Agares〕：言語、力ある者を覆す
　アイニ〔Aini〕：狡猾と真実
　アムドゥスキアス〔Amduscias〕：音楽、樹木
　アンドラス〔Andras〕：不和
　アンドレアルフス〔Andrealphus〕：測量
　アンドロマリウス〔Andromalius〕：盗まれたものが戻る
　アスモデウス〔Asmodeus〕：力、コントロール

アスモダイ［Asmoday］：美徳、数学
アスタロト［Astaroth］：秘密
ベレト［Beleth］：愛
ベリエル［Beliel］：好意
キメリエス［Cimeries］：論理
エリゴール［Eligor］：隠されたもの
ガミュギュン［Gamygym］：一般教養と科学
ゴモリ［Gomory］：財宝
ハゲンティ［Hagenti］：知恵
イポス［Ipos］：過去と未来
レライエ［Lerajie］：緑の射手（狩人）
マルバス［Marbas］：機械、工芸術、治癒
モラクス［Morax］：天文学、宝石、薬草
オリアス［Orias］：惑星の効能と特性
オセ［Ose］：占い、秘められた知識
パイモン［Paimon］：使い魔、魔術
セーレ［Seere］：輸送や運搬
ストラス［Stolas］：宝石と薬草
ウァラク［Valac］：蛇
ウァレフォル［Valefor］：窃盗
ウァプラ［Vapula］：哲学
ウァサゴ［Vassago］：失われたもの、隠されたものを見つける

数字の相関関係

　アルファベットには対応する数価が存在し、適切な名前、住所、出生地と誕生日を数字に置き換え、各桁の数字を全て足し合わせるという操作を繰り返して最終的に得られる一桁の数字（数字根）から、それらが持つ影響力を知ることができる。この方法で出生時の名前と数字根を同じくする名前をクラフトネームに選んだり、望む影響力を持つ数字根に合わせて違う名前を決めたりで

きる。十一章の「タロー・カード」の項にあるように、タロー・カードの大アルカナはこれらの数字と関係を持っている。また、日付から得た数値をまじないに活かすこともできる。

1＝アルファベットA、J、S。☉太陽。火。自己を高める、あらゆる全て、始まりと終わり、一体化と統合。
2＝アルファベットB、K、T。☽月。水。感受性と人格、真実、祝福、二元性、バランス。
3＝アルファベットC、L、U。♃木星、火。健康と好機、三つ組と三重相、キャリア。
4＝アルファベットD、M、V。♅天王星。風。啓示と知識、基盤、強さ、四大元素。
5＝アルファベットE、N、W。☿水星。風。コミュニケーション、ペンタグラム（四大元素＋霊）、成就。
6＝アルファベットF、O、X。♀金星。地。社交的と情動、猫、三相女神と三重男神の結びつき、魅了、決着。
7＝アルファベットG、P、Y。♆海王星。水。潜在意識、直感、精神的、神秘主義、ふたつの三つ組の結合、変化。
8＝アルファベットH、Q、Z。♄土星。地。自由、二重の基盤、物質界と霊界、法、自己修養、旅行／ニュース。
9＝アルファベットI、R。♂火星。火。攻撃、エネルギー、新たな径、不死性、不壊の、束縛。

※ 占いでの数字 ※

数値変換を行い、各桁を足し合わせていって得られる1〜9、10、11、12、13、22の数字を持つ、日付とアルファベットが受けうる好影響と悪影響。

1：目的の定まった、一意専心、力強い、頑固、野心的、自立した、自己充足の、自己主張の強い、独立独歩の、創意に富んだ、創造的。

2：機転の利く、懐柔的な、物事に動じない、駆け引きの上手い、説得力のある、非断定的、変わりやすい、嘘つき、冷酷、悪意のある。

3：想像力に富んだ、精力的な、眩しい、表現、多芸多才な、機知に富む、成功した、魅力的、野心的、高慢、幸運、命令的、賛同を求める、拡張しすぎた、拡散したエネルギー。

4：堅固な、実際的、組織だった、管理の、穏やかな、厳格な、ちゃんとした、安定した、勤勉な、苦労して手に入れた成功、細かいことにうるさい、怒りの爆発、疑念に満ちた、貧しい、敗北、憂鬱。

5：落ち着きのない、性急、利口、リスクを負う、投機家、冒険家、臨機の才のある、短気、思い上がった、皮肉な、わがままな、過度。

6：調和、家庭的、平和な、幸福、親切な、頼もしい、友好的な、忠実な、良心的な、理想主義、愛情深い、健全な、陳腐な、結果的な成功、芸術的な、教師、徹底的な、小うるさい、気障な、噂好き、思い上がった、頑固。

7：世を捨てた、神秘論者、学術的、哲学者、オカルト信者、瞑想的、超然とした、見透かすような、想像力に富んだ、超自然的、風変わりな。

8：力、金銭、世俗との関わり、実際的な、たくましい、用心深い、粘り強い、物質主義、働き者、抑制された奇矯さ、反抗的な。

9：精神的／霊的な達成、衝動的、思いやりのある、夢想的、人道主義者、断固とした、科学、教えること、芸術的、正統でない、反対を許容できない、自己中心的。

10：始まりと終わりと新たな始まりの周期。

11：暴露、強烈な個性、もっともな確信、運命を感じる。

12：異界的、神秘主義の、瞑想的、幻視、神秘の知識。

13：周期、相、完全性、一体感、統一された。

22：名人芸の、駆り立てるエネルギー、内なる幻視、見事な、社会にとって有益にも有害にもなり得る極端さ。

✤ ルーン一覧 ✤

キャンドルへの刻印、紙に書いて燃やす、あるいはまじないやチャームに付加する。まじないの目的や他の呪術素材はルーンが司る色と意味に合わせられる。

名称	記号	文字	意味	色彩
オサ [Osa]	ᚠ	[OE]	男神、よいめぐり合わせ、望ましい結末	緑／白
アッシュ [As]	ᚨ	[AE]	先祖、信号、古代の知恵の獲得	藍／紫
ベオーク [Beorc]	ᛒ	[B]	女神、多産性、成長、新たな始まり	白／緑
ダグ [Daeg]	ᛞ	[D]	夜明け、世界の狭間、打開	淡菫色
エー [Eh]	ᛖ	[E]	動き、旅の安全、進歩、変化	青
フェイオー [Feoh]	ᚡ	[F]	物質的な豊かさ、成就、野心の満足	緑
ゲフ [Gefu]	✕	[G]	結びつき、パートナーシップ、愛、贈り物、自信	ピンク／赤
エオ [Eoh]	♪	[Z]	経路、行動、異界との交流	藍／紫
ハグル [Haegl]	ᚺ	[H]	雹、限界／崩壊、目覚め	白／青
イス [Is]	ᛁ	[I]	氷、不動、休息期間、中傷を止める	白／銀
イェラ [Gera]	ᛄ	[J]	年、収穫、報酬、仕事から実体のある結果を得る	白／緑
ケン [Ken]	ᚲ	[K/C]	変容する炎、始まりのエネルギー、再出発	白／金
ラーグ [Lagu]	ᛚ	[L]	流動、水、超能力、直感、生命力	青／菫
マンナズ [Mannaz]	ᛗ	[M]	自己、自己修養、協力、瞑想	藍／菫
ニード [Nyd]	ᚾ	[N]	束縛、自制、障害の克服	白／青

イン [Ing]	ᛝ	[NG]	有角神、多産性、家族、完成	藍
エセル [Ethel]	ᛟ	[OE]	所有、家庭、社会的地位、獲得	白／金
ペルス [Perth]	ᛈ	[P]	宿命、秘められた力、予期せぬ幸運、直感	青／緑
ラド [Rad]	ᚱ	[R]	旅行、探索、探していたものを見つける、同調	青／菫
シイェル [Sigel]	ᛋ	[S/Z]	太陽車輪、完全性、癒やし、生命エネルギー、力	橙／金／赤
ティール [Tyr]	↑	[T]	勝利、成功、勇気、好ましい結果	白／金
ソーン [Thorn]	ᚦ	[TH]	庇護、門、敵の中立化、防御	黒
ウルズ [Uruz]	ᚢ	[U]	強さ、身体の健康、勇気、促進	緑／茶
ウィン [Wyn]	ᚹ	[W]	喜び、安らぎ、幸福、調和、愛	ピンク／黄
エオロー [Eolh]	ᛉ	[EA]	エルク、庇護、友情、気づかれずに進む	白
ウィルド [Wyrd]	[ ]	[―]	未知の運命、宿命、宇宙からの影響力	黒／白

◎呪術に使用する基本的なルーンとシンボル

変化：ᛇ ᛃ ᚾ ᛗ　　　　　幸運と祈願：ᚠ ᚦ ᛚ

コミュニケーション：ᛗ ᛚ　　金銭：ᚠ ᛝ

創造性：ᚠ ᚲ ᛃ ᛈ　　　　　庇護：ᚦ ᚾ ᛁ ᛚ ᛉ ᛗ ⊕ ☀

健康：ᚢ ᛒ ᚲ ᛉ ᛋ ᛒ　　　強さ／勝利：ᚢ ᚾ ᚱ ᛃ ᛋ ↑

豊かさ：ᛝ ᚦ ᛗ ᛇ　　　　　旅：ᚱ ᛗ

愛：᛭ ᚦ ᚹ ᛗ ᛚ ᛝ

❧オガム・フューズ一覧❧

道具への刻印、まじない、チャームに。中界または物質界、冥界または霊界、

異界または高次アストラル界という径(パス)によってつながった三界があり、それぞれに四つの領域が属する（「啓示」の章を参照）。

フュー		文字	パス［領域］	意味
⊢	ベイ［Beithe］（バーチ）	B	領域［冥界］	始まり／エネルギー
⊫	ルーシュ［Luis］（ローワン）	L	パス［冥界］	洞察力／予知／活気づけ
⊧	フェアーン［Fearn］（ハンノキ）	F	領域［中界］	内なる強さ／基礎
⊨	サリュー［Saille］（ウィロー）	S	パス［異界］	直感／しなやかさ
⊫	ニオン［Nion］（アッシュ）	N	領域［異界］	目覚め／新生／平和
⊣	ウーアー［Huath］（ホーソン）	H	領域［冥界］	楽しみ／不運／浄化
⊨	ドゥイル［Duir］（オーク）	D	パス［冥界］	真実／忍耐／強さ
⊫	チンニャ［Tinne］（ホーリー）	T	領域［中界］	バランス／報復
⊫	コール［Coll］（ヘーゼル）	C	パス［異界］	知恵／創造性／知覚
⊫	ケアート［Quert］（アップル）	Q	領域［異界］	再生／永遠／命
╋	ムウィン［Muin］（ヴァイン）	M	領域［冥界］	内省／別の視界
╪	ゴート［Gort］（アイビー）	G	パス［冥界］	技能の向上／学習
╪	ニェータル［Ngetal］（アシ）	NG	領域［中界］	調和／内なる成長
╪	ストラーフ［Straif］（ブラックソーン）	Z	パス［異界］	強制／力によるコントロール
╪	ルウシュ［Ruis］（エルダー）	R	領域［異界］	変化／進化
✛	アールム［Ailm］（モミ）	A	領域［冥界］	支配者／活力／思慮分別

᚛	オン［Onn］ （ハリエニシダ）	O	パス［冥界］	知恵の照合／人生の変化
᚜	ウール［Ur］ （ヘザー）	U	領域［中界］	熱情／門／成功／獲得
᚝	エイヤー［Eadha］ （アスペン）	E	パス［異界］	直感／障害の克服
᚞	イーヨー［Iodho］ （イチイ）	I／Y	領域［異界］	変容／終わり／不死性
|	空白（ミスルトー）	空白	なし	宇宙からの影響力／宿命／運命

❈ エネルギー点；チャクラ ❈

頭のてっぺん（頭頂）	白	神／宇宙との霊的な結合
霊眼（第三の眼）	紫	霊的な気づき、洞察力
喉（喉）	青	表現、語りかけ、言葉の力
心臓（ハート）	緑	エネルギーの合流、愛、癒やし
鳩尾（太陽神経叢）	黄	意志力、バランス
下腹部（臍）	橙	内なる（霊的な）強さ、不屈さ
背骨の付け根（根）	赤	大地のエネルギーの入り口、基盤
両掌	藍	火の元素（右）、水の元素（左）
両足裏	茶	地の元素（左）、風の元素（右）

❈ 月の庭造り ❈

星座(サイン)と月相を利用し、自分用にハーブなどを育て、収穫する。

◎結実のサイン

　蟹　座——葉を使うものを植える。地上に実をつけるものを植える

　蠍　座——成長を促進するために間引きする

　魚　座——根を使うものを植える

牡牛座 —— 根菜を植える

山羊座 —— 球根、根、茎が強く育つよう間引きする

天秤座 —— 花と蔓植物を植える

◎**不結実のサイン**

獅子座 —— 雑草／有害生物を駆除する。土を起こす／耕す

双子座 —— ハーブ／根菜の収穫

乙女座 —— 鍬入れ、耕起、雑草取り

射手座 —— 成長を止めるために剪定する

水瓶座 —— 作物／ハーブ／根の刈り入れ　耕作、雑草／有害生物を駆除する

牡羊座 —— ハーブ／根の収穫／貯蔵　成長を抑えるために剪定する

新月　　　　上弦の月　　　　満月　　　　下弦の月　　　　新月

花、一年生植物、地上に実を結ぶ作物、外側に種をつける　　内側に種をつけ、地上に実を結ぶ作物を植える　　根菜、球根、多年生植物を植える　　何も植えない

※ 用途別のハーブと植物の一覧 ※

バランス：バジル、カモミール、コンフリー、マレイン、ネトル、ウッドラフ。

祝福：カモミール、ダイアンサス、エルダー・フラワー、フェンネル、ミント、オート麦、ローズマリー、ルー（ヘンルーダ）、バーベイン。

浄化／清め：アベンス、ベトニー、ベンゾイン、バードック、クローブ、ヒソップ、ラベンダー、マレイン、パセリ、パイン（マツ）、ローズマリー、タイム、バーベイン、ワームウッド、ヤロウ。

聖別：アカシア、アニス、バジル、クローバー、ドラゴンズブラッド、ヒソップ、ラベンダー、ミスルトー、マグワート、ネトル、ローズマリー、ルー、サンフラワー、バーベイン。

負のエネルギーの無効化：アグリモニー、アベンス、フェンネル、ホーリー、ヒソップ、マザーワート、ローワン、ルー、バーベイン。

勇気：バジル、ボリジ、マレイン、ローズマリー、タイム。

創造性：アニス・シード、バジル、キャットニップ、ホーソン、ラベンダー、セントジョンズワート、バーベイン。

啓示：アニス・シード、バジル、ベイ、シンクフォイル、クローバー、ダミアナ、ディタニーオブクリート、アイブライト、ハニーサックル、ホップ、ラベンダー、カレンデュラ、ムーンワート、マグワート、マレイン、オレンジ・ピール、ローワン、タイム、バーベイン、ウッドラフ、ワームウッド、ヤロウ。

変化を促す：ドラゴンズブラッド、リンデン、パープルヘザー、ウッドラフ。

エネルギー／力／強さ：シンクフォイル、ドラゴンズブラッド、エルダー・フラワー、フェンネル、セントジョンズワート、バーベイン、ウッドラフ。

運勢／正義：ベイ、ベルガモット、シンクフォイル、レモンバーム、オレンジ・ピール、スターアニス、バーベイン、ウッドラフ。

幸福／平和：フェンネル、ラベンダー、ルースストライフ、ローズマリー、バーベイン、ヤロウ。

癒やし：シンクフォイル、コンフリー、コリアンダー、ホップ、ラベンダー、レモンバーム、マレイン、マスタード、ローズマリー、ルー、セージ、セントジョンズワート、タンジー、タイム。

愛：アップル、アベンス、バジル、カルダモン、キャットニップ、ディル・フラワー、エルム、ジンジャー、ラベンダー、レモンバーム、リンデン・リーフ、カレンデュラ、マジョラム、ムーンワート、マスタード・シード、オレンジ・ピール、レッドヘザー、ローズマリー、ベチバー、ウィロー、ヤロウ。

瞑想：アカシア、ベンゾイン、カモミール、フランキンセンス、ウッドラフ。

金銭：バジル、ベルガモット、カモミール、クローブ、ディル・シード、ミント、ムーンワート、ナツメグ、オート麦、ベチバー。

庇護／防御：ベトニー、バーチ、バードック、クミン、ダイアンサス、ディル・リーフ、フェンネル、ファーン、マジョラム、ミント、マグワート、マレイン、マスタード、パセリ、ローズマリー、ルー、セージ、バーベイン、ホワイトヘザー、ウッドラフ、ワームウッド、ヤロウ。

霊的な気づき：ベイ、ベトニー、バードック、シナモン、エルダー・フラワー、ラベンダー、メース、カレンデュラ、スターアニス、ウッドラフ。
陰の気の解放：ベトニー、クローブ、ヒソップ、マグワート、ローズマリー、セントジョンズワート、タイム、バーベイン、ベチバー、ヤロウ。
陽のエネルギーの封じ込め／送り込み：アンジェリカ、ワームウッド。
霊との接触／祝福：ライラック、パープルヘザー、ミント、ソロモンズシール。
強さ／意志力：ローズマリー、セントジョンズワート。
知恵：エルダー、セージ、ウィロー。

※ 闇の力を目的としたハーブと植物の一覧 ※

送り手に返送［送られてきた害意や陰の気を跳ね返し、送り手の元に戻す］：アグリモニー、ジンジャー、レディーズスリッパ、マレイン、ネトル、ルー、タマリスク、シスル、ユニコーン・ルート。

偏向［害意や悪意を散らす］：アニス、ブラックソーン、ボーンセット、エルダー、ジンジャー、レディーズスリッパ、マレイン、ネトル、オリス・ルート、パプリカ、ペニーロイヤル、ペッパーコーン、ルー、タマリスク、ベチバー、ウィロー。

報復［負のエネルギーを送り手に返し、そこに封じ込める］：ブラックソーン、エルダー、ルー、ベチバー、ウィロー。

呪詛［目的を持って負のエネルギーを呼び出す］：サイプレス、ドラゴンズブラッド、ワームウッド、ローワン・ウッド、ヤロウ（アロールート）。

悪霊祓い［陰のエネルギーを散らし、陽のエネルギーが入ってこられるようにする］：アグリモニー、アサフェティダ、アベンス、ボーンセット、クローブ、サイプレス、ドラゴンズブラッド、ファーン、フランキンセンス、ガーリック、ジンジャー、ジュニパー・ベリー、ラベンダー、ライラック、マレイン、ネトル、ペッパーコーン、ルー、ローズマリー、セージ、サンダルウッド、タマリスク、シスル、ユニコーン・ルート、バーベイン、ヤロウ。

追い払いと解放［陰の気を吸収して除去する、下位の悪霊祓い］：エルダー、ファーン、ガーリック、ヒソップ、ラベンダー、ライラック、マグワート、

オニオン、セージ、スカルキャップ、セントジョンズワート、シスル、バレリアン、ウィロー、ウッドラフ。

老婆、闇月、死／通路、狩人、月蝕、異界、庇護、日食、移行／新生、冥界：
アブシント、アカシア、アマランサス、アニス、アップル、アッシュ（リーフ／ベリー）、アルテミシア、バルサム、ベイ、ベイベリー、ブラックベリー、ブラックカラント、ブライヤー、バードック、サイプレス、ダミアナ、ダンデライオン・ルート、ダイアンサス、ディタニーオブクリート、エルダー、エレキャンペーン、フェンネル、ガーリック、ジンジャー・ルート、ホーソン、ヘーゼル、ジャスミン、ラベンダー、ライラック、リンデン、メース、カレンデュラ、マグワート、マレイン、ミルラ、オーク、オリス・ルート、パプリカ、パチョリ、ポムグレナート・シード、パープルヘザー、ローズマリー、ローワンウッド、セージ、サンダルウッド、スカルキャップ、セントジョンズワート、タンジー、シスル、タイム、バレリアン、バーベイン、ウィロー、ウッドラフ。

※ ハーブと植物の照応 ※

アカシア［Acacia］：祭壇への捧げ物／聖別、超能力の補助、瞑想。

アグリモニー［Agrimony］：庇護、まじないを送り手に返す、睡眠を促す。

オルダー（ヨーロッパハンノキ）［Alder］：風の精霊を誘い出す口笛、妖精への祈り。

オールスパイス［Allspice］：繁栄、エネルギー。

アンジェリカ［Angelica］：庇護、啓示、聖別。

アニス［Anise］：清め／聖別、庇護、まじないにおける霊の助け、啓示、創造性を伸ばす。

アップル［Apple］：旅立つ霊たちの食べ物、愛、健康、一角獣を惹きつける、冥界。

アッシュ［Ash］：ワンド、庇護、予言夢の許可、繁栄。

アベンス［Avens］：清め、愛、負のエネルギーから守る。

バナナ（リーフ／フラワー）［Banana］：多産性、繁栄、一なる神としての女神と男神。

バジル［Basil］：庇護、勇気、富、愛、啓示、創造性、陰の気をはねつける。
ベイ（月桂樹）［Bay］：超能力、清め、祈願、啓示、正義、知恵、促進。
ベンゾイン［Benzoin］：清め、繁栄、瞑想。
ベルガモット［Bergamot］：成功、富、正義。
ベトニー［Betony］：清め、庇護、霊的な気づき、絶望／悪夢を払う。
バーチ［Birch］：ワンド、庇護、清め、陰の気から身を守る、浄化、女神。
ブラックベリー［Blackberry］：庇護、健康、繁栄、影の国、男神。
ブラックソーン（スピノーサスモモ）［Blackthorn］：悪意を送り手に返す、負のエネルギーを潰す、防壁、ヘカテー。
ボリジ［Borage］：超能力、庇護、勇気。
ブライヤー［Briar］：透視夢、妖精の魔法。
ブルーム（エニシダ）［Broom］：清め、庇護、妖精たちが好まないので妖精とは関係のない魔法。
バードック［Burdock］：清め、庇護、陰の気から身を守る。
カルダモン［Cardamon］：愛、ロマンス。
カーネーション（クローブピンク）／ダイアンサス［Carnation/Dianthus］：庇護、強さ、癒やし、女神への捧げ物。
キャットニップ［Catnip］：愛、創造性、猫の魔法、使い魔、安寧。
カモミール［Chamomile］：瞑想、休息、落ち着き、清め、繁栄。
チェリー（サクラ）［Cherry］：創造性、希望、期待。
シナモン［Cinnamon］：霊能力／超能力、庇護、成功、ビジネス、癒やし。
シンクフォイル［Cinquefoil］：繁栄、庇護、清め、啓示、癒やし、よいめぐり合わせ。
シトロン［Citron］：超自然的な能力、澄明。
クローブ［Clove］：富、清め、陰の気から身を守る、浄化。
クローバー［Clover］：啓示、聖別、金銭、幸運、愛、異界。
コルツフット［Coltsfoot］：カルマ、政治的力。
コンフリー［Comfrey］：癒やし、旅の安全。
コリアンダー［Coriander］：健康、金銭。
コーンフラワー（ヤグルマギク）［Cornflower］：超自然的な能力。

クミン［Cumin］：所有物の保護。

ダミアナ［Damiana］：啓示、財産の保護、女神。

ディル［Dill］：金銭、庇護、愛。

ディタニーオブクリート［Dittany of Crete］：啓示、超能力。

ドラゴンズブラッド（竜血）［Dragon's Blood］：聖別、力、生命周期、変化。

エルダー［Elder］：ワンド、妖精、祝福（木を燃やしてはいけない）、魔力。

エルム［Elm］：エルフ、愛。

アイブライト［Eyebright］：精神力の補助、啓示。

フェンネル［Fennel］：庇護、男神、負のエネルギーを逸らす。

ファーン［Ferns］：庇護、雨乞い、知恵。

フィーバーフュー［Feverfew］：病気を避ける、旅の事故を避ける。

ファー（モミ）［Fir］：表明。

フォックスグローブ（ジキタリス）［Foxglove］：(有毒) 成長して家と庭を守る、ジギタリスの原料。

フランキンセンス［Frankincense］：庇護、祝福、霊性、瞑想、力、神聖であること。

ファーズ／ゴース（ハリエニシダ）［Furze/Gorse］：庇護、対立への備え。

ガーリック［Garlic］：庇護、力。

ジンジャー［Ginger］：愛、成功、金銭、力。

ホーソン［Hawthorn］：ワンド、多産性、庇護、創造性／魔女術の技量、妖精を惹きつける。

ヘーゼル［Hazel］：妖精、癒やし、庇護、幸運、コミュニケーション、ワンド、魔女術の技量。

ヘザー［Heather］：(赤) 愛、(白) 庇護、(紫) 霊性の発達、美。

ホーリー（イレックス）［Holly］：(有毒) バランス、夢魔術、冬の男神。

ハニーサックル［Honeysuckle］：啓示、夢。

ホップ［Hops］：健康、眠り、啓示。

ヒソップ［Hyssop］：清め、陰の気から身を守る。

イリス［Iris］：知恵。

アイビー［Ivy］：庇護、友情、癒やし、忍耐。

ケルプ［Kelp］：風、庇護、超能力。
ラベンダー［Lavender］：エルフ、清め、平和、霊的な気づき、創造性、浄化。
レモンバーム［Lemon Balm］：成功、健康、愛、正義、幸運。
ライラック［Lilac］：庇護、冥界、異界、美、愛。
リンデン／ライム・ツリー［Linden/Lime tree］：庇護、不死性、幸運、眠り、愛。
ルースストライフ［Loosestrife］：調和、平和、一致。
メース［Mace］：超能力、警戒心。
カレンデュラ［Marigold］：結婚、透視夢、妖精、庇護、超能力。
マジョラム［Marjoram］：愛、庇護、富。
ミント［Mint］：庇護、繁栄、助けとなる霊への捧げ物。
ミスルトー［Mistletoe］：（有毒）多産性、聖別、庇護、癒やし、超自然的な能力。
マザーワート［Motherwort］：庇護、信頼、負のエネルギーから身を守る、想像力。
ムーンワート［Moonwort］：啓示、愛、繁栄。
マグワート［Mugwort］：啓示、聖別、強さ、庇護。
マレイン［Mullein］：庇護、清め、啓示、健康、勇気。
マスタード［Mustard］：幸運、健康、庇護、多産性。
ミルラ［Myrrh］：庇護、陰の気から身を守る、清め／聖別、冥界、束縛。
ネトル［Nettle］：エルフ、妖精、聖別、バランスの回復、庇護、生命周期。
ナツメグ［Nutmeg］：繁栄、安らぎ。
木の実と松かさ［Nuts and Cones］：多産性、富の引き寄せ。
オーク［Oak］：ワンド。清め、金銭、健康、多産性、男神。
オーツ（エンバク）［Oats］：富、防備、捧げ物。
オレンジ・ピール［Orange Peel］：愛、よいめぐり合わせ、啓示。
オリス・ルート［Orris Root］：人付き合い、霊との交感、庇護、オカルティズム、啓示。
パセリ［Parsley］：清め、庇護。
パチョリ［Patchouli］：金銭、多産性、大地、冥界。
ペカン［Pecan］：繁栄、肥沃。
ペッパー（コショウ）［Pepper］：庇護、陰の気から身を守る。
パイン（マツ）［Pine］：清め、浄化、金銭、勇気。

ローズ（ローズヒップ）[Rose]：愛、啓示、超能力。

ローズマリー [Rosemary]：清め、祝福、庇護、愛、健康、エルフ、勇気。

ローワン（セイヨウナナカマド）[Rowan]：ワンド、知識、啓示、霊の助け、家庭の保護、霊感。

ルー [Rue]：（有毒）祝福、聖別、庇護、健康、負のエネルギーから身を守る。

セージ [Sage]：庇護、知恵、健康、清め、芸術的能力。

セントジョンズワート [St. Johnswort]：壮健、意志力、創造性を高める、陰の気を払う。

サンダルウッド [Sandalwood]：庇護、陰の気から身を守る、霊への捧げ物。

ソロモンズシール／ドロップベリー、シールルート [Solomon's Seal/Dropberry; Sealroot]：四大元素への捧げ物、庇護。

スターアニス [Star Anise]：超能力、よいめぐり合わせ。

ストロー（麦わら）[Straw]：妖精、イメージ、庇護（魔法が注ぎ込まれたストローを燃やしてはいけない）。

サンフラワー（ヒマワリ）[Sunflower]：エルフ、清め、聖別、変化、明るい見通し。

タンジー（ヨモギギク）[Tansy]：健康、幸福。

タイム [Thyme]：陰の気から身を守る、勇気、清め、癒やし、超能力、素早い行動。

トュリフォイル [Trefoil]：妖精、庇護、幸運。

バーベイン [Vervain]：捧げ物、愛、清め、財産、創造性、幻視、超自然的攻撃から身を守る。

ベチバー [Vetivert]：愛、金銭、陰の気から身を守る。

ウィート（コムギ）[Wheat]：多産性、富、よいめぐり合わせ。

ウッドラフ（クルマバソウ）[Woodruff]：防壁を除去する、庇護、成功、変化、霊的な気づき。

ワームウッド／アブシント [Wormwood/Absinthe]：（有毒）誘発、啓示／スクライング、庇護。

ヤロウ [Yarrow]：啓示、愛、幸福な結婚、陰の気から身を守る、防御、庇護。

ユー（イチイ）[Yew]：（有毒）死と新生、アサメイの柄。

闇の力を持つハーブと植物の連関

アブシント（ワームウッド）[Absinthe]：老婆、闇月、月蝕、冥界。

アカシア[Acacia]：霊感、庇護、ルーナサーの通路、超能力。

アグリモニー[Agrimony]：悪霊祓い、眠り、沈静、庇護、送り手に返送。

アマランサス／コックスコーム[Amaranth/Cockscomb]：通路、サウィン、不死性、霊との交感。

アニス[Anise]：老婆、庇護、清め、超能力、啓示、答えを求める、霊との接触、陰の気を逸らす。

アップル[Apple]：冥界、新生、不死性、死者の食べ物、サウィン。

アルテミシア[Artemisia]：闇の貴婦人、闇月、月蝕。

アサフェティダ[Asafetida]：悪霊祓いと庇護に用いる悪臭のするレジン香。

アッシュ（樹皮／葉）[Ash]：死、通路、ベルテーン、庇護、健康、予言、洞察力、夢。

アベンス[Avens]：悪霊祓い、清め。

バルサム[Balsam]：冥界への通路、心霊的エネルギー、霊との交感。

ベイ（月桂樹）[Bay]：ユール、インボルク、超能力、強さ、清め、癒やし。

ベイベリー（ヤマモモ）[Bayberry]：ユール、移行。

ベラドンナ／デッドリーナイトシェイド[Belladonna/Deadly Nightshade]：（有毒：ディタニーオブクリート、またはマグワートの代用）サウィン、アストラル旅行、超能力、幻視。

ブラックベリー[Blackberry]：闇の君主、ルーナサー、狩人、庇護。

ブラックカラント／カシス[Black Currant/Cassis]：影の君主、狩人／老婆、幽霊の狩猟行、影の国。

ブラックソーン[Blackthorn]：防御、陰の気を逸らす、報復、庇護、異界との接触。

ボーンセット（ツキヌキヒヨドリ）[Boneset]：偏向、悪霊祓い、庇護。

ブライヤー[Briar]：防御、庇護、魔女の力の強化、啓示、夢。

バードック[Burdock]：陰の気から身を守る、清め、庇護。

クローブ[Clove]：追い払い／解放、悪霊祓い、庇護、友なる霊への捧げ物。

サイプレス［Cypress］：追い払い／解放、束縛、死、不死性、永遠、冥界、影の国、ハーデース、ヘカテー、キュベレー、託宣。

ダミアナ［Damiana］：幻視、癒やし。

ダンデライオン［Dandelion］：超能力、霊との接触、異界。

ダイアンサス／カーネーション［Dianthus/Carnation］：庇護、力、健康、血、再生。

ディタニーオブクリート［Dittany of Crete］：アストラル旅行、霊との交感。

ドラゴンズブラッド（リュウケツ、パームレジン）［Dragon's Blood］：束縛、エネルギー、変化、勇気、強さ、力、悪霊祓い、庇護。

エルダー［Elder］：（種は有毒。花を使用）老婆、追い払い／解放、防御、偏向、報復、リーサ、祝福、陰の気から身を守る、異界、庇護、幻視、霊との接触、癒やし、オカルト知識、悪霊祓い。

エレキャンペーン／エルフドック［Elecampane/Elfdock］：超能力、庇護、啓示、異界との接触。

エルム［Elm］：防御、引き寄せ、エネルギー、通路。

フェンネル［Fennel］：庇護、儒家、癒やし、陰の気から身を守る。

ファーン［Ferns］：追い払い／解放、悪霊祓い、庇護、サウィン、異界。

ファー（モミ）［Fir］：ユール、冥界、神秘の知恵。

フォックスグローブ（ジキタリス）［Foxglove］：（有毒。タマリスクの代用）防御、庇護、送り手に返送、偏向。

フランキンセンス［Frankincense］：塗油、強さ、力、エネルギー、悪霊祓い、ユール、ベルテーン、幻視、ルーナサー、庇護、聖別。

ガーリック［Garlic］：庇護、陰の気から身を守る、闇の女神への祈願、悪霊祓い、癒やし。

ジンジャー［Ginger］：超能力、庇護、悪霊祓い、偏向、送り手に返送、引き寄せ、霊との接触。

ゴース／ファーズ（ハリエニシダ）［Gorse/Furze］：庇護、対立への備え。

ホーソン［Hawthorn］：庇護、ウイッチクラフト、ベルテーン、異界、妖精、陰の気から身を守る。

ヘーゼル［Hazel］：異界の助けを求める、美しき人々を惹きつける、魔女の力

の強化。

ヘレボア（クリスマスローズ）[Hellebore]：（有毒。ブラックカラントの代用）老婆、影の君主、幻視、冥界、超能力、悪霊祓い、アストラル旅行。

ヘムロック（ドクニンジン）[Hemlock]：（有毒。ライラックの代用）力、清め、庇護、アストラル旅行。

ヘンベイン（ヒヨス）[Henbane]：（有毒。メースの代用）冥界、霊との接触。

ホーリー（イレックス）[Holly]：（有毒。フランキンセンスの代用）エネルギー、強さ、力、洞察力、庇護、偏向。

ヒソップ[Hyssop]：庇護、清め、浄化、陰の気／悪意を取り除く。

ジャスミン[Jasmine]：塗油、バランス、オスタラ、啓示、夢、洞察力、アストラル投射。

ジムソンウィード／ダチュラ[Jimsonweed/Datura]：（有毒。アグリモニーの代用）偏向、送り手に返送、陰の気から身を守る、庇護。

ジュニパー・ベリー[Juniper Berry]：幻視、清め、霊との接触、悪霊祓い、庇護。

レディーズスリッパ[Lady's Slipper]：負のエネルギーから身を守る、送り手に返送、庇護、偏向。

ラベンダー[Lavender (Elf Leaf)]：塗油、悪霊祓い、清め、リーサ、古き者たちを称える、庇護、浄化、異界／シーとの接触、サイキックセンターを開く、霊との接触。

ライラック[Lilac]：冥界、ベルテーン、悪霊祓い、庇護、浄化。

リンデン[Linden]：不死性、庇護、冥界。

メース[Mace]：超能力、霊との接触の強化、冥界。

マンドレイク[Mandrake]：（有毒。ジンジャーの根、あるいはフェンネルの根の代用）霊への呼びかけ、霊との交感、捧げ物、悪霊祓い、庇護的な観察者。

ポットマリーゴールド／カレンデュラ（キンセンカ）[Marigold/Calendura]：啓示、異界、妖精への捧げ物、ベルテーン、メイボン、庇護、夢、超能力。

マスティック[Mastic]：霊との接触、超能力の強化、強さ。

メイアップル／アメリカン・マンドレイク[May Apple/ American Mandrake]：（有毒。ジンジャーの根、またはフェンネルの根の代用）霊との接触、死、霊への捧げ物、マンドレイクの代用。

マグワート／アルテミシア［Mugwort/Artemisia］：闇の貴婦人、闇月、月蝕、超能力、夢、追い払い／解放、啓示、魔法の鏡と水晶玉の浄化、リーサ、アストラル投射、強さ、庇護、癒やし。

マレイン［Mullein (Graveyard Dust)］：老婆のエネルギー、勇気、悪霊祓い、啓示、庇護、送り手に返送、偏向。

ミルラ［Myrrh］：インボルク、メイボン、悪霊祓い、庇護、清め、力。

ネトル［Nettle］：庇護、悪霊祓い、送り手に返送、偏向、勇気。

ナイトシェイド／ビタースイート［Nightshade/Bittersweet］：（有毒。マグワートの代用）老婆／狩人のエネルギー、送り手に返送、月蝕、日食、追い払い／解放、アストラル投射、強さ。

オーク（瘤、葉、木材、どんぐり）［Oak］：強さ、力、清め、チャーム、知恵、真実、リーサ、メイボン、サウィン、ユール。

オリス・ルート［Orris Root］：力、庇護、啓示、偏向。

パプリカ［Paprika］：庇護、悪意あるエネルギーから身を守る、偏向。

パチョリ［Patchouli］：サウィン、冥界、通路、大地のエネルギー。

ペニーロイヤル［Pennyroyal］：（有毒。ブラックソーンの代用）偏向、力、庇護、負のエネルギーから身を守る。

ペッパーコーン（コショウの実）［Peppercorn］：庇護、力、偏向、悪霊祓い。

ポムグレナート［Pomegranate］：冥界、通路、隠れた富、達成、庇護、秘められた知識、偏向。

パープルヘザー［Purple Heather］：平和、浄化、霊性、サウィン、インボルク、ルーナサー。

ローズマリー（エルフ・リーフ）［Rosemary (Elf Leaf)］：勇気、悪霊祓い、庇護、清め、夢、健康、シーとの接触、強さ、浄化、異界。

ローワン（セイヨウナナカマド／マウンテンアッシュ）［Rowan/Mountain Ash］：束縛、啓示、秘められた知識、啓示、超能力、霊／シーに助力を求める、庇護、冥界の旅。

ルー［Rue］：（有毒。タマリスクの代用）悪霊祓い、健康、魔法の強化、送り手に返送、偏向、報復、悪意／負のエネルギーから身を守る。

セージ［Sage］：ユール、メイボン、不死性、知恵、霊／異界への捧げ物、悪

霊祓い、清め。

サンダルウッド［Sandalwood］：瞑想、直感力、庇護、霊との接触、悪霊祓い。

スカルキャップ［Skullcap］：庇護、癒やし、夏至［リーサ］に冥界へと至る通路、力、庇護。

セントジョンズワート［St. Johnswort］：追い払い／解放、異界、夏至（リーサ）、力、庇護。

タマリスク／フラワリング・サイプレス［Tamarisk/Flowering Cypress］：悪霊祓い、啓示、偏向、送り手に返送。

タンジー［Tansy］：闇の女神、不死性、異界への捧げ物。

シスル［Thistle］：庇護、悪運から身を守る／変える、メイボン、悪霊祓い、負のエネルギーを逸らす、送り手に返送、霊との接触。

タイム［Thyme］：陰の気から身を守る、リーサ、庇護、超能力、癒やし、清め、異界。

ターメリック［Turmeric］：庇護、浄化、清め。

ターニップ［Turnip］：サウィンのランタン、霊の灯、負のエネルギーから身を守る、庇護、新生、通路。

トゥルーユニコーン・ルート（アギュー・ルート）［Unicorn Root (Ague Root)］：庇護、送り手に返送、悪霊祓い。

バレリアン［Valerian］：力、追放、解放、庇護、清め。

バーベイン（バーベナ）［Vervain (Verbena)］：清め、浄化、庇護、超能力、強さ、幸運、塗油、悪霊祓い、捧げ物、サイキックセンターを開く、創造性、導き、冥界の富、啓示、夢、異界との接触。

ベチバー［Vetiver］：偏向、悪意から身を守る、報復。

ウィロー［Willow］：ヘカテー、死、冥界、通路、庇護、霊との接触、偏向。

ウッドラフ（クルマバソウ）［Woodruff］：変化、ハーン、緑の男、防壁の除去、障害の克服、ベルテーン、庇護。

ワームウッド／アブシント［Wormwood/Absinthe］：（有毒。マグワート、またはサイプレスの代用）束縛、悪霊祓い、サウィン、啓示、招霊、庇護、闇月、月蝕、夢、超能力。

ヤロウ［Yarrow］：悪霊祓い、解放、啓示、超能力、夢、勇気、庇護、導き。

ユー（イチイ）[Yew]：(有毒。サンダルウッド、またはスカルキャップの代用)
霊との接触、移行、死／新生、冥界、ユール。

❋ 動物トーテム ❋

肖像を通じて動物の特性を得る。猫、犬、カエル、ヒキガエルは肖像を用いず使い魔として利用するのが通例。

アリゲーター [Alligator]：逆境を生き抜く力、闘士。
蟻 [Ant]：勤勉、コミュニティ、自己犠牲。
コウモリ [Bat]：死／新生、加入、直感。
熊 [Bear]：強さ、力、再建、知恵。
ビーバー [Beaver]：臨機の才、働き者、建設的、野心。
蜂 [Bee]：警戒心、コミュニティ、産業、性的能力、豊富。
バッファロー [Buffalo]：肥沃、指導力、生の流れ、大地との結合。
蝶 [Butterfly]：化身（アヴァター）、変態（メタモルフォーシス）、魂、変化する勇気。
猫 [Cat]：神秘主義、気づき、気配を消す。
クーガー [Cougar]：哲学者、力、霊的な指導者。
コヨーテ [Coyote]：順応性、ユーモア、自然、トリックスター。
カニ [Crab]：粘り強い、言質、隠遁。
ツル [Crane]：知識、神秘の知恵、不寝番、バランス。
カラス [Crow]：古代の知恵、度胸、占い師、魔法。
鹿 [Deer]：優美、美、無垢。
犬 [Dog]：忠実、粘り強さ、コミュニティ。
トンボ [Dragonfly]：敏捷性、夢。
カモ [Duck]：信頼性、社会的、気取りのなさ。
イルカ [Dolphin]：コミュニティ、調和、喜び、愛、平和、悪戯好き。
ワシ [Eagle]：勇気、癒やし、神の使者。
象（鼻を上げた）[Elephant (trunk up)]：長寿、障害を除去する者、よいめぐり合わせ。

エルク［Elk］：忍耐、探検家、放浪者、強さ。
キツネ［Fox］：順応性、気づき、狡猾、技能、悪巧み。
カエル［Frog］：愛、変容、癒やし、発声。
山羊［Goat］：男性的、敏捷、頑固、断固とした。
ガチョウ［Goose］：庇護者、頼もしさ、縄張り意識、安全な帰還。
野ウサギ［Hare］：自然の知恵、観察による力、複雑さ。
タカ［Hawk］：霊界の使者。
馬［Horse］：忍耐、友人、自立、旅。
ハチドリ［Hummingbird］：エネルギー、驚異、迅速な行動。
豹［Leopard］：報復、変身、魔術。
獅子［Lion］：勇気、健康、気高さ。
トカゲ［Lizard］：新生、変容、古代のエネルギー。
アビ［Loon］：静謐、忠義心、実現した夢。
大山猫［Lynx］：内なる知識、オカルティズム、秘密。
ヘラジカ［Moose］：自信、強情、尊大。
ネズミ［Mouse］：家族の結束、霊との交感。
シャチ［Orca］：創造、歌の力、世帯。
カワウソ［Otter］：共存性、共有、友好的、人生の謳歌、遊び。
フクロウ［Owl］：世界間の狭間、啓示、真実、幻視、知恵。
黒豹［Panther］：狩人、気配を消す、孤独。
ペリカン［Pelican］：貯蔵、用意、元気を取り戻す。
ペンギン［Penguin］：献児式、自己犠牲、集団（不運）。
豚［Pig］：表情豊かな、知性、誠実。
ウサギ［Rabbit］：警戒、肥沃、組織、統合。
ワタリガラス［Raven］：変性状態、戦場、諜報、謎、秘密。
サイ［Rhinoceros］：古代の知恵、攻撃的防御。
ミチバシリ［Roadrunner］：敏捷、機転の利く、利口。
鮭［Salmon］：古代の知恵、決意、勇気。
サソリ［Scorpion］：守勢、強力な闘士、機敏。
タツノオトシゴ［Seahorse］：優美、パートナーシップ、責任、魔法。

鮫［Shark］：逆境を生き抜く者、見た目の恐ろしい、略奪者、空腹、強力。
スカンク［Skunk］：自己防衛的、恐れ知らず、自尊心。
カタツムリ［Snail］：忍従、断固とした、自給自足の、上品な。
蛇［Snake］：周期、新生、再生、再建、知恵、完全性。
蜘蛛［Spider］：創造性、夢、運命、織り手、語り部、闇の力。
リス［Squirrel］：臨機の才、悪戯者、頼りになる、陽気な。
白鳥［Swan］：言質、忠実、王者の威厳、保護的。
ヒキガエル［Toad］：繁栄、使者。
七面鳥［Turkey］：祝福の共有、独創性、芸術性、収穫、恵み。
亀［Turtle］：泥臭い、閉じ籠もった、長寿、庇護、避難所、不変性。
鯨［Whale］：創造的な、霊感、知性、人生を豊かにするもの。
狼［Wolf］：家族の絆、統合、大地の知恵。

❋ 石と水晶一覧（霊薬効果<small>エリクサー</small>）❋

　石をキャンドル（円柱形または奉納用）の火にくべると、石のエネルギーをまじないに付与することができる。ハーブの小袋やドリーム・ピローの中身に加える、裸のまま、もしくは小さな布袋に入れて持ち運ぶ、どこか（家、車など）に安置する、あるいは宝石に加工することで、石のエネルギーを望む通りに付加できる。エリクサーを作るには宝石、水晶、石を杯に汲んだ湧き水に浸し、満月か闇月の光の下で1時間安置した後、石を取り除いた水を聖別し、光を避けた場所で保存する。その際、エネルギーを保持するためにウィスキーやブランデーを一垂らし加えてもよい。ティースプーンに取って服用し、水に吹きこまれた石のエネルギーを摂取するが、その効果は各項末に山括弧で併記してある。

アゲート（瑪瑙）［Agate］：健康、よいめぐり合わせ、能弁、活力／エネルギー、自信、精神的／肉体的エネルギーの爆発、情動のバランス、肉体／精神／感情を落ち着かせる。
　縞模様：ストレスの軽減。

青縞(ブルーレース)：沈静、第三の眼、自己表現、怒りの中和〈信頼感と親しみやすさを促進する〉。

白に青／黒の斑点：旅行。

目玉模様：肉体の保護、旅行。

苔(モス)入り：癒やし、浄化、肥沃、自信、調和、怒り／苛立ちの解放、強さ、大地とエネルギーのつながり。

乳白に赤：視覚化の技量、目的の達成。

アレキサンドライト（アレキサンドル石）[Alexandrite]：神経系のバランス、カラーセラピー。

アマゾナイト [Amazonite]：よいめぐり合わせ、女性の力、神経系を宥める、思考過程の向上、代謝の管理〈社会生活能力〉。

アンバー（琥珀。化石化した樹脂）[Amber]：まじないの強化／解呪。魔女の石、増加、成功、健康、癒やし、愛、陰の気の吸収、物質化現象、よいめぐり合わせ〈絶望の緩和〉。

アメシスト（紫水晶）[Amethyst]：霊性、変容を通じて陰の気から保護する、直感、夢、緊張の緩和、瞑想、浄化／エネルギー注入、精神操作からの保護〈歩み寄りを助ける〉。

アパッチ・ティア（アパッチの涙）[Apache Tear]：指向性を持つ負のエネルギーからの保護、エネルギーのグラウンディング、霊的な瞑想。

アパタイト（燐灰石）[Apatite]：筋肉の強化、コーディネーション。

アクア・オーラ [Aqua-Aura]：瞑想、感情的緊張の緩和。

アクアマリン（藍玉）[Aquamarine]：精神的影響、思考過程の刺激、テストでの幸運、有益な面談〈沈静、緊張の緩和〉。

オーリチャルサイト（水亜鉛銅鉱）[Aurichalcite]：沈静、緊張の解消、怒りの中和。

アヴェンチュリン（砂金石）[Aventurine]：創造性、肉体活動での幸運、勇気、沈静、眠り、指導力、意志決定〈目の疲れを癒やす、心を開く、プライド／人を寄せつけない態度を抑制する〉。

アズライト（藍銅鉱）[Azurite]：青と緑の混色：霊的な成長、瞑想、恐怖心に立ち向かう、癒やし、幻視〈自己の実在感のコントロールを助ける〉。

ベリル（緑柱石）[Beryl]：知性、意志力、心臓／消化器系の機能を高める〈自尊心を確立させる〉。

ブラッドストーン（血石）、ヘリオトロープ[Bloodstone or Heliotrope]：障害の除去、生命力、才能の強化、バランス、健康／癒やし、怪我を避ける、血の浄化、勇気、強さ、高潔〈脅迫的な愛情の抑制〉。

ボージーストーン[Boji Stone]：滑らかなものと突起ででこぼこしているものとを普通ペアにする。チャクラの強化、癒やし、再生力、エネルギー場をバランスさせる。

カルサイト（方解石）[Calcite]：
金：癒やし、陽気さ〈新たな目標の達成／感情的な接触〉。
緑：恐怖心の緩和、沈静、直感を高める、移行。
橙：肉体的エネルギー、認識の拡大、直感。

カーネリアン（紅玉髄）[Carnelian]：キャリアの成功、迅速な行動、思考の隠蔽、壮健、庇護、グラウンディング、モチベーション、個人が持つ力。

カルセドニー（玉髄）[Chalcedony]：楽観、霊的／芸術的創造性。

キャルコパイライト（黄銅鉱）、ピーコック・ストーン（孔雀石）[Chalcopyrite or Peacock Stone]：心配の軽減、繁栄を掴むことに集中する、幸福、陰の気からの保護。

クリソコラ（珪孔雀石）[Chrysocolla]：バランス、陰の気の浄化、安堵、癒やし、繁栄、幸運、精神を澄ませる〈日常の轍から外れる道を開く〉。

クリソプレーズ（緑玉髄）[Chrysoprase]：平和、瞑想、透視、刺激を得る〈自己中心癖を抑える〉。

シトリン（黄水晶）[Citrine]：成功、明晰な思考、庇護、指図、夢を見させる、自己像／自信の向上、繁栄、個人の力を明らかにする、自発性、創造性、忍耐。

コーラル（珊瑚）[Coral]：沈静、リラクゼーション、病気から守る、求めていない思考エネルギーを逸らす。

ダイアモンド（金剛石）[Diamond]：庇護、見えない危険を回避する、感情の癒やし手、力、清らかさ、強さ。

ディオプタス（翠銅鉱）[Dioptase]：リラクゼーション、ストレスの緩和、感情的喪失の克服。

ドロマイト（苦灰石、白雲石）[Dolomite]：失敗への恐れを回避する〈成功に集中する／臨機の才を得る〉。

エメラルド（翠玉）[Emerald]：芸術的才能、記憶、真実、幻視、ビジネスの成功、平和、愛、霊能による洞察力、静謐。

フローライト（蛍石）[Fluorite]：瞑想、妖精の領域、夢、過去生、知性を高める、エネルギーの流出したオーラを癒やす、エネルギーのグラウンディング／バランス／集中、負のエネルギーを吸収／変性する、認識力、精神集中を助ける。

ガーネット（柘榴石）[Garnet]：素早い動き、エネルギーのバランスを取る、新たな活力を与える、自尊心／自信、夢の仕事(ドリームワーク)、エネルギー／勇気、愛／絆、献身。

ジオード（晶洞石）[Geodes]：霊の自由、宇宙の踊りとのつながり。

ヘマタイト（赤鉄鉱）[Hematite]：コミュニケーション技術、アストラル投射、エネルギーのバランス／集中、明晰で冷静な判断力、よい人間関係を引き寄せる〈無防備さを弱める〉。

ハーキマーダイアモンド [Herkimer Diamond]：ストレスの緩和、水晶／ボージーストーンの力を増大させる、夢の解釈、霊的な同調〈目標の達成、もっと自由に愛を表現する〉。

アイアン・パイライト（黄鉄鉱）[Iron Pyrite]：成功を引きつける、健康／富／幸福、知性、創造性、霊的な成長、チャネリング、記憶。

ジャシンス（風信子石）[Jacinth]：霊能による洞察力。

ジェイド（翡翠）[Jade]：平和、浄化、調和、友情、幸運、庇護、旅の安全、知恵、長命、関心事の／満足のいく夢を見る〈現実的な／実際的な理想〉。

ジャスパー（碧玉）[Jasper]：エネルギーの流れの強化、ストレスの緩和、方向性を与えるエネルギーを集める、養育、庇護、グラウンディング、アストラル旅行の安全。

　赤：陰の気を送り手に返す、防御魔法。

　茶：グラウンディングと固定、神経を鎮める。

　緑：癒やしと多産性。

ジェット（黒玉(くろだま)。化石化した松の木）[Jet]：エネルギーを目標に縛り付ける、魔女の石、沈静、恐怖心、庇護。

クンツァイト［Kunzite］：瞑想、負の感情のバランスを取る。浄化、神とのつながり。

カイヤナイト（藍晶石）［Kyanite］：瞑想、過去世の呼び起こし、チャネリング、鮮明な夢、視覚化、変性状態、静謐、思考を実体化させる。

ラピス・ラズリ（瑠璃）［Lapis Lazuli］：権威、力の増幅器、オーラを浄化する、霊的な成長、精神の均衡、自己認識、内なる真実／知恵、宇宙に蓄えられた知識の引き出し。

ラリマー［Larimar］：怒り／欲望／欲求不満感のような負のエネルギーを変質させる、過剰なエネルギーをバランスの取れた状態にする。

ラズライト（青金石）［Lazurite］：幻視。

マグネタイト（磁鉄鉱）、ハウライト［Magnetite or Howlite］：瞑想、静謐、恐怖心／怒りを鎮める、正直。

マラカイト（孔雀石）［Malachite］：ビジネスの成功、庇護、幻視の探索、瞑想、繁栄、希望、健康、幸福、混乱／無感動の回避、望みを明らかにする〈現実を管理しやすくする〉。

モルダヴァイト（モルダウ石）［Moldavite］：緑色で硝子質の隕石：変容、星との交感、渇望を癒やす、人生の目的を見つける、エネルギー付与、次元旅行〈意志決定、信用、焦点を再び合わせる〉。

ムーンストーン（月長石）［Moonstone］：霊能力、啓示、愛、安らぎ、平和、長命、友人、霊感、愛着／思いやりを引き寄せる、望みが叶う、再出発〈環境が楽になる、出費を抑える〉。

モリオン・クリスタル（黒水晶）［Morion Crystal］：エネルギーのグラウンディングに使われるほぼ黒色の水晶。

オブシディアン（黒曜石）［Obsidian］：
黒：庇護、スクライング、闇の側面を持つ瞑想、異界との接触、影の国との接触、悲しみを追い払う、善行、癒やし。
緑：所得の保護、経済的な好機を得る。
雪模様（スノーフレーク）：グラウンディング、責任、清め、変化、成長、負のエネルギーの偏向。

オニキス（縞瑪瑙）［Onyx］：平衡、心配が終わる、正義、精神集中、献身、夢／瞑想を通じて導きを受ける、二元性のバランス。

黒：感情の処理／苛立ちの解消。

オパール（蛋白石）[Opal]：超能力、アストラル旅行、瞑想、沈静、思考を内側に向ける、送られてきたものを反射する、変身、不可視性。10月生まれに最適の石〈リラクゼーション、鎮静〉。

パール（真珠）[Pearl]：アストラル投射、夢〈恐怖心の緩和、神経を鎮める〉。

ペリドット（橄欖石_{かんらんせき}）[Peridot]：魂の伴侶、透視、太陽の力、超自然的な力を引き寄せる、内なる幻視、意識を開く、陰の気から身を守る、肉体の強壮剤。

ペトリファイド・ウッド（珪化木）[Petrified Wood]：過去生の呼び起こし、肉体的エネルギー、強さの維持、足場の確かさ、平穏、バランス、グラウンディング、生命力。

パミス（軽石）[Pumice]：力、表明。

クォーツ・クリスタル（石英結晶）[Quartz Crystal]：超能力、幻視の探索、庇護、エネルギー、啓示、投射、目標の達成、オーラの浄化、瞑想、直感、貯蔵、焦点、命令、エネルギーを送る〈庇護〉。

　青石英：感情的緊張の解消、鎮静。
　水晶（ロック・クリスタル）：スクライング、エネルギー付与、水の魔法。
　薔薇石英（ローズ・クォーツ）：平和、愛、安らぎ、人付き合い〈自己修養、責任〉。
　ルチル化石英：意志の強さを高める〈わがままを抑える〉。
　煙水晶（スモーキー・クォーツ）：エネルギーの生成、庇護、エネルギーの浄化、妖精とのつながり、負のエネルギーの消散／正のエネルギーの引き寄せ〈個人的な交流〉。
　雪石英（スノー・クォーツ）：瞑想、静謐、平和、黙考。

ロードクロサイト（菱マンガン鉱）[Rhodochrosite]：エネルギーの生成、肉体的／感情的バランス、トラウマの治癒、男女両側面の結合〈苛立ちで失った感情エネルギーの回復〉。

ロードナイト（薔薇輝石）[Rhodonite]：自尊心、肉体的エネルギー、自己実現、奉仕〈肉体疲労の軽減、批判の恐れを消す〉。

ルビー（紅玉）[Ruby]：健康／富の保護、エネルギー／創造性の増強、自信、直感、安堵、勇気、霊的な知恵、熱の生成。

サファイア（青玉）[Sapphire]：知恵、物質的利得、好影響を引きつける、精神の平和、希望。

サードニクス（紅縞瑪瑙）［Sardonyx］：トラブルを引き寄せた後に石を海に捨てる、自己防衛。

セレナイト（透石膏）［Selenite］：瞑想／視覚化のために心を落ち着かせる、思考を明晰にする、癒やし〈罪悪感の克服、陰の気を取り除く、過剰な空想癖を抑える〉。

ソーダライト（方ソーダ石）［Sodalite］：瞑想、記憶力の強化、ストレスの軽減、眠りを助ける、論理的思考の強化、知性の刺激〈怒りのコントロール、負の行いを抑える〉。

スタウロライト（十字石）、フェアリークロス（妖精の十字架）［Staurolite］：幸運、庇護、防備、地球の次元にハイヤーセルフを顕現させる、アストラルのつながり、信頼。

スギライト（杉石）［Sugilite］：論理、ビジネスの専門知識、アストラル旅行、物質化現象、自然治癒。

サンストーン（日長石）［Sunstone］：エネルギー、癒やし、成功。

タイガーアイ（虎目石）［Tiger Eye］：幸運、客観性、真実、自信、他者の悪意から保護する、調和、グラウンディング、安定、本能的能力／霊能力、知恵、癒やし〈自信を育む〉。

トパーズ（黄玉）［Topaz］：

青：霊能による洞察力、霊的な成長、指導力、精神集中、思考の明晰さ。

黄：ストレス、深い眠り、霊能力、肉体／精神を落ち着かせる、夢／望みが切子面（ファセット）を通して実像を結ぶ、意図的創出、癒やし、繁栄、他領域、身体エネルギーに新たな活力を与える〈行動の約束、意志力と断固とした態度を確立する〉。

トルマリン（電気石）［Tourmaline］：美、新鮮味、喜び、友情、グラウンディング、庇護、沈静、善意を引きつける、自信、認識力、霊感〈種類別にエリクサーを作成できる〉。

黒：落ち着きのなさを生産性に向け直す。

青：はっきりとした話術、精神／感情の障害を取り除く、石を擦るとエネルギーに方向性を与える電気エネルギーがチャージされる。

緑／黒：繁栄／負のエネルギーを偏向させる。

緑：妥当な目標の設置。
ピンク：創造性を促す、個性の解放。
ウォーターメロン（スイカ）：実際的な手段を用いてアイディアが表に出るのを助ける。
ウォーターメロン／ピンク：自己認識。

ターコイズ（トルコ石）[Turquoise]：言葉によるコミュニケーション、考えを文字にする、霊魂の保護、健康、愛、喜び、社会生活、瞑想、直感、精神と肉体の統一〈意識を開く、問題に対する建設的な解決法を見つける、闇への恐怖心を抑える〉。

ユナカイト（緑簾石）[Unakite]：グラウンディング、バランス、安定。

ヴィヴィアナイト（藍鉄鉱）[Vivianite]：稀少：新生、先見の明、啓蒙。

ジルコン（風信子石）[Zircon]：霊的視覚、霊的認識力。

四大元素が司る石と水晶

まじないやチャームに石を足し、望む精霊の加護を得る。重複あり。

▽ 地

アゲート［ブルーレース以外］	ジャスパー［赤以外］
アパッチ・ティア	ジェット
アパタイト	マラカイト
アヴェンチュリン	モリオン・クリスタル
ボージーストーン	オニキス［黒以外］
カルサイト［橙色］	ペトリファイド・ウッド
カーネリアン	ルチル化石英
ダイアモンド	ロードナイト
フローライト	ルビー
グラナイト（御影石）	スタウロライト
アイアン・パイライト	スギライト
ジェイド	タイガーアイ

トルマリン［黒／緑］　　　　　ユナカイト

△風

アメシスト　　　　　　　　　　カイヤナイト
アクアマリン　　　　　　　　　ラズライト
アズライト　　　　　　　　　　モルダヴァイト
ベリル　　　　　　　　　　　　オパール
ブルーレース・アゲート　　　　パール
カーネリアン　　　　　　　　　スノー・クォーツ
キャルコパイライト　　　　　　サファイア
クリソコラ　　　　　　　　　　シルヴァー
クリソプレーズ　　　　　　　　ソーダライト
シトリン　　　　　　　　　　　トパーズ［青］
ダイアモンド　　　　　　　　　トルマリン［青］
フローライト　　　　　　　　　ターコイズ［青］
ヘマタイト　　　　　　　　　　ヴィヴィアナイト

△火

アンバー　　　　　　　　　　　ジャスパー［赤］
ベリル　　　　　　　　　　　　ラリマー
ブラッドストーン　　　　　　　オブシディアン
カルサイト［金］　　　　　　　ペリドット
カーネリアン　　　　　　　　　パミス
シトリン　　　　　　　　　　　クォーツ（煙水晶）
コール（石炭）　　　　　　　　ロードクロサイト
ダイアモンド　　　　　　　　　ロードナイト
フリント（火打石）　　　　　　サンストーン
ジオード　　　　　　　　　　　トパーズ［黄］
ゴールド

▽水

アレキサンドライト
アクア・オーラ
オーリチャルサイト
ベリル
カルサイト［緑、橙］
カルセドニー
ダイアモンド
ディオプタス
エメラルド
ジャシンス
ジェイド
ジェット
クンツァイト
ラピス・ラズリ
マグネタイト
ムーンストーン
オブシディアン
オニキス［黒］
オパール
ペリドット
クォーツ［薔薇石英］
川の石
ロック・クリスタル
サードニクス
トパーズ［青］
トルマリン［ピンク、ウォーターメロン］
ターコイズ［緑］
ジルコン

❊ アミュレット ❊

石に絵を彫る、小さな肖像を持ち歩く、アイテムを持ち歩く、まじないに用いる。

どんぐり［Acorn］：不死性、多産性。
アニス・シード［Anise Seed］：貧困から身を守る。
アップル・シード［Apple Seed］：愛を引き寄せる。
アッシュトゥリー・リーフ［Ash Tree Leaves］：祝福または呪詛。
ベイ・リーフ（月桂樹の葉）［Bay Leaf］：まじないと害意から身を守る。
バックアイ（トチの実）［Buckeye］：庇護、金運を引き寄せる。
バックソーン（クロウメモドキ）［Buckthorn］：願いが叶う。
キャラウェイ・シード［Caraway Seed］：子供を病気から守る。

猫（髭／爪）[Cat]：魔力、幸運。

クローブ [Clove]：恋人を呼ぶ。

コーン・ハスク・ドール（コーン［トウモロコシ］の皮の人形）[Corn Husk Doll]：豊作、幸運。

コーン（トウモロコシ）・カーネル（粒）[Corn Kernels]：金運を引き寄せる。

蟹（爪）[Crab]：愛、多産性。

鳩（羽根）[Dove]：平和。

鹿（角）[Deer]：多産性、すぐに手に入るもの、成功。

竜（肖像）[Dragon]：命、力、英知。

羽根 [Feather]：精神、富、仕事での繁栄。

卵（殻）[Egg]：宇宙、創造、多産性。

エルク（歯）[Elk]：敏捷性、生命力。

魚（肖像）[Fish]：繁栄、豊饒、多産性。

フォックステイル [Foxtail]*5：如才なさ、敏捷性。

ガーリック・クローブ（鱗片）[Garlic Clove]：害意を撃退する。

バッタ [Grasshopper]：励まし、富、豊饒。

角（乳牛／羊／牡羊）[Horn]：邪眼を逸らす、男らしさ、豊饒。

蹄鉄（U字型）[Horseshoe]：成功、幸運、害意から身を守る。

テントウ虫 [Lady Bug]：幸運、富、成功。

ラッキーハンドルート [Lucky Hand Root]*6：害意を送り手に返す。

ナツメグ（木の実）[Nutmeg]：ギャンブルのツキ。

マスタード・シード [Mustard Seed]：幸運、庇護。

オニオン [Onion Bulb]：害意を吸収する。

孔雀（羽根）[Peacock]：邪眼から身を守る、英知、警戒心。

松かさ [Pine Cone]：健康、長寿。

ラビット・フット（ウサギの肢）[Rabbit Foot]：多産性、幸運。

ラトルスネーク（ガラガラ蛇）[Rattlesnake]：再生、多産性、健康、尾を噛む＝永遠。

米（生）[Rice]：多産性、金銭。

スカラベ（黄金虫）[Scarab]：害意から身を守る、永遠の命。

蜘蛛［Spider］：幸運、敵から身を守る、英知、仕事の成功、金銭。
トンカ・ビーン（トンカ豆）［Tonka Bean］*7：幸運、富。
ユニコーン（一角獣）［Unicorn］：多産性、純潔、性的能力。
ウィッシュボーン（鳥の叉骨）［Wishbone］：願いが叶う、幸運。

❊ キャンドル魔術チャート ❊

　カラーチャートまたは以下で薦める中よりキャンドルを選ぶ（色を組み合わせたものや、違う色のキャンドルを複数本使用してもよい）。目的に合致するものから形状を選ぶ。オイルを塗布する（「オイル」参照）。影響力を得るために、惑星記号をひとつまたは全て刻印する。適切な月相を選び、算出した惑星時間に従い、１時間燃やす。

キャンドルのタイプ：まじない用：奉納用、または円柱型。儀式用：テーパー。瞑想と啓示：奉納用、円柱型、テーパー。総体的なオーラ／アトモスフィア：奉納用、円柱型、ガラスジャーに収めたもの。特定のまじない向け——奉納用、円柱型、人型（男／女）、動物型（「動物トーテム」の項を参照）、髑髏（精神）、他、成形してあるもの。５〜７日かかる呪術には瘤型キャンドル、円柱型、ガラス容器に収めたキャンドルを使用し、まじないが終わるまで１日に一部分ずつ燃やしていく。

◎呪術に向くキャンドル形状の略号

　C＝猫型　　　　G＝ガラス　　　　P＝円柱型　　　　T＝テーパー
　D＝竜型　　　　K＝ノブ・キャンドル　　Sk＝どくろ型　　V＝奉納用
　F＝人型　　　　O＝フクロウ型　　Sn＝蛇型

◎呪術に向く刻印、日、時間に用いる惑星

　　☉＝太陽　　　♀＝金星　　　♄＝土星　　　♅＝天王星
　　☽＝月　　　　♂＝火星　　　♆＝海王星
　　☿＝水星　　　♃＝木星　　　♇＝冥王星

◎呪術に向く月相

☽ = 満ちゆく月　○ = 満月　☾ = 欠けゆく月　● = 闇月（新月）

目的：	惑星の影響／時間	月	色彩	キャンドルの形状
富裕	☿ ♀ ♃	○	緑／銅／金	G,K,P,V
動物の祝福	♀ ☿ ☽ ☉	○	茶／白／橙	C,G,P,Sn,V
アストラル旅行	☿ ♆	☾	青／紫／藍	G,O,P,T,V
バランス	☉ ♄	☾	虹／銀／茶	G,P,T,V
陰の気を払う	♀ ♄	○／☾	黒／白／紫	G,P,T,V
束縛	♀ ♄ ♆	☾	赤／黒／藍	G,P,T,V
祝福	♄ ☉ ♃	☾	白／ラベンダー／淡青	G,P,V
ビジネスの成功	♄ ☿ ♃	○	紫／赤／銅	G,K,P,V
変化	☉ ☿ ♅	☾	暗青／黄	G,K,P,V
コミュニケーション	☿ ☉ ♃	☾	黄／白	G,P,V
自信	☉ ♂	☾	橙／赤／黄	G,P,V
創造性	♆ ☉ ☽ ☿	☾	橙／黄	G,P,Sk,T,V
防御	♅ ♄ ♇	●	黒／紫／白	D,P,V
啓示	☿ ♆ ☽ ♅	☾	黄／黒／ラベンダー	P,Sk,Sn,T,V
愛を引き寄せる	♀ ☽	☾	ピンク／白／赤	F,G,P,V
力を引き寄せる	☉ ☽ ☿ ♂	○	赤／橙／金	C,D,P,V
夢	☽ ♅ ☿	☾	銀／紫／暗青	G,P,Sk,Sn,V
雇用	☉ ♃ ☿	○	橙／茶	G,K,P,V
エネルギー	☉ ♂	○	金／赤	D,F,G,P,V
エネルギーセンター	☉ ♃	☾	虹／紫	G,P,V
啓蒙	☿ ♅ ☽	☾	虹／白／黄	C,O,P,Sn,V
悪霊祓い	♄ ♅ ♆ ☉	☾	黒／藍／紫	P,Sk,Sn,T,V
恐れを消す	♂ ☉	☾	赤／橙	D,P,V

目的	天体				色	香・ハーブ
多産性	☉	☿	♀	☽	緑／茶	F,G,K,P,V
友情	♃	♀	☽	○	金／ピンク／茶	G,P,T,V
庭の祝福	♀	☿	☽	☉	茶／緑	P,T,V
噂話を止める	♄	♅	☿	☾	黒／藍／白	C,F,Sn,P,V
守護精霊	☽	♄	♆	☿	紫／黒／藍	C,G,P,Sn,T,V
幸福	☉	♀	☽	○	黄／ピンク／金	G,K,P,T,V
健康	♃	♀	☉	○	淡青／ピンク／緑	F,K,P,V
内なる幻視	☽	♆	☿	☽	銀／灰／ラベンダー／黒	G,O,T,V
霊感	☿	☽	♀	♅	黄／橙／虹	G,P,V
法的案件	♃	☉	♄	☽	黒／橙／紫	G,O,P,V
愛	♀	♂	☿	○	ピンク／緑／赤	F,K,P,V
幸運	♀	☿	♅	☽	橙／銀／金	C,G,P,V
瞑想	☽	☿	♆	○	白／銀／暗青／藍	O,Sk,T,V
記憶	☿	♄	☉	☽	黄／黒／菫	C,G,Sk,Sn,T,V
澄んだ精神	☿	♅	☉	☽	黄／橙	C,G,P,Sk,T,V
金銭	♃	♀	☽	○	緑／金／赤	G,K,P,V
新しい恋	♀	☽	☽	○	ピンク／緑	F,G,P,V
好機	♃	☉	♄	☽	淡青／橙／紫	F,G,K,P,V
異界	♅	☽	♆	○	ラベンダー／灰	G,O,P,Sk,V
平和	♄	♃	♀	○	白／黒／ピンク	F,G,P,V
力	☉	♂	☽	○	金／橙／赤	D,G,P,V
昇進	☉	♄	♃	☽	橙／紫／黄	F,G,K,P,V
庇護	☉	☽	☽	○	白／黒／紫	C,D,P,Sn,V
過去の解放	♄	☿	☽	☾	黒／菫／紫	F,G,P,V
送り手に返送	♄	♀	♂	☽	●	藍／黒／白	F,G,K,P,V
儀式の浄化	☉	♀	♃	☽	白／紫	F,G,P,T,V
自浄	♄	☉	☽	○	虹／黒／白	F,G,P,T,V
眠気を払う	☽	♆	☿	☾	黒／暗青／白	G,O,P,V

霊との交感	☿ ♆ ☽ ♅	☽	紫／藍／黄	P,Sk,T,V
霊の導き	☿ ♆ ☽ ♅	☽	紫／藍／黒	C,Sn,P,T,V
安定	♆ ♃	☾	黒／茶	D,G,K,P,V
強さ	☉ ♂	○	赤／橙／金	D,G,P,V
成功	☉ ♃	☽／○	橙／金／菫	F,G,K,P,V
突然の変化	♄ ♅ ☿ ☉	☽／☾	虹／藍／金	F,G,K,P,V
陰の気を挫く	♀ ♄ ☿	☾	紫／黒／灰	G,V,P,D
冥界	♄ ☿ ♆	●	藍／黒／紫	G,P,Sk,Sn,V
勝利	☉ ♂	☽	赤／橙	G,P,V,T
害意から身を守る	♂ ☉ ♀ ♆	●	藍／黒／灰	C,G,P,Sk,V
英知	♃ ☽ ♅ ☿	☽	紫／藍／黄	G,K,O,P,T,V
負のエネルギーから身を守る	☽ ♅ ♄	☾	白／黒／藍	G,Sn,P,V

まじない早見

目的	富裕	アストラル旅行	バランス	祝福/聖別	浄化
月相	満ちゆく月, 満月	満ちゆく月	満ちゆく月	満ちゆく月, 満月	満月
色彩	緑	銀, 黒, 紫	白, 銀, 緑	白	白
元素	地	風, 水	地, 風	水, 火	水, 地
曜日	木曜, 日曜	月曜, 水曜, 日曜	水曜, 土曜	日曜, 水曜, 金曜	日曜, 土曜, 水曜
惑星	太陽, 木星	冥王星, 海王星	太陽, 土星	太陽, 土星	土星, 太陽
数字	1-3	7-8-9	2-4	8	2-3-5
オガム	ツール, ウーラー	サリュー, ムウィン, ツール	チンニャ, ルウシュ	ベイ, ニューータル, ニオン	ルーシュ, ベイ
ルーン	ベオーク, フェイオー, エイセル, イェラ	アッシュ, エオ, ラド	ゲブ, エー, ラド, ケン	ダガ, オサ, ジィエル, エオ, ソーン, ベオーク	エオ, ケン, ベオーク, ウイン, ジィエル
ハーブ	オールスパイス, ベンゾイン, ベルガモット, コリアンダー, トリーフォイル, ペカン, マスタード, オーク	アカシア, ルー, ジャスミン, マグワート, シンクフォイル, ウッドラフ, ディタニー, オブクリート	バジル, ネトル, マレイン, コンフリー, オーク, ウッドラフ	アカシア, アニス, マグワート, バジル, クローバー, バーベイン, ヒソップ, エルダー, ルー, バーチ	ラベンダー, パイン, ベンゾイン, ヒソップ, ペパー, ローズマリー, タイム, ルー, バードック
香	パチョリ, ジャスミン	ベンゾイン	フランキンセンス, ウッドラフ	フランキンセンス, ローズマリー	マグワート, クローブ
石	アゲート, シトリン, アマゾナイト	スギライト, オパール, ジャスパー, ヘマタイト	ブラッドストーン, ローデクロサイト	クォーツ・クリスタル, アメジスト	モス・アゲート, アメジスト, ジェイド

目的	変化	啓示	力の付与	多産性	幸運
月相	欠けゆく月	闇月、満月、欠けゆく月	満ちゆく月	満ちゆく月	満ちゆく月
色彩	暗青、黄、白	金、ラベンダー、黄	赤、黄	緑、茶	緑、白
元素	火、水	風、水	火、地	地、水	地、火
曜日	土曜、日曜、火曜、水曜、木曜	水曜、月曜、日曜	火曜、日曜、土曜	月曜、火曜、金曜	木曜、水曜、日曜
惑星	天王星、冥王星	天王星、海王星、水星	太陽、火星	金星、月	太陽、木星
数字	1-6-7-9	7-8	1-3-9	1-3-4-6	3-4-5-8
オガム	イーヨー、オン	コール、サリュー	アール、ドゥイル	ベイ、ケアート	フェアーン、ツール
ルーン	ペルス、ペオーク、エー、ダグ、ラド	ラーグ、エオ、アッシュ、ダグ	ティール、ウルズ、ケン、エセル	ベオーク、イン、イェラ	オサ、フェイオー、イェラ、ティール
ハーブ	サンフラワー、ウッドラフ、リンデン、パープルヘザー、エルダー	マグワート、アニス、オリスルート、シンクフォイル、ダミアナ、ウッドラフ、バーベイン	シンクフォイル、セントジョンズワート、ボリジ、エルダー、バーベイン、ウッドラフ	ホーソン、アイビー、マスタード、オーク、ミスルトー、木の実、松かさ、ウィート	ベイ、ベルガモット、シンクフォイル、レモンバーム、スターアニス
香	ドラゴンズブラッド、ウッドラフ	ジャスミン	ドラゴンズブラッド	パチョリ	フランキンセンス
石	スノーフレーク・オブシディアン	ムーンストーン、ウォーツ・クリスタル	アンバー、ウォーツ・クリスタル	グリーン・ジャスパー	アゲート、アマゾナイト

8 呪術と照応

目的	幸福	癒やし	顕現化	金運	瞑想	庇護
月相	満ちゆく月、満月	満ちゆく月	満月	満ちゆく月	闇月、満月	満ちゆく月
色彩	金、黄、ピンク	淡青、黄	緑、赤、金、橙	緑、銀、金	藍、白、銀	黒、白、青
元素	水、風	地、水	地、火	地	水、風	火、地
曜日	木曜、金曜、日曜	木曜、土曜、日曜	木曜、日曜	木曜、日曜	月曜、水曜、土曜	土曜、日曜、火曜
惑星	太陽、金星、木星	木星、太陽	天王星、太陽、木星	金星、太陽、木星、土星	月、海王星、冥王星	土星、木星、太陽
数字	1-4-5-6-8	1-3-9	1-3-4-5-9	3-4-6-8	2-5-7-8	1-4-8-9
オガム	ウーア、ニオン	ケアート、エイヤー	ベイ、ニオン	ツール、オン	ムウィン、ルーイシュ	ドゥイル、エイヤー
ルーン	ウィン、ゲブ、オサ、ティール	シイェル、ウルズ、ケン、ペオーク	ティール、オサ、ケン、イェラ、エー、エセル	イン、フェイオー、オサ、イェラ、エセル	アッシュ、マンナズ、エオ、ラーダ	ソーン、ニード、ティール、エオロー
ハーブ	ルーススストライフ、ヤロウ、タンジー、ローズマリー、フェンネル、バーベイン、ヴァイン	コンフリー、シンクフォイル、スカルキャップ、タンジー、タイム、ローズマリー、コリアンダー、シナモン	リンデン、マグワート、パープル、ヘザー、セントジョンズワート、ウッドラフ、ホーリン	バジル、ベルガモット、カモミール、ジンジャー、クローブ、ミント、ナツメグ、ペパー	アカシア、ベンゾイン、ウッドラフ、カモミール	パトニー、フェンネル、マジョラム、マレイン、ローズマリー、ウッドラフ
香	ラベンダー	セージ	ローズマリー、パイン	パチョリ、パイン	フランキンセンス、サンダルウッド	フランキンセンス
石	マラカイト、クリソコラ	スギライト、アゲート、セレナイト、アズライト	パミス、スギライト、アンバー、カイヤナイト	マラカイト、パイライト、トルマリン	フローライト、ソーダライト、スノー・クォーツ	マラカイト、ドロマイト

目的	超能力	陰の気の解放	封印	変容	霊との接触
月相	満月, 闇月	闇月, 欠けゆく月, 満月	満ちゆく月, 闇月	満ちゆく月	闇月, 満月
色彩	紫, 黒, 白, ラベンダー	黒, 銀, 白, 紫	黒, 赤	白, 橙	黒, 藍, 紫, ラベンダー
元素	風, 水, 火	水, 火, 風	火	水, 風, 火	風
曜日	月曜, 水曜, 日曜	土曜, 日曜, 木曜, 月曜	土曜, 水曜, 日曜	月曜, 火曜, 水曜, 土曜	月曜, 水曜, 日曜
惑星	海王星, 月, 冥王星	土星, 月, 海王星, 冥王星	土星, 火星	冥王星, 月, 天王星	冥王星, 海王星, 土星, 水星
数字	4-5-7-8	2-7-8-9	9	3-7-8-9	7-9
オガム	サリュー, ムウィン	エイヤー, ウーアー, ストラーフ	ストラーフ	イーヨー, ニューダル, オン	サリュー, イーヨー, ケアート
ルーン	ダグ, ケン, ラーグ, ベルス, ティール	ニード, イス, ハガル, ペオーク, ティール, ソーン	イス, ハガル, ニード	ケン, シイェル, エオ, エイ, マンナズ, ソーン	エオ, ダグ, アッシュ, ラーグ, ラド
ハーブ	メース, マグワート, バーベイン, アニス, ベイ, ペニス, バードック, ディタニーオブ, クリート	アグリモニー, フェンネル, ホリー, ルー, ヒソップ, ヤロウ, ペチバー, バーベイン, ローズ	アグリモニー, ワームウッド, セントジョンズワート, アンゼリカ, シンクフォイル	ヒソップ, ライラック, リンデン, ヴァドラフ, ヘザー, リード, ユー	オリスルート, ディタニーオブクリート, メース, クローブ, エルダー, アップル, ラベンダー, ライラック
香	マグワート, コーパル	サンダルウッド, ミルラ	ドラゴンズブラッド, ミルラ	フランキンセンス, ドラゴンズブラッド	フランキンセンス, セージ
石	クォーツ・クリスタル, セレナイト, ジルコン	アパッチ・ティア, セレナイト, クリソコラ	カーネリアン, ジェット, レッド・ジャスパー, サードニクス	アメシスト, モルダヴァイト	アメシスト, ジルコン, ブラック・オブシディアン

8　呪術と照応

目的	強さ	成功	勝利	害意から身を守る	英知
月相	満ちゆく月	満ちゆく月, 満月	満ちゆく月	欠けゆく月, 闇月	満ちゆく月
色彩	赤, 金, 橙	金, 橙, 緑	赤, 金, 菫	藍, 黒, 灰	紫, 黒, 藍, 白
元素	地, 火	地, 火	火, 地	火, 風, 水	風
曜日	火曜, 日曜	火曜, 木曜, 日曜	火曜, 木曜, 日曜	火曜, 水曜, 土曜	水曜, 土曜, 日曜
惑星	火星, 天王星, 太陽	太陽, 水星, 木星, 土星	太陽, 火星, 木星	火星, 太陽, 冥王星, 海王星	木星, 太陽, 土星, 月, 水星
数字	1-4-9	3-4-9	1-3-8-9	7-8-9	3-4-5-7
オガム	ドゥイル, フェアーン	アールム, エイヤー, ウール	ツール, エイヤー	ウーアー, ストラーフ, エイヤー	オン, コール
ルーン	ウルズ, ティール, シェル, イン	オサ, イェラ, ティール, ケン, ウィン, フェイオー	ティール, フェイオー, イェラ, ウルズ	ハガル, ニード, イス	アッシュ, ダグ, エオ, ジエル
ハーブ	ローズマリー, セントジョンズワート, ダイアンサス, マスチック, バーベイン	フェンネル, バーベイン, ローズマリー, ヤロウ	ベルガモット, クローバー, ジン, ジャー, シナモン, レモンバーム, ウッドラフ, ヘザー	アグリモニー, ルー, マレイン, ネトル	エルダー, ベイ, ファーン, ローズ, アイリス, ゴース, ヘイゼル, オーク
香	ドラゴンズブラッド, フランキンセンス	ベイ, シダー, シナモン	ドラゴンズブラッド, ローズマリー	クローブ, ドラゴンズブラッド, ベイベリー	コール, セージ, パイン
石	ブラッドストーン, ダイアモンド, モス, アゲート	カーネリアン, シトリン, マラカイト, アヴェンチュリン	アンバー, カーネリアン, シトリン, エメラルド	アパッチ・ティア, ジェット, コーラル, アンバー	タイガー・アイ, ルビー, ジェイド, ラピスラズリ, サファイア

神の化身

マザー・ハルダ [Mother Hulda]：（ホレおばさん〈Frau Holle〉、ホーリー〈Holly〉、ホルダ〈Holda〉、ハロー〈Halo〉、ホーリー〈Holy〉とも）雪と雨の女神。幽霊の狩猟行に参加して死んだ幼児と子供たちの霊を集め、生まれ変わりを助ける。冥界にある彼女の羽毛のマットレスを振うと地上に雪が降り、ヴェールを洗うと雨が降る。彼女とともにホレの騎行に参加する魔女たちは雪女房と呼ばれる。マザー・ハルダの眷属として、ホールデン（人々の手伝いをする友好的な地下精霊。「恩義を受けて」を意味するbeholdenという言葉の語源）という小鬼たちと、ハドレーフォークという山の民がいる。白いガウンをまとって冠をかぶった見目麗しい冬の貴婦人であり、大きな歯に尖り帽子、典型的な魔女の容貌を持つ闇の冬の貴婦人でもある。冥界を統べ、エルフと妖精たちの国の女王として君臨する。夜には猟犬を前に走らせ、夜通し馬を駆る。柊と月暈は彼女に捧げられた印である。

大地母神 [Mother Earth]：善き女神ボナ・デア（Bona Dea）*8、子育てをする者。

緑の男 [Green Man]：野生生物と春、生気みなぎる大地、野性的な意識の精霊。

ヘカテー [Hecate]：闇月の女神。夜の女王。天界、地上、冥界の支配者。魔女たちの女王（元はトラキアの女神で、おそらくベンディディア／ベンディスから発展した）。

狩人ハーン [Herne, the Hunter]：大地父神。自然を司る男神。太古の森と成長する全てのものの精霊。緑の男。動物たちの君主。多産を司る有角神、ヒー・ガダルン（Hu Gadarn）*9。異界に通じる門の守護者。ケルヌンノス。彼の領域が侵されたとあれば強大で恐ろしい存在に変貌するが、敬われ、静謐が保たれていれば喜びと生命力に満たされている。ヒベルニアの民（アイルランド人）は鹿の角、葉、ヴァイン（ブドウ）のツタを縫い込んだ服を着て歌いながら円舞を踊り、彼への祈りを捧げた。聖獣として、牡鹿、牡牛、熊が捧げられている。

有角神 [Horned God]：狩人。自然を司る男神。大地母神の息子であり恋人。幽霊の狩猟行での霊魂の集め手。多産と新生を司る。

夜の貴婦人 [Lady of the Night]：夢と明かされた秘密を司る。

森の貴婦人 [Lady of the Woods]：原始の地、植物、動物たちの母、木の精霊を司る女神。

星々の女王 [Queen of the Stars]：銀河(ミルキーウェイ)に顕れる女神。聖なる乳の女神。

野人(ワイルドマン) [Wildman]：グリーンマンの化身。野生動物の精霊。森羅万象の内なる自然、多産、肥沃、豊穣、放埒、恍惚を司る。牧神パン。

❋ 神として顕れる力の名前 ❋

アドラステ [Adraste]*10：運命の女神。

アメミット [Amemet]*11：西の地の女神。

アストライアー [Astraea]*12：正義の女神。

バスト [Bast]*13：太陽を育む女神。猫、喜びを司る。

ベヌウ [Benu]*14：不死鳥／鷺。

クロノス [Chronos]*15：時の男神。

デドウェン [Dedwen]*16：香の男神。

ディティ [Diti]*17：望みを叶える女神。

フョルギン [Fjorgyn]*18：両性具有神。

ガネーシャ [Ganesha]*19：道を開く男神。繁栄を司る。

ゲルダ [Gerda]*20：光の女神。

ハルモニアー [Harmonia]*21：女戦士たちの女神。

イシュタル [Ishtar]：明けの明星の女神。

ラクシュミー [Lakshmi]*22：幸運の女神。

マアト [Maat]*23：真実と天秤の女神。

ミーミル [Mimir]*24：湧水と知恵の男神。

ミン [Min]*25：多産の男神。道路、旅行を司る。

ナムタル [Namtar]*26：負の運命。

ネモンタナ [Nemontana]*27：聖なる森／聖なる社の女神。

ニクス [Nixes]*28：水の精霊。

ヌン [Nun]*29：原初の水の男神／女神。

ラーン [Ran]*30：海の女神。

シーン［Sin］*31：魔法戦士を率いる女妖精。
スカディ［Skadi］*32：山の女神。
ウル［Ullur］*33：正義の男神。弓術、スキーを司る。
ウラエウス［Uraeus］*34：太陽の眼の女神。
ウト［Uto］*35：再生と多産を司る蛇の女神。

地占術の記号印*36

以下に示した地占術図形、惑星魔方陣、惑星紋章はタリスマン、チャーム、キャンドル、呪術素材に描くとよい。

◎月の記号印

道　　　　　　　　　　　　　人々

◎水星の記号印

結合

白

8 呪術と照応

◎金星の記号印

喪失

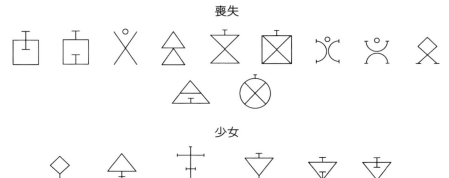

少女

◎太陽の記号印

大きな幸運

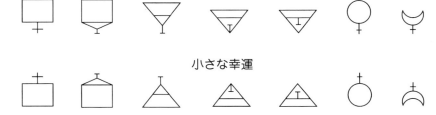

小さな幸運

◎火星の記号印

赤

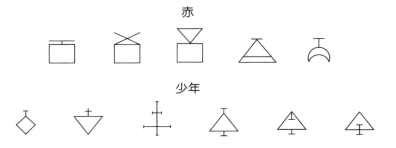

少年

◎木星の記号印

獲得

喜び

◎土星の記号印

監獄

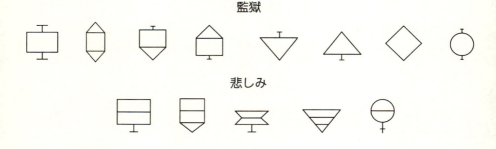

悲しみ

◎竜の記号印

頭

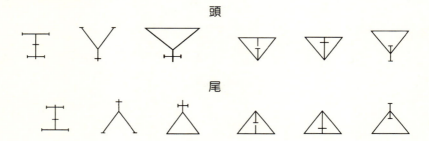

尾

8 呪術と照応

◎恒星の記号印

アルゴルの頭
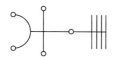

プレアデス

アルデバラン

山羊星[カペラ]

大犬星[シリウス]
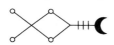

小犬星[カニス・ミノール]

獅子の心臓

熊の尾

鴉の翼

スピカ

アルクトゥルス

エルフェイア
[ルシダ・コロネ]

蠍の心臓
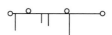

禿鷲の降下

山羊座の尾

🌿 地占術図形 🌿

目を閉じて紙に適当な数の点を打つ作業を4行分繰り返し、各行の点の数を奇数なら1個に、偶数なら2個に集約して並べ、その形状の解釈により占う。

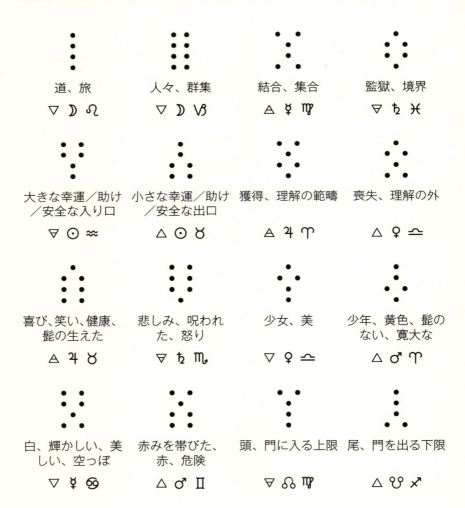

❋ 惑星魔方陣 ❋

　惑星魔方陣と印章(シジル)を、惑星印章、およびその紋章(シール)、タリスマン魔術に用いる知霊(インテリジェンス)*37シンボルを含んだ魔法円の後ろに配置したものは魔除けの護符(タリスマン)となる。

4	9	2
3	5	7
8	1	6

土星魔方陣

4	14	15	1
9	7	6	12
5	11	10	8
16	2	3	13

木星魔方陣

37	78	29	70	21	62	13	54	5
6	38	79	30	71	22	63	14	46
47	7	39	80	31	72	23	55	15
16	48	8	40	81	32	64	24	56
57	17	49	9	41	73	33	65	25
26	58	18	50	1	42	74	34	66
67	27	59	10	51	2	43	75	35
36	68	19	60	11	52	3	44	76
77	28	69	20	61	12	53	4	45

月魔方陣

6	32	3	34	35	1
7	11	27	28	8	30
19	14	16	15	23	24
18	20	22	21	17	13
25	29	10	9	26	12
36	5	33	4	2	31

太陽魔方陣

22	47	16	41	10	35	4
5	23	48	17	42	11	29
30	6	24	49	18	36	12
13	31	7	25	43	19	37
38	14	32	1	26	44	20
21	39	8	33	2	27	45
46	15	40	9	34	3	28

金星魔方陣

8	58	59	5	4	62	63	1
49	15	14	52	53	11	10	56
41	23	22	44	45	19	18	48
32	34	35	29	28	38	39	25
40	26	27	37	36	30	31	33
17	47	46	20	21	43	42	24
9	55	54	12	13	51	50	16
64	2	3	61	60	6	7	57

水星魔方陣

11	24	7	20	3
4	12	25	8	16
17	5	13	21	9
10	18	1	14	22
23	6	19	2	15

火星魔方陣

惑星紋章

　二重円を描き、紋章を中央の一番上、知霊を真下、惑星シンボルを片側／中間、もしくは下部にバランスよく配置する。土星は鉛、木星は銀、火星は鉄、太陽は金、金星は銅、水星は銀と錫。
　補足：知霊は善良だが精霊は悪意を持った存在なので、儀式魔術で使用する魔法円には紋章と知霊のみが用いられることに留意されたい。

土星の紋章
オメリエル［Omeliel］
アナキエル［Anachiel］

土星の知霊
アギエル［Agiel］

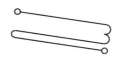

土星の精霊
ザゼル［Zazel］

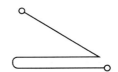

木星の紋章
ネトニエル［Netoniel］
アバ［Aba］

木星の知霊
イオフィエル［Jophiel］

木星の精霊
ヒスマエル［Hismael］

火星の紋章
イシュリエル［Ithuriel］
ヘー［He］
アドナイ［Adonai］

火星の知霊
グラフィエル［Graphiel］

火星の精霊
バルザベル［Barzabel］

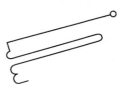

8 呪術と照応

太陽の紋章
シャディエル [Shadiel]
ヴァウ [Vau]

太陽の知霊
ナキエル [Nachiel]

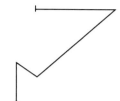

太陽の精霊
ソラト [Sorath]

金星の紋章
ハボンディア [Habondia]

金星の知霊
ハギエル [Hagiel]

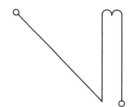

金星の精霊
ケデメル [Kedemel]

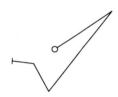

金星の知霊
アエリエル [Aeliel]
ブネ [Bne]
セラフィム [Seraphim]

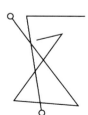

水星の紋章
ヴェヒエル [Vehiel]
アスボガ [Asboga]
ディン [Din]
ドニ [Doni]

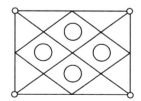

水星の知霊
ティリエル [Tiriel]

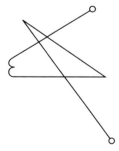

水星の精霊
カシエル [Cassiel]
タフタルタラト
[Taphthartharath]

月の紋章
アザレル [Azarel]
ホド [Hod]
エリム [Elim]

月の精霊
ハスモダイ [Hasmodai]

月の精霊たちの精霊
イカディエル [Ichadiel]
マルカ [Malcah]
シェドバルセモト [Schedbarsemoth]
シャルタタム [Schartatham]

月の知霊たちの知霊
ヤシエル [Yashiel]
マルカ・ベタルシシム・ヘド・ベルーア
ハ・シェハキム [Malcha betharsithimhed beruah schehakim]

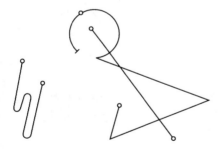

*1 竜血赤〔ドラゴンズブラッド〕［Dragon's Blood］——魔術用のインク。保護、エネルギー付与、浄化など。まじないや護符に力を付加する。竜血樹から採れる樹脂、ドラゴンズブラッドから作られたもの。
*2 鳩血赤〔ダヴズブラッド〕［Dove's Blood］——魔術用のインク。愛のまじないや護符の作成に向く。ドラゴンズブラッド樹脂から作られたもの。
*3 蝙蝠血赤〔バッツブラッド〕［Bat's Blood］——魔術用のインク。呪いをかける、支配、束縛といった用途に向く。ドラゴンズブラッド樹脂から作ったもの。
*4 惑星精霊［Planetary Spirits］——惑星の進化に応じて高まっていった霊的エネルギーが、高次の霊として惑星を支配する。各天体にヒエラルキーが存在するが、通例、第七位までの高位のものを指す。地球の進化レベルは高位の惑星精霊を生み出すまでに至っていないという。土星のアラトロン［Aratoron］、木星のベトール［Bethor］、火星のファレグ［Phaleg］、太陽のオク［Och］、金星のハギト［Hagith］、水星のオフィエル［Ophiel］、月のフル［Phul］はオリンピアの精霊と呼ばれ、儀式魔術でよく召喚される。キリスト教などで信奉され、惑星を司るという七大天使——太陽のミカエル［Michael］、金星のアナエル［Anael］、水星のラファエル［Raphael］、月のガブリエル［Gabriel］、土星のカシエル［Cassiel］、火星のサマエル［Samael］、木星のザドキエル［Zadkiel］——とは別。黄金の夜明け団［The Golden Dawn］の教えによると、各惑星には神を頂点として大天使［Archangel］、天使［Angel］、知霊、精霊と続くヒエラルキーが存在する。
*5 フォックステイル［Foxtail］——エノコロ草など、狐の尻尾のようなふさふさとした穂状花をつける草。
*6 ラッキーハンドルート［Lucky Hand Root］——手のような形をした植物の根。魔術には主にラン科のものを使用。助けの手［Helping Hand］、サレップ根［Salep Root］とも。賭け事で幸運を引き寄せるといわれる。
*7 トンカ・ビーン［Tonka Bean］——南米原産の、香辛料として使われるマメ科植物。バニラや杏仁に似た甘い香りを持ち、煙草の香り付けに使用された。
*8 ボナ・デア［Bona Dea］——癒やしと大地を司る古代ローマの女神。家畜や田野の守護神ファウヌスの娘（あるいは妹、妻とも）であるファウナ［Fauna］（「善きことを願う女」の意）を男たちが憚ってこの名で呼ぶ。女性を守護する処女神として崇められ、寺院は男子禁制だった。オプス［Ops］、マイア［Maia］、テラ［Terra］など、大地と豊饒を司る多くの女神は地球という大いなる存在の別名に過ぎないとされる。
*9 ヒー・ガダルン［Hu Gadarn］——カムリ［Cymri］（現在のウェールズ）の礎を築き、ドルイドの始祖とされる伝説的人物。古代、西方の夏の国〔グラッド・アル・ハヴ〕［Gwlad Yr Haf］より荒れ狂う海を渡ってきたと伝えられるが、この夏の国はイングランド南西部のサマセットだと考えられている。
*10 アドラステ［Adraste］——ロマーノ・ケルトなどで崇められた戦いと勝利の女神。アンドラステ［Andraste］とも。アイルランドの戦女神モリガン［Mórrígan］によく似る。古代ブリテンでイケニ族の女王としてローマ帝国支配に抗ったブーディカ［Boudica］が信仰していた。

*11　アメミット［Amemet］——獅子、カバ、ワニが合体した姿を持つエジプトの女神。最後の審判に失敗した死者の心臓を食らう。罪人には裁きをもたらし、正しき行いをした者には守護者として再生を助ける。

*12　アストライアー［Astraea］——ギリシアで正義を司る純潔の女神。その名は「星の乙女」を意味し、有翼の女性の姿で描かれる。神話によると、人心が荒れてすさみきった鉄の時代にあっても最後まで人間たちの傍にいて正義を訴え続けたが、ついに地上を去って天に昇って輝く星と化し、アストライアーは乙女座に、彼女が持つ善悪を量る秤は天秤座になったという。正義の女神ディケー［Dike］と同一視された。

*13　バスト［Bast］——エジプトの猫の女神バステトに同じ。

*14　ベヌウ［Benu］——ベンヌとも。通例、アオサギの姿で描かれる。世界創世時に原初の海ヌンより自生的に飛び立ち、原初の丘に降り立った太陽神ラーの魂とされる。原初の海より生まれた太陽の卵を抱いて孵化させたとも。太陽神ラーの神殿に燃える火に毎夜飛び込んでは朝に新たに生まれ変わり、没しては昇る太陽を象徴する聖鳥とされた。フェニックスの原型と考えられている。

*15　クロノス［Chronos］——時が擬人化されたギリシアの神。人、牡牛、獅子の頭部を持つ蛇の姿を持つとも。ゼウスの父で巨神族［Titan］の長クロノス［Cronos］と混同してはいけない。6世紀のシュロスのペレキュデースが唱えた原初の三神の一柱で、ギリシア神話のスタンダードとされるヘーシオドスの『神統記』などでは語られない。

*16　デドウェン［Dedwen］——デドゥン［Dedun］とも。元はヌビアの地方神で、エジプト神話に取り込まれた。

*17　ディティ［Diti］——ヒンドゥーの大地の女神。聖仙カシュヤパ［Kashapa］の妻で、ダイティヤ［Daitya］というアスラ神族の母。

*18　フォルギン［Fjogyn］——古ノルド語で「大地」を意味。『古エッダ』には女性形のFjörgynと男性形のFjörgynnが登場し、女性形のフォルギンは雷神ソールの母、男性形のフォルギンは主神オーディンの妻フリッグの父とされる。『ギュルヴィたぶらかし』でオーディンの娘にして妻であるヨルズ［Jörð］がトールを生んだという記述があるが、彼女の名前もまた「大地」を意味することから、両者は同一視されている。

*19　ガネーシャ［Ganesha］——インドの商業と学問の神。シヴァ妃パールヴァティーの垢から作られた体に命を吹き込まれて生まれた。シヴァが息子と知らずに首を刎ねてしまい、見つからなかった頭の代わりに象の頭を戴くことになった。富をもたらす神として人気がある。

*20　ゲルダ［Gerda］——北欧神話に登場する巨人族の娘でフレイの妻。古ノルド語ではゲルズ［Gerðr］。フレイが家来のスキールニル［Skírnir］を使者として送り、彼女に求婚するくだりは『エッダ』の『スキールニルの歌』および『ギュルヴィたぶらかし』に読むことが出来る。

*21　ハルモニアー［Harmonia］——ギリシア神話に登場する泉の精［Naias］。軍神アレースに愛され、勇猛なる女戦士の一族アマゾーン［Amazon］の第一世代となる子を生んだ。アレースと美神アプロディーテーとの間に生まれた不義の子である調和の女神

ハルモニアーとは別。

*22 ラクシュミー[Lakshmi]——ヒンドゥー教の、幸福と美と豊饒の女神。最高神ヴィシュヌの妻。ヒンドゥーの天地創世、乳海攪拌で生まれた。仏教にも取り込まれ、日本では吉祥天の名で知られる。

*23 マアト[Maat]——法や真理、正義を司るエジプトの女神。頭に飾っているダチョウの羽根は真理の象徴であり、使者の審判では天秤に死者の心臓とこの真実の羽根が載せられ、羽根より重い心臓はトートによって罪に穢れていると判断され、アメミットに食べられる。

*24 ミーミル[Mimir]——北欧神話に登場する老巨人の賢者。オーディンの叔父に当たる。ヨトゥンヘイムに湧く知恵の泉（ミーミルの泉）の守護者。オーディンはこの泉の水を飲むために片目をくり抜いて差し出した。アース神族とヴァン神族との講和で見栄えのよいヘーニル[Hœnir]の頭脳を補佐する形で人質としてヴァナヘイムに送られるが、ヴァン神族は優柔不断なヘーニルに不満を抱き、ミーミルの首を刎ねてアースガルズに送り返した。オーディンは魔術でミーミルの首を蘇らせ、助言者として傍に置いた。

*25 ミン[Min]——エジプトの生殖、豊饒の神。男根が勃起した姿で描かれる。紅海に達するキャラバンルートの要の都市コプトスの守護神で、隊商や狩猟民、遊牧民を守護する東の砂漠の主として崇拝された。

*26 ナムタル[Namtar]——メソポタミア神話に登場する疫病を司る神。冥界の女主エレシュキガルの従神で、しばしば使者として振る舞う。

*27 ネモンタナ[Nemontana]——またはネメトナ[Nemetona]。ケルトの戦女神。「聖なる森」、「聖域」を意味するガリア（フランス、ベルギー、北イタリアなどにわたる地域）の言葉Nemetonが語源。イングランドのバースに祭壇があった。しばしば、ガリア人の戦神カムルス[Camulus]の伴侶とされる。

*28 ニクス[Nixies]——川や湖に住むドイツの水の精霊。男のニクスは人間の男によく似ているが緑色の歯をし、緑の帽子をかぶっている。女はニクシー[Nixie]と呼ばれ、金髪の美しい乙女の姿をしているが、衣服の裾が濡れているため見分けやすい。水の辺に腰掛ける姿や歌声で人を魅了し、水中に引き込んでしまう。

*29 ヌン[Nun]——エジプト神話であらゆる存在を生み出した原初の海。混沌が擬人化された神格。ヘリオポリスの創世神話では原初の水ヌンから初めに太陽が生まれたとされるが、ヘルモポリスでは自然発生した4匹の蛙（男性神）と4匹の蛇（女性神）がつがいになり、太陽の卵を産んだと伝える。この4対からなる8柱の神々はギリシア語で「8」を意味するオグドアド[Ogdoad]と呼ばれ、のちにグノーシス主義が唱えたオグドアス（第一章、「ソピアー」の注釈参照）はこれをなぞったと考えられる。

*30 ラーン[Ran]——北欧神話の海の女神。海神エーギル[Ægir]の妻。その名は「奪い取る者」を意味し、網を仕掛けて船や船乗りたち海中に絡め取ってしまう。黄金を渡せば海底の館でラーンに優遇されると考え、船乗りたちは金貨を持って海に出た。エーギルとの間に、波を擬人化した9人の波の娘たちがいる。

*31 シーン［Sin］── 伝承によると、6世紀アイルランドの王ムルタ［Muirchertach］が魅了された「嵐」という名の乙女。ムルタに家族を殺されたため復讐を企て、王の懐に入りこんで妻子とキリスト教を捨てさせたのち、魔術でワインと豚に変えたボイン川の水とシダを食べさせて衰弱させ、幻術で作り出した戦士の部隊を送り込んだ。

*32 スカディ［Skadi］── 北欧神話に登場する、ヴァン神族の海神ニョルズのふたりめの妻。スカディはドイツ語で、古ノルド語ではスカジ［Skaði］。弓とスキーを得意とする。父である巨人の王スィアチ［Þjazi］を殺され、復讐のためにアースガルズに乗り込んだが、神々の中から夫を迎えることで和解を受け入れる。美男子バルドルを望むが、夫は布をかぶった男神たちの足だけを見て選ばなければならず、引き当てたのはニョルズだった。山の女神であるスカジと海の神ニョルズの結婚は失敗に終わる。

*33 ウル［Ullur］── 北欧神話に登場。雷神ソールの義理の息子で、決闘の神とされる。スカジと同じく狩猟やスキーを得意とし、ニョルズと別れたスカジと彼女の館で同居したとも。

*34 ウラエウス［Uraeus］── ウラエウスはラテン語で、古代エジプト語名のイアールトは「立ち上がる者」を意味し、エジプトの蛇女神ウアジェト［Wadjet］のシンボルとされる蛇形記章。ウアジェトが下エジプトの守護女神であるためファラオの冠を飾り、女神の庇護と王権を象徴した。

*35 ウト［Uto］── エジプトの蛇女神ウアジェトのギリシア名。下エジプトを守護するコブラの女神で、上エジプトを守護する禿鷲の女神ネクベト［Nekhbet］と対をなす王権の後見人。ファラオが戴く紅白の二重冠〈プスケント〉はネクベトが守護する上エジプトの白冠〈ヘジェト〉とウアジェトが守護する下エジプトの赤冠〈デシュレト〉を組み合わせ、南北統一を象徴する。

*36 地占術［Geomancy］── 大地の魔力によって法則化された印を読み取る占い。元は土や砂などを投げて出て来た形を16種のパターンに当てはめた。12世紀にアラブ文化圏からヨーロッパに伝わり、後代に占星術的要素が結びつくようになった。

*37 知霊［Intelligence］── 天使、精霊らとともに惑星を司る天球層の統御者。神、大天使、天使、知霊、精霊というヒエラルキーに所属。精霊は未成熟で荒々しく、剝き出しとなった惑星の力そのものだが、知霊は洗練された知性的存在とされ、精霊召喚の際にはその野性的な力を統御するために知霊など上位の霊の助力を求めるとよい。惑星との交感を取り持つ知霊の力は瞑想や占いに有効。精霊は実利的な目的を持った魔術に向く。

〜呪術に関するメモのためのスペース〜

～呪術に関するメモのためのスペース～

9
基本的なまじない

まじないに関する諸注意
日ごとの祝福
まじない（全38種）
クラフト

☉ 太陽　☾ 月　☿ 水星　♀ 金星　♂ 火星　♃ 木星　♆ 海王星　♄ 土星　♇ 冥王星　♅ 天王星

満ちゆく月
[乙女]

満月
[母]

欠けゆく月
[老婆]

新月（闇月）
[隠れた顔／謎]

❋ まじないに関する諸注意 ❋

◎月相

満ちゆく月☽◐ —— 闇月から満月へと移行する乙女の月。

　増加の魔術に向く。

満月〇 —— 光満ちる母の月。

　満月の3日前、および3日後まで影響力が感じられる。

　完了、成功、獲得、達成の魔術に向く。

欠けゆく月◐☾ —— 満月から闇月へと移行する老婆の月。

　減少の魔術に向く。

新月☾● —— 闇月になる前の最後の細い銀色の輝き。

　追い出し、悪霊祓い、浄化の魔術に向く。

闇月● —— 完全に光の失われた、神秘の月として顕れた老婆の月。

　啓示と瞑想に向く。

　闇の力の魔術に向く。

　変容する者としての女神の隠れた顔。

　墓としての胎、従って、新生に至る通路。

月のボイド時間 —— ひとつのサインを通過し次のサインに入るまでの、アスペクトを作らない時間帯(魔術年鑑、月年鑑、農事暦を参照する)。

・1時間から4時間の幅がある。

・両方のサインの影響を等しく持つ。

・魔術行為には不向き。

・この時に始めた活動が完了することはほぼない。

・この時に始めた活動を終わらせることができても、期待／望んだ通りの結果を得られない。

・概して、月相の影響は3日続く。

魔術の行使前には必ずグラウンディングとセンタリングを行う：内部エネルギーの増加による術者のエネルギーレベルの激しい消耗を避ける。

魔術の行使後にも必ずグラウンディングを行う：エネルギーの過剰な流出により、術者のエネルギーレベルに負荷がかかることを避ける。

他者が構築したまじないをわずかに変化させることで、自分自身のまじないにすることができる：発生したエネルギーに自分とのつながりを認識させることで、自分自身のまじないとして行使できるようになる。

◎魔術の目標や目的

引き寄せ：何かをもたらす（金運、愛、健康、新しい仕事など）。

追い返し／追い出し／悪霊祓い：何かを除去する（望まないものを除去する。負のエネルギーを追い返す。貧窮を払いのける。失業状態を解消する。鬱を誘発するエネルギーを払う。死者の霊が次の世界に渡る手助けをする）。

封じ込め／偏向／反射：制限を設ける。
- 遮蔽：陰の気の進入から守る。
- 閉じ込め：陰の気を発生源に限定する。
- 消散：入ってくる負のエネルギーを散らす。
- 反転：意図的に送られてきた負のエネルギーを送り手に返す。

作法の心得または魔女の訓言を心に留める：
- 負の魔術を他者に手ほどきしてはならない。
- 人間には自分の行動に責任があるので、防止、支払い、返還の意味合いであれば自己防衛は容認される。

◎魔術の型（ファミリー・トラディションによる）

共感呪術：「これはあれなり」
- ある対象を別の対象に見立てることで、魔術の対象に注ぎ込まれたエネルギーが別の対象に注ぎ込まれる（ポペット、印章、キャンドル呪術）。

相対魔法：「これはあれの代わりとなる」
- 魔術の対象と別の対象に、普通、「として」という言葉で関係性を築くことで、エネルギーがもう一方にも注ぎ込まれる（チャーム、つながり、成長のまじない）。

指向魔法：「これはあれに影響する」（もっとも使用される）
- 魔法エネルギーが高められ、目標に向かって集束し、対象に注ぎ込まれ、解放されて目的を達する（キャンドル呪術、ハーブの小袋、石と水晶）。

転移魔法:「これはあれに入る」
- 負のエネルギーが影響を与えている対象から別のものに移動する（編み込みオニオンやガーリック、ガーリック片、塩）。
- （稀）致死性のエネルギーを受け入れる気のある宿主に入れる（宿主は死ぬこともある）（病室の植物、受け入れる気のある動物のペット／使い魔）。
- 無意識下での交感によって受け入れの意志は決定される。
- 使用する際は作法の心得または魔女の訓言を心に留める：
  さもなければ、
    1. エネルギーを自分自身に引き込んでしまう。
    2. 受け手の敵意を自分自身に引き込んでしまう。
    3. 魔術の行使を受け入れている相手がその行為を許せば術者のオーラ・フィールドは２倍減り、許さなければ３倍減る。
    4. 魔術は失敗し、目標は達成されない。

◎エネルギーの移動

魔術の行使：エネルギーを高め、焦点を合わせ、方向性を与え、送り込む。

自然の力：大地、四大元素（神からの放射物）、神のエネルギーと霊の姿を取り、術者を通じて働く。
- 霊と心霊のエネルギーは同一ではない。
- 霊エネルギーは人が持つ神のエッセンス
- 心霊エネルギーは人が行使するもので、伝達／受容の可能な力
- エネルギーは循環し、一度使用されたものは大地に戻って再分配される
- クラフトは精霊崇拝と汎神論の両方に基づき、万物に命は宿ると考え、万物に敬意を払う。
- 気づきは直感と認識、意識、無意識を開き、命を宿す周囲の万物から情報を得る、意識的な行為。
- エネルギーを操作するには、霊たちの存在に気を配り、喜んで霊たちと交流し、魔術に組み込むことを許してもらう必要がある。
- 気づきの能力は植物や動物、鳥、昆虫、岩などに話しかけることで訓練できる。それまでに気づくことのなかった物事に新たに注意を払い、深まっ

た洞察力で自然に宿る精霊たちはどのように感じ、反応するかを考えることで、自然に宿る精霊たちからの反応が届くようになる。
- まじないに取り入れることのできる自然はハーブ、羽根、岩、貝殻、水晶、鉱物、湧き水（清浄）、雨水（エネルギー）、嵐の水（力）、海水（浄化）、動物の毛、毛皮、髭、爪鞘（自然に取れたもの）で、動物の特性に関連させた利用ができる。土は種や成長に関するまじないに用いられる。

魔法円：状況とまじないにより、構築するかしないかを決められる —— 直感に従うこと。

儀式：術者の判断で簡略にも複雑にもできる —— 儀式が集中を助けるのは力ではなく、あくまでも術者の方である。

照応表：組み合わせによって目標に関連するエネルギーを倍加する。
- 呪術のための素材を自然から集める前に、必ず植物、岩などとの交感を行う。
- 必要なものを声に出して言い、植物などから一部をもらう許可を得、感謝を伝える。
- 以下のような受け取った贈り物のための贈り物を必ず残す。
- 捧げ物（ミルク、穀物、飲み物、コーヒーの出し殻、砕いた卵の殻、硬貨など）。
- 植物の周りに描いた庇護の魔法円。
- 祝福。
- 植物の周り、または目の前の地面に描いた五芒星。
- 印章とバインドルーン（2、3個のルーン文字を組み合わせ、魔術的意味を倍加するモノグラム）の刻印をアイテムに施すには、大地からエネルギーを引き上げるか、息を吹きかけてエネルギーまたは命を吹き込む必要がある。

まじないの構築：何を求めるか、何が記されるか、言葉にされるか、取られる措置、タイミング、取り組み方はまじないの目標および方法と密接に結びついており、諸々を加味して決められる。
- まじないは魔術の働きを宿す器である。従って、儀式、抽出液、チャーム、詠唱、祈り、アミュレット、タリスマン、魔術的な目的で造られたクラフトアイテムなどは、魔法の語や呪文を唱えることでエネルギーを移動させ、

呪術の意図を実現させる、まじないの一種である。
- キャンドルの上部に近い場所に刻印を施す。刻印を刻んだ場所の蠟が溶けると、魔法が解放される。
- キャンドル呪術ではピンを使って到達点を示しておく（キャンドルがこの点まで溶けたらまじないが動き出すと唱えながらキャンドルの上の方にピンを刺し、キャンドルがピンの位置まで溶ける間、詠唱、ラトルを鳴らす、瞑想などを好きに行う）。
- まじないがその通りに動き出すイメージを思い描きながら、目標を紙に書いてキャンドルの火にくべる。
- エネルギーが解き放たれ、割り当てられた役割をこなすイメージを思い描きながら、ハーブの名前と目的を唱えつつキャンドルの火にハーブをくべる。
- まじないに写真を使ってもよいが、作法の心得に抵触しないよう細心の注意を払う必要がある —— 他者に本人の望まぬ行動を取らせること、強いることは誤った行為である —— しかし、癒やしなどが目的であれば使用してもよい（写真を焼く、破る、包む、埋めるなどのまじないで求められる行為）。
- アイテムを組み合わせて小袋に入れたものをどこかに安置しておくか、携帯する。
- 直感に頼り、求める結果に精神を集中して照応表をめくりながら、まじないの組み立てが自然と頭に浮かんでくる方法を身につける。

集中を保つ：目標を達成するために高めたエネルギーを送り込むため。薬物やアルコールを使わずとも、瞑想、呼吸、詠唱、踊りなどで意識を気づきの変性状態に持っていくことができる。
- まじないに使うアイテムの下準備が整い、力の付与／発動を残すのみとなった時に初めてエネルギーを高めること。
- 集めたエネルギーが最高位にまで高まったら、素早い動きで一度に解放する必要がある（もたもたしているとエネルギーが四散してしまう）。
- エネルギーを高め、まじないの意図に従って集束させ、呪術素材に向け、

与えられた役割を果たすよう送り込む。
- 完成した呪術素材を四方位点で掲げて風の精霊に呼びかけることで、まじないにエネルギーを注ぎ込むことができる。
  ◎北の風は物理的作用を司る。
  ◎東の風は新たな始まりと精神的作用を司る。
  ◎南の風は力と精力的作用を司る。
  ◎西の風は浄化と感情的作用を司る。

目標を達成するイメージを思い描く：まじないの最後に行う。まじないを締めくくる文句は「かくあれかし！」または「為されり！」。
- 高められたエネルギーが解放されて与えられた役割を果たすイメージを視覚化する。そうすれば、エネルギーがいつまでも空中に留まることはない。
- 床／大地に掌をつけることで、グラウンディングで過剰なエネルギーを放出する。

手：請願、祈願、祝福、統合、エネルギーの内部への引き込み、内なるエネルギーを外側に拡大して分かち合う際の道具となる。
- 掌でエネルギーの吸収と解放を行う。
- 呼び集めたエネルギーを手で集め、呪術素材に注ぎ込む。
- 両手を用い、高められたエネルギーを触知可能なボールに集約する。
- 両手を用い、エネルギーをまじないの対象に押し込む。
- 両手を用い、まじないを働かせる上で必要とするあらゆる方位に、または宇宙からの動きを求め、上方向にエネルギーを押し（送り）出す。
- 手のみ、またはワンドやアサメイを持った手で、エネルギーを動かす。
- 右手で引き込んだ火の精霊のエネルギーを用い、エネルギーの注入や力の付与を行う。
- 左手で引き込んだ水の精霊のエネルギーを用い、鎮静、庇護、物事の完成を促す。
- 両手で祈願、統合、受容、祝福を行う。
- 掌を開いて両腕を掲げ、魔法円の周りを踊ることでエネルギーを集める。

・カヴンの踊りでは並んで手をつなぐ、または開いた手を掲げ、指導者の指示で輪の中心に力の円錐を形成する。

ジェスチャー：サバトの儀式で用いる。
・掌を上向け、両腕を開いて掲げる仕草は女神を示す。
・掌を内に向け、両腕を胸で交差させる仕草は男神を示す（ルーナサー、メイボン、サウィンの、季節の移ろいに伴う太陽相）。
・祈願の間に行う以下のジェスチャーで神との和合を表現する。外に向けた掌を内側に返していきながら大気中のエネルギーを集めたら、掌を胸元に引き寄せて内外のエネルギーを心臓で混ぜる。次に、指を伸ばして掌を立て、両手を体の正面で外に向けて押し返すように突き出す（過剰なエネルギーを戻す）。
　　◎一度は和合を表す。
　　◎二度はバランス。
　　◎三度は完了。
　　◎四方位点での呼びかけにも使用できる。
　　◎貴婦人と君主への祈願に。
・掌を内側／胸に向けて神の祝福とエネルギーを引き寄せたら、掌を下向けた手を遠ざけるように両腕を広げ、外側に動かして過剰なエネルギーを放出する。
・宇宙に遍在するエネルギーにアクセスする（祈願、浄化、内部エネルギーのバランスを取るため）。
・両腕を持ち上げ、手で頭上にテントを張る形を作る（掌底は軽く触れる程度、掌の中央は反り返らせ、指を曲げる —— 蕾やボウルの形に）。
・次に、上向けた掌を頭の両側の肩の位置にまで下ろす（引き寄せた神のエネルギーと、第三の眼および頭頂に宿る術者自身のエネルギーのバランスを取ることで、より多く受け入れさせる）。
・祈願の間、その位置を保つ。
・手を胸元に動かし、外側に動かして一連の動きを終える。

足：踊ることでエネルギーを高める。
- 左足で地の精霊が司る強さと力を引き上げ、そうして高めたエネルギーを行使する。
- 右足で風の精霊が司る霊的エネルギー、精神的エネルギー、超自然的エネルギーを集め、魔術を通して変異させることで物質的変化をもたらす。

呼吸：エネルギーを高める。
- 段々声を大きくしていきながらの詠唱（自分で韻を踏みながらリズムを創り出す、または魔女の呪言を唱える）。
- 呼吸法に変化をつける（息を何度か短く鋭く吸い込んでから、一度大きく吸い込み、息を止め、集束して方向性を与えられたエネルギーとして吐き出す —— あまりやり過ぎると失神の恐れあり）。
- 右から左へ、左から右へと無限大の記号を描きながら首を振って息を吸い、エネルギーを集める。まじないの対象に向かって息を直接に素早く吹きかけると、対象に命が吹き込まれる。
- 命の息吹のエネルギーが集められたエネルギーを送り出す力はあくまでも優しく、急くことも散漫になることもない。

踊る：エネルギーを高めることができる。
- 正のエネルギーを高めるには、魔法円の周りを時計回りにめぐる。
- 大地から引き出したエネルギーを増加させる。
- 負のエネルギーを使用する時は、魔法円の周りを反時計回りにめぐる。
- 場に存在するエネルギーを集め、圧縮する。

❋ 日ごとの祝福 ❋

日取り：日を問わず、朝または夕に行う。
材料：セージとスイートグラスの香を束ねたもの（小さいものを利用できる）。お香立て（貝殻、小皿、大釜など）。マッチ。
まじないをかける：グラウンディングとセンタリングを行い、体内の静的また

は混沌エネルギーを排斥する。
・セージとスイートグラスの香の束に火をつける。香の束を空中で動かして太陽十字と月螺旋の印章を描く。
・北、東、南、西の順に、空中に香の煙で五芒星の印章を描く。
・香の束をお香立てに載せる：

> 太陽と月を司る君主と貴婦人よ、
> 今日という日とこの部屋を清めたまえ。

・家の隅々に香の煙が行き渡り、心安らぐような優しさで家の中にあるエネルギーを包み込むイメージを視覚化する：

> 今日という日は争いと不安なき一日となれ、
> 喜びと愛だけを引き寄せる日であれ。
> 与えられ、受け取られた祝福に守られ、
> 言葉は安らかに、行いは穏やかに、我は歩く。

❋ まじない ❋

◎祝福を施した水の作り方

日取り：満月のエスバット；月、または水星、火星、太陽の時間。

材料：杯か水差しに入れた水。ボウル。ローズ（花弁、薔薇水、エキス、オイルなど――後者は可燃性）。塩。小さな鏡（コンパクトタイプ）（次のエスバットまでの間にまじないで使用する量を充分作っておく）。

まじないをかける：

> 月光の下で両腕を掲げる：

>> 夜を司る偉大なる貴婦人よ、あなたの光の下で注がれるこの水に祝福を与えたまえ。

> ボウルに水を注いでローズの花弁を加え、器を月光にかざす：

  この水の中であなたの光は輝き、あなたに見守られて聖別を果たす。このエスバットの夜に浄化され清められ、この水はあなたの聖なる儀式によって聖別される。

月光に塩をかざす：

  水と大地に塩を取り込み、万物は貴婦人を通じて己が形を有す。あなたの目映い光を通じてこの塩は聖別され、私を助ける力となる。

水に塩3つまみを加え、3度掻き混ぜたら、必要があれば鏡を用いて水面に満月の光を反射させる：

  月は満ち欠け、潮は満ち引く。月の光によりその力の一部はここに宿り、この水に祝福を与える。このまじないは3の3倍の数字によって縛られた、すなわち9という数字の力の元にかけられた。我が意のままにあれ、かくあれかし！

鏡とボウルを置き、月光の下でボウルを時計回りに9度回す：

  力を集めて注ぎ込まれ、このまじないは再び9度封じられた。すなわち、ここに9の数字は繰り返され、3の繰り返しによって9の数字を核と成す。かくあれかし！

水を蓋付きの壜に詰めて光の当たらないところに保管し、必要な時に祝福を施した水として使用する。

◎聖なる空間を清めるまじない

日取り：満ちゆく月が満月に至るまで；月または太陽の曜日；月または土星、火星の時間。

材料：小さな鍋かアロマセラピー用のボウル。祝福を施した水。スターアニス1個、ベイ・リーフ1枚、セージ小さじ1杯。ガスレンジまたはティーライトキャンドルを用いる卓上コンロ。フランキンセンス。

まじないをかける：アロマセラピー用のボウルまたは小さな鍋をフランキンセ

ンスの香にくぐらせ、祝福を施した水を撒いて聖別する：

> この器は聖別されて我がクラフトの助けとなり、これから織りなすまじないはしっかりと根を下ろして長持ちする。

ティーライトキャンドルのコンロ、またはガスレンジに載せた鍋でボウルの湧き水を熱する。水が熱くなったらスターアニスを加える：

> 全ての陰の気はこの場所から逸れていけ。

ベイ・リーフを加える：

> この葉の薫りはこの場所を満たし、この空間に清めの力をもたらしたまえ。

セージを加える：

> セージを通してこのまじないは形を顕し、平穏と庇護を得てこの空間は祝福される。我が意のままに、かくあれかし！

ハーブの薫りがその場を流れるままにしておき、1時間後に容器の中身を捨て、洗う。

◎新居を浄化するまじない

日取り：欠けゆく月；火星の時間（引っ越してくる前）。
材料：赤色のキャンドル2本。乳棒と乳鉢。ベイ・リーフ、ヤロウ・フラワー、ローズマリー・リーフ、セントジョンズワート・リーフ、バジル・リーフ、ジュニパー・ベリー、マレイン・リーフ。チャコールブロック。持ち手つきの大釜。皮を剝いたガーリックの欠片（各部屋に1片ずつ）。ビニール袋と結束。
まじないをかける：家中の窓を開ける。キッチンカウンターに大釜を置き、その両側に赤色のキャンドルを据えて火をつける。チャコールブロックに火をつけて大釜に入れる。

乳棒と乳鉢で等量のベイ・リーフ、ヤロウ・フラワー、ローズマリー・リーフ、セントジョンズワート・リーフ、バジル・リーフ、ジュニパー・ベリー、

マレインをすり潰す。燃えているチャコールにハーブをくべる：

> ハーブよ、陰の気と混沌を追い出し、代わりに平和と調和をもたらすおまえの祝福を与えよ。

ガーリックの皮を剝き、各部屋の真ん中に置いていく。

> ガーリックよ、わだかまる陰の気と混沌をおまえの内に集めよ、害なす蒸気とエネルギーを引き込め。

大釜を持って家を回り、部屋の中を反時計回りに歩いて浄化する。終わったら大釜をカウンターに据えたキャンドルの間に戻す。

13分間家を空ける。戻ったら各部屋のガーリック片を直接触れずにビニール袋に回収し、口を閉めて外のゴミ箱に捨てる。

家中の窓を閉める。キャンドルはそのまま燃やしておき、1時間後に火を消す。冷えた香の残りを戸外に撒く。キャンドルの燃え残りは埋めるかゴミ箱に捨てる（ゴミ投棄場に埋められるように）。

◎部屋を浄化するまじない

日取り：欠けゆく月；月または土星の曜日；火星または太陽の時間。

材料：トレイに以下を用意する：ホワイトヘザーの小枝1本。蠟燭立てに立てた火をつけた白色のキャンドル1本。香炉で火をつけたフランキンセンスの香。祝福を施した水を入れたボウル。

まじないをかける：

キャンドルと香を持って部屋の中を歩く：

> 火と炎により、煙と芳香により、
> この部屋からあらゆる混沌と異議を追い出さん。

小枝と水で室内に撒水を行う。幅木、壁、蛇腹（コーニス）、床に水を振り撒いていく：

> 水と塩により、ハーブと花により、
> 平和と充足がこの時間に戻ってくる。

トレイを屋外に運び出す：

 光に従え、薫りに従え。
 地に向かい、大気に向かい、
 ここに集まったエネルギーを私は今、放出する。

 キャンドルを吹き消し、香を土に埋めたらその上に小枝を置き、ボウルの水を空ける。キャンドルは埋めるかゴミ箱に捨てる（ゴミ投棄場に埋められるように）。

◎家を守るまじない

日取り：満ちゆく月が満月に至るまで；月または火星、土星の曜日；火星または土星の時間。

材料：以下のハーブから何本かを好きに組み合わせて：ディル、フェンネル、マジョラム、ミント、マレイン、マスタード、ローズマリー、ルー、ホワイトヘザー、ウッドラフ、ヤロウ。赤い糸。

まじないをかける：赤い糸でハーブを縛って小さな束をいくつか作り、祭壇に置く。儀式用ナイフで触れ、以下の文句を唱える：

 庇護のハーブよ、〈月相〉のこの日、〈火星〉のこの時間、おまえは我がまじないによりあらゆる困難と害意から守り抜く庇護と保護の力を与えられる。この家と、この家に住まう全ての者を守るのだ。我が意のままに、かくあれかし！

 各部屋に1束ずつ吊るす。1年経ったら交換し、古いものを風に乗せて外にばらまくかゴミ箱に捨てる（ゴミ投棄場に埋められるように）。

◎守り袋

日取り：欠けゆく月が新月に至るまで；土星の曜日；火星または土星、太陽の時間。

材料：黒い布。針と赤い糸。アグリモニー、クローブ、ブラックソーン、各小さじ1杯。大釜。ワンド。アサメイ。ペンタクル。

まじないをかける：黒い布と赤い糸で小さな袋を作る。ハーブを大釜に入れる：

アグリモニーは負のエネルギーを送り手に返す。
ブラックソーンは負のエネルギーを私に寄せつけない。
クローブは私の元から害なすエネルギーを払う。

アサメイの刃先でハーブを混ぜる：

3種のハーブよ、我がために働け。負のエネルギーを統御せよ。捕まえて縛り、追い払え。私を邪魔する害なす力を追い払え。

ハーブを小袋に詰めて口を縫って閉じ、ペンタクルに置く。袋の上でワンドを振り、先端で触れる：

地と風よ、火と水よ！　貴婦人と君主の放射物よ！　ここに閉じ込められた庇護の力をその恩寵と愛で封じよ！

袋をポケット、ハンドバッグ、ブリーフケースなどに入れ、好きな形で持ち歩く。

◎家の守り袋

日取り：満ちゆく月が満月に至るまで；土星または月の曜日；月または太陽の時間。

材料：アサメイ。黒い綿の袋。黒色のキャンドル1本。白色のキャンドル1本。ベイ・リーフ、ガーリックの鱗片、フェンネル・シード、ダンデライオン・ルート、フェンネル・ルートまたはマンドレイク。ローズマリー・オイル。フランキンセンス・オイル。フランキンセンスの香。コットンボール。鉄の小片。祝福を施した水。塩。

まじないをかける：ローズマリー・オイルを両方のキャンドルに塗り込む。白色のキャンドルに ᚨ の刻印を施す：

フェアーンは強さと堅固なる基盤。

ᚠ を刻印する：

ソーンは庇護と防御。

黒色のキャンドルに ᚩ を刻印する：

　　エセルは家と所有物。

ᚠ を刻印する：

　　オサはよいめぐり合わせとよい結果。

香に火をつける。それから白色のキャンドルに火をつける：

　　ここに燃える炎は家を堅固に守るため！

黒色のキャンドルに火をつける：

　　ここに燃える炎は我が家と所有物に幸運が微笑みかけるため！

アイテムを以下の通りに袋に詰めていく：

　　ベイは我が望み。ガーリックは庇護の力。フェンネル・シードは庇護を与え、負のエネルギーを寄せつけない。ダンデライオン・ルートはグラウンディング。フェンネル・ルート〈ᚠ と ᚷ と刻印する〉は見守る護衛。鉄はこの家の守りに強さを、そしてフランキンセンスのオイル〈オイルをコットンボールに塗りつける〉は庇護と力を与える。我が意のままに、かくあれかし！

袋の口を縫う：

　　ハーブとオイルと鉄の強さ、この家を守るもの、朝も夕も害が近づくことのないように！　おまえが置かれる静かな場所で、陰の気を追い払え。我が意のままに、かくあれかし！

袋を四大の象徴に通過させて聖別する：

　　君主と貴婦人よ、あなたたちの子〈術者の名前〉のために作られたこれ

なる庇護のチャームに祝福を授けたまえ。我がチャームは我が家を守る力を与えられ、地の精霊〈塩を撒く〉、風の精霊〈香の煙にくぐらせる〉、火の精霊〈両方のキャンドルの火に通す〉、水の精霊〈祝福を施した水を撒く〉により、守護の力を発揮せん、我が意のままに、かくあれかし！〈玄関のすぐ外に置く〉

キャンドルの燃え残りは埋めるかゴミ箱に捨てる（ゴミ投棄場に埋められるように）。

◎事故や危険から身を守る

日取り：満ちゆく月が満月に至るまで；土星の曜日；月または太陽の時間。
材料：私的な品1個。アニス・シード、コンフリー、マレイン、ヘザー。ローズマリー・オイル。フランキンセンス・オイル。コットンボール。黒い綿の小袋。赤い糸。針。白色のキャンドル1本。黒色のキャンドル1本。磁鉄鉱2個。ドラゴンズブラッドまたはフランキンセンスの香。祝福を施した水。塩。
まじないをかける：2本のキャンドルにローズマリー・オイルを塗り込む。白色のキャンドルに♭の刻印を施す：

ソーンは守り。

黒色のキャンドルに♩の刻印を施す：

エーは旅の安全。

香に火をつける。白色のキャンドルにも火をつける：

ここに燃える炎は事故や危険から守るため！

黒色のキャンドルに火をつける：

ここに燃える炎は安全と、事故や危険を寄せつけないため！

以下の通りにアイテムを袋に入れていく：

アニスは庇護。コンフリーは安全。マレインは庇護。ヘザーは庇護。釣り合いの取れた２個の磁鉄鉱はよいエネルギーを惹きつけ、悪いエネルギーをはねつけるため。〈フランキンセンス・オイルをコットンボールに染み込ませる〉そしてフランキンセンスは全てを縛り、我が意を叶えん、かくあれかし！

袋の口を縫って閉じる：

ハーブと磁鉄鉱は私の業を助け、そのエネルギーで私を守れ！　あらゆる事故と危険が私の身に及ばぬように。我が意のままに、かくあれかし！

袋を四大元素の象徴に通過させる：

地の精霊〈塩を撒く〉、風の精霊〈香の煙にくぐらせる〉、火の精霊〈両方のキャンドルの炎に素早く通す〉、水の精霊〈祝福を施した水を撒く〉により、私を事故と危険から守る力よ宿れ。かくあれかし！

ハンドバッグ、ブリーフケース、車のグローブボックス、ポケットなど、好きなところに入れておく。燃え残ったキャンドルは埋めるかゴミ箱に捨てる（ゴミ投棄場に埋められるように）。

◎車を守るまじない

日取り：満ちゆく月が満月に至るまで；木星または土星、太陽の曜日；木星または土星、太陽の時間。

材料：正方形の淡青色の綿布。少量のベトニー、マスタード・シード、フェネル・シード、セントジョンズワート。赤い糸。白い羽根数本。銀と黒のビーズ９個。ドラゴンズブラッドまたはフランキンセンス、パチョリの香。赤いキャンドル１本。大釜。祝福を施した水。塩。

まじないをかける：香に火をつける。赤いキャンドルに刻印を施す：

ᚦ ᚾ ᚼ ᛁ ᛉ ᛒ ᛝ ⟁ ⊠

キャンドルを大釜に置いて火をつける。布にベトニーとマスタード・シードを整然と並べる：

> ベトニーとマスタード・シードは守りのエネルギー！

フェンネル・シードとセントジョンズワートを足す：

> フェンネルとセントジョンズワートは力と強さ！

布の四隅を赤い糸でくくる：

> 赤は力の色！

四大元素の象徴にくぐらせる：

> 四大の元素よ、このまじないに力を吹き込み、私がかけたまじないに働きかける力を生み出したまえ！　地の精霊〈塩を撒く〉、風の精霊〈香の煙にくぐらせる〉、火の精霊〈中央キャンドルの炎に通す〉、水の精霊〈祝福を施した水、または湧き水を撒く〉により、庇護の小袋に力は宿れ。

羽根で装飾を施す：

> 風よ、このチャームに祝福を与えたまえ！

ビーズで装飾を施す：

> 地よ、このチャームに祝福を与えたまえ！

魔法円を解放し、小袋を車に持っていく。車の正面、後部、側面を小袋で触れながら、車を一周する：

> この小袋に宿る守りの力は、旅の安全と力と強さをこれなる乗り物にもたらせ！

袋をグローブボックスかフロントシートの下に入れる、またはバックミラーから吊るし、車を守る。キャンドルの燃え残りは埋めるかゴミ箱に捨てる（ゴミ投棄場に埋められるように）。

◎ハリケーン避けのまじない

日取り：ハリケーンの脅威が迫っている時はいつでも。

材料：刃の鋭いナイフ（アサメイ以外）。

まじないをかける：ナイフを持って屋外に出て、風上を向く。頭上でナイフを振って大きな円を３度描きながら、以下を詠唱する：

> 風と水の精霊よ！
> どこなりとも望むところに行きたまえ、
> だが我が元からは遠ざかりたまえ！
> 大洋越えは汝にとっても長の旅路！
> だが我が家には一歩たりとも近づくなかれ！
> 汝にとって我は眷属なれば、
> 我が意のままにあれ、かくあれかし！

風がふたつに割れ、これ以上近づかないイメージを視覚化しながら地面にナイフを突き立てる。危険が去ったらナイフを回収し、土をすすぐ。

◎雷避けのまじない

日取り：雷が近づいている時；欠けゆく月が闇月に至るまで；土曜日；土星の時間。

材料：茶色い布。ホーソン・ベリー数個。細かくしたベイ・リーフ。エルダー・フラワー。ペッパーコーン３粒。銀のリボンか紐１本。

まじないをかける：

> 四角い茶色の布の中央にホーソン・ベリーを置く：

>> この家に庇護を引き寄せるホーソン。

> 細かくしたベイ・リーフを置く：

>> このまじないを強めるベイ。

> エルダー・フラワーを置く：

>> この家に近づく危険を逸らすエルダー・フラワー。

ペッパーコーン3粒を置く：

> このまじないに力を吹き込むペッパーコーン。

布を包み、銀の紐またはリボンで口を閉じる：

> 全てをこの紐で封じ込めたら、雷がこの家を避けていくまじないのできあがり。

結び目を3つ作る：

> ぐるりと巻いて一縛り、1つ、2つ、3つの結び目。

さらに3度縛る：

> さらに3つでこのまじないは縛られた。

両端に1つずつ結び目を作り、それをまた一緒に縛る：

> 3の3倍の結び目で、雷は地面に逸れていく。

家のどこか高い場所に吊るす。

◎金運のまじない

日取り：クォーター（12月、3月、6月、9月）ごとの満ちゆく月が満月に至るまで；木星の曜日；土星の時間。

材料：1ドル札。女神と男神を表す銀と金のキャンドル。緑色の種火用キャンドル。パチョリ・オイル。奉納用キャンドルから溶け落ちる蠟を収め、ドル札を燃やす大釜。火を消すための蓋か覆い。

まじないをかける：銀と金のキャンドルに火をつける。パチョリ・オイルを緑のキャンドルに塗り込み、以下の刻印を施す： ♃ ♃ $ ♄ ☽ ☉

大釜に緑色のキャンドルを据え、火をつける。大釜を9度回しながら、キャンドルの火で1ドル札を燃やす：

> 土星、木星、太陽とともに

> 果てなくめぐる月の周期に合わせ、
> 金(きん)の男神よ、朗らかに笑え、
> 銀の貴婦人よ、私と踊れ、
> 我が元に力をもたらし、我が緑陰を満たせ、
> このクォーターに唸るほどの金(かね)をもたらしたまえ！

燃え残りは埋めるかゴミ箱に捨てる（ゴミ投棄場に埋められるように）。

◎金運のキャンドルのまじない

日取り：満ちゆく月が満月に至るまで；水星または木星、太陽の曜日；水星または木星の時間。

材料：パチョリの香。緑色の奉納用キャンドル。緑のキャンドルを据え、神々のキャンドル（青、白、橙）の溶けた蠟を収める大釜。ワンド。アサメイ。ハーブを混ぜるボウル。ハーブ：オールスパイス、ベルガモット、コンフリー、カモミール、シンクフォイル、ホール・クローブ、ナツメグ1片（潰す）、ミント、マジョラム（各ひとつまみずつ）。キャンドルと大釜の代わりに湯が煮え立った鍋を用意してもよい。

まじないをかける：ボウルに入れたハーブをアサメイで混ぜて力を付与した後、四大元素の象徴にボウルを通す：

> 四大の元素よ、これらのハーブに力を与え、我がまじないの元で働く力を引き出したまえ！　地の精霊〈塩を撒く〉、風の精霊〈香の煙にくぐらせる〉、火の精霊〈中央キャンドルの炎に通す〉、水の精霊〈祝福を施した水か湧き水を撒く〉によって、ここに力は注がれよ。

大釜、または鍋をペンタクルに置く。緑のキャンドルにベルガモット・オイルを塗り込み、以下の刻印を施す：þ ᛄ ↑ ᚹ ᚥ ⋄ ⋇
ハーブをキャンドルの火にくべるか、煮え立った鍋に加える：

> 風の力でまじないを運び、火の力で魔法を解放し、水の力で意志を広げ〈水を撒く〉、地の力で求めるものは形になる〈アサメイの刃先で掬い

取った塩を加える〉。

奉納用キャンドルか鍋の上でワンドを反時計回りに3度回す：

> このまじないが空を駆けたなら、我がまじないを損なうものは何もなし！　成功と富を我が元にもたらせ、我がまじないのままに、かくあれかし！

キャンドルを1時間燃やしておく。火を消し、サインを読み取り、蠟は埋めるかゴミ箱に捨てる（ゴミ投棄場に埋められるように）。使用していた場合、鍋を洗う。

◎金運を呼び込む小袋のまじない

日取り：満ちゆく月が満月に至るまで；木星または太陽の曜日；月の木星の時間。
材料：緑色の小さな綿布の袋。緑の糸。針。コイン（銀か金が最適）。三つ葉のクローバー1本。緑のキャンドル1本。銀と金のキャンドル各1本。磁鉄鉱2個。クローブ・オイル。パイン（マツ）またはパチョリのオイル。スイートグラスの香。シンクフォイル。祝福を施した水。塩。
まじないをかける：

クローブ・オイルを緑のキャンドルに塗り込む：

> クローブでおまえは金運を呼び込む力を与えられる。

パイン・オイルを銀と金のキャンドルに塗り込む：

> パインでおまえは繁栄をもたらす力と、行動を起こすエネルギーを与えられる。

緑のキャンドルに ᛃ の刻印を施す：

> イェラは我が仕事に対する報いと実り豊かな収穫の印！

銀のキャンドルに ᚠ の刻印を施す：

フェイオーは成就、物質的な豊かさ、満たされた野心の印！

金のキャンドルに♀の刻印を施す：

エセルは獲得と所有の印！

スイートグラスの香に火をつける。それから銀のキャンドルに火をつける：

このキャンドルは我が元にベンディディアの祝福を呼び込む。月を司る貴婦人、手に持つ小枝で冥界の宝に至る道を示す女神の祝福を。

キャンドルを掲げる：

このまじないで繁栄と多くのお金は我が人生に訪れよ！

金のキャンドルに火をつける：

このキャンドルは我が元にディースの祝福を呼び込む。冥界の君主、大地の宝の守護者の祝福を。

キャンドルを掲げる：

このまじないで大地の富は我が人生に現れよ！

緑のキャンドルに火をつける：

このキャンドルは彼女と彼の祝福を通じて我が元に来たる金銭を示す。おふたりの子、〈術者の名前〉の意を叶えよ！　かくあれかし！

コイン、クローバー、シンクフォイル、磁鉄鉱２個を袋に入れて口を縫い合わせる：

金銭は我が元に引き寄せられ、私が必要とする以上にもたらされるこの富に私の心は満足する。誰からも搾り取ることなく、我が元に来る富は祝福を受けたものであれ。このまじないは封じられて完成す、我が意のままに、かくあれかし！

四大元素の象徴に通過させて聖別する：

> 汝は地の精霊〈小袋に塩を振り撒く〉、風の精霊〈香の煙にくぐらせる〉、火の精霊〈3本のキャンドルの炎に通過させる〉、水の精霊〈祝福を施した水を振り撒く〉によって力を与えられ、我が元に富をもたらし、金銭を我が手中に収めよ！　我が意のままに、かくあれかし！

ハンドバッグ、ポケット、財布、他、お金に関係する場所に置いておく。キャンドルの燃え残りは埋めるかゴミ箱に捨てる（ゴミ投棄場に埋められるように）。

◎手術に耐える体力をつけるまじない
日取り：満ちゆく月が満月に至るまで；火星または太陽の曜日；土星の時間。
材料：淡青色の奉納用キャンドル2本。サイプレス・オイル。セントジョンズワートとローズマリーの葉。
まじないをかける：

両腕を開いて掲げる。

> 大いなるエネルギーが流れるこの日、自己防衛本能が働くこの時間、支配する力と四大の元素に呼びかける、我がまじないに力を貸したまえ。

2本の淡青色のキャンドルにサイプレス・エッセンシャルオイルを塗油する。片方に ♭、もう片方に ♭ の刻印を施す。キャンドルを祭壇に置いて火をつける：

> 貴婦人と君主よ、私の傍についていてください。おふたりの愛の力と庇護で私を包み、この手術が成功し健康になれますように。

キャンドルの火にローズマリーとセントジョンズワートの葉をくべる：

> 貴婦人と君主の力により、ハーブと光により、病気は逃げていけ！　かくあれかし！

キャンドルを燃え尽きるまで放っておく。燃え残りは埋めるかゴミ箱に捨

てる（ゴミ投棄場に埋められるように）。

◎健康のまじない
日取り：満ちゆく月が満月に至るまで；火星または木星、太陽の曜日；木星の時間。
材料：ペパーミント・オイル。青い奉納用キャンドル1本。大釜。ラベンダー・フラワー小さじ2杯。タイム、オールスパイス、コリアンダー・シード、ウィロー・リーフを各小さじ1杯。
まじないをかける：

 ハーブを粉にする：

  太陽と月により命ず、エネルギーが高まるこの日の癒やしの時間に、おまえたちの力を解放して我が業に尽くせ！

 ペパーミント・オイルを青い奉納用キャンドルに塗り込む。▽ △ △ の印章と病名をキャンドルに彫り込み、その後、以下の文句を唱えながらシンボルを追加して刻む：

  木星〈♃〉は健康、ベオーク〈ᛒ〉は女神、水〈▽〉は流体、ティール〈↑〉は勝利、オサ〈ᚠ〉は男神を象徴し、シイェル〈ᚺ〉は癒やしのエネルギーに方向性を与える。

 キャンドルを大釜に据えて火をつける：

  偉大なる女神よ、どうか私の癒やしの力を加速したまえ。これなるキャンドルは女神と男神のシンボルを刻み、健康に捧げたもの。これを通して癒やしのエネルギーと勝利は私の体で混乱を来している水を支配し、癒やしのハーブはそのエネルギーを解放して私の力となる。そのハーブでもって、私はあなたに請願します。病による失調を取り除きたまえ、我が意のままに、かくあれかし！

 ハーブの混合物を火にくべる：

  ラベンダーの体を守る浄化の力。タイム、オールスパイス、コリアン

ダー・シードの癒やしの強さ。そしてウィローの庇護と癒やしの力。それらを合わせてこのまじないに力を吹き込み、我が意を叶えん。かくあれかし！

キャンドルを1時間燃やしておき、蠟から回復までのを読み取ったら燃え残りは埋めるか、ゴミ箱に捨てる（ゴミ投棄場に埋められるように）。

◎健康のまじない2

日取り：満ちゆく月が満月に至るまで；火星、または木星、太陽の曜日；木星の時間。

材料：サンダルウッドの香。女神と男神のキャンドル。黄色の奉納用キャンドル2本。奉納用キャンドルの溶けた蠟を収める容器2個。ルー・オイル。塩。祝福を施した水。アッシュの樹皮、セントジョンズワート、タンジー、ウッドラフ、病気に関連するハーブをそれぞれひとつまみずつ（「照応のハーブ一覧」を参照）。

まじないをかける：

黄色の奉納用キャンドルにルー・オイルを塗り込む：

貴婦人と君主なる〈神々の名前〉の御名において、これらのキャンドルは〈名前〉の癒やしのために捧げられる。

黄色の奉納用キャンドルを四大元素の象徴に通過させる：

地の精霊の力〈塩を撒く〉、風の精霊の力〈香の煙にくぐらせる〉、火の精霊の力〈両神のキャンドルの炎に通過させる〉、水の精霊の力〈祝福を施した水を撒く〉を通じ、汝を聖別する。

黄色のキャンドル両方に ᛒ ᛈ ᛁ ᛘ ↑ ⊠ ᚠ ᚾ ᚲ ᛈ ᛰ の刻印を施す。片方の奉納用キャンドルに女神のキャンドルから、もう片方は男神のキャンドルから火を移す。

両方の奉納用キャンドルに以下のハーブをくべる：

アッシュの樹皮は健康と庇護。セントジョンズワートは健康と庇護と強さ。タンジーは健康と女神の愛。ウッドラフは勝利と男神の愛。〈病気に関連するハーブ〉は〈病気の名前／種類〉の治癒。

容器の底に達しそうになるまでキャンドルを燃やしておく。火を消し、蠟からサインを読み取る。魔法円を解放し、燃え残った蠟は埋めるかゴミ箱に捨てる（ゴミ投棄場に埋められるように）。

◎健康の小袋のまじない
日取り：満ちゆく月が満月に至るまで；木星の曜日；太陽または木星の時間。
材料：黄色い綿の小袋。赤い糸。針。私的な品1個。ローズマリー・リーフ、セントジョンズワート、タイム、コリアンダー・シード。白色のキャンドル1本。赤色のキャンドル1本。ドラゴンズブラッドのインク。ペン。セージの香。ベチバー・オイル。祝福を施した水。塩。
まじないをかける：キャンドルにオイルを塗り込む。白色のキャンドルに▷の刻印を施す：

> ソーンは庇護。

赤色のキャンドルにくの刻印を施す：

> ケンはエネルギーの開放と変容。

ペンとインクで黄色の袋の外側に♪を描く：

> ウルズは身体の健康。

香に火をつける。白色のキャンドルに火をつける：

> ここに燃える炎は健康をもたらすため。

赤色のキャンドルに火をつける：

> ここに燃える炎はエネルギーと強さをもたらすため。

アイテムを黄色い袋に入れていく：

> ローズマリーは健康を維持し、タイムは病気を寄せつけない。セントジョンズワートとコリアンダー・シードは私を〈私物を袋に入れる〉強くする！　我が意のままに、かくあれかし！

四大元素の象徴に通過させて袋を聖別する：

> 地の精霊〈塩を撒く〉、風の精霊〈香の煙にくぐらせる〉、火の精霊〈両方のキャンドルの火に通す〉、水の精霊〈祝福を施した水を撒く〉により、私の体から病を遠ざけ、健やかで強靭な体を保持する力を与えん！　この袋は私の健康を守る！　我が意のままに、かくあれかし！

袋の口を縫い合わせる：

> これで健康は我が物に！　エネルギーと体力に恵まれた人生が我が意のままに、かくあれかし！

キャンドルの燃え残りは埋めるかゴミ箱に捨てる（ゴミ投棄場に埋められるように）。袋をポケットやハンドバッグなどに入れて身につけておく。

◎多産と妊娠のまじない

日取り：満ちゆく月が小望月（満月の前日）に至るまで；月の曜日か満月の前日；月の時間。

まじないを司る神の化身／焦点：アルテミス。実り高き母。

用意するもの：ミルクとコーン（トウモロコシ）の供物。

材料：まじないに使う淡緑色の奉納用キャンドル。クローバー、カッシア、シンクフォイル、バーベナ、カーネーションの花弁、ウッドラフ。ローズ・オイル。ダミアナのお茶。

まじないをかける：祭壇をセットして魔法円を構築し、四大元素を召喚し、奉納用キャンドルに火をつける。祭壇／聖所にクローバーを撒く。

> 大地と月によって聖別されたこの空間で呼びかける我が声を聞きたまえ、

万物の恵み深き大いなる母よ！

奉納用キャンドルにローズ・オイルを塗り込み、実り豊かな収穫を表す♂、喜びを表す♪、勝利を表す↑の刻印を施し、キャンドルに火をつける：

これなるは私が求めるものの印。私の子宮が結ぶ実りに喜びと勝利をもたらす豊かなる収穫なり！

コーン（トウモロコシ）とミルクのボウルを掲げる：

私の贈り物を受け入れたまえ、実り高き母と収穫の父よ！ 命と乳の贈り物を私にもたらしたまえ！

ハーブを合わせ、奉納用キャンドルの火にくべる：

カッシアは多産。バーベナは愛。カーネーションの花弁は女神。ウッドラフは男神。シンクフォイルは母性。あなたにあなたの子があるように、私にも我が子をお与えください。大いなるアルテミスよ、我が子を持つあなたから、あなたの恵みによる祝福を求める私に我が子をお与えください。

キャンドルとハーブを燃え尽きさせる。燃え尽きたらキャンドルの火を消す：

偉大なる貴婦人よ、あなたの力を通じて、この円陣の内にある全ての力は私の手でこのまじないに籠められる。かくあれかし！

四大元素に別れを告げて魔法円を解放し、供物は祭壇に一晩置いておき、朝になったら廃棄する。燃え残ったキャンドルは冷えたら埋めるか、ゴミ箱に捨てる（ゴミ投棄場に埋められるように）。ダミアナのお茶を妊娠を計画している夜に飲む。

◎相手に行動を起こさせる愛のまじない
日取り：満ちゆく月が満月に至るまで；金星の曜日；金星の時間。

材料：赤い奉納用キャンドル1本。赤い紙。ペンとインク（ダヴズブラッドか黒）。羊皮紙の小片か赤い紙。大釜か、溶けた蠟を受け止める耐熱性の容器。小さじ1/2杯のマジョラム。小さじ1/2杯のヤロウ。松の葉とポットマリーゴールド（カレンデュラ）の花をひとつまみずつ。スティック型かコーン型の香（ジャスミン、またはローズ、ムスク）。意中の相手が身につけていたものの小片か写真（燃やすと大きく火が立つので、必要なら火を消す準備をしておく）、または相手の名前（わかるなら誕生日も）を書き付けた羊皮紙。

まじないをかける：紙に二重円に囲まれたマンダラ（円）を描いていく。二重円の内には以下の単語を点で区切りながら記す。円の上部に「HABONDIA」、下部に「PHUL」、左側に「ADONIS」、右側に「HAGITH」［もしくは二重円の内を『Love-Conquers-All-So-Mote-It-Be（愛は全てに勝利すかくあれかし）』を意味するルーン文字で埋める］。

円の中心に五芒星（ペンタグラム）を描き、星の先端を二重円の内側の円と接触させる。

マンダラの中は以下の通りに埋めていく：中央にハギト（Hagith）の印章。星の上部（頭）に♀のシンボル、星の左足に☽のシンボル、星の右足に☉のシンボル（星の両腕には何も描かない）。星の左腕下の空間にオク（Och）の印章、右腕下の空間にフル（Phul）の印章。対象の人物の星座記号を星の左腕上部の空間に、対象の人物の支配星記号を右腕上部の空間に。術者自身の星座記号と支配星記号を星の両足の間に。

赤い奉納用キャンドルに刻印を施す：ᛈ ↑ ᛒ ⋈ ᛈ ᚠ ✕

紙に描いた五芒星がペンタクルの機能を帯びたので、ここに大釜を置く。大釜に赤いキャンドルを立て、火をつける：

> 赤いキャンドルは目映く燃える、〈自分〉への愛で〈相手の名前〉の身を焦がす炎の如く。味わったことのないほどの激しい欲望で燃え上がり、〈彼／彼女〉に私を求めさせて。私への愛で〈彼／彼女〉の身も心も燃やしてしまって。

意中の相手の所属物（持っていれば）か、相手の名前（わかれば誕生日も）を書き付けた羊皮紙片を火にくべる：

これはまさしく私への愛で燃える〈相手の名前〉！

ひとつまみの松の葉とポットマリーゴールド（カレンデュラ）をキャンドルの火に加える：

〈相手の名前〉を私の元に連れてきて、〈相手の名前〉が愛するのは私だけ。これらのハーブのエッセンスが〈相手の名前〉に私だけを愛させ、私のところに来させるでしょう。かくあれかし！

キャンドルの火にサインを読み取りながら、燃え尽きるまで（1時間）待つ。火を消し、熱を冷まし、蠟を取り除いて地面に埋める：

肥沃なる土に種を埋める。まじないも誤たず実を結ぶように。かくあれかし！

◎流浪の恋人を呼び戻す

日取り：満ちゆく月；金星の曜日；金星または月の時間。
材料：白い紙の小片。針（ピンではいけない）またはドラゴンズブラッドのインク。赤い奉納用キャンドル。キャンドルと溶けた蠟を収める大釜。
まじないをかける：赤いキャンドルに以下の刻印を施す：♪　↑　♭　✕　♪　𝔉　✕、意中の相手と自分自身の星座記号。

キャンドルに火をつける。自分の血で書く場合、針の先を炎で炙り、力の手（書き物をする手）の親指を針で刺す。インクまたは血で、自分の名前と相手の名前をつなげて円状に記す。

名前を円で二重に囲み、手前に向かって紙を折る。折った紙でキャンドルに触れる：

血ははっきりと物を言う！　何と言っているか？　私の恋人を1日以内に戻せと言っている！　我が意のままに、かくあれかし！

紙を完全にキャンドルの火で燃やし、そのまま1時間待つ。燃え残りは埋めるかゴミ箱に捨てる（ゴミ投棄場に埋められるように）。

◎石の力のまじない

日取り：満月；火星の曜日；太陽の時間。

材料：ボウル。湧き水。アヴェンチュリン、カーネリアン、スモーキー・クォーツ1個ずつ。

まじないをかける：湧き水を注いだボウルに石を入れる。戸外に出し、月光が水面に反射するようにする：

> 火星の日、太陽の時刻に私は祈り求める、月よ、これらの石に力を注ぎ、エネルギーを吹き込みたまえ！

片手にワンドを持って両手を掲げ、詠唱しながらボウルの周りを踊る：

> ルナの力、ソルの力、アリエスの力、私が呼び求める力！

エネルギーレベルが最高位にまで高まったら、ワンドを両手で握って先端をボウルに向ける：

> 力よ宿れ！

ボウルの水をジャーに空け、保管して強力な霊薬、霊水として使用する。石を取って黒い布に包み、さらなる力がまじないとチャームに生じるまで片づけておく。

◎狩りの幸運を得るまじない

日取り：狩りの前日の火星の時間。

材料：赤いキャンドル1本。パチョリの香。スターアニス、ベルガモット・リーフ、アルテミシア・リーフ、赤いダイアンサスの花弁各1個。

まじないをかける：キャンドルに ♌ ♂ ♈ ♀ の刻印を施し、火をつける。香にも火をつける：

> この大地の薫りが私を狩人ハーンに同調させ、大地の恵み、めぐる命の自然の力と調和させる。

ハーブをキャンドルの火にくべる。スターアニスから始める：

狩人の父祖たちの霊よ、明日の我が狩りに力を貸したまえ。

ベルガモット・リーフをくべる：

ベルガモットの力よ。明日の我が努力に成功をもたらせ。

アルテミシア・リーフをくべる：

狩りを司る貴婦人よ、明日の我が努力に成功をもたらしたまえ。

赤いダイアンサス（カーネーション）の花弁をくべる：

私が求める動物の血に私は敬意を送る。命から命へ、自分が食べるものを私は狩る。我らがめぐる命の循環は永遠に続く。狩るものと狩られるもの、崇められるものと兄弟たちは。

◎戦士のまじない

日取り：満ちゆく月が満月に至るまで；火曜日；火星の時間。
材料：マンドレイク・ルートまたはフェンネル・ルート。香。赤いキャンドル。祝福を施した水。塩。赤い綿糸。
まじないをかける：根を取って香の煙とキャンドルの火に通過させ、水と塩を振り撒く：

四大元素の力によってこの根は聖別され、浄化と清めを通して我が業の一助となる。

根をペンタクルに置く：

小さき者よ、我が声を聞け、
私はおまえに服を着せ、私の仲間に迎えて祝福するから、
我が戦士に降りかかる害をはねのけよ。
彼を無事に、できるだけ早く帰らせるのだ。

根に赤い綿糸を巻きつける。エネルギーを高め、以下の文句を唱えながら

人の形をした根に注ぎ込む：

　　火星の眼に見守られ、憤激の炎により、我が戦士は戦場にて揺らがず、庇護され、勝利者とならん。

　根を赤い布で包んで安全な場所に隠す。戦士が戻るまで保管しておき、帰ってきたら糸と布を取り外して埋める：

　　私によく尽くしてくれた、おまえをこのまじないから解放しよう。

　燃え残ったキャンドルを地面に埋めるかゴミ箱に捨てる（ゴミ投棄場に埋められるように）。

◎勇気を高めるまじない

日取り：満ちゆく月が満月に至るまで；日曜日か火曜日；火星の時間。
材料：赤いキャンドル１本。ローズマリー・オイル。ワンド。
まじないをかける：キャンドルにオイルを塗り込む。キャンドルにルーンのシンボルを刻印する：

　　　フェイオーが司るエネルギー、ᚠ
　　　ソーンが司る庇護と意志力、ᚦ
　　　マンナズが司る自己修養、ᛗ
　　　ケンが司る正のエネルギーの開放、ᚲ
　　　ウルズが司る自身の強さ。ᚢ
　　　ダグが司る再出発、ᛞ
　　　シイェルが司る成就と自信、ᛋ
　　　そしてティールが司る勝利と勇気と成功。ᛏ

これら全ては我が方に向く（自分の誕生星座と支配星の刻印を施す）。
キャンドルに火をつけ、その上でワンドを振る：

　　地、風、火、水を司る力よ、古のルーンのエネルギーよ、年古りし諸惑星の精霊たちよ！　このキャンドルが溶けるとともに、我が求めし資質

は我が内に入る、我が意のままに、かくあれかし！

燃え尽きるまでキャンドルを放置し、燃え残りは埋めるかゴミ箱に捨てる（ゴミ投棄場に埋められるように）。

◎スポーツで勝つまじない

日取り：満ちゆく月が満月に至るまで；太陽の時間。
材料：ワンド。鮮やかな黄色のキャンドル。ドラゴンズブラッドの香と香炉。オリス・ルート、ウッドラフ・リーフ、ベルガモット・リーフ。
まじないをかける：キャンドルに ℞ 〈 ↑ ⇑ の刻印を施し、ドラゴンズブラッドの香に火をつける：

竜の血が持つ力とエネルギーよ、私を〈試合の日にち〉に行われる〈スポーツ名またはコンテスト名〉で勝利に導きたまえ！

オリス・ルートをキャンドルの火にくべる：

我が対戦相手が私を上回ることのないように！

ウッドラフ・リーフをキャンドルの火にくべる：

ウッドラフのエネルギーよ、私を〈スポーツ／コンテスト名〉であらゆる障害に打ち勝たせたまえ！

ベルガモット・リーフをキャンドルの火にくべる：

ベルガモットの力が我が成功に力を貸してくれるように！

ワンドを持って朗誦しながらエネルギーを高める：

根によりハーブにより、樹脂と光により、
我が求めし勝利、それが我が物となるのは当然の権利！
このまじないは契り、完璧に韻は結ばれり。

ワンドでエネルギーの方向をキャンドルの火に向けさせる：

我が意のままにあれ、かくあれかし！

　キャンドルを燃やし続け、1時間後に火を消す。蠟からサインを読み取る、蠟が冷めたら土に埋めるか、ゴミ箱に捨てる（ゴミ投棄場に埋められるように）。

◎風の力をまじないに吹き込む
日取り：まじないにエネルギーを付加したい。
材料：エネルギー付加の準備ができた呪術品。
まじないをかける：特別なエネルギーを付加したいまじないの下準備を完了させる。魔法円をめぐり、東南西北の四方位点で呪術品を掲げ、風に呼びかける。

　　目も眩まんばかりに目映き東の風よ、このまじないを始動させよ！
　　炎の如く光を放つ南の風よ、このまじないに力とエネルギーを吹き込め！
　　優しく陽気な西の風よ、このまじないを我が求めに足るものにせよ！
　　激しく吹きつける力強き北の風よ、このまじないを明らかになった形に入れ込めよ！

　呪術品を祭壇に置く：

　　四つの風にこのまじないは運ばれる、我が意を妨げるものはなし！　かくあれかし！

　それぞれの風に祝福を贈り、別れを告げる。

◎雨乞いのまじない
日取り：雨を降らせたい時はいつでも。
材料：なし。
まじないをかける：
　屋外に立って両腕を掲げる。空に向かって呼びかける。

水の精霊、火の精霊、
　風の精霊、地の精霊！
　この場所にこぞって来たれ、
　風は吹き、稲妻は走り、
　土砂降りの雨は地を叩け！
　汝らの眷属の呼びかけを聞きたまえ、
　渇きに苦しむ大地と眷属の声を。

　四大元素がやって来るイメージを視覚化する：

　風の精霊よ、熱を冷ます風を吹かせ！
　火の精霊よ、稲妻を走らせ！
　水の精霊よ、雨を降らせ！
　地の精霊よ、もたらされるもの全てを受け止めよ！

　大気中に満ちるエネルギーを両手で集め、地面に向ける。両掌を地面に向け、祝福の手振りをする：

　祝福は与えられ、祝福は受け取られた。このまじないによって我が意は叶わん、かくあれかし！

◎ タローのまじない

日取り：満ちゆく月が満月に至るまで；水星または月の曜日；月または太陽、水星の時間。道具の聖別の儀式が終わってから行う。

材料：白色の奉納用キャンドル２本。ペンタクル。フランキンセンスまたはラベンダーの香。黒い糸。

まじないをかける：カードをペンタクルに置く。白色のキャンドルをペンタクルの両側に置く。香に火をつけ、ペンタクルの前に置く。カードデッキを取って黒い糸を巻きつける：

　このタローは我がために聖別され、デッキを縛る糸で我に縛られた我が

物なり。このカードに望まぬ影響力が及ばぬことを、風〈香の煙にくぐらせる〉、火〈キャンドルの炎に素早く通す〉、水〈祝福を施した水を素早く振りかけて拭う、または口を開けてカードに素早く息を吐きかける〉、地〈カードをペンタクルに置く〉によって我は命ず。

カードから糸を取り外す。糸は必要な時にデッキに巻きつけるために保管しておく。燃え残ったキャンドルを地面に埋めるかゴミ箱に捨てる（ゴミ投棄場に埋められるように）。

◎時間通りに旅をするまじない
日取り：目的地に遅れたくない時はいつでも。
材料：なし。
まじないをかける：光る保護素材で全面を覆われた乗り物で旅をするイメージで視覚化する。視覚化した乗り物が自動車である場合、表面に周りの風景が映り込んでいるのでこの車を目で捉えることはできないが、他の運転手は無意識の内に障害物があるように感じている。スピードを抑えている間は、この乗り物は時間の影響を受けない。飛行機の場合、飛行機の表面に雲が映り込み、雲に紛れて消えてしまったように見える。乗り物が変化する視覚化を行いながら以下の文句を唱える。

偉大なる貴婦人と君主よ、全ての時の歩みを遅れさせたまえ。時が刻む間に私が秒の狭間を縫って進み、〈目的地〉に早く辿り着けるように。

目的地に着くまで心安らかに旅をし、時間通りに到着できることを理解して行動すること。

◎妖精を惹き寄せるまじない
日取り：満月；金星または水星、月の曜日；月または金星の時間。
材料：妖精を惹きつける岩屋や祭殿を作るための装飾品（一部に板石を敷き詰め、ハーブやシャムロックの鉢植えを置くか土に植え込み、近くに繊細な音色のウィンドチャイムを吊るし、場を作ることもできる）。湧き水。ラベンダー

の香。淡いラベンダー色の奉納用キャンドルか、小さな円柱型キャンドル1本。供物皿に載せたマフィン（全粒粉かコーンミールが最適）。浅いボウルに入れたワイン。

まじないをかける：妖精を惹きつける岩屋や祭殿を作る。ラベンダーの香とラベンダー色のキャンドルに火をつける。岩屋に湧き水を撒く。岩屋の前でマフィンとワインの捧げ物を掲げる。

> ケーキとワインの贈り物を携え、美しき人々に呼びかける、
> 我が祝福に応え、ここに来て踊りと食事に興じたまえ。
> 私のすぐ傍に住み、同じ土地でともに暮らし、
> あなたがいることで我が家への祝福となりたまえ。

岩屋や祭殿に供物を置く。香が燃え尽きたらキャンドルの火を消し、岩屋や祭殿から立ち去る。キャンドルには折を見て好きな時に火を点す。キャンドルが燃え尽きたら残った蠟をゴミ箱に捨て（ゴミ投棄場に埋められるように）、新しいものと交換する。香も折を見て好きな時に燃やす。

岩屋は定期的に手入れし、手土産を置いておき、ミルクと穀物かマフィンを捧げる。特別な時にはミルクの代わりにワインやウィスキーを置く。

◎啓示のまじない

日取り：満ちゆく月が満月に至るまで；月または水星の曜日；水星の時間。

材料：ラベンダーの香。ラベンダー色の奉納用キャンドルか小さな円柱型キャンドル1本。ティーポットにマグワートとレモンバームで淹れたお茶。供物のボウル。ティーカップ。

まじないをかける：香とキャンドルに火をつける。供物用のボウルにお茶を少し注ぎ、ティーカップのお茶を飲んだらポットの残りを冷ます。キャンドルを覗き込んで霊的な径が明らかになり、開かれるイメージを視覚化する。

冷めたお茶で手と顔を洗い、このまじないに適した啓示道具（水晶玉や鏡）も洗う。

> 太陽を司る偉大なる君主、月を司る偉大なる貴婦人よ、

我が願いを聞き入れたまえ！
超自然を見通す我が眼に道を開き、
占いが示す象徴を私に知らしめたまえ、
影の径より来たる幻視を理解し、
世界間での交信ができるように。
これは祝福が与えられ、受け取られたあなたたちの子なる〈術者の名前〉の願いなり、
我が意のままにあれ、かくあれかし！

キャンドルの燃え残りは埋めるかゴミ箱に捨てる（ゴミ投棄場に埋められるように）。残ったお茶を地面に注ぐ、またはシンクに流して冷たい水ですすぐ。

◎嵐の水に力を蓄える

日取り：嵐が近づいている時；その後の満月のエスバット。

材料：大きなボウル。白い布。銀のキャンドル。大釜。小さじ1杯のマグワート。羽根。蓋付きで色の濃い清潔な壜数本。

まじないをかける：強い嵐が接近している時に屋外にボウルを置く。雨水を集めるため、張り出した屋根、木、その他遮蔽物の下を避けた場所を選ぶ。充分な量の雨水が溜まったら、ボウルを屋内に入れ、白い布で覆って祭壇に置く。満月のエスバットでボウルを覆う白い布を取り、月光が触れるようにする。銀のキャンドルに火を点してマグワートを火にくべ、羽根を使って煙を水面に漂わせる。

雷鳴と雷光により、
マグワートと月により！
この水に力は蓄えられ、あらゆる益をもたらす！

祝福を施した水などのまじないに使用する。キャンドルを1時間燃やしておく。水を清潔な壜に詰めて暗所で保存し、まじないで呪力を高めたい時に用いる。キャンドルの燃え残りは埋めるかゴミ箱に捨てる（ゴミ投棄場に埋

められるように)。

◎瞑想のまじない
日取り：満ちゆく月が満月に至るまで；太陽、または月、水星の曜日；水星または太陽の時間。
材料：淡青色のキャンドル1本。サンダルウッドの香。クッションや椅子。
まじないをかける：瞑想を始める前に香とキャンドルに火をつける。グラウンディングとセンタリングを行う。力の手を頭のてっぺんから腹の中心までまっすぐ下ろしていき、途中で掌の向きを変え、膝に上向けて置いた手に下ろした手を迎え入れる。息を吸い、止め、口から息を吐き、止めるをそれぞれ2秒ずつ行う。全部で3回繰り返し、肺を浄化する。柔らかな白光が頭頂から輝きを放つイメージを視覚化する。

　　　宇宙に遍在する力よ、我が瞑想に力を貸したまえ。

　望む瞑想を始める。キャンドルが大量に燃え残っているようであれば、冷えてから青い布で包んで保管し、次に瞑想を行う時に使用する。再利用しない場合は燃え残りは埋めるかゴミ箱に捨てる（ゴミ投棄場に埋められるように）。

◎**スタング・ルーンのまじない**
日取り：満ちゆく月が満月に至るまで；日曜、または月曜、水曜、金曜；太陽、または月、水星、金星の時間。
材料：スタッフまたはスタング（携帯用祭壇としての機能を果たす二、三叉の杖）。岩塩。ラベンダーの香。橙色のキャンドル。祝福を施した水。ベチバーまたはパイン（マツ）のオイル。ルーンを刻印するか描いて燃やすための木片。
まじないをかける：キャンドルにオイルを塗り込む。キャンドルに ᛪ を、その横に ᛒ と ᚠ を刻印する。スタング／スタッフを四大元素の象徴に通過させる。

　　　地の精霊の力〈塩を撒く〉、風の精霊の力〈香の煙にくぐらせる〉、火の

精霊の力〈キャンドルの炎に通す〉、水の精霊の力〈祝福を施した水を撒く〉を通じ、汝を聖別する。

スタング／スタッフに ᛈ ↑ ᛈ ᚠ ᚷ ᛐ を縦に彫るか、焼きつけるか、絵の具で描く：

古代の英知、成功、喜び、繁栄、創造性、力の付与。

ᚷ ᛒ ᛈ ᛈ を加える：

女神と男神の庇護下での神々とのつながりにおいて。

⚢ を加える：

私はこれを我が物とする。

この下に、自分のクラフトネームのモノグラムを刻む：

私、〈名前〉はこれを我がクラフトの術具とする。

♪ を加える：

エオを通じて我らはつながる、私は彼らに彼らは私に、そしてこのスタングは私たちに。

月◎と太陽⊕の印章を加える：

貴婦人と君主を通じ、このスタングは祝福され守られる。かくあれかし！

スタッフまたはスタングを立てかけ、香の煙が漂い、キャンドルが足下近くで燃えている中で1時間置いておく。キャンドルの燃え残りは埋めるかゴミ箱に捨てる（ゴミ投棄場に埋められるように）。

◎ミーの通行

日取り：満月またはシー・ムーンのエスバット時；日曜または月曜；月または水星の時間に行うとオガム・フューズの占い結果を読むのが容易になる。

材料：緑の祭壇布。祭壇を北に向ける。3本の円柱型キャンドルを祭壇に水平に並べる（黒―赤―白）。アサメイ。ワンド。蠟燭消し。小型の大釜。ペンタクル。香炉とチャコールディスク。アカシアのハーブ。ラベンダーの花かスティック型の香。湧き水。塗油用オイル。マッチ。食べ物と飲み物。バードック・ルート、カレンデュラ、マレイン。オガム・フューズ。3×5インチ（7.62cm×12.7cm）の紙片または羊皮紙片。ペン。ドラゴンズブラッドのインク。12インチ（30.48cm）の長さの赤、紫、緑の糸1本ずつ。黒鏡。小さな黒い布袋。容器に収めた紫またはラベンダー色の奉納用キャンドルを祭壇の女神の側に置く。

まじないをかける：まじないの前に、ラベンダーかバーベインで香りづけした湯で沐浴する。シー・ムーンの魔法円を構築して四大元素を召喚し、旅を見守ってもらう。

 紫のキャンドルに貴婦人)O(と君主 ♉、旅行 ↚ と世界の狭間 ⋈ のシンボルを刻印する。

 祭壇中央に黒鏡を、その後ろにオガム・フューズを置き、3本の円柱型キャンドルを鏡の前で横に並べる。香と紫のキャンドルに火をつける。チャコールディスクを使用する場合、火をつけたら上にアカシアを載せて燻す。

 異界と冥界が交差する地点に精神を集中させる。そのふたつはコール ☰ とドゥイル ☰ であり、コール（ヘーゼル）は英知の力をワンドと術者に結びつけ、ドゥイル（オーク）は勇気の力を真実の探求に結びつける。

 赤いキャンドルを取って紫のキャンドルから火をつけ、黒鏡の前に置いたペンタクルに載せる：

> 私が立つこれなる場所は我が世界の中心、命が情熱を燃やし、形が肉を帯びる場所。

赤いキャンドルの火にバードックを少量くべる：

> 試練、知識、繁栄、そして我が元に喜びをもたらす安らぎを司る中界なり。

 紙の右上隅にコール ☰ を描いて異界に赴く。ウイッチェ、または英知、創造性、洞察の木、魔女の木であるヘーゼルの特性に意識を集中させる：

> ヘーゼルの精霊よ、私を導き、異界への径を我がために開きたまえ。

紙に折り目をつけ、その部分を香の煙にくぐらせ、祝福を施した水を軽く振りかけ、赤いキャンドルの炎に素早く通過させる：

> 地と風により、水と火により呼びかける、コールの力よ、私を導きたまえ。我が手にヘーゼルの通路はあり！

紙を折り目に沿って折り、その上にフューを描いたらもう一度折ってしっかりと畳む。紙を片手で持ち、もう片方の手で赤いキャンドルから白いキャンドルに火を移す：

> コールを携え私はミーを渡り、中界から異界へと移っていく。

赤いキャンドルを右側に移動させ、白いキャンドルを黒鏡の前に置く。キャンドルの炎越しに鏡を覗き込み、異界への径が何本ものヘーゼルの枝で塞がれているイメージを視覚化する。畳んだ紙で鏡をそっと叩く：

> ミーを開けよ、我が手にコールはあり。

枝が分かれていき、その先には径が現れ、紙がヘーゼルのワンドに変容するイメージを思い描く。少量のポットマリーゴールド（カレンデュラ）を白いキャンドルの火にくべる：

> 贈り物にカレンデュラを捧げ、異界を視る眼を受け取ろう。この美しき世界の住人に捧げたハーブで道は開け。

径を進み、森林地帯を抜けて広々とした平原に入ると、四方に広がる4つの領域の境界が集まっている場所に出る：

> 私が立つこれなる場所は異界の中心、永遠という驚異に満ち、霊が形を帯びる場所。

ヘーゼルのワンドで四方位を順繰りに指していく：

コールを携え北に向かい、

　老齢と英知が示すものをイメージし：

　　コールを携え西に向かい、

　光と優しさが示すものをイメージし：

　　コールを携え東に向かい、

　豊かさが示すものをイメージし：

　　コールを携え南に向かい、

　幸福が示すものをイメージする。ここでミーに戻ってくる：

　　コールの通路を辿って中界に戻らん。

　白いキャンドルを右に戻し、赤いキャンドルを鏡の前に置く。径を歩き、森を抜けて祭壇まで戻ってくるイメージを視覚化する。

　コールのフューを折り畳んだままの紙の左上隅にドゥイル∃を書き込んで冥界に向かう。力、忍耐、真実、強さの木であるオークの特性に意識を集中させる。その後、こう唱える：

　　オークの精霊よ、私を導き、冥界への径を我がために開きたまえ。

　紙に折り目をつけ、四大元素の象徴に通過させる：

　　地と風により、水と火により呼びかける、ドゥイルの力よ、私を導きたまえ。我が手にオークの通路はあり！

　紙を折り目に沿って折り、もう一度しっかりと折って畳む。紙を片手で持ち、もう片方の手で赤いキャンドルから黒いキャンドルに火を移す：

　　ドゥイルを携え私はミーを渡り、中界から冥界へと移っていく。

　赤いキャンドルを右側に移動させ、黒いキャンドルを黒鏡の前に置く。キャ

ンドルの炎越しに鏡を覗き込み、冥界への径がリバーオーク*1の低く広がる枝に塞がれているイメージを視覚化する。畳んだ紙で鏡をそっと叩く：

> ミーを開けよ、我が手にドゥイルはあり。

枝が分かれていき、その先には黒い川が現れ、紙がオークのワンドに変容するイメージを思い描く。少量のマレインを黒いキャンドルの火にくべる：

> 贈り物にマレインを捧げ、冥界を視る眼を受け取ろう。この影の世界の住人に捧げたハープで道は開け。

小さな平底船に乗り込むと静かな流れを渡っていき、薄暗い対岸に到着するイメージを視覚化する。船を下りて平原に入ると、四方に広がる4つの領域の境界が集まっている場所に出る。以下を唱える：

> 私が立つこれなる場所は冥界の中心、愛と変容に満ちた静謐に包まれ、形の儚き場所。

オークのワンドで四方位を順繰りに指していく：

> ドゥイルを携え北に向かい〈死と変容が示すものをイメージする〉、

次に：

> ドゥイルを携え西に向かい〈浄化と肯定的な変容が示すものをイメージする〉、

次に：

> ドゥイルを携え東に向かい〈内省、成長、結実が示すものをイメージする〉、

次に：

> ドゥイルを携え南に向かい〈エネルギー、新たな始まり、隠れた力が示すものをイメージする〉、

ミーに戻ってくる：

ドゥイルの通路を辿って中界に戻らん。

　黒いキャンドルを左側に移動させ、赤いキャンドルを鏡の前に戻す。船に乗って黒い川を渡り、祭壇まで戻ってくるイメージを視覚化する。赤いキャンドルの炎越しに鏡を覗き込む。折り畳んだ紙の両端が手前に来るように曲げ、ヘーゼルとオークの２本のワンドが手の中にあるイメージを思い描く。以下を唱える：

　　ミーは開かれた、我が手にコールとドゥイル、英知と強さはあり。

　少量のバードックを赤いキャンドルの火にくべる：

　　贈り物にバードックを捧げ、中界を視る眼を受け取ろう。この地の力に捧げたハーブで道は開け。

平原に入り、四方に広がる中界の４つの領域が集まっている場所に出る。
今一度私が立つこれなる場所は我が世界の中心、
命が情熱を燃やし、形が肉を帯びる場所。
２本のワンドで四方位を順繰りに指していく：

　　英知と強さを携え北に向かい、試練から学び、障害に打ち勝たん〈成功と自己表現に至る門が示すものをイメージする〉。

次に：

　　英知と強さを携え西に向かい、知識と学識を身につけん〈来たる試験、バランス、下すべき決断が示すものをイメージする〉。

次に：

　　英知と強さを携え東に向かい、繁栄と収穫を手に入れん〈内なる変容と調和を求める成長が示すものをイメージする〉。

次に：

英知と強さを携え西に向かい、人生を謳歌する強さに足ることを知らん〈内なる強さ、気づき、自信が示すものをイメージする〉。

◎ミー・チャームの作成

重ねた紙にしっかりと折り目をつける：

> 我が手により中界から異界と冥界に至る道は開かれ、世界間の移動は簡便になった。

紙に赤い糸を巻きつける：

> 赤の力でオークの強さよ増せ。

紙に紫の糸を巻きつける：

> 紫の力でヘーゼルの英知よ増せ。

紙に緑の糸を巻きつける：

> 緑の力で自然からこの道具に贈られるハープの祝福よ増せ。

糸を巻きつけた紙を黒い小袋に入れて口を閉じ、四大元素の象徴に通過させる：

> 肌身離さず携えしコールとドゥイルの我がワンド、四大の元素に通過させ、黒の力で陰の気を避け3つの結び目を結ぶ〈以下を唱えながら、都度、結び目を作っていく〉。異界にひとつ、冥界にひとつ、そして中界にもうひとつ。ミーの行き来は我が手の中に。

オガム・フューズをペンタクルに置き、その上に小袋を載せたら白、黒、赤のキャンドルの火を消す。小袋は1時間後に祭壇から取り上げ、できたチャームをオガムを収める袋に入れておく。

簡略な饗宴に進み、魔法円を解放する。キャンドルの燃え残りは埋めるかゴミ箱に捨てる（ゴミ投棄場に埋められるように）。

◎オガムのまじない

日取り：満月またはシー・ムーンのエスバット（ミーの通行の短縮版として復習することができる）。

材料：ラベンダーの香。紫のキャンドル1本。紙。ペンと、ドラゴンズブラッドか赤のインク。カレンデュラ、マレイン。オガム・フューズ。紫、赤、緑の糸。

まじないをかける：香に火をつける。

キャンドルにウール ☰、サリュー ☰、ベイ ├ の刻印を施し、火をつける。正方形の紙に大きく×印を描く。上端にコール ☰ を記す：

> コールを携え私が立つのは異界の門。

少量のカレンデュラをキャンドルの火にくべる：

> 贈り物にカレンデュラを捧げ、異界を視る眼を受け取ろう。異界の領域を私は旅し、また我が世界へと戻ってくる。

紙の下端にドゥイル ☰ を記す：

> ドゥイルを携え私が立つのは冥界の門。

少量のマレインをキャンドルの火にくべる：

> 贈り物にマレインを捧げ、冥界を視る眼を受け取ろう。冥界の領域を私は旅し、また我が世界へと戻ってくる。

紙を折り畳んで紫、赤、緑の糸を巻きつけ、オガムを収める袋に入れる。キャンドルの燃え残りは埋めるかゴミ箱に捨てる（ゴミ投棄場に埋められるように）。

❈ クラフト ❈

◎**妖精のハーブの小袋**

機能：あちらの人たちとのエネルギーのつながりを作る、あるいは維持する。

枕を作って庭の木や塀、屋内のどこかに吊り下げておく。
 a．庭や家に住んでもらう妖精を惹きつける。
 b．魔術や占いの手助けをする妖精を探す。
 c．妖精との知遇を得る。
 d．妖精郷を旅する手助けをしてもらう。
 e．妖精の夢を見る。
 f．庭／家に妖精の庇護を得る。

日取り：金曜日、夏至前夜、または11月11日；満ちゆく月が満月に至る期間。
材料：ハーブ、布地の色、水晶／石、装飾、リボンの色などを「照応表」を参照にして望むものを選ぶ。

アイテムを作成する：
 a．目的に適う布地の色、ハーブ、石を選ぶ。
 b．詰め物を入れる口を残して、選んだ色の糸で布を縫い合わせる。
 c．ハーブや石などを枕の中に詰め、口を縫い合わせる。

アイテムを聖別する：ペンタクル、祝福を施した水、海塩またはバードック・ルート、花の薫りの香、ヘザーの小枝（あれば）、ワンドを用意する。
 a．ラベンダーまたは灰白色のキャンドルに火を点す。
 b．枕を四大元素の中に通過させる。

> 四大の元素よ、魔法に命を吹き込み、眠れるエネルギーを目覚めさせ、我が元に美しき人々を呼ぶ力をこのチャームに授けたまえ！　地〈塩／根を撒く〉、風〈香の煙にくぐらせる〉、火〈キャンドルの火に通す〉、水〈ヘザーの小枝で祝福を施した水を撒く〉により、これなる枕（または小袋）を我が用途に適うよう聖別せん。かくあれかし！

 c．枕をペンタクルに置き、頭上に掲げたワンド（または力の手）で円を描く：

> エネルギーを集めてこのまじないを私は動かす、我が意のままに。かくあれかし！

d．ワンド／力の手で枕に触れる：

妖精〈枕または小袋の対象となる名前〉の小袋（または枕）よ、汝に力は注がれた！　かくあれかし！

アイテムを活性化させる：
　a．満月まで暗い場所に保管する。
　b．枕を満月の光に晒す：

　　我が元に来たれ、美しき人々よ。
　　汝がために光る妖精の月に導かれ！
　　このチャームに祝福を与え、我が願いを聞きたまえ、
　　この枕でもって、〈目的／意図〉は叶い、
　　我と汝は永の友情で結ばれんことを、
　　我が意のままに、かくあれかし！

　c．枕を月光に1時間晒したら、望む場所に移す。

◎コーン・ホイール

機能：一年の車輪のサバトを象徴するものとして家や屋外に飾る。
　a．太陽の相に基づく。
　b．車輪とともにめぐるサバトと連動する男神と女神の関係について物語る。
　c．目にすることで霊的な径に思いを向けさせる効果。
　　1．家族を中心に置いたサバトについて学ぶ教材。
　　2．子供が楽しんで作れる家族の催し。
　d．チャームの効果。
　　1．聖別してホグマネイ（大晦日）に戸口にかけておく。
　　2．来たる年の加護を男神と女神に祈る。

日取り：満ちゆく月が満月に至るまで。

材料：皮のついたままの小型でカラフルなインディアンコーン8本。ウィローの枝のリース、金属の輪または小枝細工の敷物（ドイリー）。針金、リボン、あればホットグルー。

アイテムを作成する：

a．小枝細工のドイリーのような丸い枠を平面に置く。

b．輪の中心で先端が触れ合うように、8本のコーン（トウモロコシ）をドイリーの上に放射状に並べる。

c．針金かホットグルーでコーンの位置を固定し、リボンで結ぶ。

    1．それぞれのコーンにサバトを想起させる色を宛がうか、

    2．クォーターズとクロス・クォーターズで色を変える。

    3．コーンの先端が触れ合う中心部分を皮で装飾する、または他のもので装飾する（ホタテ貝の殻、絹製のサンフラワー〈ヒマワリ〉など）。

    4．見た目がもっと綺麗になるように、コーンの皮を一枚一枚丁寧に広げる。

d．金属の輪にコーンを並べる場合。

    1．コーンの皮の一部を左右に延びる輪に注意して巻きつける。

    2．厚紙で小さな円を作り、コーンの先端が集まる部分に宛がう。

    3．コーンの先端をホットグルーで固定する。

    4．中央部に装飾をホットグルーで糊付けしてもよい。

アイテムを聖別する：
基本的な聖別の儀式を施し、男神の庇護を思い出させるために吊るしておく。

a．玄関内の戸口か扉のすぐ横に吊るす。

b．祭壇の頭上に吊るす。

c．庭の木の枝に吊るす。

◎太陽十字

機能：家または屋外に飾り、二至二分で分けられるソーラー・クォーターズと男神を象徴する。
  a．聖別を済ませたら戸口か木に吊るし、太陽神に庇護と繁栄を祈る。
    1．ヴァイン（ブドウ）の蔓もしくはパームの葉で車輪を作ったものは復活の側面を司る。
    2．生から死、また生へと続く女神の中の通路を通り抜ける男神の移相を視覚的に表す。
    3．ヴァインの蔓で作った車輪は、男神と女神との実り豊かな関係から広げられる枝を象徴する。
  b．子供が楽しめる催しになる。
  c．四季の中で太陽が担う役割を理解するための教材となる。
    1．二分（春分と秋分）。
    2．二至（夏至と冬至）。
    3．太陽のシンボル⊕を示す。

日取り：満ちゆく月が満月に至るまで。

材料：ヴァイン（ブドウ）の蔓、またはウィロー、パームをねじって細い輪にしたもの。大地の象徴としてリースから吊るす石。穴の空いた石、または石にドリルで穴を空けるか布で包む。水の象徴としてリースから吊るす貝殻。ホタテ貝か類似の貝殻に穴を空けるか布で包む。風を象徴する黄色い羽根。火を象徴する灰を詰めた小袋、キャンドル、軽石など。針金、リボン、あればホットグルー。リースの直径よりわずかに長い、長さの等しい棒2本。黄色いリボン。針金。

アイテムを作成する：
  a．パームまたはヴァインの蔓をねじりながら輪を作っていき、一端を輪の周りに巻きつけて形を整える。
  b．輪の後ろに棒1本を水平に置く。

c．2本目の棒を水平に置いた棒の後ろに垂直に交わる形で置き、端が輪の上に出るようにしたら、棒を固定する。
　d．輪の上部に地、下部に火、右に風、左に水を象徴するアイテムを配し、輪の縁に固定するか、リボンか針金を使って吊るし、四大元素の象徴を輪に飾る。
　e．てっぺんにリボンか針金で輪を作って吊るせるようにする。
　f．黄色いリボンを4等分し、リースの下部に結んで垂らす。

アイテムを聖別する：基本的な聖別の儀式を施し、男神の庇護への感謝をいつも思い出せるよう吊るしておく。
　a．玄関内の戸口か扉のすぐ横に吊るす。
　b．祭壇の頭上に吊るす。
　c．庭の木の枝に吊るす。

◎ソーラー・コーン・ホイール

　太陽十字の亜種で、2本のインディアン・コーンで作るところを4本で作り、小枝細工のドイリーかヴァインの蔓で編んだリースを使う。
　a．コーン（トウモロコシ）で男神の太陽十字紋を作る。
　b．リボンか針金で縛るか、糊付けして固定する。
　c．四大元素を象徴する装飾を施す。
　　1．針金や蔓を枠に使っている場合はコーンの先端に。
　　2．小枝細工のドイリーの場合はコーンの間に。

◎編み込みオニオンまたはガーリックのまじない

機能：負のエネルギーを吸収して家を守る。
日取り：8月の満月または満ちゆく月；土星の曜日；土星の時間。
材料：撚糸1ヤード（約91.44cm）。茎つきのオニオン、または茎つきのガーリックの球根13個。
まじないをかける：糸を二重にし、編み上げたものを吊るすための輪を作る。糸の両端を手前に向け、作業台の上に置く。球根を上、茎を下に向けてオニ

オン／ガーリックを1個置く。茎を糸に2回巻きつける。次のオニオン／ガーリックを加える。糸が終わるまで繰り返し、結ぶ。家の中に吊るしておくか、包んで大晦日まで片づけておく：

> オニオン〈ガーリック〉の魔力、糸の魔力、
> おまえたちが連れてくるものに災いあれ！
> オニオン〈ガーリック〉と撚糸の魔力、
> この家と私を守るもの！
> 私からおまえたちに祝福を与える、
> この無私なる行為で私に尽くせ！

◎民間伝承に見るガーリックの使用法

- ガーリック1片をまじないを籠めた小袋やチャームに加えると、まじないを強化し、力を弱めようとする外部エネルギーを寄せつけない。
- 玄関扉の敷居の片隅にガーリック片を押しこんでおくと、負のエネルギーを遮り、望まぬ訪問者を寄せつけない：

> ガーリックの欠片は入り口の守り手！ 邪なるものを放り出せ！ 私の家と私を守れ。そして私の祝福を受け、この無私なる行為で私に尽くせ！

- ホグマネイ・イヴ（大晦日）に13個のガーリックの編み込みまたは糸でつないだものを台所に吊るすと望まぬエネルギーを吸収する。旧年のものは捨てる（編み込みオニオンまたはガーリックのまじない）。
- ガーリックの鱗茎を切り、汁をナイフで拭うと負のエネルギーを偏向させる力を得る。
- 切ったばかりのガーリックの汁を拭い取った果物ナイフを地面に突き立てると家を悪天候から守る。
- 食事時にガーリックをローストしたものを一緒に食べると消化を助け、肌を若々しくする。

*1　リバーオーク［River oaks］——東オーストラリアを自然生育地とする常緑樹。川岸や湿地に生え、高さ10〜35mに達する。葉は退化し、灰緑色の針状の葉に見えるものは枝である。和名はカニンガムモクマオウ。

～まじないに関するメモのためのスペース～

10
ハーブティー、オイル、ハーブ湯

ハーブティーに関する注解
ハーブティーのレシピ
ハーバル・ポット・ティー
魔法のオイルのレシピ
ハーブ湯

☉	☽	☿	♀	♂	♃	♆	♄	♇	♅
太陽	月	水星	金星	火星	木星	海王星	土星	冥王星	天王星

満ちゆく月 [乙女] ／ 満月 [母] ／ 欠けゆく月 [老婆] ／ 新月（闇月）[隠れた顔／謎]

ハーブティーに関する注解

◎魔法のお茶に向くハーブ

　飲む量は1、2杯——飲むのはまじないを行う時のみにする。

アルファルファ・リーフ［Alfalfa Leaf］：家の保護、金運を引き寄せる、繁栄、防衛。

ベルガモット［Bergamot］：金運を引き寄せる、成功。

ブラックコホシュ［Black Cohosh］：緊張緩和、不安を逸らす。

ボーンセット（ツキヌキヒヨドリ）［Boneset］：デーヴァへの呼びかけ、啓示、庇護、陰の気から身を守る。

バードック・ルート［Burdock Root］：庇護、浄化、陰の気から身を守る。

カモミール［Chamomile］：沈静、瞑想、繁栄、浄化。

チックウィード（ハコベ）［Chickweed］：老婆の英知、啓示、正直、愛、信頼。

コンフリー［Comfrey］：健康、金銭を引き寄せる、安全。［訳注：現在では、肝障害を起こす可能性があるとして厚生労働省が摂取を控えるよう呼びかけている］

ダミアナ・リーフ［Damiana Leaf］：惹きつける力、啓示、愛。

ダンデライオン・ルート［Dandelion Root］：啓示、妖精、幸運、デーヴァを称える／召喚する、超能力。

エキナセア［Echinacea］：肉体の自己防衛、力の付与、癒やしのデーヴァを召喚する。

エルダー・フラワー［Elder Flower］：妖精の祝福、女神を称える／呼びかける。癒やし、繁栄、休息。

アイブライト［Eyebright］：精神を研ぎ澄ます、霊的な気づき。

フェンネル［Fennel］：癒やし、有角神を称える／呼びかける、庇護、浄化。

フェヌグリーク・シード［Fenugreek Seed］：金銭を惹きつける、言葉によるコミュニケーションの技量。

フィーバーフュー［Feverfew］：癒やし、庇護、浄化、病気を避ける。

ゴールデンシール［Goldenseal］：癒やし、男神を称える／呼びかける、喜び、繁栄、成功。

ホップ［Hops］：安らぎ、健康、緊張緩和、安寧。

ヒソップ［Hyssop］：浄化、陰の気から身を守る。

アイリッシュモス［Irish Moss］：妖精を召喚する、幸運、金運を引き寄せる、庇護。

レモンバーム［Lemon Balm］：健康、愛、成功。

リンデン（ティリア）［Linden (Tilia)］：愛、幸運、異界、庇護、休息。

ミント［Mint］：デーヴァ、金銭、庇護、繁栄。

マグワート［Mugwort］：ヘカテー、啓示、霊感。

マレイン［Mullein］：世界間の旅、勇気、啓示、健康、庇護。

ネトル［Nettle］：癒やし、愛、庇護、陰の気から身を守る。

オレンジ・ピール［Orange Peel］：啓示、愛、幸運。

パセリ［Parsley］：浄化、庇護。

ラズベリー・リーフ［Raspberry Leaf］：妖精の祝福、健康、愛、庇護。

ローズヒップ［Rose Hips］：啓示、愛、庇護、霊的な癒やし。

ローズマリー［Rosemary］：祝福、聖別、エルフ、庇護、陰の気から身を守る。

スカルキャップ［Skullcap］：癒やし（特に、頭痛）、隠れた知識、影の君主、庇護、英知。

スリッパリーエルム・バーク［Slippery Elm Bark］：コミュニケーションの明朗化、説得力のある弁舌、妬みや噂話や中傷から守る。

ウワウルシ（クマコケモモ）［Uva Ursi］：啓示、アルテミスを称える／呼びかける、浄化、霊的な気づき。

バレリアン・ルート［Valerian Root］：老婆の魔法、愛、庇護、浄化、休息、眠り。

ホワイトオーク・バーク［White Oak Bark］：多産性、緑の男を称える／呼びかける、健康、庇護。

ワイルドチェリー・バーク［Wild Cherry Bark］：創造性、啓示、愛。

ウィロー・バーク［Willow Bark］：健康、鋭敏な精神、頭痛を緩和する。

◎美味しいお茶の淹れ方

　ヤカンに汲み立ての冷たい水を入れて沸かす。陶磁器のティーポットにお湯を注ぎ、器を温めたらお湯を捨て、ポットに茶葉を直接、あるいはティーボールで入れる。茶葉に沸かしたお湯を注ぐ。3〜5分間茶葉を蒸らす。茶漉しを

使ってお茶をティーカップか、温めたばかりのティーポットに注ぎ、ミルク、甘味料、レモンを添えて出す。お茶が冷めないよう、ティーポットにはティーコジーをかぶせる。お茶には利尿剤のような働きがあり、また、大量に摂取すると健康を害するハーブもあるので、1日に飲むのは2〜4杯に留めておく。

◎**お茶の葉占い**

茶漉しを使わずカップにお茶を注ぎ、占う問題について集中しながらごく少量を残して飲み干す。残った茶葉が渦を巻くようにカップを回してから、受け皿をかぶせてひっくり返して（把手は6時の方向）3度回し、カップの天地を戻す。カップに現れたイメージを時計回りに読んでいくが、把手に近いものほど時間的に早く起こる出来事を表す（「シンボル一覧」を参照）。

❋ ハーブティーのレシピ ❋

・材料の下に記されている言葉はポットにハーブを入れる時に唱える。
・※の言葉はお茶を飲む前に唱える。
　[訳注：レシピで使用している単位はアメリカのものを基準にしており、1カップ＝約240ml／約125gとして換算する。小さじ、大さじは日本と大きく変わらない]

◎**ストレスの解消**
　・イングリッシュ・ブレックファスト……小さじ1杯
　・カモミール……………………………小さじ1杯
　・エルダー・フラワー…………………小さじ1杯
　・ホップ…………………………………小さじ2杯
　・ローズヒップ…………………………小さじ2杯
　・バレリアン・ルート…………………小さじ1杯

　　黒は力の色、さらなる力をここに加え、
　　黄色は健やかにし、神経を鎮める。

10　ハーブティー、オイル、ハーブ湯

　　白は癒やしと休息を与え、浄化する、
　　ベージュは優しさをもたらし、私を最高の気分にしてくれる。
　　赤はストレスに打ち勝つエネルギーをくれ、
　　根を入れるのは明らかになった弛まぬ庇護をくれるから。

　※痛みとストレスを追い払い、無理強いするものを追い払い、鬱々とした気を追い払い、明るい気分がやって来る。

◎フラストレーションの解消
　・イングリッシュ・ブレックファスト……小さじ2杯
　・カモミール………………………………小さじ1杯
　・ヒソップ…………………………………小さじ1杯
　・ラズベリー・リーフ……………………小さじ1杯
　※スカルキャップ、ベトニー、ローズマリーを加えてもよい

◎健康［まじない］
　・紅茶………………………………………小さじ1杯
　・エルダー・フラワー……………………小さじ1杯
　・フェンネル………………………………小さじ2杯
　・ホップ……………………………………小さじ2杯
　・ミント……………………………………小さじ1杯
　・マレイン…………………………………小さじ1杯
　・ローズヒップ……………………………小さじ2杯
　・ホワイトオーク…………………………小さじ1杯

◎啓示
　・チャイナ／イングリッシュ／
　　アイリッシュ・ブレックファスト………小さじ1杯
　・アイブライト（好みで）………………小さじ1杯
　・マグワート………………………………小さじ1杯

- レモンバーム……………………………小さじ2杯
- ローズヒップ……………………………大さじ1杯

◎庇護［七草の力］
- アイリッシュ／イングリッシュ・ブレックファスト………大さじ1杯
- バードック・ルート……………………………小さじ2杯
- コンフリー………………………………………小さじ1杯
- エルダー・フラワー……………………………小さじ2杯
- ヒソップ…………………………………………小さじ1杯
- リンデン・フラワー（ティリア）………………小さじ1杯
- ローズヒップ……………………………………小さじ2杯
- バレリアン………………………………………小さじ1杯

◎愛［まじない］
- 中国紅茶／チャイナ・ブレックファスト………大さじ1杯
- ラズベリー・リーフ……………………………小さじ1杯
- ローズヒップ……………………………………小さじ2杯
- カモミール………………………………………小さじ2杯
- ダミアナ…………………………………………小さじ1杯
- マレイン…………………………………………大さじ1杯

◎霊的な癒やし
- 紅茶………………………………………………大さじ1杯
- バードック・ルート……………………………小さじ2杯
- エルダー・フラワー……………………………小さじ1杯
- マレイン…………………………………………小さじ2杯
- ネトル……………………………………………小さじ1杯
- ローズヒップ……………………………………小さじ2杯

◎リラクゼーション
　・イングリッシュ・ブレックファスト……大さじ1杯
　・カモミール………………………………小さじ1杯
　・エルダー・フラワー……………………小さじ1杯
　・ホップ……………………………………小さじ2杯
　・ローズヒップ……………………………小さじ2杯
　・バレリアン………………………………小さじ1杯

◎大地のセンタリングのための4杯
　等量で：
　1）イングリッシュ・ブレックファスト、ローズヒップ、ヒソップ
　2）リンデン・フラワー、カモミール
　3）中国紅茶、カモミール、ローズヒップ
　4）イングリッシュ・ブレックファスト、エルダー・フラワー、ホップ、ローズヒップ

◎浄化
　・紅茶………………………………………大さじ1杯
　・カモミール………………………………小さじ1杯
　・フェンネル………………………………小さじ2杯
　・ヒソップ…………………………………小さじ2杯
　・バレリアン………………………………小さじ1杯

◎透視
　・マグワート………………………………小さじ1杯
　・タイム……………………………………小さじ1杯
　・ローズマリー……………………………小さじ1杯
　　または
　・ヤロウ……………………………………小さじ1杯
　・（任意で）紅茶 ………………………小さじ1杯

◎瞑想
- 中国紅茶／イングリッシュ・ブレックファスト………大さじ1杯
- カモミール………………………………………………小さじ2杯
- エルダー・フラワー……………………………………小さじ2杯
- ローズヒップ……………………………………………小さじ1杯

◎女神と男神のセンタリング
- イングリッシュ・ブレックファスト……大さじ1杯
- カモミール………………………………小さじ 1/2 杯
- コンフリー………………………………小さじ1杯
- エルダー・フラワー……………………小さじ1/4杯
- ローズヒップ……………………………小さじ1杯

◎大地のデーヴァのお茶
- イングリッシュ・ブレックファスト……小さじ1杯
- アイリッシュモス………………………小さじ1杯
- ダンデライオン・ルート………………小さじ1杯
- ローズヒップ……………………………小さじ1杯
- ホップ……………………………………小さじ2杯

◎妖精のお茶
- 紅茶………………………………………小さじ3杯
- カモミール………………………………小さじ1杯
- ダンデライオン・ルート………………小さじ2杯
- エルダー・フラワー……………………小さじ1杯
- ホップ……………………………………小さじ1杯
- マレイン…………………………………小さじ2杯
- ラズベリー・リーフ……………………小さじ2杯
- ローズヒップ……………………………小さじ2杯

黒は力の色、
次に入るは夜のアップル、
野に育つ根、
それから貴婦人の祝福。
飛び跳ねるのは喜びで。
次にふたつの世界の間で、
キイチゴの絡まり、妖精の結び目にしたのは、
愛を籠めた口づけ、
そんなものでお茶を淹れ、妖精を招こう。

◎ゆっくりと楽しむお茶
　読書をしながら、あるいは友人、家族と一緒に楽しむ。
　補足：ヨークシャー、アイリッシュ・ブレックファスト、スコティッシュ・ブレックファストなど、紅茶は推奨の銘柄以外のものでも代用できる。

1．チャイナ・ローズ…小さじ3杯。カモミール…小さじ1杯。
2．イングリッシュ・ティータイム…小さじ3杯。カモミール…小さじ1杯。ローズヒップ…小さじ2杯。
3．アールグレイ…小さじ3杯。ローズヒップ…小さじ2杯。
4．リンデン…小さじ3杯。カモミール…小さじ2杯。
5．イングリッシュ・ティータイム…小さじ2杯。カモミール…小さじ 1/2 杯。コンフリー…小さじ1杯。エルダー・フラワー…小さじ 1/4 杯。ローズヒップ…小さじ1杯。
6．イングリッシュ・ブレックファスト…小さじ3杯。ヒソップ…小さじ1杯。ローズヒップ…小さじ2杯。
7．イングリッシュ・ブレックファスト…小さじ3杯。エルダー・フラワー…小さじ1杯。ホップ…小さじ1杯。ローズヒップ…小さじ2杯。
8．7．）のレシピに小さじ1杯のカモミールを加える。
9．紅茶…小さじ3杯。ホップ…小さじ1杯。ヒソップ…小さじ1杯。マレイン…小さじ1杯。ローズヒップ…小さじ2杯。

10. イングリッシュ・ティータイム…小さじ1杯。チャイナ・ローズ…小さじ2杯。カモミール…小さじ1杯。ダンデライオン・ルート…小さじ2杯。エルダー・フラワー…小さじ1杯。ホップ…小さじ1杯。ローズヒップ…小さじ1杯。

◎調子が悪い時に飲むお茶
具合が悪い時にカップ1杯を飲む。

◎**調子が悪い時　#1**
・紅茶……………………………………小さじ2杯
・バードック・ルート…………………小さじ2杯
・カモミール……………………………小さじ1杯
・ダンデライオン・ルート……………小さじ2杯
・ミント…………………………………小さじ1杯
・ラズベリー・リーフ…………………小さじ1杯
・ローズヒップ…………………………小さじ1杯
・ワイルドチェリー・バーク…………小さじ1杯

◎**調子が悪い時　#2**
・アールグレイ…………………………小さじ3杯
・イングリッシュ・ティータイム……小さじ2杯
・バードック・ルート…………………小さじ2杯
・カモミール……………………………小さじ1杯
・ダンデライオン・ルート……………小さじ2杯
・ミント…………………………………小さじ1杯
・ラズベリー・リーフ…………………小さじ1杯

◎**熱が出た時　#1**
・ベイベリー……………………………小さじ4杯
・ジンジャー……………………………小さじ2杯

- ホワイトパイン（ストローブ松）……… 小さじ1杯
- タイム…………………………………… 小さじ1杯

◎熱が出た時　#2
- 紅茶……………………………………… 小さじ2杯
- シナモン………………………………… 小さじ1杯
- マジョラム……………………………… 小さじ1杯
- タイム…………………………………… 小さじ1杯

◎風邪を引いた時　#1
- 紅茶……………………………………… 小さじ2杯
- エルダー・フラワー…………………… 小さじ1杯
- ペパーミント…………………………… 小さじ1杯
- ヤロウ…………………………………… 小さじ1杯

◎風邪を引いた時　#2
- 紅茶……………………………………… 小さじ2杯
- カモミール……………………………… 小さじ1杯
- エルダー・フラワー…………………… 小さじ1杯
- ヒソップ………………………………… 小さじ 1/2 杯
- レモンバーム…………………………… 小さじ 1/2 杯
- ローズヒップ…………………………… 小さじ1 1/2 杯

◎風邪を引いた時　#3
- 紅茶……………………………………… 小さじ2杯
- ジンジャー……………………………… 小さじ 1/8 杯
- ヤロウ…………………………………… 小さじ1杯
- ミント…………………………………… 小さじ1杯

◎サン・ティー
　・イングリッシュ・ティータイム……………ティーバッグ3個
　・ローズヒップとダンデライオン・ルート………大さじ1杯ずつ
　※透明なガラスの水差しに入れて日向でじっくりと抽出する。アイスティーで飲む。
　補足：フルーツ・フレーバーのサン・ティーも作れる。

◎ティータイム　#1
　・イングリッシュ・ティータイム…………小さじ3杯
　・カモミール・フラワー…………………3個
　・ダンデライオン・ルート………………小さじ1杯
　・エルダー・フラワー……………………小さじ2杯
　・ホップ……………………………………小さじ2杯
　・ローズヒップ……………………………小さじ2杯

◎ティータイム　#2
　・イングリッシュ・ティータイム…………小さじ2杯
　・カモミール………………………………小さじ 1/4 杯
　・エルダー・フラワー……………………小さじ2杯
　・ホップ……………………………………小さじ1杯
　・レモンバーム……………………………小さじ 1/2 杯
　・ミントの葉／茎…………………………小さじ 1/2 杯
　・マグワート………………………………小さじ2杯
　・ローズヒップ……………………………小さじ1杯

◎ビスケット・ティー
　・紅茶………………………………………小さじ3杯
　・カモミール………………………………小さじ 1/2 杯
　・ダンデライオン・ルート………………小さじ1杯
　・ミント……………………………………小さじ1杯
　・マレイン…………………………………小さじ1杯

・ラズベリー・リーフ………………………小さじ1杯
  ・ローズヒップ………………………………小さじ1杯

◎**フェアリー・ケーキ［ビスケット］**
  ・ビスケットミックス………………………1カップ
  ・オートミール………………………………1/8 カップ
  ・コーンミール………………………………1/8 カップ
  ・小麦粉………………………………………1/8 カップ
  ・アーモンドエキス…………………………小さじ 1/8 杯
  ・砂糖…………………………………………小さじ2杯
  ・牛乳…………………………………………1/2 カップ
※全ての材料をよく混ぜる。ボウルで捏ねて丸く形を整える。12等分し、3cm大に丸める。何も塗っていないクッキングシートに載せ、220度のオーブンで10分焼く。

◎**咳風邪を引いた時**
  ・紅茶…………………………………………小さじ1杯
  ・エルダー・フラワー………………………小さじ2杯
  ・フィーバーフュー…………………………小さじ2杯
  ・ペパーミント………………………………小さじ1杯
  ・ローズヒップ………………………………小さじ1杯
  ・ヤロウ………………………………………小さじ1杯

◎**ひどい風邪を引いた時**
  ・イングリッシュ・ティータイム…………小さじ3杯
  ・ホアハウンド………………………………小さじ1杯
  ・ミント………………………………………小さじ1杯
  ・ローズヒップ………………………………小さじ1杯
  ・バーベナ……………………………………小さじ1杯
  ・ヤロウ………………………………………小さじ1杯

◎鼻風邪を引いた時
　・紅茶……………………………小さじ1杯
　・ボーンセット…………………小さじ1杯
　・フェヌグリーク・シード……小さじ1杯
　・マレイン………………………小さじ1杯
　・ローズヒップ…………………小さじ1杯

◎喉が痛い時
　・紅茶……………………………小さじ1杯
　・マレイン・フラワー…………小さじ1杯
　・ラズベリー・リーフ…………小さじ1杯

◎喉が痛くて熱がある時
　・中国紅茶………………………小さじ1杯
　・コンフリー……………………小さじ1杯
　・エルダー・ベリー……………小さじ1杯
　・ラズベリー・リーフ…………小さじ1杯

◎お腹の調子が悪い時
　・紅茶……………………………小さじ1杯
　・ペパーミント…………………小さじ2杯
　・ローズヒップ…………………小さじ1/2 杯

◎腹痛がひどい時
　・紅茶……………………………小さじ1杯
　・カモミール……………………小さじ1/2 杯
　・ジンジャー……………………小さじ 1/8 杯
　・ラズベリー・リーフ…………小さじ1杯
　・バレリアン……………………小さじ1 1/2 杯

※抽出に5分かける。

◎月経の誘発

- 紅茶……………………………………小さじ2杯
- カシアス・アウグスティノフォリオス…小さじ1杯
- ホップ…………………………………小さじ1杯
- ローズヒップ…………………………小さじ2杯

※飲む量は1杯だけ。翌日は次のレシピで。

- 紅茶……………………………………小さじ3杯
- ローズヒップ…………………………小さじ1杯
- カモミール……………………………小さじ1杯

❋ ハーバル・ポット・ティー ❋

◎薬湯

等量で：
- スペアミント
- ウッド・ベトニー
- ローズマリー
- ユーカリ

加える：
- 朝鮮人参………………………小さじ1杯
- ゴツコーラ…小さじ1杯
- 紅茶……………………………小さじ2杯

◎エネルギーを高める

等量で：
- ローズヒップ
- オレンジ・ピール
- ローズマリー

加える：
- オレンジ・ペコー………小さじ1杯
- ジンジャー………………小さじ1杯
- コリアンダー……………小さじ1杯
- スターアニス……………小さじ1杯
- シナモン…………………小さじ1杯

◎夏バテ対策

等量で：
- ワイルドチェリー・バーク

加える：
- 紅茶………………………小さじ1杯

- ローズヒップ
- オレンジ・ピール
- スペアミント
- レモングラス
- ハイビスカス・フラワー

◎リフレッシュ
等量で：
- ブラックベリー・リーフ
- ローズヒップ
- ジュニパー・ベリー
- ストロベリー・リーフ
- 紅茶

◎夢見がよくなる
等量で：
- ペパーミント
- カモミール
- キャットニップ
- バレリアン・ルート
- スカルキャップ
- パッション・フラワー
- ストロベリー・リーフ

加える：
- 紅茶………………小さじ1杯

◎穏やかな気分にする
等量で：
- ホワイトオーク・バーク
- ジンジャー・ルート
- ダミアナ
- ローズマリー

加える：
- セロリ・シード…………小さじ1杯
- 朝鮮人参の葉……………小さじ1杯

- アンジェリカ・ルート
- マジョラム

魔法のオイルのレシピ

オイルの作り方：ベースとなる湧き水／オイル（オリーブ、ヒマワリ、紅花、鉱油）に、粉末にしたハーブとエッセンシャルオイルを数滴加える。口のしっかりとした壺で密閉し、光の当たらない場所で保管する。

◎祭壇用オイル
- ルー……………………………………小さじ1/2 杯
- タイム…………………………………小さじ1/2 杯
- バーベイン……………………………小さじ1/2 杯
- シトロネラ・オイル………………… 3滴
- ファー（モミ）・オイル ……………1滴
- ルー・オイル……………………………1滴
- サンダルウッド・オイル………………2滴
- 湧き水……………………………………1/4 カップ

※ホワイトヘザーの小枝で撒く。

◎塗油用オイル
- スターアニス……………………………1個
- バジル……………………………………小さじ1/4 杯
- ヒソップ…………………………………小さじ1/4 杯
- ローズマリー……………………………小さじ1/2 杯
- アカシア・オイル…………………… 3滴
- ペルーバルサム・オイル………………2滴
- ベンゾイン・オイル……………………1滴
- ローズ・オイル…………………………2滴
- ベースオイル……………………………1/4 カップ

◎祝福用オイル
- ラベンダー……………………………小さじ1杯
- ローズマリー…………………………小さじ1/2 杯
- セントジョンズワート………………小さじ1杯
- ジュニパー・ベリー・オイル………2滴
- ローズ・オイル………………………2滴
- ペルーバルサム・オイル……………2滴
- ベチバー・オイル……………………3滴
- ベースオイル…………………………1/4 カップ

◎浄化用オイル
- バジル…………………………………小さじ1杯
- ローズマリー…………………………小さじ2杯
- バレリアン……………………………小さじ1杯
- マグワート……………………………小さじ1杯
- ベンゾイン・オイル…………………2滴
- ファー・オイル………………………1滴
- ラベンダー・オイル…………………2滴
- ルー・オイル…………………………4滴
- ベースオイル…………………………1/4 カップ

◎聖別用オイル
- フェンネル……………………………小さじ1杯
- タンジー………………………………小さじ1杯
- ルー……………………………………小さじ1杯
- ワームウッド…………………………小さじ1杯
- ヤロウ…………………………………小さじ1/2 杯
- ファー・オイル………………………2滴
- ルー・オイル…………………………3滴
- サンダルウッド・オイル……………2滴

- ベースオイル……………………………… 1/4 カップ

◎アストラル投射用オイル
（全ての脈動点、額、足裏に塗る）
- ジャスミン………………………………小さじ1杯
- シンクフォイル…………………………小さじ1杯
- マグワート………………………………小さじ2杯
- ウッドラフ………………………………小さじ1杯
- アカシア・オイル……………………… 2滴
- ベンゾイン・オイル…………………… 4滴
- ルー・オイル…………………………… 3滴
- サンダルウッド・オイル……………… 1滴
- ベースオイル…………………………… 1/4 カップ

ハーブ湯

◎浴用ハーブ
　ベルガモット、カレンデュラ、カモミール、ダイアンサス、エルダー・フラワー、ヘザー、ホップ、ラベンダー、レモンバーム、マジョラム、ミント、マグワート、ペパーミント、ローズマリー、ローズの花弁、ローズヒップ、セージ、サボリー、スペアミント、タイム、バーベイン、バーベナ、ヤロウ。

◎心をほっとさせる
　カレンデュラ（ポットマリーゴールド）、カモミール、ラベンダー、ミント、ラズベリー・リーフ、ローズマリー。

◎エネルギーを高める
　ヘザー、レモンバーム、ローズマリー、サボリー。

◎心を穏やかにする
　カモミール、ホップ、ラベンダー、ペパーミント、ローズ。

◎リラクゼーション
　カモミール、ダイアンサス、ヘザー、ジャスミン・フラワー、レモンバーム。

◎ささくれた心を癒やす
　カレンデュラ、カモミール、ラベンダー、ミント、ローズマリー。

◎ストレスの緩和
　カモミール、ダイアンサス、レモンバーム。

～レシピに関するメモのためのスペース～

～レシピに関するメモのためのスペース～

11
占い

占いにおけるシンボリズム
お茶の葉占い
タロー
黒鏡のスクライング
水晶玉と他の石によるスクライング
ペンデュラム
ルーン・キャスティング
オガム・キャスティング・システム
手相占い

☉	☽	☿	♀	♂	♃	♆	♄	♇	♅
太陽	月	水星	金星	火星	木星	海王星	土星	冥王星	天王星

満ちゆく月 ［乙女］	満月 ［母］	欠けゆく月 ［老婆］	新月（闇月） ［隠れた顔／謎］

❊ 占いにおけるシンボリズム ❊

どんぐり［Acorn］：若さ、強さ、男性、大きな目的を達成するための小さな始まり。
飛行機［Airplane］：旅行、新たな計画。
錨［Anchor］：船旅、休息、解決した問題。
矢［Arrow］：知らせ、不一致、直接的な行動。
籠［Basket］：贈り物、防備、安らぎ。
赤ん坊［Baby］：新たな関心、防備、新たな始まり。
ミツバチ（巣箱、蜂の巣）［Bees (hive, comb)］：多産性、勤勉、コミュニティ、自己犠牲。
鐘［Bell］：祝い事、知らせ（吉凶は他との組み合わせによる）。
鳥［Bird］：超能力、飛行、運、友情の終わり、コミュニケーション。
小船［Boat］：発見、旅行、人付き合い。
本［Book］：知恵、学び。
壜［Bottle］：祝い事、成功。
箒［Broom］：女神、浄化、癒やし、問題に片が付く、変化。
橋［Bridge］：渡った先には新たな努力が待つ、移行、パートナーシップ、旅行。
蝶［Butterfly］：魂、霊的な接触、軽薄、不実。
城［Castle］：金銭的利益、防備、相続、気前のよい人生。
檻［Cage］：孤立、制限、投獄、封じ込め。
ラクダ［Camel］：長い旅行、エネルギーや品物を溜めておく必要、移転。
猫［Cat］：英知、心霊的な結びつき、女性の友人、家庭での不和。
車［Car］：近郊の旅行、ビジネス関係での動き、障害の克服。
大釜［Cauldron］：女神、変容、終わり／新たな始まり、生命力。
キャンドル［Candle］：灯り、革新、霊感。
時計［Clock］：まじないの完了を示す時刻、変化。
椅子［Chair］：リラクゼーション、休息、安らぎ、娯楽。
雲［Clouds］：精神的活動、思慮深さ、問題、隠れた障害。
棺桶［Coffin］：事態の終結、長患いになるが大事には至らない病気。
クローバー［Clover］：よいめぐり合わせ、成功、田舎。

牝牛［Cow］：金銭、繁栄、安らぎ、平穏。

揺籃［Cradle］：新顔、新しいアイディアや計画の始まり。

三日月［Crescent］：女神、願いが叶う、新しさ、新鮮さ。

豊饒の角［Cornucopia］：女神、豊饒、多産性、繁栄、庇護。

十字架［Cross］：〈太陽十字〉男神、力持つ自然の業、〈ローマ十字〉苦痛、争い。

杯［Cup］：愛、調和、親密な友人関係、贈り物。

短剣［Dagger］：複雑な事態、危険、力、技能。

死神／死［Death/dying］：誕生、結婚、長寿、繁栄。

糸巻き棒［Distaff］：創造性、変化、性的能力。

犬［Dog］：忠義、友情、人付き合い、忠節。

アヒル［Duck］：豊富、富、成功。

象［Elephant］：必要な忠告、克服した障害、幸運。

卵［Egg］：増加、多産性、運、創造性、新たな始まり、貯蔵。

目［Eye］：内省、気づき、評価、霊。

扇［Fan］：無分別、不誠実、隠れた物、引火。

魚［Fish］：財産、運、性的能力、生産力。

旗［Flag］：警告、防衛、集団／理想との一体感。

炎、火［Flame, fire］：浄化、変化、意志の支配。

花［Flower］：結婚、不幸せな恋愛、束の間の楽しさ。

手袋［Glove］：庇護、幸運、よそよそしさ、気高さ、挑戦。

門［Gate］：好機、前進、変化、新たな方向性。

銃［Gun］：〈種類を問わず〉目的を達成する力、不和、中傷、不義。

金槌［Hammer］：苦労が報われる、建物、創造性、不屈の精神。

帽子［Hat］：名誉、競争、独立、自己主張。

猟犬［Hound］：忠告、助けが与えられる、人付き合い、信頼。

ハート［Heart］：愛、愉悦、信用、意志力。

竪琴［Harp］：安らぎ、霊性。

角［Horns］：男神、多産性、霊性、自然の力。

馬［Horse］：旅行、強さ、仕事、恩寵、力、成功、繁栄。

蹄鉄［Horseshoe］：庇護、運、新たな事業の旗揚げ。

砂時計［Hourglass］：注意、時間の経過。
家［House］：防備、権威、成功、安らぎ。
鍵［Key］：理解、謎、好機、利益、防備。
凧［Kite］：用心の警告、新たなアイディア、公表された計画。
結び目［Knot］：制限、結婚、束縛。
ナイフ［Knife］：二枚舌、誤解、直接的な行動。
梯子［Ladder］：参入、地位の上昇または転落、つながり。
獅子［Lion］：力、強さ、影響力、残忍、プライド、支配。
錠前［Lock］：庇護、隠匿、防備、障害、密封。
人［Man］：訪問者、見知らぬ人の助け。
鏡［Mirror］：反転、知識、カルマ。
月［Moon］：女神、直感的な知恵、案内。
山［Mountain］：妨害者、挑戦、障害、旅、不変性。
ネズミ［Mouse］：貧窮、窃盗、質素、目立たないもの。
茸［Mushroom］：避難所、食べ物、事業の複雑化、妖精との接触。
釘［Nail］：労働、建設、苦痛、統合。
フクロウ［Owl］：英知、霊的な交流。
パーム［Palm tree］：小休止、息抜き、防備、庇護、祝福。
オウム［Parrot］：噂話、けばけばしさ。
クジャク［Peacock］：贅沢、虚栄心、根拠の乏しい尊大さ。
パイナップル［Pineapple］：もてなし、荒々しい見た目に隠れた良質なもの。
パイプ［Pipe］：不明瞭な真実、精神集中、安らぎ、くつろぎ。
ハンドバッグ［Purse］：金銭的利益、隠している所有物。
指輪［Ring］：永遠、封じ込め、生命／一年の車輪、婚礼。
バラ［Rose］：愛、失われたもしくは過ぎ去った愛、全盛期、癒やし、いたわり。
塩［Salt］：清らかさ、安定性、浄化、グラウンディング。
秤［Scales］：バランス、正義、注意深い評価。
ハサミ［Scissors］：二枚舌、議論、分離、分割、闘争。
貝殻［Shell］：女神、感情的な安定、運、芸術的才能。
船［Ship］：旅行、知らせ、物質的な利益、ロマンス。

頭蓋骨［Skull］：慰め、安らぎ、個人的な心の痛み、終わりと新たな生。
蛇［Snake］：男神と女神、英知、不死性、知識、予言。
蜘蛛［Spider］：幸運、勤勉、罠、秘密、狡猾。
スプーン［Spoon］：運、生計手段、きちんとした生活を送るための必需品。
太陽［Sun］：男神、成功、エネルギー、力。
星［Star］：幸運、神の庇護、好機、成功、運命。
白鳥［Swan］：幸運、愛、進化する美、高貴な精神。
剣［Sword］：力、闘争、対立、逆境に打ち勝つ。
木［Tree］：自然の祝福、よいめぐり合わせ、安定性、力、防備。
亀［Turtle］：多産性、防備、障害に対する防御、時間のかかる利益。
傘［Umbrella］：一時的な避難所、制限付きの庇護。
一角獣［Unicorn］：清らかさ、自然、妖精の祝福、異界の介入。
井戸［Well］：女神からの祝福、霊感、霊性、健康。
車輪［Wheel］：完了、永遠、季節／生命の周期、復活、利益。
風車［Windmill］：事業上の取引、ひとつの目的のために機能する複数の要因。

お茶の葉占い

1．質問者は占いたい質問や求める情報について強く意識を集中しながらティーカップのお茶をごく少量残して飲み干す。カップの底に茶葉を残しておく。
2．質問者は残ったお茶と茶葉が渦を巻くように、カップを3度回す。
3．質問者はカップを受け皿にひっくり返し、読み手に渡す。
4．読み手はカップを時計回りに3度回す。
5．読み手はカップをまっすぐに立て、把手を自分から見て6時の方向に向ける。
6．読み手は茶葉がどんなシンボルに見えるか調べる（上記の一覧を参照）。
7．シンボルは把手から時計回りに読み取っていく。把手の左側に近いものほど時間的に早く現れることを示す。
8．縁に一番近い絵柄は質問者から遠い位置にあるもの、底に一番近い絵柄

は質問者に最も近い位置にあるものとして読み取る。

その他のやり方：質問者がお茶を飲んだら、読み手が残ったお茶を回し、ひっくり返したカップを回して元に戻し、シンボルを読み取っていく。

❊ タロー ❊

- 道具に聖別を施す儀式に倣ってタロー・デッキを聖別し、色彩が持つ意味に従って（黒、緑、赤が最も一般的）望ましい色彩の布でデッキを包む。
- リーディングは普通、縦方向に行うが、直感に従って変えても構わない。タローは個々の質問や問題に取り組むため、あるいは単純に導きと安らぎを与えるために、媒体として宇宙に遍在するエネルギーとの接触を行う道具である。
- カードの解説にはない幻視や強力な連想が働いた場合は、直感による解釈に従う。
- 元型のシンボルである大アルカナと、世俗的な外界を表す小アルカナから成る。
- パスワーキング：タロー・カードについて瞑想を行い、それぞれのカードを象徴する存在またはイメージと出会うこと。瞑想の中でカードの風景をともに歩き、彼らの言葉に耳を傾け、彼らの仕草や行動に注目することでカードの理解を深める。
- ペンタクル［円盤、硬貨、ダイアモンド］：地（北、冬、真夜中、緑／茶色、鉱物、肉体）。財務、金銭、ビジネス、肉体と物質的問題、安らぎを司るスート。
- ソード［ナイフ、ダガー、スペード］：風（東、春、日出、黄／白色、霊、知性、呼吸）。強さ、力、闘争、不安、精神機能、知性を司るスート。
- ワンド［棒、樽板、クラブ］：火（南、夏、正午、橙／赤色、植物、洞察、生命力）。キャリア、研究、創意に溢れる事業計画、仕事、自己、霊を司るスート。
- カップ［ボウル、大釜、ハート］：水（西、秋、日没、青／藍色、動物、血液）。情動、直感、超能力、愛、友情、感情を司るスート。

◎大アルカナ

類似性または両極性を持つクラフト版ペア

1. 緑の男（グリーンマン）［愚者］と魔女（ウィッチ）［魔術師］：自然が司る大地の力。
2. 月降ろし［女教皇］と太陽降ろし［法王］：女神、男神との交感。
3. 母なる大地（マザー・アース）［女帝］と有角神（ホーンド・ゴッド）［皇帝］：多産性、創造性、育成、責任、権威への敬意を表す表象。
4. 原始の森を知ろしめす貴婦人と君主［恋人たち］と戦場の四輪馬車［戦車］：パートナー同士で取り合うバランスと、個人の力で取り合うバランス。
5. 老婆［力］と柊の王［隠者／賢者］：自己統制と自己指導による英知と力。
6. 一年の車輪［運命の輪］と立石［正義］：外的影響と内的影響から得る恩恵。

連続性を持つクラフト版ペア

7. 樫の王［吊られた男］と幽霊の狩猟行［塔］：瞑想による不活動状態から啓蒙による突然の目覚め。
8. 妖精［節制］と星：理性と直感、霊感と顕示が混ざり合い、調和の取れた状態。
9. 自然［悪魔］と影の君主［死］：決断と変容を重ねながら進んでいく人生行路。

組み合わせによって2枚のカードに表される根本原理

10. 月と太陽：直感と理性を表す類似と両極のシンボル。女神と男神。夜と昼、また、地球の季節をめぐらせるために必要な結束。
11. 収穫［審判］と世界樹［宇宙／世界］：連続を表すペアを完結させる。蒔いた種は刈られ、周期の終焉から新たな周期が始まる。
12. 世界樹と緑の男：終焉から始まりが生まれることから、全ての締めくくりを表す。

◎大アルカナの意味

0－緑の男（愚者）[The Greenman (The Fool)]：オスタラでの大地の目覚め。

正　位　置：目覚め、恐れるものがない状態、勇気、生きる喜び、熱中、新たな始まり、明かされようとしているものの隠れた可能性、創造性、多産性、心を開け放った状態、革新、斬新なアイディア、滑稽さ、気晴らし、独創性、原始のエネルギー。
逆　位　置：優柔不断、恐れ、世間知らず、自分勝手、散漫なエネルギー、向こう見ず、不活動状態に入る、手をつけた計画を完成方向に持っていく。
キーワード：自発性、勇敢、再出発、興奮、呑気。

1－魔女（魔術師）[The Witch (The Magician)]：四大元素の力を借りた魔術の行使。
　正　位　置：個人の運命を支配する、熟練、コミュニケーション能力、影響力、外交、器用さ、新たな好機、変化を創り出す能力、知識の実用化、独創性、問題を解決する。
　逆　位　置：凡庸な発音、封じられた表現、自信の欠如、腹黒さ。
　キーワード：コミュニケーション、創造性、技能、巧妙、順応性。

2－月降ろし（女教皇）[Drawing Down the Moon (High Priestess)]：エスバット。
　正　位　置：間もなく明かされるかもしれない秘密、知覚、洞察力、理解されている隠れた知識、神から与えられる霊感、よい判断、自分の直感を信じる、謎の意味を学ぶ、生まれ持った知恵、オカルト研究、霊夢／超能力。
　逆　位　置：望んでいるよりも少ない理解、曇った洞察力、価値のある直感を軽んじる、幻惑、近視眼的、迷信的、理解の必要。
　キーワード：秘密、直感、深遠なる英知、霊能力の発達。

3－地母神（女帝）[Earth Mother (The Empress)]：リーサ。
　正　位　置：富裕、霊感、感情的な充足、自然との交流、実現に向けて計画を温める、民間呪術の使用、成長、多産性、壮健、起こされた行動に知性が影響を与える、理解、庇護、感受性、美、楽しさ、

　　　　　　　家庭での喜び、妊娠。
　逆　位　置：気づかれていない可能性、ゆっくりとした進展、心の揺れ、封
　　　　　　　じられた創造性。
　キーワード：恵み、成長、豊作、霊感、創造性、防備。

4－有角神（皇帝）［The Horned God (The Emperor)］：リーサ。
　正　位　置：権威、指導力、生まれながらにして持っている個人の力を受け
　　　　　　　入れる、自信、断固とした、計画を始める、創造、構築、目的
　　　　　　　の達成、老練な、達成、創られたものを守る、責任を受け入れ
　　　　　　　る、自覚を持った責任感、農業、満足のいく努力、力としての
　　　　　　　理性、強引だが倫理的。
　逆　位　置：官僚的、強情、小物、影響力のなさ、優柔不断、臆病。
　キーワード：構築者、責任、安定性、力の付与、生産力。

5－太陽降ろし（法王）［Drawing Down the Sun (The Hierophant)］：影の書の執筆。
　正　位　置：教えを伝える、優しい指導者、学問、冷徹な知性、霊的エネル
　　　　　　　ギー、霊感、個人の精神性を組織化する、教師を見つける、忍
　　　　　　　耐、社会的／文化的慣習の中で働く、因習的、防備。
　逆　位　置：社会／文化に従順であること、支配、伝統を過度に遵守する、
　　　　　　　典礼主義としての精神性、硬直した態度、霊的な真実の操作、
　　　　　　　定式化した魔術。
　キーワード：組織化された精神性、霊感、教師、伝統、儀式。

6－原始の森を知ろしめす貴婦人と君主（恋人たち）［The Lady and the Lord of the Wild Wood (The Lovers)］：ベルテーンでの女神と男神の和合。
　正　位　置：パートナーシップ、信頼、正反対同士のバランス、仲間意識、
　　　　　　　慎重な検討の必要な選択、違う者同士の恋、強烈な感情、決断
　　　　　　　の必要、調和、共同、公約、真実の重要性、誠実。
　逆　位　置：無責任、強迫観念、鈍感、遅延、不安。

キーワード：選択、決断をする、バランス、パートナーシップ、信頼。

7－戦場の四輪馬車（戦車）[The Battle Wagon (The Chariot)]：アサメイを通じてエネルギーに方向性を与える。
　正　位　置：自信、意志力／統御／支配を通じた成功、目的を定めた、征服、個人的な達成、認められた功績、指導力、ビジネスでの旅行、兵役、出世／異動、新たな計画を始める、健康、努力にすぐ結果が出る、力の強化。
　逆　位　置：無為、性急、計画の失敗、非現実的な、未完成の仕事。
　キーワード：勝利、認められた功績、統御、支配、迅速な行動、旅行。

8－老婆（力）[The Crone (Strength)]：魔法円の構築と解放。
　正　位　置：不屈の精神、勇気、目標を達成する力、状況を制御する、障害に打ち勝つ、賢く使われた力、忍耐、自制心、意志。
　逆　位　置：順位に文句をつける、感情本位、近視眼的、自信のない、感傷的、鼻にかける、妥協。
　キーワード：勇気、不屈の精神、力、障害を打ち負かす。

9－柊の王（隠者）[The Holly King (The Hermit)]：樫の王のユールの誕生。
　正　位　置：個人的な啓蒙を求める、我慢が必要、手本を示して他者を指導する、英知、新たな径を弛まず進む、新たな方法に屈した古い方法、進展、個人としての成長、慎重、内省、熟考と評価。
　逆　位　置：浅い知識、軽率、誤った方向に誘導されている状態、必要な変化。
　キーワード：英知、探求者、導き、個人としての成長、時代の変化。

10－一年の車輪（運命の輪）[Wheel of the Year (Wheel of Fortune)]：サバトの祝い。
　正　位　置：よい方向への突然の変化、思いがけない幸運、成功、進展、愚かさに代わる英知、新しいアイディアを試す、運命、宿命、助

けが来る、嬉しい驚き。
  逆　位　置：短期的な成功、小さな利益、古い目標に代わる新たな目標。
  キーワード：運勢の上昇、成功、好機、進展。

11－立石（正義）[The Standing Stone (Justice)]：作法の心得もしくは魔女の訓言。
  正　位　置：客観性、公平無私、公正、真実、美徳、名誉、法、法的案件で勝つ、均衡、自分のために動いてくれる代理人、考慮、忠告、良心、無私無欲、権利を侵害された者が受ける恩恵と報い。
  逆　位　置：報い、虚偽の陳述、先入観、不寛容、遅延された法的行為、複雑化、噂話、冤罪、長々としたお役所仕事、曇った認識。
  キーワード：目標、バランスの取れた、公平、倫理的、法的案件での有利。

12－樫の王（吊られた男）[The Oak King (The Hanged Man)]：ペンタクルに術具を置く。
  正　位　置：移行期間、停止した活動、熟考、干渉を受けずに物事を進展させる、答えを求めて瞑想する、心の平穏、忍耐、間もなく訪れる転機、他を得るために何かを諦める。
  逆　位　置：決定した行動、強制された決着、変化への不安、逃した好機。
  キーワード：保留された活動、移行、瞑想、幻視の探索。

13－影の君主（死）[The Lord of Shadows (Death)]：サウィンの墓と胎。
  正　位　置：変化、変容、終わりと新たな始まり、マイナス条件の一掃、人生の転機、楽観主義、反対を取り除く、更新、反対を押しのける、動き、プラスの変化を創る。
  逆　位　置：変化への抵抗、不動性、他者の変化を促す、必要な自己評価、障害、沈滞、ゆっくりとした変化。
  キーワード：変化、変容、天気、楽観的な新たなスタート。

14―妖精(シー)(節制)［The Sidhe (Temperance)］：杯の飲み物。
　正　位　置：融合、活性化、理性と直感の調和、克服した困難、和解、力の注入、外交。
　逆　位　置：不調和、妥協を認めない態度、不均衡、沈滞。
　キーワード：精神と心理状態の調和、アイディアの融合、霊感。

15―自然(悪魔)［Nature (The Devil)］：体の部位の長さを測った結び目のついた紐。
　正　位　置：自然の成り行き、決着、強力な力、惹きつける力、自由、ユーモアのセンス、解放、気持ちに従うこと、解き放たれた潜在能力、障害の克服。
　逆　位　置：制限されたエネルギー／潜在能力、不平、自分を出せない、臆病、自己限定。
　キーワード：自由、訴えかけるものを選ぶ、本能に従う。

16―幽霊の狩猟行(塔)［The Wild Hunt (The Tower)］：黒鏡を用いての瞑想。
　正　位　置：啓蒙、明かされた秘密／真実、衝撃的な出来事、予想外の大きな変化、真実の光が兆す前の闇、抑圧からの解放、復元された希望、覆された信念、人生を変える衝撃、自由になった内なる霊、状況の終わり。
　逆　位　置：自己欺瞞、無駄なやり取り、孤立。
　キーワード：衝撃的な出来事、啓蒙がもたらす突然の変化、幻想が消える。

17―星(星)［The Star (The Star)］：ワンドの採集／エネルギーに方向性を与える。
　正　位　置：明らかにできる望みと夢、希望は叶えられる、はっきりとした見通し、霊感、創造性、好機、明るい展望、夢を追う、他者に認められた才能、思わぬ場所からの助け、陽のエネルギー。
　逆　位　置：好機を見送る、不安感、平安と過去からの解放の必要、緊張、自分の能力を疑う、他者への不信。
　キーワード：好機、叶えられた望み、希望が叶う、霊感。

18－月（月）［The Moon (The Moon)］：エスバットの大釜。
　正　位　置：本能に注意する、直感に従う、潜在意識が顕れる、欺瞞の暴露、隠れた真実を見る、内省、霊視または霊夢、創造周期、霊と肉体の和合、魔術を学ぶ。
　逆　位　置：幻想、明かされない夢、上辺、気まぐれ、欺瞞、制限された想像力、ぼんやりとした見通し、疑い、非現実的なアイディア、人と交流できない。
　キーワード：本能を信頼する、顕れた潜在意識、創造性、超能力者。

19－太陽（太陽）［The Sun (The Sun)］：ルーナサーで収穫される命の穀物。
　正　位　置：成功、足ること、精神的／霊的な成長、健康、子供たち、物質的な幸福、満足のいく成果、喜び、再活性化、成就、調和、承認、人格、楽観主義、新たな始まり、結婚。
　逆　位　置：遅延、一時的な後退、コミュニケーション不足、拡大しすぎた。
　キーワード：幸福、成功、達成、満足。

20－収穫（審判）［Harvest (Judgement)］：メイボンでのワインまたは命の収穫。
　正　位　置：報い、収穫、為されたよい選択、復活、責務、回復した健康、自己評価、新たな目覚め、大きな決断をする、自分で考えて行動する必要、充足した可能性、争いの決着、回復したエネルギー。
　逆　位　置：躊躇、過去の失敗から学ぶ、失望、優柔不断、進歩を願って過去を顧みる。
　キーワード：報われる努力、自己評価、変容、再生。

21－世界樹（宇宙）［The World Tree (The Universe)］：インボルクでの浄化。
　正　位　置：一体性、全体性、霊的な統合、努力や問題によい結果が出る、目的の達成、名誉、完全、完了、一時代の終わり、成功、喜び、前進、達成、昇進、報い、実現、承認。
　逆　位　置：未解決な状況、未完成の計画、展望の欠如、大物になろうとする必死な努力、結果を求める、移行の時、新たな重荷を生む成功。

キーワード：完了、達成、成功、喜び、結びと始まり。

◎小アルカナの意味
・ペンタクル
エース [Ace]：（時季：正位置は12月、逆位置は1月から2月）
- 正　位　置：繁栄、商業的に大きな成功、経済的安定に有利な時期、達成、満足できる生活状態、新たに稼げる事業、新しい仕事、よい稼ぎ、成長、昇進、ビジネスセンス、物資の獲得、有益な金融情報、ビジネスまたは金融上の好機、門戸開放、仕事と創作での安らぎ、資源の有効利用、生産力、幸福。
- 逆　位　置：充分に活用されない好機、繁栄に満足できない、経済的硬直状態。
- キーワード：商業的成功、繁栄、物質的獲得、昇進。

2：
- 正　位　置：雇用機会、金銭関係の機敏さ、古いものに変わって新しい技能を身につける、職業訓練からくる緊張、金融活動のふたつの分野、異動、報いをもたらす学習段階を通過することになる、仕事の選択を熟慮する、ビジネス上の決断に関する選択肢を熟慮する、目標を達成するためのエネルギー／決断。
- 逆　位　置：計画を仕上げるために必要なさらなる努力、慎重なバランスが求められる難しい状況、成功に必要な熱意の弱さ／欠如、均衡の取れた予算の必要。
- キーワード：新しく身につけた技能、金銭の帳尻合わせ、ビジネス上の決断、新しい仕事。

3：
- 正　位　置：ある分野の著名人、芸術的才能、高名、強力なサポート、報われた仕事、工芸技術、仕事に没頭する、面白くて利益になる仕事、規律正しい仕事の方法、明確な優先順位、入手した品物、契約、計画を現実にするために働く、ビジネスの好機、訓練が実を結

ぶ、妊娠している可能性。
逆　位　置：未熟、無関心、強欲、持ち物を貯め込む、能力に対する不満、より多くを望む、才能を抑え込む。
キーワード：著名人、名声、言質、報われた仕事、職人の技。

4：
正　位　置：予算を立てる、経済的安定、個人のアクセスを制限する、小さな贈り物、忍耐、優しい力、貯金、蓄財、昇給、豊作、個人的に美を磨くために使う収入、影響、内に籠もった、物静かな態度で示された喜び、新たな望みを叶えることができる。
逆　位　置：物質主義、強欲、抑圧された創造的エネルギー、欲深な、遺産を相続する、損失から利益を得る、遅延、確信のなさ、逆転した運、不信感、さらなる利益は難しい、経済的努力の妨害。
キーワード：経済的安定、プライベート、予算、自己充足型の、内に籠もった。

5：
正　位　置：行く手に待っている繁栄／報酬、予期せぬ出費、物質面が一時的に不安定、負の流れはやがて逆転する、隠れた好機、孤立感、障害、経済的懸念、限度を超えた拡大、強いられた制限に縛られる、新しい関心事がやがてやってくる、現状に不満、状況の改善を待つ間忙殺される。
逆　位　置：救済が来る、隠れた好機を見つける勇気、一時的な困難、厄介な人間関係を克服する。
キーワード：経済的懸念、遅れた収入、予期せぬ出費。

6：
正　位　置：気前のよさ、慎重な寄付、贈り物や金銭がもらえる、才能の共有、自信、満足、繁栄を分かち合う、報い、ボーナス、よいめぐり合わせ、誠意、物質的増加、他者の恩恵に与る、喜ばれる。
逆　位　置：浪費、金に汚い、不注意や窃盗での喪失、負債、未払いのロー

　　　　　　ン、他者からの借金、成功を妬まれる。
キーワード：贈り物またはボーナス、適度な気前よさ、経済的自信。

7：
正　位　置：粘り強さが報いをもたらす、予期した利益、進展、富が手に入る、報いを待ちきれない、やがて目標は達成される、多産性の継続、重労働が報われる、企画や計画を温める、事業の回復、事業の立ち上げのための資金集め、望むものを手に入れるために懸命に働く、仕事に関する専門的知識と技術が報われる、慎重な判断が必要な仕事上の決断。
逆　位　置：無駄になった努力、わずかな報い、軽率な行動、成果が出ない、下手な投資、努力してまで報いを求める気が起きない。
キーワード：粘り強さで得られる利益、計画を温める、結果を待ちきれない。

8：
正　位　置：才能／技芸を活かして商業的利益を得る、期日に間に合う、努力が増大を呼ぶ、投機的事業、商業的な手腕、報われた仕事、転職、昇給またはボーナス、個性が高く評価される、新しい技能や趣味に磨きをかける、証明された能力が増加をもたらす。
逆　位　置：覇気がない、些細なことで見通しが制限される、虚栄心、自惚れ、金銭に注意を払う必要、偽善、有言不実行。
キーワード：商業的な手腕、仕事熱心、個人的な努力と技量。

9：
正　位　置：成就、よい自己評価、満足のいく生活状態、突然の幸運、経済的に大きな利益、予期せぬところから金銭が手に入る、安らぎ、成長、防備、分別、思慮深さ、自然を愛する、優れた判断力、贈り物、自分の価値に気づいていること。
逆　位　置：不満、危うさ、自信の欠如、卑下、阻まれた成長、健康管理、健康を管理することになる可能性または価値ある所有物の喪失。

キーワード：成就、自尊心、よいめぐり合わせ、驚かせる贈り物。

10：
正　位　置：繁栄、喜び、安定性、拡大、収入、好ましい斡旋、よい投資計画、人生が思い通りに行っていると感じる、落ち着くべきところに落ち着く、防備、代々受け継がれてきたもの／家宝／伝統、代々受け継いでいくものを作る。
逆　位　置：崩壊、家族不和、遺産に関わる問題、変化の必要、金銭の心配、相続権を失う、無駄遣いで収入を浪費する、賭博。
キーワード：繁栄、代々受け継がれてきたもの、安定性、喜び。

小姓［Page］：
正　位　置：不断の努力、学問、研究、求職、金銭が手に入る、ビジネスのアイディアまたは取引、完成、子供からの知らせ、新しいライフスタイルまたはアイデンティティ、実際的な開発能力、さらなる責任を求める、新しい仕事を探す、将来的な就職のために教養を身につける。
逆　位　置：浪費されたエネルギー、怠惰、非現実的な目標、仕事またはキャリアの選択に不満、もっと勉強する必要、嫌々仕事を終わらせる、過程を考えずに仕事に着手する。
キーワード：興味をキャリアに向ける、仕事に精を出す、研究。

騎士［Knight］：
正　位　置：丁度よい時にめぐってきた好機、有益な人間、責任感、能力がある、成熟した、安定している、頼り甲斐がある、才能と潜在能力を適所に宛がう、働き者、粘り強さ、達成した目標、仕事または訓練が新しい段階に入る、キャリア開発、有能、秩序立った、優しい、入念な準備、勤勉な奉仕、自立的な、弛まぬ努力を職務に向ける、抜け目ないビジネスセンス。
逆　位　置：無謀さ、向こう見ず、時期尚早、自己満足の、怠惰。

キーワード：都合よくめぐってきた好機、能力、頼り甲斐がある、働き者。

女王 [Queen]：
正　位　置：実現された計画、組織立った、実りの豊かさ、安らぎ、独立して行った仕事が報われる、威厳、文化、安定性、実際的な野心、物理的目標の達成、自由、自他に供給可能、社会的地位／成功／保証を欲する。
逆　位　置：身勝手、理解の欠如、怠慢、支出を切り詰める。
キーワード：実現された計画、現実的な野心、経済的自立。

王 [King]：
正　位　置：経済力、不動の、明らかになったアイディア、富を生み出すまたは創り出すことができる、不動産取引、理知的、秩序立った資金計画、物質世界を扱う、正面から難問に対処する、強力なビジネスエネルギー、俗事、成功を収めた指導者、職業またはキャリアを極める。
逆　位　置：憶測、伝統主義者、鈍感、狭い視野、暴君的、意地の悪い老人、アイディアが完成するところまで見通す力がない、過度の実利主義、必要な変化を受け入れることや作ることができない。
キーワード：経済力、ビジネス／キャリアの成功、明らかになったアイディア。

・ソード

エース [Ace]：（時季：正位置は３月、逆位置は４月から５月）
正　位　置：勝ち誇り、勝利、目標を達成する力、強さ、現状打破、成功、英知、澄明な精神、知的能力、征服、頭が切れる、強い精神力と卓越した判断力、意志の強さ、断固とした行動を取る、啓蒙、真実。
逆　位　置：障害、無為、決まり悪さ、暴政、妨害、遅れた計画。
キーワード：勝利、強さ、力、決意、真実。

2：
正　位　置：力に対抗するバランス、休戦協定、決断を下す上での冷静な分析、力の調和、緊張の緩和、その場しのぎの解決策、決断のために抑え込まれた感情、手詰まり、武装したままの停戦、平静に見せかけた緊張、外交。
逆　位　置：二枚舌、優柔不断、仮初めの平和、見当違いの／悪意ある忠告、嘘、裏切り、偽りの友人、状況打破のために挫かれた努力。
キーワード：緊張の緩和、両極のバランス、重大決心、外交。

3：
正　位　置：新しい径を自分ひとりで歩き出す、未完の仕事、不在、分離、衝突／話し合いが空気を変える／問題を解決する、勇気を必要とする新しい径、動く前に選択肢をよく考える、コミュニケーション不足が悲しみをもたらす、失望。
逆　位　置：喪失を恐れる、混乱、自分のアイディアを押しつける、後悔、裏切りが喪失と苦しみを招く、身の回りの悪意に注意する。
キーワード：未知につながる新たな径、分離、未完の仕事、衝突。

4：
正　位　置：緊張の緩和、ひとりで考えをまとめて力を蓄える、ストレスから逃れる／もがく期間、内省、疲労、病気からの回復、休憩、補給、安全の備え、交渉、規律の守られた平和、一時的に解決した対立、グラウンディングされたエネルギー、具体的な計画を立てる時ではない、自己浄化と他者の感情的重荷を解放する期間。
逆　位　置：思慮深さが必要、隔離の強制、病気、昔の仲間から締め出される、再開された活動で注意を払う、予防措置を取る。
キーワード：休息、警戒、規律の守られた平和、回復、浄化、我慢。

5：
正　位　置：傷ついた自尊心、試練に打ち勝つ、アイディアを取り入れる、よいことのために力を使う、押し潰されそうな責任、勇気、肯定的な態度が否定的な状況に変わる、成功のために優先順位を考え直す、自分の限界に向き合う、失敗を他者のせいにする、アイディアが原因の別れ、奮闘、敵意が個人の勇気を明らかにする。
逆　位　置：敗北を恐れる、同様、悪意、浪費された力、得るものがない。
キーワード：傷ついた自尊心、力強さが目標を達成する、称賛に値する苦闘。

6：
正　位　置：悩みを置き去りにする、困難を克服する、旅、心配の後の成功、決定を下すことで心配事が終わる、長期計画、新たな人生を始める、集中した頭脳、新しいアイディアが新たな好機を開く、新しい知識が限界を和らげる、自己犠牲による成功。
逆　位　置：争乱、解雇、無視された問題、邪魔が入る、自傷。
キーワード：旅、悩みを置き去りにする、困難を克服する。

7：
正　位　置：戦略、粘り強さを通じた成功、外交と機転、新たな計画、創造的な行動、信用、不屈の精神、希望、双方向的なやり取り、難しい状況で自己弁護できる、簡単な解決法を取る。
逆　位　置：ごまかし、延期された計画、フラストレーション、不適切な外交、裏切り、優柔不断、まずい忠告、反目。
キーワード：戦略、粘り強さ、微妙な立場、巧みな取り組み方、慎重な判断。

8：
正　位　置：陥れられたと感じる、最後までやり抜く、我慢が必要、目標がほんの一時的に邪魔される、批判に傷つけられる、学識が流言飛語を一掃する、真実の発見、信頼できない噂話、優柔不断、

注意散漫、解決に時間を必要とする難しい選択またはジレンマ、フラストレーション、病気の可能性。
逆　位　置：解決よりも距離を置くことが今は安心、不安の終わり、新たな選択肢、改善した健康、自ら課した制約。
キーワード：ジレンマ、最後までやり抜く、我慢が必要、噂を無視する。

9：
正　位　置：懸念、不安はあるが実現されようとしている計画、理解が不安を和らげる、解決の必要な問題、明晰な思考を土台にする必要のある行動、現実と不釣り合いな不安、孤立感、我慢が必要。
逆　位　置：疑念、ごまかし、悩みが重くのしかかっていると感じる、アイディアに反対を受けたことで自信を失う、コミュニケーション障害。
キーワード：懸念、杞憂、実現しようとしている計画。

10：
正　位　置：困難の終わり、悪戦苦闘の後で能力が証明される、手に入れた英知、現在抱えている悩みの終わり、最悪の時は終わった、再出発する、嘘のない状況判断、克服した悩み、疲労困憊、悲しみ、難しい仕事を終わらせることができる。
逆　位　置：実行できないアイディア、計画と他者の行動に警戒する、変わりようのないことを続ける、失望。
キーワード：現在抱えている悩みの終わり、アイディアを守る証明済みの能力、再出発。

小姓 [Page]：
正　位　置：警戒、注意深い観察を通じた洞察、入念な準備、練習して技術を身につける、必要とするものを知っている、自由裁量、理解をもたらす知らせ、語学力を磨く、自立した考え方の始まり、知覚、行動を起こすまたは問題を解決する準備ができている。

逆　位　置：狡猾、不正直、スパイする、未完の計画、準備不足、不適当な近道をする、学びの邪魔、不測の事態、計画の変更。
キーワード：洞察力に長けた、実行に移す準備、コミュニケーション能力、警戒。

騎士［Knight］：
正　位　置：突然の変化、自信、はっきりとした考えを持った職業活動、勇気、新旧の対立、知性、アイディアと実現のバランスを保つ強い力、勇敢な行為、技能、資質がある、英雄的行為、変化がもたらす一時的な混沌、行動は始まっている、目標の達成をこれ以上遅らせられない、洞察力に長けた精神とアイディア、目標に集中した。
逆　位　置：強情、実行不可能なアイディア、自惚れ、目標の達成のためのなりふり構わぬ行動、ごまかし、短気、冒険家。
キーワード：迅速な行動、突然の変化、能力と勇気、自信のある。

女王［Queen］：
正　位　置：鋭い知覚、機転が利く、自立している、言葉を介して表現される知性、行動を起こす、覚悟と集中ができている、明らかになった考え、制約から自由になる、自ら決定した、自己防衛的。
逆　位　置：実行力のない、疑い深い、悪意のある、孤立した、否定的、怒りっぽい。
キーワード：自立している、洞察力のある、察しが早い、決然とした、語学力。

王［King］：
正　位　置：権威、法的手段、司法権、専門的技術、下された決断と実行に移されたアイディア、意志、決意、科学的な方法と思考の適用、はしこい知性、抜け目なさ、キャリアの満足、客観性。
逆　位　置：優柔不断、暴政、傲慢で強情、反対された計画とアイディア、実行力のない、自分本位、悪意のある人物。

キーワード：権威、法的手段、決定の実行、決意。

・ワンド

エース［Ace］：（時季：正位置は６月、逆位置は７月から８月）
正　位　置：創造的エネルギー、新たなキャリアの始まりまたはキャリアの獲得、発明、新しいアイディアを仕事に適用する、事業の立ち上げ、新たな始まり、創造的な成功、キャリアまたは芸術作品を求める旅、新たな試み、行動を起こす、冒険、赤ん坊の誕生。
逆　位　置：沈滞、取り消された計画、未達成の目標、キャリアの遅れ、重荷が決断を遅らせる。
キーワード：キャリアの始まり、創造的な目覚め、新たな始まり、発明。

２：
正　位　置：投機的事業、目標の達成、新しいアイディアにエネルギーを注ぎ込む、金銭的な成功、成就、当然の成功、強引な性格が目標を実現させる、役に立つ助言に留意する、慎重に新たな目標を立てる、霊的な旅または成長、潜在能力の活用、目標達成のために勉強を始めるか行動を起こす。
逆　位　置：成長不足、まとまらないアイディアや計画、望んでいたよりも少ない利益、不満の残る成功、能力不足の自覚、投機的事業の成功が確定するまで苦しみまたは悲しみを味わう。
キーワード：大胆さ、実現、当然の成功、新たな挑戦を求める。

３：
正　位　置：キャリアのよい知らせ、成功目前の事業、商売で得た利益、売買、成功のために結束する、交渉と融通、計画、創造性の力、強さを感じる／自立心、確実性、成功の初期段階を祝う、完成間近な行為、他者の忠告を受け入れる。
逆　位　置：有望な企てが失敗する、プライドが目標達成を邪魔する、もっと事実が必要、他者の隠れた動機が状況を難解にする。

キーワード：キャリアのよい知らせ、交渉、実際的な知識、チームワーク。

4：
正　位　置：仕事の完了を祝う、満足して仕事をする、仕事仲間との友情、共通の目標を目指して働く、予期せぬ機会、チームワーク、築かれた強力なキャリアの基盤、投機的事業の堅実さ、ロマンス、新居、安全で安らぎに満ちた感覚、労働の成果、完成、計画から報いを得る、人間関係を楽しくしたい、調和、人生と家庭に満足している。
逆　位　置：ささやかな報い、秩序の崩壊、不満を抱えて働く、計画の仕上げに遅れ、ロマンスが色褪せる、家庭内の小さな分裂。
キーワード：報われた努力、昇進、調和、喜び、ロマンス。

5：
正　位　置：試験と競争、目標達成のためにもがく、不一致、挑戦、協力して障害に打ち勝つ、再建、さらに努力を重ねる、衝突が変化をもたらす、成長のための通過儀礼、計画実現のために基礎訓練が必要、平静を失う、自分の決意を固持する。
逆　位　置：複雑な問題、矛盾、議論を引き起こす、優柔不断。
キーワード：競争と試験、苦闘、必要なチームワーク。

6：
正　位　置：勝利、承認、社会的に認知される、名誉、よい知らせ、利益、前進、困難を経て大成功を収めた目標、自己表現、大変な努力の果ての成功、たくさんの創造的エネルギー、理解、現実になったアイディア、アイディアを受け入れてくれる他人、キャリアの目標が達成される、自分の努力から利益を得る。
逆　位　置：虚栄心、自分の能力を過大評価する、不誠実、勝ち目がない、家庭と家族に集中する必要、他者の計画をよく考える。
キーワード：勝利、世間からの称賛、障害の克服。

7：
正　位　置：ハンデに打ち勝つ、成功、有利、作家／学生／教師、創造的な流れ、克服した障害、直感を信用する、事業の完成、組織的な取り組みで問題をコントロールする、自分のアイディアを強く推す、諦めない、問題を見たままに扱う、問題に正面から対処する。
逆　位　置：大きくなっていく問題を放置する、消失したエネルギー、自信喪失、問題から注意が逸れる、躊躇して好機を失う、困惑、差し出された助けを受け入れなくてはならない可能性。
キーワード：有利、立場を守る、作家／学生／教師、勇気。

8：
正　位　置：間もなく遠方からニュースや手紙が来る、迅速な行動、旅行、動きは速いが持続しない進展、制御する、アイディアを行動に起こす、休止状態または待機状態の終わり、急速な展開を見せる、消失した緊張、計画の進行が許される。
逆　位　置：ごまかし、取りやめになった旅行、創造的な緊張感、自己分析が進行速度を落とす、性急な決断や愚かな衝動が後々まで響く結果をもたらす、不和、遅延、家庭不和がキャリアの邪魔をする、旅行計画が延期になる。
キーワード：遠方からの知らせ、迅速な行動、旅行。

9：
正　位　置：備えができている、生産力、安定した地位、仕事の休憩、困難の予期、続行する前に考えをまとめる、より深い気づき、逆境での強さ、キャリア上の強み、粘り強さ、規律正しくしっかりとした取り組みが必要、現状への満足、起こりうる試練に備える、好機を摑む、自分の成功と身の安全に対して責任を持つ。
逆　位　置：実現の不可能性、他者の助けが必要、過保護、頑固、克服すべき困難、確信のなさ。

キーワード：強さ、備えができている、防備、計画が完成に近づく。

10:
正　位　置：昇進、創造的事業の完成、目標達成の決意、解決した問題、ストレス、仕事のプレッシャー、他者の重荷を負う、義務を委任する必要、協力関係がもたらす結束、いい仕事をしたことへの誇り。
逆　位　置：必要以上にのめりこむ、中止された計画、抑圧、困難、成功が重荷になる、他者への妬みのせいで満足できない、悪意ある噂話。
キーワード：成功のストレス、必要以上にのめりこんだ、代表を送る必要、固持。

小姓［Page］:
正　位　置：重要な知らせ、実用に耐える形にする必要のある新しいアイディア、メッセージを携えた死者、首尾一貫した人物、完成、エネルギー、新たな協力関係とアイディア、信頼できる友人、独立した行動、独立独歩、創造的な潜在能力、善意、人生の方向性を探す、長期計画を立てる、学習の成果を出したくてたまらない、旅行、野心、臨機の才。
逆　位　置：性急、つまらない対抗意識、確信のないこと、偽りの友人からのおべっか、影響を受けやすい、他者の目標達成のために利用される、計画性の欠如。
キーワード：落着きのなさ、臨機の才、信頼できる、野心的、重要な知らせ。

騎士［Knight］:
正　位　置：進取的な新たな経験、旅行、出発、精力的な野心、創造性、学習過程における身体活動、行動と冒険の時、新たな経験、住居を変える、すぐ目の前に迫っている好機、未知の探検への出発、迅速な行動と原動力となるエネルギー。
逆　位　置：不和、邪魔された活動、計画の変更、嫉妬によって過小評価さ

れた功績。
キーワード：新しい冒険を求める、進取的な活動、恐れ知らずの探検家。

女王［Queen］：
正　位　置：実際的、意味深長、表現、利口、自信に溢れた、誠実、洞察力のある、自己認識と自制、腹を割って話せる相手、仕事の役割上信頼できる他人、見通しを維持する、精神を養う、自立、創造性、温もり、意志の強い、忠実な、想像力に富んだ、形成された概念、親切な、喜んで他者を助ける、引き続き育てていく必要のあるアイディア、指導力、上手に計画を立てる。
逆　位　置：短気、長続きする関係を求める、嫉妬、下手な計画、非難がましい、暴君的、嘘つきで信用のならない、表現の難しいアイディア。
キーワード：実際的、楽観的、喜びに満ちた、創造的、想像力に富んだ、親切心。

王［King］：
正　位　置：アイディアを実現する能力、正直、よい助言に従う、よい関係、実直な専門家、起こされた直接的な行動、霊的な達成、物事をありのままに見る、真実と啓蒙を実践する生き方、実行可能な計画、教養があり洗練されている、尊敬を受ける教師、自信に満ちた。
逆　位　置：厳格さ、批判的、慎重さ、批判によって邪魔された行動、独裁者、ゆっくりとした変化、独断的、自分とは違うアイディアを受けつけない、考えなしの行動。
キーワード：専門家の協力、よい助言、実直、正直。

・カップ
エース［Ace］：（時季：正位置は9月、逆位置は10月から11月）
正　位　置：富裕、喜び、感情的充足、霊感、生産力のある、完全、命の源、

　　　　　　　重要な関係、肯定的な変化、安らぎ、純粋で高潔な感情、愛、
　　　　　　　溢れ出る幸福。
逆　位　置：感情的同様、変化、遅延、求めていない愛。
キーワード：富裕、喜び、愛、霊感、感情的充足。

2：
正　位　置：調和、パートナーシップ、和解、協力、証明されるだろう直感、
　　　　　　　感情的バランス、愛、相性のよさ、愛情、信頼、嬉しい驚き、
　　　　　　　婚約または結婚、和合、統合、和睦する、新たな関係や自分の
　　　　　　　中での新たな局面、強い直感、合意。
逆　位　置：感情的な行き違い、意見の不一致、自己欺瞞、身勝手、他者へ
　　　　　　　の感謝の欠如、関係の終わり。
キーワード：調和、パートナーシップ、愛情、結婚。

3：
正　位　置：祝賀、感情的充足、満足のいく結果、解決した問題、仕事上の
　　　　　　　よい関係、柔軟性と妥協、受け取られたよい知らせ、生命力、
　　　　　　　幸せな結末、安心、幸運、形を取った直感、創造性／他者との
　　　　　　　融和、コミュニケーション、関係の完成、友人との再会、婚礼、
　　　　　　　誕生。
逆　位　置：過剰、放埒、感謝知らずの、傷ついた名声。
キーワード：祝賀、よい知らせ、解決した問題、婚礼、誕生。

4：
正　位　置：不満、再評価、安定した期間、古い問題への新たな対処法、成
　　　　　　　功がもたらす新たな挑戦欲、飽食、新たな友情、忠実、創造的
　　　　　　　な新しいパートナーシップ、新たな可能性。
逆　位　置：退屈、無感動、嫌悪、破滅を求める。
キーワード：再評価、新たな可能性、正体のわからない切望。

5：
正　位　置：部分喪失、無駄な後悔、幻滅した、難のある遺産、ストレスの
　　　　　　かかる関係、不安、遅れた相続、浅い友情、賞金を分け合う、
　　　　　　遺産の浪費、欠点、決断を避ける、損失にこだわる。
逆　位　置：困難は克服される、希望に満ちた展望、予期せぬ生活様式の変
　　　　　　化、新たな協力関係、富を分け合う。
キーワード：無駄な後悔、幻滅、部分喪失、難のある遺産。

6：
正　位　置：切望、郷愁、幸福な記憶、再開、他者との調和、昔の友人との
　　　　　　再会、過去の期待を明らかにできる、静謐、霊的な交感、愛情
　　　　　　深い受容。
逆　位　置：過去に生きる、変化に抵抗する。
キーワード：郷愁、過去の期待を明らかにする、再開。

7：
正　位　置：利用可能なたくさんの選択肢、白昼夢、名案、明らかにしうる
　　　　　　夢、選択肢に優先順位をつける、決心、明らかになった真実、
　　　　　　思い過ごし、混沌の中から秩序を見出す、目標達成に意志力が
　　　　　　必要、好機。
逆　位　置：失敗または選択を誤ることへの不安、決断できない、妄想、拒
　　　　　　否された贈り物、実現しそうにないアイディア、偽りの約束、
　　　　　　自己欺瞞、混乱。
キーワード：選択、実現した夢、明らかになった真実、計画を評価する。

8：
正　位　置：人生の転機、計画の放棄、新たな径を探す、理屈が取って代わ
　　　　　　る、取るに足りない案件を切り捨てる、節度、より深い意味を
　　　　　　求める、同僚の中で際立つ学識。
逆　位　置：強制された変化、不満、自暴自棄。

キーワード：転機、新たな径、人生における新たな方向性、節度。

9：
正　位　置：叶えられた願い、満足、克服した困難、物質的および感情的充足、勝利、繁栄、幸福な未来、安らぎ、共感と理解、夢の実現、健康、幸福、知識を吸収できる、自己満足、人生の謳歌、直感は正しい、夢の実現につながる幸運な発見、他者から親切を受ける。
逆　位　置：不完全な印象、根拠のない自己満足、過去に囚われている、無責任、自分本位、身勝手、虚栄心、現状に安住すること。
キーワード：実現した望み、報われた努力、安らぎ、幸福な未来。

10：
正　位　置：幸福、称賛、承認、名声、愛を手に入れる、家族と友人に恵まれる、家族で受け継がれてきたもの、努力が報われる、長持ちする功績、成功、家庭と家族から与えられる安らぎ、情動の充足、自ら勝ち得た自尊心。
逆　位　置：友情を失う、不安定な家庭、将来の計画がない、仲違い、浅い友人付き合い、妨げられた平穏、家族の喧嘩、評判が落ちる危機。
キーワード：安らぎ、承認、称賛、よい評判、防備。

小姓 [Page]：
正　位　置：招待または申し出、誠実な友人、信頼できる仕事をする人物、芸術的才能の実用的使用、創造的思考、感情的充足、芸術的または創造的表現、感情を変化させようという断固とした意図、感情的認識、洞察と気づき、新たな社会的接触、内に籠もって内省する期間、物思いに耽る。
逆　位　置：無分別、達成感の欠如、新鮮さ、中身のない恋文、おべっか、上の空、口車に乗りやすい。
キーワード：才能の実用的使用、創造的な霊感、感情的充足。

騎士 ［Knight］：

正　位　置：芸術的才能／霊感、提案、好機、誘いを受ける、前進、親友、リラクゼーション、他人だけでなく自分の必要も満たす、愛、感情的な現状打破、誘因、感情的に繊細な男性、めぐってきた好機を上手く活用する、ロマンティックなプロポーズの予感。

逆　位　置：ごまかし、実行不可能なアイディア、機に便乗した協力、陰険な、ずる賢い、詐欺的な計画、詐欺師。

キーワード：好機、誘い、芸術的表現、現状打破、繊細な若者。

女王 ［Queen］：

正　位　置：感情に正直でいる、献身、正直、幻視の贈り物、霊能者、知性的、芸術的、創造的、直感的、公平かつ公正、ロマンティシズム、育成、困難な状況下での感情的サポート、愛し愛されている、落ち着いて自信に満ちた、嘘のない感情。

逆　位　置：相反する感情、感情的変化、信頼できない、不誠実、気まぐれ、自己本位。

キーワード：嘘のない感情、繊細、霊能者、育成、芸術的。

王 ［King］：

正　位　置：責任、創造性、学芸への興味、信頼できる、理解のある、助言者、直感的、事業の専門家、法律もしくは医学、共同体精神、話をして忠告を与える準備ができている、他者に対する誠実さと献身。

逆　位　置：自己宣伝、妨害者、不動性、移り気、悪賢い、狡猾、利己的、不正。

キーワード：責任のある、信頼できる、助言者、創造的、学芸。

タローのキーワード・チャート
大アルカナ

	カード	キーワード
0	緑の男	自発性
1	魔女	コミュニケーション
2	月降ろし	秘密
3	地母神	富裕
4	有角神	構築者
5	太陽降ろし	伝統
6	原始の森を知ろしめす貴婦人と君主	決断
7	戦場の四輪馬車	勝利
8	老婆	不屈の精神
9	柊の王	英知
10	一年の車輪	進展
11	立石	客観性
12	樫の王	移行
13	影の君主	変化
14	妖精	調和
15	自然	自由
16	幽霊の狩猟行	衝撃的な出来事
17	星	手に入る希望
18	月	本能を信頼する
19	太陽	幸福
20	収穫	報い／再生
21	世界樹	完了

カード	ペンタクル	ソード	ワンド	カップ
エース	繁栄	勝利	創造性	成就
2	変化	緊張の緩和	新事業	パートナーシップ／愛
3	名声	未知／離別	求職情報	祝賀
4	防備	回復	報い	再評価
5	財政的不安	学んだ教訓	競争／闘争	無駄な後悔
6	気前のよさ／贈り物	面倒事から離れる	世間からの称賛	郷愁／楽しさ
7	性急	戦略／狡猾さ	武勇／有利	たくさんの選択肢
8	商売上の技能	ジレンマ／我慢	知らせは早く来る	転機
9	成就	懸念／不安	強さ／充分な備え	願望成就
10	富／安定	面倒事に背を向ける	ストレス／抑圧	承認／喜び
小姓	勤勉／勉強熱心	行動への備え	落着きのない／臨機の才	創造的な霊感
騎士	絶好の機会	迅速な行動	冒険を求める	好機
女王	実現した計画	鋭い観察	実際的／楽観的	自分の感情を偽らない
王	ビジネスリーダー	法の権威	専門家の助け	学芸が頼りになる

タローのキーワード・チャート
小アルカナ

❄ 黒鏡のスクライング ❄

- 黒鏡は啓示に用いられる優秀な道具で、水晶玉占いのように使用される。また、瞑想における儀式道具としても用いられ、特に闇の側面の瞑想においては、これを通して狩人と老婆の側面にある神との同調が果たされる。
- 使用前にグラウンディングとセンタリングを行う。鏡を使って調べたいことを決め、キャンドルと、好みで香に火をつける。
- 鏡を覗き込んだら、集中を切らさない──必要なら瞬きをする。鏡が曇ってきたら、見たい映像（未来の出来事、特定の出来事、過去生、先祖など）を念じながら鏡の向こうに意識を投射する。
- 鏡面の黒さが異世界と他の領域への道を開くことを容易にし、他にも先祖の瞑想、過去生の瞑想、異界と冥界への旅など、様々に利用できる。
- 旅が終わったら鏡を黒い布で覆う。過剰なエネルギーをグラウンディングで放出し、軽食を取る。
- 脚がついているものや専用の台で立てられるものは異界と冥界が関わる旅や儀式を行う際に便利。掌に収まる大きさのものも。
- 二重三角（六線星形☆）のバインドルーンは魔法の庇護、澄明な視界、力とバランス、力と成功を与え、世界間に道を開いてそのバランスを保持する役割を持つ。
- 啓示、瞑想、アストラル旅行にハーブを使用すると、地の精霊を通して堅固な基盤が作られ、グラウンディングが保持される。

◎黒鏡の作り方

　片面にコーティングを施すか塗料を塗って光を遮断し、顔が映るようにした小さなガラスを鏡にする。円形のガラスを湧き水で洗って乾かしたら、満月の光と闇月の下に晒す。次に、黒エナメルでガラスの裏を塗って乾かす。鏡の大きさに合わせて黒いフェルトを切り取り、糊付けする。ガラスがはまった小さな写真立てでも作れる。別の作り方として、丸く切った銀色のアルミホイルの中心に黒エナメルを丸く塗ったものを使い、エナメルが完全に乾かない内にホイルの縁に透明な糊を塗る。エナメルを塗った面に汚れていないガラスを載

せ、注意深く押しつける。こうすると、鏡に銀色の縁ができる。乾いたら、ホイルとエナメルが傷ついたり剥がれたりしないように黒いフェルトを糊付けする。道具の聖別の儀式を行って鏡にエネルギーを注ぎ込む。

鏡は装飾的なフレームか支えとなる台、飾り皿や小さな絵画を飾るイーゼルなどに据える。使用しない時は黒い布で鏡を覆っておく。集束したエネルギーを保持するために、鏡の使用は魔術のみに限定すること。インボルクは黒鏡を含む全ての術具を浄め、再献身を行うのによい時。

◎バインドルーンと呪文

ひとつの形象を表すように組み合わせたルーンを裏板の鏡と密着する面に描き込むか、羊皮紙に描いたものをフェルトの糊付け前に鏡の裏に載せておく。ルーンを記す際には以下の文句を唱えながら行う。

- ᛞ　ダグは世界間に働きかけ
- ᛋ　シイェルは一体性と生命力
- ᚲ　ケンはエネルギーを開放する
- ᛏ　ティールは成功
- ᚦ　ソーンは庇護
- ᛇ　エオは開かれたチャンネルと縛られた印章

◎ハーブと呪文

塗料が乾いてバインドルーンの準備もできたら、枠に挟まるように鏡の裏面にひとつまみのハーブを加える：

> 啓示のためのマグワート、私に祝福を与えるエルダー・フラワー、異界とシーに働きかけるラベンダーに祝福を与えん。祝福は与えられて受け取られ、この鏡に力は吹き込まれた！

ルーンを刻んだ額縁の裏板ですぐに鏡を覆うか、鏡の裏に紙を置いて用意した裏板で覆う。

❋ 水晶玉と他の石によるスクライング ❋

1. 水晶玉と他のスクライング用具を冷ましたマグワートのお茶で洗う。
2. 聖別の儀式を行って聖別する。小さいものなら、水晶の聖別と献身の儀で聖別する。
3. 使用していない時は布で覆いをする。布の色は黒、緑、紫が最良。
4. 水晶のエネルギー、または水晶に宿る精霊を自分に馴染ませ、生産的に働くようにする。
5. 使用前にはグラウンディングとセンタリングを、使用後にはグラウンディングを行い、軽食を取る。

◎石の選び方

水晶玉は天然の石英結晶、鉛を添加した人工水晶、ガラス状のオブシディアン、フローライト、ラブラドライト、アメシストの他、惹きつけられるものや術具になりたがっていると感じられる石であればどんな大きさでもよい。精神集中の役に立つので気泡や傷が入っているものでも構わないし、透き通って傷がないものもよい。

◎使い方

1. 水晶の気泡、傷、あるいは中心に焦点を合わせる。
2. 映像がぼやけないようにする。集中が途切れないように、必要に応じて瞬きをする。
3. 自分が見たい映像について考える。
4. 水晶は曇ったりぼやけたりするが、集中だけは切らさずにそのままにしておく。
5. 映像が現れる。
6. 映像は鮮明になり、焦点を合わせているエリアでカラー動画のように展開される。

❋ ペンデュラム ❋

1. 振り子は軽いものであれば材質は何でもよいが、よく使用されるのはクォーツ、アメシスト、ラピス・ラズリ、金。吊るした時にテーブルにぶつからないよう、振り子を吊るす糸や鎖は前腕より長くないものにする。
2. テーブル上に肘を突き、振り子の糸または鎖を親指と人差し指で挟んで持ち、重りを自由落下させる。
3. 振り子の中心に焦点を置き、「止まれ」という念を飛ばすと振り子はぴたりと動きを止めるので、回答を得たらこうして振り子を全停止させ、次の質問に移る。
4. イエスかノーで答えられる、自分が答えを知っている質問をして(「今朝、私はコーヒーを飲んだ？」)、振り子の動きを観察する：円または直線——一方がイエスでもう一方がノーを示すが、占い手によって異なるので、自分にとって正しい方法を見つける。
5. 回答の幅を広げるためにペンデュラムボードを使ってもいいが、盤上で振り子を振ってその動きが何を意味するかを教える、プログラミングという作業を行う必要がある。

❋ ルーン・キャスティング ❋

1. 小さな石、クレイタイル、木片、玉石、小さな水晶などにルーンをペンや絵の具で描く、または彫る。
2. 道具の聖別の儀式を行って聖別を施し、暗色の袋の中に保管する。
3. 質問に精神を集中しながらルーンが入った袋を扱う。
4. 袋を開け、ルーン・スプレッドに必要な数だけルーンを取り出し、取り出した順に表裏はそのままで向きを揃えて並べていく。

◎ルーン・スプレッド
1. 展開図1-2-3＝正位置は全てイエス、逆位置は全てノーを示す。イ

エス、ノーでは回答しきれない場合あり。
 2．展開図　　1＝状況の全体像
　　　　　　　2＝試練
　　　　　　　3＝求められている行動
　　　　　　　4＝選択肢
　　　　　　　5＝進展後の状況または結末
 3．展開図1－2－3：
　　　1＝現在。2＝求められる行動、または適した行動。3＝結果。
 4．展開図1－2－3：1＝背景。2＝現在。3＝未来。
 5．展開図

			6		1＝過去
			5		2＝現在
	3			1	3＝未来
			2		4＝問題の基盤または核心
			4		5＝障害または試練
					6＝結末または新たに展開された状況

◎ルーンの意味

名称	記号	正位置と逆位置の意味
オサ［Osa］	ᚠ	正位置：男神、よいめぐり合わせ、望ましい結末
		逆位置：遅延、不確かな結末
アッシュ［As］	ᚨ	正位置：先祖、信号、古代の知恵の獲得、超自然的メッセージ、新たな気づき
		逆位置：抑制されたエネルギー、空しさを覚える
ベオーク［Beorc］	ᛒ	正位置：女神、多産性、成長、新たな始まり、家族、アイディアを明らかにする、親切だがごくありふれた行動、流れが新たな形を取って発展していく
		逆位置：望む結果を手に入れるために新たな刺激を手に入れるか初めからやり直す必要

ダグ [Daeg]	ᛞ	正位置：	夜明け、世界の狭間、打開、触媒、不可視性、変容、再出発、成長、完了した移行、実り多いやり取り	
		逆位置：	なし	
エー [Eh]	ᛖ	正位置：	動き、旅の安全、進歩、変化、新たな計画、迅速な変化、立場を保持するには成長と進歩が求められる	
		逆位置：	動きは阻害される、変化や発展への抵抗	
フェイオー [Feoh]	ᚠ	正位置：	物質的な豊かさ、成就、野心の満足、繁栄、よいめぐり合わせ、幸運	
		逆位置：	フラストレーション、疑わしい状況、経験から学ぶ教訓	
ゲフ [Gefu]	ᚷ	正位置：	結びつき、パートナーシップ、愛、贈り物、自信、自由、個性	
		逆位置：	なし	
エオ [Eoh]	ᛇ	正位置：	経路、行動、異界との交流、動的作用、許可が下りる、先見の明と計画によって取り除かれた障害	
		逆位置：	なし	
ハグル [Haegl]	ᚻ	正位置：	雹(ひょう)、限界／崩壊、目覚め、大変動、制限を受けたアイディアと考えを解放する必要、自由と変化を欲する、後ろ向きな考え方をやめることで前向きな新しい現実を明らかにする道が開ける	
		逆位置：	なし	
イス [Is]	ᛁ	正位置：	氷、不動、休息期間、焦点、エネルギーの流出、行動は役に立たない、負の力を停止させる、中傷を止める	
		逆位置：	なし	
イェラ [Gera]	ᛃ	正位置：	年、収穫、報酬、仕事から実体のある結果を得る、計画や努力がよい結果を招く、やがて全てが至る、物事は急がせられない	
		逆位置：	なし	

ルーン	記号	意味
ケン [Ken]	<	正位置：変容する炎、始まりのエネルギー、再出発、前向きな態度、満足のいく生活をしていると感じる、陰の気は追い払われる、正のエネルギーを受け入れる準備ができている 逆位置：発展、成長と変化によって古いものが一掃される
ラーグ [Lagu]	ᛚ	正位置：流動、水、超能力、直感、生命力、成功のために見直しをする、動き、情動 逆位置：本能に注意を払う、過剰な拡大が努力の邪魔をする
マンナズ [Mannaz]	ᛗ	正位置：自己、自己修養、協力、瞑想、中庸 逆位置：自分の進歩を阻む、古い悪癖を取り除く必要
ニード [Nyd]	ᚾ	正位置：束縛、自制、障害の克服、到達した目標 逆位置：自由を取り戻すために必要な浄化、必要な制限を捨てる
イン [Ing]	ᛜ	正位置：有角神、多産性、家族、完成、潜在能力、新たな生き方／径、目標を達成する力、束縛からの新たな自由 逆位置：なし
エセル [Ethel]	ᛟ	正位置：所有、家庭、社会的地位、獲得／利益、新たな径を求める 逆位置：古いやり方／古い生き方から離れる必要
ペルス [Perth]	ᛈ	正位置：宿命、秘められた力、予期せぬ幸運、直感、好機、よいめぐり合わせ、明らかになった秘密 逆位置：過去に縛られる、型にはまった、伝統主義者、変化に気乗りしない
ラド [Rad]	ᚱ	正位置：旅行、探索、探していたものを見つける、同調、旅の安全、正義、コミュニケーション、本能よりも理性に従う、今の行動がよい結果をもたらす 逆位置：人間関係では注意して行動する必要
シイェル [Sigel]	ᛋ	正位置：太陽車輪、完全性、癒やし、生命エネルギー、力、勝利、成功、生命力、自信、再生、到達、名誉と勲章 逆位置：なし

ティール [Tyr]	↑	正位置：勝利、成功、勇気、行動に値する好ましい結果
		逆位置：今は行動を起こす時ではない、自分／他人の動機に疑問を持つ必要
ソーン [Thorn]	▷	正位置：庇護、門、敵の中立化、防御、悪事とは無縁でいる、新たな始まりのために過去を解放する、新たな出発につながる扉と通路
		逆位置：急いては事を仕損ずる、行動を起こす前に時間をかけて見直す
ウルズ [Uruz]	∩	正位置：強さ、決意、見てわかるほどの健康体、勇気、促進、喪失からの変化と移行
		逆位置：好機に気づかない、内向きではなく外を見る必要
ウィン [Wyn]	▷	正位置：喜び、安らぎ、幸福、調和、愛、満足のいく暮らし、理解を通して得られる英知、成功、物質的利益
		逆位置：計画は時間をかけて実現していく、克服すべき試練と困難
エオロー [Eolh]	Y	正位置：エルク、庇護、友情、気づかれずに進む、勝利、楽観主義、助けが来る、好機、大望
		逆位置：必要とされる穏やかな気質、慎重に仲間を選ぶ
ウィルド [Wyrd]	[ ]	正位置：未知の運命、宿命、宇宙からの影響力、全幅の信頼、終わりと新たな始まり、運命づけられているものも変えられないものも何もない
		逆位置：なし

❊ オガム・キャスティング・システム ❊

◎三界

[[X]] – 異界（霊の世界）
[[X]] – 中界（物質の世界）
[[X]] – 冥界（変容する世界）

Xは正方形の対角線が交わる中心点で、延長線は外にあるふたつの大きな正方形を貫くが、枠から外れたフュー（占い棒）はリーディングの対象外となる。一番内側の正方形に着地したフューが最も強い影響力を示し、二番目の正方形に着地したフューの意味合いは弱くなる。キャスティングクロスは布地から切り出した大きな正方形に図で示したように対角線を引き、正方形を二重に描いて作る。

◎4つの領域

三界は領域と呼ばれるクォーター上に三次元的に配置され（下層に冥界、中層に中界、上層に異界が重なる仮想立体構造）、それぞれの領域は北、西、東の女王と南の王に象徴される。3人の女王と彼女たちの王はシュメール、ミケーネ、ケルト伝承に由来する。四分割された正方形が垂直に三重に連なり、上の区画に北、下に南、左に西、右に東が割り当てられる。4つの領域は対角線が交わる中心点で接し、この点をミー──第五領域と呼ぶ。

◎パス・フュー

中界のミーから異界と冥界に移動するパス・フューがそれぞれ4つずつある。リーディングの途中でパス・フューに出会うと、領域はそのままだが次のフューから世界を上下に移動することになる。パス・フューは両方向に機能し、自身は両方の世界の意味を拾うが、次のフューからは移動後の世界が反映される。

◎キャストしたフューを読む

質問をしてオガム・フューズを投げ、外側の正方形から外れたものと裏返ったものを取り除く。リーディングは中界から始まり、中央に近いものから時計回りに渦巻き状に読み取っていく。全ての意味を拾ったら意味の通る文章に仕上げ、回答とする。

◎フューの自然配列

・異界：

　　　北＝年齢と英知：ᚔイーヨー［I］

西＝銀光と優しさ：⌇ケアート［Q］
東＝豊かさと喜び：⌇ニオン［N］
南＝驚異と幸福：⌇ルウシュ［R］

・パス｝
1. ⌇エイヤー［E］
2. ⌇サリュー［S］
3. ⌇コール［C］
4. ⌇ストラーフ［Z］

・中界
（キャスティングクロスのX点）
北＝［カー ✳︎］挑戦と抵抗：⌇ウール［U］
西＝［フィシュ ⊐］知識と最近の影響：⌇チンニャ［T］
東＝［ブロー ▥］繁栄と明示：⌇フェアーン［F］
南＝［シェーシュ ⇔］満足と過去：⌇ニェータル［Ng］

・パス｝
1. ⌇オン［O］
2. ⌇ドゥイル［D］
3. ⌇ルーシュ［L］
4. ⌇ゴート［Gort］

・冥界：
北＝終わりと死：┼アールム［A］
西＝愛と貴婦人：┤ウーアー［H］
東＝成長と若さ：├ベイ［B］
南＝エネルギーと生命力：┿ムウィン［M］

・空白：
　　不可知の運命または宇宙の宿命：|ウィルド［ ］

◎オガムの252の場所ごとの意味

1. イーヨー（イチイ）[Iodho] ≢ [I/Y]：領域［異界］── 変容／死／不死性
　異・北：年齢または英知を通じての終焉。変容。不死性。
　異・西：霊感の光または優しさによる変化。
　異・東：恵みの終わり、または富裕への変容。
　異・南：ある種の幸福の終わり。喜びをもたらすものに現れる変化。
　中・北：挑戦が変化の動機となる。不死性をもたらす。
　中・西：新たな知識による変容。
　中・東：小さな収穫を刈り取る。繁栄に現れる変化。
　中・南：満足／調和が終わり、興味が変化する。
　冥・北：重要な終焉と変化の期間。
　冥・西：不滅なるものへの愛の変容。愛の終わり。
　冥・東：成長によって変容した若々しさ。
　冥・南：人生が変わる。時代の終焉。新たなエネルギーと生命力による変容。

2. ケアート（アップル）[Quert] ≢ [Q]：領域［異界］── 再生／永遠／生命
　異・北：年齢または英知が再生や新たな生をもたらす。
　異・西：人生における新たな平穏。完璧なる平穏。
　異・東：豊かさの再生。
　異・南：新たな人生に由来する幸福。美を享受する。
　中・北：挑戦が再生または新たな生に導く。
　中・西：知識の更新／完全なものにする。
　中・東：繁栄が戻る。運が上向く。報いを得る。

中・南：美／完璧に由来する満足。人生における調和。
冥・北：終焉が再生をもたらす。理想が変化させる完全。
冥・西：蘇った愛。人生、美、芸術への愛。
冥・東：成長が新たな若々しさをもたらす。変わらぬ若さ。
冥・南：活性化されたエネルギーと生命。

3. ニオン（アッシュ）[Nion]　[N]：領域［異界］── 目覚め／復活／平和／出現

異・北：英知の目覚め／やり取り。年齢／年功／在職期間が影響力を持つ。
異・西：強調された平和。霊感と復活。希望。
異・東：豊かさが平穏をもたらす。実りの多いやり取り。報い。
異・南：通じ合った幸福。人生における新たな喜び。
中・北：挑戦が気づきを開く。コミュニケーション／影響力が不和を和らげる。努力を蘇らせる。
中・西：学びを通した新たな気づき。知識を伝える。蘇った古い知識。
中・東：コミュニケーションを通じた繁栄。静かな収穫。
中・南：新たな影響力が調和／満足に導く。重要な物事に気づく。
冥・北：目覚め／復活を通じて終わりが始まりになる。変容を作る。
冥・西：愛／楽しさの再発見。新たな影響力としての愛。コミュニケーションがもたらす穏やかな関係。
冥・東：若さの復活。成長過程の始まり。若者とのコミュニケーション／新たな影響。
冥・南：再活性化。再び元気をもらった。重要なやり取り。努力をダイナミックに再開する。

4. ルウシュ（エルダー）[Ruis]　[R]：領域［異界］── 変化／進化

異・北：英知が新たな径に導く。古い方法が朽ちる。新たな形への進化。
異・西：満足のいかない状態が新たな径を模索させる。時代後れのものを解放することで平穏を得る。

異・東：恵みに現れる変化。喜びの低下が新たな径を模索させる。
異・南：幸せの古い形が新しいものに変わる。
中・北：古い方法に異議を唱えることで新たな形につながる。
中・西：学びが変化をもたらす。知識が発展をもたらす。
中・東：悪化／失望する。成功のために新たな手段が必要。
中・南：やがて満足／調和に至る。満足をもたらすものは変化しつつある。新たな目標を求める。
冥・北：古いパターンが新たなアイディアに譲る。変化に適応する必要。
冥・西：新しい愛の到来。新しい友人を求める。
冥・東：若々しい視野を維持するために発展と成長を重要視する。
冥・南：新たな洞察力が古い方法を再活性化させる。エネルギーを通じて変化が遂げられる。

5．エイヤー（アスペン）[Eadha] ᚓ [E]：パス［異界］── 直感／障害に打ち勝つ

異・北：年長者の影響を受けやすい。直感を通じて知恵を得る。
異・西：直感によるひらめき。忍耐を通じて得られる平和。
異・東：障害に打ち勝って豊かさを手に入れる。恵みを喜んで分け合う。
異・南：幸福に通じる親切。本能に従って至福を手に入れる。
中・北：克服した試練。直感は正しい。
中・西：直感的に知る。学ぶことで障害に打ち勝つ。配慮して知識を使用する。
中・東：繁栄を求めて障害に打ち勝つ。他者への気遣いが報われる。
中・南：直感／感受性が調和／満足につながる。調和のために克服した障害。
冥・北：直感による変容。妨害が終わる。
冥・西：他者に対する気配りで愛情／楽しさが高められる。心の問題で直感に従う。
冥・東：若さを謳歌する。直感が成長につながる。
冥・南：障害に打ち勝つエネルギー。強い直感。

6. コール（ヘーゼル）[Coll] ≣ [C]：パス［異界］── 英知／創造性／
知覚
   異・北：強力な英知。科学／著述業／創作分野でのキャリア。精神力。
   　　　　理解は正しい。
   異・西：霊感を与える気質。精神哲学書。平和への意識。
   異・東：知恵と創造的表現がもたらす恵みと豊かさ。
   異・南：理解が幸福をもたらす。著述／科学での喜び。
   中・北：努力を必要とする英知／理解。創作する上での衝突。
   中・西：教育書。洞察力によって知識が増す。学びに加わる。
   中・東：創造性／協調関係に由来する繁栄。
   中・南：英知が調和につながる。創造性がもたらす満足。
   冥・北：変容した英知。誤解。認識が変化する。
   冥・西：学ぶことを愛する。創造的な努力をする喜び。
   冥・東：知恵の成長。若い聴衆。若者向けの書。成長を始めた科学的努
   　　　　力。創造性と理解が増す。
   冥・南：興味を追い求めるエネルギー。

7. サリュー（ウィロー）[Saille] ≣ [S]：パス［異界］── 直感／柔軟
性／霊能
   異・北：超能力によって強化される英知、年齢における解放。
   異・西：平和のための柔軟性。直感が霊感につながる。
   異・東：富が自由を与える。直感を通した恵み。
   異・南：柔軟性に由来する幸福。直感／超能力が至福をもたらす。
   中・北：超能力を賢く使うことが求められている。柔軟性が摩擦を和ら
   　　　　げる。
   中・西：学びと知識における柔軟性。幅広く雑多な関心。直感的な学び。
   　　　　知識を通じた自由。
   中・東：直感と超能力に由来する繁栄。送られたものは戻る。
   中・南：満足を見つけるために直感を使う。超能力との調和。適応性に
   　　　　由来する満足。

冥・北：超能力が変容する。制限の終わり。
冥・西：愛は直感的。愛／快楽を見つけることでの適応性。超能力が愛を強化する。愛における自由。
冥・東：直感と超能力の成長。
冥・南：霊的エネルギー。自由の活力。直感が鋭い。柔軟性によって強化された生命力。

8. ストラーフ（ブラックゾーン）[Straif] ᚲ [Z]：パス [異界] —— 強制／統御／強い説得力

異・北：他者によって統御された英知。老齢の障害が利益に変わる。
異・西：弱められた霊感。他者によってもたらされた和睦。不満。
異・東：欠如した富。分散した恵み。
異・南：他者によって弱められた幸福。自分の喜びは他者の手中にある。
中・北：自分の人生を自分で管理することを求められている。障害に対する破壊力。
中・西：学びは困難な道程。統御／抑圧された知識。新しいアイディアを探る必要。
中・東：他者によって統御された繁栄。自立と成功のために障害を克服して目標に達する必要。
中・南：不調和。不満。束縛から自由になった時に満足が得られる。
冥・北：障害に向けられた破壊的な力。強制の終わり。否定的な力が肯定的な力へと変容する。
冥・西：愛における慎み。偽りの楽しさ。見せかけの愛。愛における優位性が害を為す可能性。愛／楽しみにおいて他者の意志に従順である。
冥・東：抑制された成長。若さの統御。
冥・南：他者によって統御されたエネルギー。他者に依存する活力。

9. ウール（ヘザー）[Ur] ≢ [U]：領域［中界］ —— 熱情／門／成功／繁栄

異・北：強力な自己表現／利益に通じる門を英知がもたらす。
異・西：霊感を与える熱情。成功に由来する平和。
異・東：成功が富をもたらす。
異・南：強い自己表現を通じた幸福。成功が至福をもたらす。
中・北：摩擦が強い自己表現につながる。挑戦が成功をもたらす。
中・西：知識／学びにおける利益。知識における自己表現。哲学者。教育が成功に至る門となる。
中・東：大成功。多くの利益。熱情と自己表現で思い通りの収穫を手にする。
中・南：成功に由来する調和。満足と利益に調和した強い自己表現。
冥・北：自己表現が変容に至る門となる。利益が減っていき成功への新たな形を見つける必要。
冥・西：自己表現を楽しむ。成功に由来する楽しみ。愛と楽しみを熱心に追究する。
冥・東：成功が成長に至る門となる。若さに溢れる自己表現。
冥・南：エネルギーと熱情が自己表現と利益を活気づける。

10. チンニャ（ヒイラギ）[Tinne] ≢ [T]：領域［中界］ —— バランス／報復／試験／挑戦

異・北：老齢と英知がバランスを保つための新たな挑戦をもたらす。
異・西：バランスを通じた平和。
異・東：恵みに影響を与える決断に必要なバランス。
異・南：幸福を求めて為される選択。
中・北：マウンティングのバランスを取ることを試される。報い／正義。摩擦を起こしている時に下す決断に必要な注意。
中・西：意識的な判断によって決められた学び。バランスの取れた教育。知識を試す。
中・東：繁栄に必要なバランス。選択が収穫を決定する。

中・南：バランスに由来する満足。決断に影響した調和。
冥・北：報いから来る終焉。判断によるバランスへの変容。
冥・西：愛と楽しみにおけるバランス。感情より決断が絡む問題を愛する。楽しみ／愛がバランスを試す。愛の報い。
冥・東：バランスの取れた成長。若さゆえの試練。決断／選択が成長に影響する。
冥・南：バランスを維持するエネルギー。試練に打ち勝つ活力。精力的に取り組まれた選択。

11. フェアーン（ハンノキ）[Fearn] ᚛ [F]：領域[中界] ── 内なる強さ／基盤

異・北：気づきが疑念を終わらせることにより重要視される英知。英知／老齢を通して得られる内なる強さ。
異・西：内なる強さにつながる霊感。疑念の終わりを通して得られる平和。
異・東：富の基盤。恵みの気づき／真価を知る。気前よさ。
異・南：幸福の基盤。気づき／疑念の終わりから来る至福。満足。
中・北：摩擦が疑念の終わりにつながる。挑戦が内なる強さをもたらす。
中・西：学びが疑念を終わらせる。知識の基盤が内なる強さをもたらす。
中・東：決断に由来する繁栄。
中・南：気づきと疑念の終わりから来る満足。内なる強さに由来する調和。
冥・北：気づきは変容する。重要視される疑念の終わり。内なる強さが発達する。
冥・西：全面的な気づきに直面した愛。内なる強さが愉悦をもたらす。疑うことを知らない愛。
冥・東：疑念に打ち勝つ気づきの成長。内なる強さの若さに溢れた基盤。
冥・南：内なる強さの生命力。気づきを開くエネルギー。

12. ニェータル（アシ）[Ngetal] ᚾ [NG]：領域［中界］ ── 調和／内なる変容

   異・北：老齢／英知が内部の変容／発展をもたらす。
   異・西：霊感に由来する調和。内部の穏やかさ。
   異・東：内なる発展から来る富。
   異・南：幸福は内部の変容にある。
   中・北：維持の難しい調和。求められている内なる発展。摩擦が内なる変容につながる。
   中・西：知識／学びが深遠で変容する影響力を持つ。
   中・東：バランスは内なる発展の収穫。
   中・南：内部の変容を通じて強調される調和／満足。
   冥・北：内部の発展と調和を通じて強調される変容。内部の変容を通じた調和の終わり。
   冥・西：愛を通じた内なる変容／発展。楽しみの中の調和。
   冥・東：調和の成長。若さに溢れる内なる変容。内なる発展が重要視される。
   冥・南：内部の変容／発展に使われるエネルギー。調和を求める活力。

13. オン（ハリエニシダ）[Onn] ᚩ [O]：パス［冥界］ ── 好機／英知／生の変化

   異・北：好機を通じて強調される英知。積み重ねられた年齢と英知のために人生が変化する。
   異・西：積み重ねられた英知から来る肯定的な変化が平和につながる。霊感が人生の変化を生み出す。
   異・東：富を得る好機。恵み深い英知。
   異・南：好機に由来する幸福と人生の変化を創り出す英知。
   中・北：挑戦が肯定的な変化を引き起こす。積み重ねられた英知を通じて人生の変化における摩擦を克服する。
   中・西：好機と、肯定的な変化または新たな人生をもたらす重要視される知識の増加。

中・東：収穫された英知。知識に由来する繁栄。教育／学びから利益を得る好機。
中・南：積み重ねられた知識と肯定的な変化から来る満足。人生の変化における調和。
冥・北：調和の終焉。重要視される積み重ねられた知識と英知を通じた変容。より良くなるための急速な変化。
冥・西：知識が愛／楽しみの容量を増加させる。愛における英知。愛における好機。愛／楽しみにおける肯定的変化。
冥・東：好機の成長。肯定的な変化の増加。人生に対する若々しさに溢れる取り組み。
冥・南：人生を変化させるためのエネルギー。知識と英知の活力。精力的な変化。

14. ドゥイル（オーク）［Duir］ ⊣ ［D］：パス［冥界］ ── 真実／忍耐／強さ／勇気

異・北：英知の持続。長寿。
異・西：真実の霊感。意志力が平和をもたらす。
異・東：強さ／意志力を通じた富。
異・南：真実／内なる強さに見つかる幸福。
中・北：試練に耐え得る。障害を克服する。
中・西：真実を学ぶ。学びのために障害を克服する。知識の強さ。
中・東：忍耐／意志力の存在が結果を生む。真実における繁栄。確かな業績。
中・南：障害の克服から来る満足。真実における調和。意志力を通じて自分自身を満足させる。
冥・北：変容を創り出すために使われる肯定的な力。障害の終わり。明かされた真実。
冥・西：決断することで愛が確かなものになる。愛における真実。愛が全てに打ち勝つ。
冥・東：障害を克服する能力が成長につながる。意志力を通じた成長。

若さに溢れる強さ。

冥・南：真実の持続力。障害の克服に向けられるエネルギー。エネルギーが強さを強化する。意志力の持続力。

15. ルーシュ（ローワン）[Luis] ⊦ [L]：パス[冥界] ── 洞察／予知／元気づけ

異・北：年齢が持つ洞察力。強化された予知能力。

異・西：癒やし。霊感が創造性を強化する。

異・東：洞察力に溢れる。癒やしの力。非常な行動力。

異・南：創造性における幸福。自分自身の至福を見つけることができる。安心。洞察力を使って幸福をもたらす。喜びに溢れて行動を起こす。

中・北：挑戦が活動の増加につながる。議論が誤解を解く。創造性における摩擦。洞察力が摩擦につながる。

中・西：癒やしを学ぶ。癒やしの知識。溢れる洞察力。創造的な学び。

中・東：洞察力／癒やしに由来する繁栄。賢い使われ方をした先見の明。成功をもたらす創造性。実りある活動。

中・南：創造性における満足。洞察力が満足をもたらす。調和の取れた活動。

冥・北：洞察力に由来する変容。癒やしを通じてもたらされた終わり／新たな始まり。新しい活動。

冥・西：癒やしの愛。愛における溢れる洞察力。創造性が楽しみをもたらす。

冥・東：若々しさに溢れる活動。洞察力の成長。強化された創造性。

冥・南：活動に向けられるエネルギー。洞察力の持続力。癒やしのエネルギー。

16. ゴート（アイビー）[Gort] ≠ [G]：パス[冥界] ── 上達／学習／抵抗

異・北：やがて手に入る利益。知恵の増加。

異・西：粘り強さを通じて平和がもたらされる。学習意欲が湧く。発見された新たな技能。
異・東：粘り強さで得た富裕。好ましい結果を得るために技量を磨く。学びが利益をもたらす。
異・南：学ぶ喜び。粘り強さによって得られる幸福。
中・北：粘り強さを試される。新たな技能の熟達につながる摩擦。難解な研究。
中・西：重要視される学び。新たな技能を伴う学び。重労働／忍耐を通じて得られる知識。
中・東：新たな技能がもたらす繁栄。粘り強さが利を生む。
中・南：新しい技量／学びから満足を覚える。努力と粘り強さが調和を生む。
冥・北：重労働が実を結ぶ。粘り強さが触れることのできる利益に変わる。変容。
冥・西：新たな技能／学びの楽しみ。粘り強さが愛を成功に導く。
冥・東：学びによる成長。技能の成長。若者の粘り強さが利く。
冥・南：粘り強さを通じて目標を達成するエネルギー。学ぶ体力。技量を磨くエネルギー。

17. アールム（モミ）[Ailm] ＋ [A]：領域［冥界］── 自主性／自由裁量／客観性

異・北：知恵に基づいた自由裁量。年齢が持つ活力。密かな英知。
異・西：密かな霊感。平和の中の思慮深さ。
異・東：恵みを別個に使う。活気に溢れる富。
異・南：思慮深さが幸福を確かなものにする。支配者の幸福。至福に見つかる活力。
中・北：努力を必要とする自治権。活気に溢れる反応。秘密による摩擦。
中・西：思慮深さを学ぶ。秘密の知識。学びの才能。教育の指導者。
中・東：繁栄の治世。思慮深さ／秘密にすることで得られる利益。繁栄の中の生命力。

中・南：思慮深さによる調和。自治権／支配権に満足する。
冥・北：秘密にすることが変容につながる。新たな寛容さを見せる。支配権／自治権の変容。
冥・西：秘密の恋。楽しみの中の分別。精力的な恋。恋での優位性。
冥・東：自律性／思慮深さ／秘密主義の成長。若々しい活力。
冥・南：重要視される活力。支配権／自治権に向けられるエネルギー。

18. ウーアー（ホーソン）[Huath] ⊣ [H]：領域［冥界］―― 楽しみ／不運／浄化
    異・北：英知の喜び。気楽な老齢。加齢による肯定的な変化。
    異・西：霊感を与える浄化。刺激的な平和。積極性。
    異・東：富を謳歌する。
    異・南：浄化が幸福をもたらす。
    中・北：挑戦／摩擦が不運または肯定的な変化につながる可能性。
    中・西：知識が肯定的な変化につながる。学びの楽しさ。
    中・東：蒔かれたものが喜びか災難となって収穫される。肯定的な変化／浄化による繁栄。
    中・南：重要視される調和。浄化による満足。
    冥・北：終わりが肯定的な変化をもたらす。浄化を通した変容。
    冥・西：重要視される楽しさ。愛を謳歌する。愛の不幸を避けるために必要な注意。
    冥・東：楽しさの成長。若々しい楽しさ。成長が浄化をもたらす。
    冥・南：肯定的な変化に向けられるエネルギー。楽しさに向けられる活力。

19. ベイ [Beithe] ⊢ [B]：領域［冥界］―― 開始／エネルギー／生命力
    異・北：英知の始まり。精力的な年代。
    異・西：霊感の始まり、霊感と平和に導く不可視の力。
    異・東：豊富なエネルギー。幸先のよい始まり。
    異・南：新たな始まりから来る幸福。至福をもたらすエネルギー。

中・北：新たな始まりを強く求める挑戦。摩擦から起きるエネルギー。
中・西：学び／知識の始まり。学びを求めるエネルギー。知識の微妙な成長。
中・東：繁栄期間の始まり。物事を実現させるエネルギー。
中・南：新たな始まりに満足する。成長の不可視の力との調和。
冥・北：終わりが新たな始まりにつながる。変容エネルギー。成長による変容。
冥・西：愛／楽しみの始まり。愛において作用する成長の不可視の力。愛／楽しみを求めるエネルギー。
冥・東：重要視される成長。若さのエネルギー。新たな始まりにつながる成長。
冥・南：重要視されるエネルギー。新たな始まりにおける生命力。静かな成長に使う生命力。

20. ムウィン（ヴァイン）［Muin］ ᚋ ［M］：領域［冥界］── 内省／異界視／再開

異・北：老齢の内省。内省的英知。
異・西：内省から得られる霊感。熟考を通して得られる平和。
異・東：異界視から得られる恵み。富裕につながる内省。
異・南：内側に目を向けることで得られる幸福。
中・北：自己分析の試練。内省につながる摩擦。
中・西：内省／熟考を通じての学び。異界視の中で／から得られる知識。
中・東：熟考／内省から得た報酬。
中・南：内省によって見つけた満足。熟考に基づく調和。
冥・北：内省／異界視による変容。
冥・西：愛への内省的な取り組み。
冥・東：内側に目を向けることで得られる成長。
冥・南：内省に向けられたエネルギー。思索に耽る若者。

21. 空白（ミスルトー）｜ [Blanc]：ウィルド［×］ —— 隠れた宇宙の影響力／宿命／運命
    異・北：老齢／英知における宿命的／宇宙的影響力。
    異・西：光／優しさ／霊感における宿命的／宇宙的影響力。
    異・東：富裕における宿命的／宇宙的影響力。
    異・南：幸福における宿命的／宇宙的影響力。
    中・北：不和／抵抗／挑戦における宿命的／宇宙的影響力。
    中・西：学び／知識における宿命的／宇宙的影響力。
    中・東：繁栄／収穫における宿命的／宇宙的影響力。
    中・南：調和／満足における宿命的／宇宙的影響力。
    中・ミ：中心点における宿命的／宇宙的影響力。
    冥・北：終わり／変容における宿命的／宇宙的影響力。
    冥・西：愛における宿命的／宇宙的影響力。
    冥・東：成長における宿命的／宇宙的影響力。
    冥・南：生命力／エネルギーにおける宿命的／宇宙的影響力。

❈ 手相占い ❈

◎何を読み取るか

　手相は総合的に読む —— 両手の皺の他、手の形、指の付き方、掌の形と見た目、親指の付け根のふくらみ方と厚み、指の長さ、親指の柔軟さから読み取る。手相を読む上での特徴が全て揃っていない手もある。

　制限があって成長の余地のある分野で働いている人は、手の皺が変わる可能性がある。手相を読む時と手の全体を見る時をしっかりと区別する。「自分が何を見ているかを知り、自分がしていることに注意せよ」という作法の心得が参考になる。

・左手：生まれの手 —— 生まれ持った側面と人生における可能性を示す。
・右手：可能性が今現在どのように使われているかを示す。
・力の手：手相を読む時に最もよく使われる手 —— 利き手。
・両利き：両手間の流れ。

◎手のタイプ
　風：長い指、正方形の掌、細かい掌線が多い。表現豊か、感情的に安定、知的好奇心が強い。作家、教師、著名人、コミュニケーション。
　地：短い指、正方形の掌、皺の入り方が深い。真面目、実際的、活動的。農業、大工、マシンオペレーターのような手を使う職業、ビジネス、事務所、販売。
　水：長い指、長方形の掌、掌線が多くはっきりしている。繊細、創造的、静かで学究的な仕事と研究者のようなプレッシャーの少ない職業。
　火：短い指、長方形の掌、彫りが浅く薄い掌線。創造的、精力的、自己主張が強い。芸術家、カスタマーサービス。

◎指の形
　円錐型：繊細、衝動的、直感的、エキセントリックであったり神経質であったりする人も。
　丸　型：バランスの取れた気質、変化に順応しやすい。
　角　型：秩序と規則正しさを好む、自信家、明快な思考、頭の回転が遅い人も。
　へら型：自主性のある、精力的、活動的、腹黒く残酷な人も。
　混合型：多芸多才、順応性のある、様々な職業で一流になれる。

◎指と長さ
・小指［水星］：コミュニケーション、ビジネス、科学、人間関係。
　　長い指：抜け目なく賢い。
　　短い指：自己表現が苦手。
・薬指［太陽］：芸術、性格、創造性、成功、才能。
　　長い指：想像力に富む、夢想家、ヤマをかける。
　　短い指：不満を溜めこみやすい、確かな現実の方を好む。
・中指［土星］：責任、自己主導性、内省、英知。
　　長い指：務めに対して注意深く凝り性。
　　短い指：能力を隠す。

- 人差し指［木星］：野心、自信、社交性、指導力、宗教。
  長い指：自分に自信がある、指導者。
  短い指：自分に自信がない、不安。
- 親指［地球／人間］：第一関節は意志。第二関節は論理。第三関節は生活リズム。
  全体的に長い：進取的。
  全体的に短い：実際的で誠実。
  長い関節がある：すぐに影響を受ける。
  関節の長さが等しい：バランスが取れている。

◎掌丘の位置と詳細

- 水　星　丘：小指の付け根。膨らみがない：経営技術の欠如、コミュニケーション下手。ほどよい肉付き：自己表現の才能、元気潑剌。厚みがある：話し好き、お喋り。
- 太　陽　丘：薬指の付け根。膨らみがない：エネルギーレベルが低い、美に関する興味または創造的な趣味を持たない。ほどよい肉付き：芸術的才能、美への愛情、芸術、料理の才、など。厚みがある：浪費家、実利主義、虚栄心、自堕落。
- 土　星　丘：中指の付け根。膨らみがない：優柔不断、悲観主義、ユーモアの欠如。ほどよい肉付き：自立心がある、ひとりでも大人数でも楽しめる、自己認識、感情のバランス、忠実、分別。厚みがある：孤独に酔っている。
- 木　星　丘：人差し指の付け根。膨らみがない：自尊心が低い、怠惰、権力嫌い。ほどよい肉付き：情緒が安定している、自己主張が強い、物怖じしない。厚みがある：強力な指導者になるか尊大な人間になる、自惚れが強い、自分のやり方が正しいと信じて疑わない。
- 金　星　丘：親指の付け根──全員にある。膨らみが薄い：虚弱体質、活力と感受性の欠如。固くて丸い：野外を愛する、思いやりがある、成功を収める、生命力。厚みがある：肉体的エネ

　　　　　　ギー、性的能力、食べることと飲むことが好き。
- 月　　　丘：金星丘の反対側―― 想像力と現実のバランス、潜在意識、平穏、調和を示す。膨らみが薄い、もしくはない：骨の髄までの現実主義者、空想をしない。ほどよい肉付き：冴えた直感と豊かな想像力、強い育成能力。厚みがある：落着きがない、想像力がたくましい、創造性。
- 第一火星丘：木星丘と金星丘の間―― 障害を克服する能力と発言力を示す。膨らみが薄い：物静かで受け身。ほどよい肉付き：平均的な胆力、厚みがある：短気、情熱的。
- 第二火星丘：水星丘と月丘の間で、決断力を示す。膨らみが薄い：自己主張が弱い。ほどよい肉付き：自立、勇気、頑固なところがある。厚みがある：柔軟性がない、冷酷または暴力的傾向。
- 火星平原：掌中央の窪み。浅い：自信家の傾向。平均的：用心深くなる傾向。深い：かなり臆病になる傾向。

◎掌線
○ライフ（生命線）：第一火星丘から親指を囲むように回って掌に入る線。
- 大きな弧を描く：温かい人柄で反応が早い。
- 浅い：よそよそしく内気。
- 金星丘で終わる：家庭に恵まれる。
- 月丘で終わる：冒険と旅行を愛する。
- 長くて切れ目のない線：健康長寿。
- 短くて切れ目のない線：短命だが健康に恵まれる。
- 途切れがちな線：病気または生活が変化する暗示。
- 端の方で途切れている：85歳以上の寿命。
- 内側に弧を描く：庇護／霊的な導き。
- 掌にMの字が現れている：はっきりしているほど長寿。

○ハート（感情線）：水星丘の下の辺縁から出て上部を横切る線―― 愛情を示す。

- はっきりとして力強い：愛情深い気質。
- 鎖：優柔不断。
- 途切れている：愛に失望する。
- 円を通る：愛する者との一時的な離別。
- 上向きに大きな弧を描く：本能的な性的関心、愛で重要なのは体。
- 直線：愛にロマンティックなイメージを抱いている。
- 終端が２、３本枝分かれしている：肉体、感情、知性のバランスが取れている。
- 鎖状：感情を露わにする。繊細で傷つくこともしばしば。
- 島（特に木星丘に現れたもの）：失望、離婚の可能性。

○ヘッド（知能線）：木星丘の下の辺縁から中央を横切る線 —— 知性と関心を示す。
- はっきりとして力強い：明晰な頭脳の持ち主。
- 掌をまっすぐ横切る：論理的思考の持ち主。
- わずかに下向きに弧を描く：理系。
- 下方に鋭く弧を描く：芸術家肌。
- 生命線と合流している：家族との関係が深い。
- 月丘に到達している：非常に空想的。
- 掌の三分の二を横切る：平均的な知性の持ち主、この線に接触する線に影響を受ける。
- 長い線：鋭い洞察力の持ち主、知的興味の範囲。
- 生命線との幅が広い：衝動的で我慢が利かない。生命線との幅が狭い：自信がない。

○ハート・アンド・ヘッド（感情線と知能線）
- 接近している：慎重、内向的。
- 離れている：自立している、活発、外向的。
- つながっている：愛に生きる。
- 等しい：感情と知能のバランスが取れている。

○デスティニー／フェイト（運命線）：掌の基部から指の下の丘に向かって垂直に延びる線――キャリアを示す（全員にあるわけではない）。
  ・長い：活動的な人生を送る。
  ・途切れがない：成功に恵まれる。
  ・十字になっている／途切れている：挫折や方向転換。
  ・島：一時的な障害。
  ・掌の基部で薄れている：年とともにキャリアも褪せる傾向。
  ・掌の基部に小さな三角：静かで波乱のない人生。
  ・始点が掌の上部：キャリアの開始が遅い。
  ・始点が月丘：複数のキャリアを重ねる、関係者。
  ・始点が金星丘：キャリアで家族が重要になる。
  ・2本目の垂直線：ふたつめのキャリアを示す。
  ・終端：場所がキャリアの終わりに影響を与える。

○ヘルス（健康線）：掌の基部から水星丘に向かって垂直に延びる線――健康状態を示す（全員にあるわけではない）。
  ・線がある：心配事と神経過敏。
  ・線がない：全般的に健康。

○ウラヌス（天王星）：月丘に沿って、または中に垂直に延びる線――超能力を示す（全員にあるわけではない）。
  ・線がある：極めて直感の鋭い、霊能力、洞察力に優れた、表現力が奇矯な行動に出る。
  ・線がない：人並みの直感力。

○ブレスレット（手首線）：掌の下に入った長い手首の線――線の明瞭さと長さにより幸運／長寿を示す。
  ・親指に一番近い線：健康。
  ・二番目：富裕。
  ・三番目：幸福。

・女性にとって：各線が一か月の内の一週間を示す。
　完全な線：一か月の内でエネルギーが高い週。
　不完全な線：一か月の内でエネルギーが低い週。

◎雑線
　○ネプチューン（海王星）：掌基部の弧 —— 健康を示す。
　　・線がある：アレルギーまたは中毒（煙草、酒、過食など）の傾向あり。
　　・線がない：アレルギーはなく、中毒にもなりにくい。
　○チルドレン（子供線）：小指の下の垂直線。
　　・本数：子供の数を示す。
　○リレイションシップ（結婚線）：小指の下に延びる水平線。
　　・本数：親友または配偶者の数。
　　・35歳：小指の付け根とハートラインの中間点。
　○ヒーラー：小指と薬指の間に延びる垂直線の集まり。
　　・3本束：治療師または介護士（看護師、医者など）。
　○トラベル：月丘の脇、掌の際に入った水平線。
　　・深い：重要な旅行。
　　・薄い：あまり重要ではない旅行。
　　・ない：旅行は最小限に留まるか、重要性がない（休暇）。

◎円と環紋
　○サークル・オブ・ヴィーナス（金星環）：太陽丘と土星丘の下に延びる弧。
　　・ある：芸術的才能、感受性。
　○リング・オブ・サターン（土星環）：土星丘の下の弧。
　　・ある：保守的、冷静、孤独を愛する。
　○ミスティック・リング（ソロモンの環）：木星丘の下の弧。
　　・ある：英知、教育者の才、霊的な認識力と霊能の権威。

◎他の印
　○アスタリスク（星）またはトライアングル（三角）：幸運。

・線上にクロスハッチ：複雑な状態。
・線が切れてまた始まる：前の線の上下に入ると変化を示す。
・線上に点：妨害。
・線上に連続した島：危機から回復する。
・線上に格子：エネルギーの放散。
・線の終端が別れている：順応性を示す。

手相図

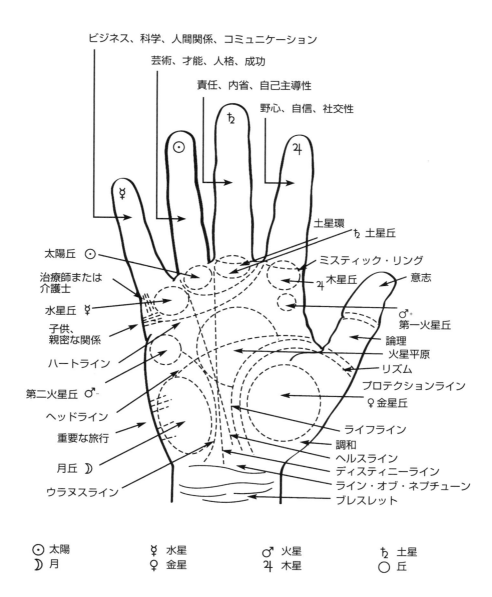

～占いに関するメモのためのスペース～

■著者紹介
アン・モウラ（Ann Moura）
1947年に生まれ、祖母の代から魔術を嗜む家で育つ。緑の魔女として母から娘へと受け継がれてきた家族の業(わざ)について、アン・モウラは1990年代中頃から本に著し、ケルト＝イベリア人の血を引くブラジル人の母と祖母から学んだ知識を新たな世代へと伝えている。民俗魔術およびクラフト（技能）に対する一家の造詣は深く、その知識は〈作法の心得〉、トラキアとインドの古い神々、心霊主義(スピリチュアリズム)、ハーブ呪術、キャンドル呪術、輪廻信仰、四大元素召喚、〈力〉の理解、それにサンテリア（訳注・西アフリカの民俗信仰、カトリック教会、心霊主義などが混交したキューバの民間信仰）およびカンドンブレ（訳注・アフリカの土着信仰がブラジルに渡って独特の発展を遂げた民間信仰）、マクンバ（訳注・ブラジルなどで信仰されている黒魔術）でも行われてきた異教の神々のカトリック聖人への取り込み、即ち関連づけなど、広範囲に及ぶ。15歳になるころには、母と祖母が魔術の拠り所としていたカトリックに取り込まれた神々を自分のクラフトに使うことをやめ、独自の道を進む。魔女の業のうち、自然界に存在するエネルギーと精霊たち、四大元素の力を使用する"緑魔術"のみに目を向け、自然を司る女神と男神に献身した。文学士号と史学修士号を取得。執筆、詩作、絵を描くことを楽しみ、何匹もの猫の面倒を見ながらハーブ園をのんびりと歩き回る毎日を送る。既婚。ふたりいる子供は幼いころからクラフトに親しむ。アンの本は個人の経験と母たちから学んだ知識に基づいたクラフトを題材にしている。

■監修者紹介（※ハーブ一般名称、学名、別名・解説）
木村正典（きむら・まさのり）
NPOジャパンハーブソサエティー専務理事。カリス成城ハーブ研究所主席研究員。NHK「趣味の園芸やさいの時間」元講師。博士（農学）。ハーブの栽培や精油分泌組織の研究に長く携わる。著書に『ハーブの教科書』（草土出版）、『日本の伝統野菜』（GB）、『有機栽培もOK!プランター菜園のすべて』（NHK出版）、『木村式ラクラク家庭菜園』（家の光協会）、『園芸学』（文永堂出版）、監修に『願いを叶える魔法のハーブ辞典』『カルペパー ハーブ辞典』『願いを叶える魔法の香り事典』『バックランドのウイッチクラフト完全ガイド』（いずれもパンローリング）など。

■訳者紹介
鈴木景子（すずき・けいこ）
インターカレッジ札幌で翻訳を学び、同社の第8回翻訳コンクール（2011年度）で最優秀者に選ばれる。訳書にフィリップ・マクドナルドの『狂った殺人』、ハリントン・ヘクストの『だれがダイアナ殺したの？』（共に論創社）。

2016年12月2日 初版第1刷発行

フェニックスシリーズ㊺
グリーンウイッチの書

著　者　アン・モウラ
訳　者　鈴木景子
発行者　後藤康徳
発行所　パンローリング株式会社
　　　　〒160-0023　東京都新宿区西新宿7-9-18-6F
　　　　TEL 03-5386-7391　FAX 03-5386-7393
　　　　http://www.panrolling.com/
　　　　E-mail　info@panrolling.com
装　丁　パンローリング装丁室
印刷・製本　株式会社シナノ

ISBN978-4-7759-4164-5

落丁・乱丁本はお取り替えします。
また、本書の全部、または一部を複写・複製・転訳載、および磁気・光記録媒体に
入力することなどは、著作権法上の例外を除き禁じられています。

©Keiko Suzuki 2016　Printed in Japan

好評発売中

カルペパー ハーブ事典

ニコラス・カルペパー【著】
ISBN 9784775941508　672ページ
定価：本体価格 3,000円＋税

『THE COMPLETE HERBAL』
ニコラス・カルペパー 伝説の書
ついに初邦訳！！

ハーブ、アロマ、占星術、各分野で待望の歴史的書物。ハーブの特徴・支配惑星をイラストと共に紹介。

付録として前著であるEnglsh Physician（一部抜粋）も加え、全672ページ、全ハーブタイトル数329種の大ボリュームで登場。

レイモンド・バックランドの世界

バックランドのウィッチクラフト完全ガイド
魔女力を高める15のレッスン

ISBN 9784775941546
定価：本体価格 2,400円＋税

世界17国で30年以上のロングセラーウィッカの歴史から実践までをステップ・バイ・ステップのコースで学べる。独習完全ガイドブック。

キャンドル魔法 実践ガイド
願いを叶えるシンプルで効果的な儀式

ISBN 9784775941607
定価：本体価格 1,500円＋税

必要なものは数本のキャンドルとあなたの「願い」だけです。「いつ、何を、どのように」という具体的な手順にこだわった実践書。

スコット・カニンガム シリーズ

願いを叶える魔法のハーブ事典

ISBN 9784775941294
定価:本体価格 1,800円+税

世界各地で伝わるハーブ魔法に関する必要な情報を網羅。400種類以上のハーブを魔法の効果や支配元素などで紹介。ハーバリスト必読の書。

西洋魔法で開運 入門
四大元素"土風火水"がパワーを引き寄せる

ISBN 9784775941614
定価:本体価格 1,500円+税

自然のパワーを使って願いをかなえる「自然魔術」と呼ばれる、西洋で昔から伝わる開運術の入門編。

魔女の教科書
自然のパワーで幸せを呼ぶウイッカの魔法入門

ISBN 9784775941362
定価:本体価格 1,500円+税

世界で100万人以上に読まれている「幸せの魔法」入門。願い事を叶える事や魔法に興味がある人が一番最初に読む本。

願いを叶える魔法の香り事典

ISBN 9784775941515
定価:本体価格 1,800円+税

古代から連綿と受け継がれたレシピをひも解いた「幸せの香り」完全ガイド。

願いを叶える魔法のパワーアイテム事典

ISBN 9784775941522
定価:本体価格 1,800円+税

パワーストンとメタル単独の効果にとどまらず、組み合わせによる効能を解説。